anglais

LYCÉE

ISBN : 978-2-84410-065-8

Sommaire

Points clés *Pour maîtriser les sujets de cours*

grammaire et langue

Sommaire

Bases *Ce qu'il faut savoir à l'entrée en 2de*

Fil rouge *Pour comprendre le programme dans son ensemble*

Manuel +, mode d'emploi

La perspective du bac donne un objectif précis aux lycéens qui, de la seconde à la terminale, doivent consolider et approfondir leurs connaissances dans de nombreuses disciplines.

Pour bien maîtriser chacune de ces disciplines, qu'elles soient scientifiques ou littéraires, il faut avant tout bien en saisir l'esprit et les spécificités, appréhender les tenants et les aboutissants de leurs programmes, maîtriser les méthodes permettant de réussir aux examens. La seule compilation des savoirs ne suffit pas. Le lycéen doit clairement comprendre ce qu'on lui demande et savoir s'organiser en conséquence. Là est la clé du succès.

C'est pourquoi Manuel + constitue l'outil le mieux adapté à ce but. Dans une première partie, les **Bases** font un résumé des connaissances acquises au collège. Tout le programme du lycée, pour chaque discipline, est ensuite développé dans le **Fil rouge**, écrit par un auteur éminent. Les **Points clés** traitent tous les sujets de cours et les **Fiches pratiques** orientent parmi les autres ressources documentaires : livres, encyclopédies, films, multimédia… Enfin, le **Dico** contient tous les termes et noms indispensables… avec un renvoi systématique aux Points clés.

Cet ouvrage est utilisable dès l'entrée en seconde. Pour préparer le bac, ainsi que les concours administratifs et les examens professionnels, il est l'outil idéal puisqu'il réunit en lui toutes les fonctions des aides généralement disséminées entre plusieurs livres : mementos, manuels classiques, grammaires, dictionnaires…

La caution d'une grande signature assure la garantie scientifique des contenus, la liaison avec l'enseignement supérieur. Avec Manuel +, vous aimerez les études secondaires parce que vous en comprendrez mieux la signification.

Bernard Lecherbonnier

Avant-propos

Que faire si on vous propose un « knisch » sur la 33rd Street à Manhattan ? Comment acheter des frites, si vous ne savez pas que celles d'outre-Atlantique ne s'appellent pas du tout comme celles d'outre-Manche ? Comment épater votre professeur en étant le seul élève à prononcer comme il faut le nom de l'État d'Arkansas ? Qu'allez-vous penser si un ami américain vous suggère de « vous réveiller pour sentir d'où vient le café ! » ? Quelle est la meilleure façon de tremper son biscuit Oreo ? Et comment – surtout ! – ne pas faire une grosse gaffe en voulant acheter une gomme dans une papeterie du Massachusetts ?

L'anglais n'est pas que britannique, et n'est pas seulement que scolaire ! Dans le volume **COLLÈGE**, nous avons vu comment parler la langue anglaise dans sa terre d'origine. Dans cette version **LYCÉE**, nous quittons la Grande-Bretagne pour nous envoler surtout vers les États-Unis, mais également en direction d'autres pays anglophones comme l'Afrique du Sud, l'Inde ou même à l'autre bout du monde, aux Antipodes, vers l'Australie et la Nouvelle-Zélande. Car la langue anglaise est de plus en plus répandue à l'échelle mondiale. Elle est de plus en plus accessible, non seulement en raison des voyages et des vacances, mais aussi chez vous en VO grâce aux nombreuses chaînes de télévision ou tout simplement grâce à un double click sur votre souris. Cet ouvrage vous montre que l'anglais est une langue qui adore s'adapter à un monde nouveau : le vôtre !

Alex Taylor

COLLECTION CRÉÉE PAR
Bernard Lecherbonnier,
agrégé des lettres, docteur ès lettres

RÉDACTION
Élizabeth Bosredon (professeur certifié d'anglais), Ariane Fennetaux (professeur agrégé d'anglais), Béatrice Firobind (professeur agrégé d'anglais), Claude Freilich (professeur certifié d'anglais), Anne-Christine Lang (professeur certifié d'anglais), Laurence Brunel ;
ont également participé à la rédaction Alain Potron (professeur certifié d'anglais), Anne Richards (professeur agrégé d'anglais), Jacques Sueur (professeur certifié d'anglais)

ÉDITION
Première édition : Dominique Hanselmann
en collaboration avec Catherine de Bernis
Deuxième édition : Anne-Sophie Bourg

CORRECTION
Simon Kohn, Isabelle Orgias-Manzoni, Frédéric Perroud, Marianne Perdu

CONCEPTION DE LA COUVERTURE
Yannick Lebourg

ICONOGRAPHIE
Visual Art Library, Emmanuelle de Villedary ; Joëlle Ostallier, Céline Colinet

CARTOGRAPHIE
Graffito

DESSINS
Éliakim Mitrani

CONCEPTION GRAPHIQUE
ELSE

MAQUETTE
Anna Klykova, assistée par Carlos Sanchez, Pierre Derible, Christian Fey

RÉALISATION ÉDITORIALE
ATE

Alex Taylor

Journaliste et producteur européen

anglais

LYCÉE

ÉDITIONS DE LA CITÉ

MANUEL+

civilisation et histoire

Sommaire

Sommaire

Fiches pratiques *Pour se documenter*

Dico *Pour enrichir son vocabulaire*

BASES

Ce qu'il faut savoir
à l'entrée en 2^{de}

Les connaissances acquises au collège indispensables pour être prêt à suivre les cours d'anglais au lycée.

Bases

Les pays anglophones

L'anglais est la langue maternelle d'environ 500 millions de locuteurs dans le monde. En outre, il est parlé comme langue seconde par 230 millions d'individus.

Une langue universelle

L'anglais est langue maternelle en Grande-Bretagne, aux États-Unis, en Australie, au Canada (sauf au Québec, où le français est langue maternelle majoritaire), en Nouvelle-Zélande, ainsi que dans quelques pays africains (Afrique du Sud, Tanzanie, etc.), certaines îles de l'océan Pacifique et des Caraïbes. L'Inde est un cas particulier. Ce pays de plus d'un milliard d'habitants a en effet deux langues officielles : l'hindi et l'anglais. Mais les 25 États qui constituent ce pays ont 15 autres langues officielles ! En fait, l'anglais n'est parlé couramment que par 1 % des Indiens. L'anglais est langue officielle ou en situation dominante dans 45 pays. Les États-Unis sont le plus grand pays de langue anglaise (288 millions d'habitants). Les Nations unies ont six langues officielles, dont l'anglais et le français.
Enfin, aujourd'hui, l'anglais est la première langue internationale, la plus utilisée dans les domaines du commerce, de la politique et de la technologie (notamment l'informatique).

▼ *Sur cette carte figurent tous les pays où l'anglais est parlé.*

Les îles Britanniques et l'Union Jack

Les îles Britanniques se composent de deux grandes îles : la Grande-Bretagne et l'Irlande. L'Union Jack, quant à lui, est le nom donné au drapeau britannique.

Les îles Britanniques

Îles Britanniques est un terme géographique regroupant l'Angleterre, l'Écosse, le pays de Galles, l'Irlande du Nord (Ulster), la république d'Irlande (Eire) et de nombreux archipels comme les îles Shetland, les Orcades et les Hébrides au nord, les îles Anglo-Normandes et de Wight au sud, et d'îles isolées telles que celles de Man, d'Anglesey à l'ouest.

Le Royaume-Uni est un ensemble politique qui regroupe :

- l'Angleterre ;
- le pays de Galles ;
- l'Écosse ;
- l'Irlande du Nord.

Le drapeau du Royaume-Uni est l'Union Jack. Il se compose de trois croix sur fond bleu :

- la croix rouge de Saint-George (XIIIe siècle) représente l'Angleterre ;
- la petite croix rouge de Saint-Patrick (ajoutée en 1707) représente l'Irlande ;
- la croix blanche de Saint-Andrew (ajoutée en 1801) représente l'Écosse.

▲ *Les îles Britanniques couvrent 244 101 km² de superficie, dont 229 000 km² pour la Grande-Bretagne.*

Bases

Les États-Unis

Le drapeau américain s'appelle *the Star-Spangled Banner* («la bannière parsemée d'étoiles») ou *the Stars and Stripes* («la bannière étoilée»). Les 50 étoiles qui y figurent représentent les 50 États du pays.

Le drapeau américain

En juin 1777, le Congrès décida que le drapeau américain se composerait de 13 rayures rouges et blanches (en raison des 13 États qui formaient le pays lors de son accession à l'indépendance en 1776) ainsi que de 13 étoiles blanches sur fond bleu (pour la même raison).

Le Congrès expliqua que «le blanc signifie la pureté et l'innocence ; le rouge, la hardiesse et la valeur ; le bleu, la vigilance, la persévérance et la justice». En 1959, les deux derniers États à se joindre à la fédération furent l'Alaska (n° 49) et Hawaii (n° 50). Le plus grand État est l'Alaska (1 530 000 km²), le plus petit, Rhode Island (3 144 km²).

En 1951, le Congrès adopta le *Star-Spangled Banner* comme hymne national.

▼ ***Hors Alaska et Hawaii, les États-Unis mesurent 4 500 km d'est en ouest et 2 500 km du nord au sud.***

Les présidents des États-Unis

Depuis 1789, les États-Unis ont été gouvernés par 43 présidents, dont voici la liste avec l'année de leur prise de fonction et leur appartenance politique.

D = Democratic Party
R = Republican Party
F = Federalist Party
W = Whig Party
DR = Democratic/Republican Party

Les trois derniers partis n'existent plus.

George Washington (1789 et 1793) F
John Adams (1797) F
Thomas Jefferson (1801 et 1805) DR
James Madison (1809 et 1813) DR
James Monroe (1817 et 1821) DR
John Quincy Adams (1825) DR
Andrew Jackson (1829 et 1833) D
Martin Buren (1837) D
William Harrison (1841) W
John Tyler (1841) W
James Polk (1845) D
Zachary Taylor (1849) W
Millard Fillmore (1850) W
Franklin Pierce (1853) D
James Buchanan (1857) D
Abraham Lincoln (1861 et 1865) D
Andrew Johnson (1865) R
Ulysses Grant (1869 et 1873) R
Rutherford Hayes (1877) R
James Garfield (1881) R
Chester Arthur (1881) R
Grover Cleveland (1885) D
Benjamin Harrison (1889) R
Grover Cleveland (1893) D
William McKinley (1897) R
Theodore Roosevelt (1901 et 1905) R
William Taft (1909) R
Woodrow Wilson (1913 et 1917) D
Warren Harding (1921) D
Calvin Coolidge (1923 et 1927) R
Herbert Hoover (1929) R
Franklin D. Roosevelt (1933, 1937, 1941 et 1945) D
Harry S. Truman (1945 et 1949) D
Dwight D. Eisenhower (1953 et 1957) R
John F. Kennedy (1961) D
Lyndon B. Johnson (1963 et 1965) D
Richard Nixon (1969 et 1973) R
Gerald Ford (1974) R
James Carter Jr (1977) D
Ronald Reagan (1981 et 1985) R
George Bush (1989) R
William Clinton (1993 et 1997) D
George W. Bush (2001) R

Les rois et reines britanniques

Les Britanniques sont très fiers de leur monarchie qui n'a été interrompue que de 1649 à 1660 par la prise de pouvoir de Cromwell et l'institution d'une république.

L'unification

Avant que le duc de Normandie Guillaume le Conquérant n'envahisse l'Angleterre en 1066, celle-ci était divisée en plusieurs royaumes rivaux. Avec Alfred (871), les rois du Wessex faisaient partie des souverains les plus puissants, mais ils furent vaincus par les Danois qui régneront jusqu'en 1042.

The Norman Kings

William I	1066
William II	1087
Henry I	1100
Stephen	1135

The Plantagenets

Henry II	1154
Richard I	1189
John	1199
Henry III	1216
Edward I	1272
Edward II	1307
Edward III	1327
Richard II	1377

The House of Lancaster

Henry IV	1399
Henry V	1413
Henry VI	1422-1461 puis 1470-1471

La guerre des Deux-Roses (1455-1485)

Elle opposa les York et les Lancaster, deux lignées des Plantagenêt, dont l'emblème était respectivement une rose blanche et une rose rouge. Chacune ayant gagné des batailles, Henry VI (Lancaster) et Edward IV (York) furent rois deux fois.

The House of York

Edward IV	1461-1470 puis 1471-1483
Edward V	1483
Richard III	1483

The Tudors

Henry VII	1485
Henry VIII	1509
Edward VI	1547
Mary I	1553
Elizabeth I	1558

The Stuarts

James I of England	1603
Charles I	1625
The Commonwealth	*1649*
The Protectorate	*1653*
Charles II	1660
James II	1685
William III, Mary II	1689
Anne	1702

The House of Hanover

George I	1714
George II	1727
George III	1760
George IV	1820
William IV	1830
Victoria	1837

The House of Saxe-Coburg and Gotha

Edward VII	1901

The Windsors

George V	1910
Edward VIII	1936
George VI	1936
Elizabeth II	1952

▲ *La reine Elizabeth II présidant l'ouverture du Parlement, en 1995.*

Les coutumes, les traditions et les jours fériés en Grande-Bretagne

Les Britanniques passent pour être très à cheval sur les traditions, qui sont autant d'occasions de faire la fête tout au long de l'année : le 1er avril *(April Fool's Day)*, la fête des Mères *(Mother's Day)*, le 1er lundi de mai *(May Day)*, *Guy Fawkes Night* et bien sûr les fêtes de Noël (*Christmas Day* et *Boxing Day*).

▲ *Le magasin Harrod's aux couleurs de Noël.*

"Guy Fawkes Night"

Le 5 novembre 1605, Guy Fawkes, à la tête d'un groupe de catholiques, décida d'incendier le Parlement et, par là même, de tuer le roi anglican. Le complot fut déjoué et Guy Fawkes arrêté alors qu'il s'apprêtait à « mettre le feu aux poudres ». Le Parlement décida de commémorer ce jour par des feux d'artifice et des bûchers. Aujourd'hui, les enfants fabriquent un pantin représentant Guy Fawkes et l'installent en haut d'un bûcher qu'ils allument le soir du 5 novembre.

"Christmas Day" et "Boxing Day"

En Angleterre, comme partout ailleurs dans le monde, on décore bien sûr l'arbre de Noël. Mais en plus, on concocte le *Christmas pudding* et on envoie à sa famille une *Christmas card* – alors qu'en France nous envoyons plutôt des cartes pour la nouvelle année. En chantant les célèbres *Christmas carols*, chacun prépare les cadeaux et accroche son *Christmas stocking* à la cheminée. On pose sur la table des *crackers* que deux personnes tirent de chaque côté. Quand il éclate, on trouve dedans un petit cadeau, un chapeau de papier ou une blague. Le repas traditionnel a lieu le 24 décembre *(Christmas Eve)*.

En Grande-Bretagne, le 26 *(Boxing Day)* est également férié, car les domestiques avaient autrefois droit à un jour de congé et à des étrennes pour Noël.

◄ *La* Guy Fawkes Night *est une fête typiquement anglaise, qui a lieu le 5 novembre.*

Bases

Les coutumes, les traditions et les jours fériés aux États-Unis

Voici trois fêtes célèbres parmi les douze qui ponctuent le calendrier américain : *Hallowe'en* le 31 octobre, *Thanksgiving* en novembre et *Valentine's Day* le 14 février. Typiquement américaines, ces fêtes sont de plus en plus connues en Europe, ce que confirme le succès croissant rencontré par *Hallowe'en.*

"Hallowe'en", la fête des enfants et de l'imagination

Cette fête des morts est d'origine celtique. Traditionnellement, les enfants placent derrière les fenêtres une citrouille évidée en forme de visage grossier, la *jack'o lantern*. Ils se déguisent en sorcières, en fantômes ou en monstres… puis passent de maison en maison en criant *"trick or treat!"* pour que les gens leur donnent des bonbons. Ils jouent aussi à un jeu appelé *Bobbing for Apples* qui consiste à pêcher avec la bouche des pommes flottant à la surface de l'eau.

▼ *La* jack'o lantern *est le symbole de la fête de* Hallowe'en.

"Thanksgiving"

Le quatrième jeudi de novembre, les États-Unis commémorent un événement qui remonte à 1621. Des puritains fuirent alors la Grande-Bretagne à bord du *Mayflower* et arrivèrent en Amérique où ils établirent une colonie. Au bout d'un an de labeur, ils décidèrent de remercier Dieu de leur avoir permis de survivre et de s'entendre avec les Indiens. Ils organisèrent lors des moissons une grande fête. Aujourd'hui, *Thanksgiving Day* (le Jour des actions de grâces) donne lieu à un grand repas familial avec de la dinde, du maïs, de la sauce aux airelles, des patates douces et un dessert à base de potiron.

"Valentine's Day"

La fête des amoureux est très populaire. La tradition veut que les jeunes filles trouvent dans leur boîte aux lettres un cadeau et un poème mystérieusement signé *Your Valentine*. À elles de trouver qui se cache derrière ce message ! Plus d'un million de cartes sont envoyées chaque année.

Les relations de civilité (1)

Quand vous rencontrerez des personnes anglophones, vous devrez posséder une série d'expressions pour les saluer et vous présenter. Il en va de même si vous avez un correspondant à qui vous souhaitez parler de vous.

Les salutations et présentations

À la première rencontre :

➥ *How do you do?* Enchanté.

➥ *Pleased to meet you.* Ravi de vous connaître.

➥ *I feel very well/fine/bad.* Je vais très bien/bien/mal.

➥ *My name is...* Je m'appelle...

➥ *I was born on (month), in (year).* Je suis né en...

➥ *I live in...* Je vis à...

➥ *My phone number is...* Mon numéro de téléphone est le...

➥ *I'm fifteen years old.* J'ai quinze ans.

➥ *I come from...* Je viens de...

➥ *My mother tongue is...* Ma langue maternelle est...

La description physique

Pour vous décrire :

➥ *I'm blond.* Je suis blond.

➥ *I'm fair-haired/ I have fair hair.* J'ai les cheveux clairs.

➥ *My hair is brown/red/ long/short/medium.* J'ai les cheveux châtains/roux/ longs/courts/mi-longs.

➥ *My hair is straight/ wavy/curly/frizzy.* J'ai les cheveux raides/ souples/frisés/crépus.

➥ *My eyes are blue = I've got blue eyes = I'm blue-eyed.* J'ai les yeux bleus.

➥ *I'm 1.65 m tall.* Je fais 1,65 m.

➥ *I'm tall/short.* Je suis grand/petit.

➥ *I'm slim/fat.* Je suis mince/gros.

Les goûts

Pour parler de ce que vous aimez ou au contraire de ce que vous n'aimez pas :

➥ *I'm crazy about...* Je suis fou de...

➥ *I'm keen on/I'm fond of...* J'aime bien...

➥ *I don't mind.* Ça ne me dérange pas.

➥ *I don't care about.* Cela ne me dit rien.

➥ *I can't stand/bear...* Je ne supporte pas...

➥ *I'm good/bad at...* Je suis bon/mauvais en... Toutes ces expressions sont suivies d'un nom ou d'un verbe en *-ing.*

➥ *My hobbies are...* Mes passe-temps sont...

➥ Vous pouvez aussi utiliser les verbes suivants :

- *To adore.* Adorer.
- *To love.* Aimer.
- *To like.* Aimer bien.
- *To enjoy.* Apprécier.
- *To dislike.* Ne pas aimer.
- *To detest.* Détester.
- *To hate.* Haïr.

Les relations de civilité (2)

Dans de multiples situations, vous serez amené à utiliser des structures et expressions idiomatiques pour vous excuser, remercier, demander la permission…

Les relations épistolaires

Vous commencerez votre lettre par :

➥ *Dear Sir/Madam.* Monsieur/Madame.

➥ *Dear/Dearest X.* Cher/très cher X.

Voici quelques formules de fin de lettre :

➥ *Yours faithfully/sincerely/truly.* Salutations sincères.

➥ *Best regards.* Mon bon souvenir.

➥ *With love from X.* Bons baisers de X.

Excuses, regrets et souhaits

Voici quelques phrases types de politesse :

➥ *I'm sorry for + V -ing.* Je suis désolé de + verbe.

➥ *I'm so sorry.* Je suis vraiment désolé.

➥ *I must apologize.* Je vous prie de m'excuser.

➥ *Pardon me.* Pardonnez-moi.

➥ *Don't blame me for + V -ing.* Ne m'en voulez pas de + verbe.

➥ *I regret + V -ing.* Je regrette d'avoir + p. passé.

➥ *I wish I could make things better.* J'aimerais pouvoir faire mieux.

Accepter ou refuser une offre

Pour remercier : *Thanks, thank you, thank you so/very much.* Réponse de votre interlocuteur :

➥ *It's all right/you're welcome/don't mention it.* De rien, je vous en prie.

➥ *That would be great/nice/super/fantastic.* Ce serait super/fantastique.

➥ *I don't feel like it.* Je n'en ai pas envie.

➥ *I'd rather + base verbale instead.* Je préfèrerais + verbe… à la place.

➥ *I don't think it's a good idea.* Je ne pense pas que ce soit une bonne idée.

➥ *I will not do that/I can't accept/I refuse.* Je ne le ferai pas/Je ne peux pas accepter/Je refuse.

➥ *There's no reason why I should do such a thing.* Je ne vois pas pourquoi je ferais une telle chose.

Les "gap-fillers"

Si vous hésitez :

➥ *Well.* Eh bien.

➥ *Let me see/think.* Voyons un peu.

➥ *You see/you know.* Vous voyez/vous savez.

➥ *It's like/it's sort of.* C'est comme qui dirait.

➥ *Now wait a minute...* Attendez un instant…

➥ *Hang on.* Ne quittez pas.

➥ *Anyway...* De toute façon…

➥ *To get back to the subject.* Pour en revenir au sujet.

➥ *Mind you/actually/as a matter of fact.* En fait.

➥ *What I'm trying to say/I mean.* Ce que je veux dire.

La prise de parole (1)

Nous verrons dans un premier temps les structures idiomatiques que l'anglais utilise pour exprimer une opinion. Lors d'une discussion, on peut confronter des idées, concéder ou insister sur un point.

L'accord et le désaccord

Pour exprimer votre accord ou votre désaccord dans une conversation :

➥ *I (don't) think so.* Je (ne) suis (pas) d'accord.

➥ *To agree with sb's point of view/viewpoint.* Être d'accord avec qqn.

➥ *I quite/rather disagree with you/I don't agree with you.* Je ne suis pas d'accord avec vous.

➥ *To agree on sth/ to approve of sth.* Être d'accord sur qqch.

➥ *Well, I admit/ acknowledge that I was wrong.* Je reconnais/ admets avoir eu tort.

➥ *To prove sth, to bring pieces of evidence.* Prouver qqch, apporter la preuve.

➥ *To differ from sb, to raise objections, remarks, a protest about, to contradict sb.* Ne pas être d'accord avec qqn, élever des objections, des remarques, protester, contredire.

➥ *I think you're right/ wrong to do/in + V -ing.* Je pense que tu as raison/tort de.

➥ *To have an argument with someone.* Se disputer avec quelqu'un.

➥ *To patch up a quarrel = to become reconciled.* Se réconcilier.

➥ *To compromise.* Faire un compromis.

La discussion

Pour articuler une discussion :

➥ *To begin a conversation.* Entamer une conversation.

➥ *To ask/answer a question.* Poser/répondre à une question.

➥ *To advise sb about sth/ about + V -ing.* Conseiller qqch/de faire qqch à qqn.

➥ *To let sb know about.* Faire savoir à qqn.

➥ *To let sb into a secret.* Révéler un secret à qqn.

➥ *Let me speak my mind on all this = let me explain what I think about this.* Laissez-moi vous donner mon avis sur ceci.

➥ *To my mind, to me, as far as I am concerned, in my opinion.* Selon moi.

➥ *To be of the opinion that.* Penser que.

➥ *To form an opinion.* Se faire une opinion.

➥ *I doubt sth/whether/if.* Je doute de/que.

➥ *To take sth for granted.* Considérer qqch comme acquis.

➥ *I have an impression that.* J'ai l'impression que.

➥ *Certainly, surely, sure, definitely, of course.* Certainement, bien sûr, évidemment.

La prise de parole (2)

Dans une conversation, vous allez prendre la parole pour demander des renseignements, suggérer quelque chose, conseiller, inciter, influencer votre interlocuteur de différentes façons. Quelles tournures employer ?

Faire une offre

Pour proposer quelque chose à quelqu'un :

➡ *I suggest going to the cinema.* Je propose d'aller au cinéma.

➡ *Let's/shall we/why don't we/why not go there?* Allons/Pourquoi n'allons-nous pas là-bas ?

➡ *Do you want?* Voulez-vous ?

➡ *I'd like you to do that.* J'aimerais que tu fasses cela.

➡ *What/how about going there?* Que dirais-tu d'y aller ?

➡ *Would you like to +* verbe ou nom ? Aimerais-tu + verbe ou nom ?

➡ *Do you fancy doing that?* (Langage parlé seulement.) Est-ce que cela te dirait de faire cela ?

S'informer

Demander des renseignements quand on est dans l'embarras :

➡ *I'm sorry, I don't know where... is.* Je suis désolé(e), je ne sais pas où est…

➡ *Excuse me, could you please tell me where the Empire State Building is?* Excusez-moi, pourriez-vous s'il vous plaît me dire où se trouve l'Empire State Building ?

➡ *Can I have some/do you have any information about?* Puis-je avoir/avez-vous des renseignements sur ? Attention, *information* est un mot pluriel ! Au singulier, on dit *a piece of information.*

Ordonner, conseiller, inciter

Comment dicter la conduite d'une personne ou simplement lui faire des recommandations :

➡ *Don't do that!* Ne fais pas cela !

➡ *Stop talking!* Arrête de parler !

➡ *I want you to keep quiet, you've got to do that!* Je veux que tu restes tranquille, tu dois le faire !

➡ *Do keep quiet!* Reste donc tranquille !

➡ *You should hurry.* Tu devrais te dépêcher.

➡ *You'd better hurry.* Tu ferais mieux de te dépêcher.

➡ *You could/you ought to hurry.* Tu pourrais/tu devrais te dépêcher.

➡ *To persuade sb of sth/to do/that.* Persuader qqn de qqch/de faire/que.

➡ *To convince sb of sth.* Convaincre qqn de qqch.

➡ *To talk sb out of doing = to dissuade sb from (doing) sth.* Dissuader qqn de (faire) qqch.

➡ *To influence sb.* Influencer qqn.

Les mots de liaison

À la fin du collège, vous devez être capable d'articuler un récit, d'organiser et de moduler votre pensée ou encore d'étoffer vos propos en utilisant des adverbes, des expressions adverbiales, des conjonctions de coordination ou de subordination appelés mots de liaison. Mémorisez-les et pensez à les utiliser le plus souvent possible !

Ordonner un récit

Pour qu'un récit soit clair, il faut en préciser les différentes étapes :
- *To begin with.* Pour commencer.
- *First (of all).* (Tout) d'abord.
- *Firstly/secondly/thirdly.* Premièrement/deuxièmement/troisièmement.
- *Then.* Puis/alors.
- *After that.* Après cela.
- *And then.* Ensuite.
- *In the end.* À la fin.
- *When.* Quand.
- *As soon as.* Dès que.
- *Until.* Jusqu'à.
- *Finally.* Enfin.
- *To sum up.* En résumé.
- *As a conclusion/to conclude.* En conclusion.

Étoffer sa pensée

Pour introduire un exemple, une idée :
- *Moreover.* De plus.
- *Besides.* En outre, d'ailleurs.
- *Actually.* En fait.
- *Indeed.* En effet.
- *For example.* Par exemple.
- *Such as.* Tel que.

Exprimer le constraste

Pour opposer une idée à une autre :
- *However.* Cependant/toutefois.
- *Nevertheless.* Néanmoins.
- *Whereas.* Tandis que.
- *Although.* Bien que.
- *And yet.* Et pourtant.
- *Otherwise.* Autrement/sinon.

Exprimer la cause, la condition, le but

La cause et la conséquence :
- *Because.* Parce que.
- *For.* Car.
- *As.* Comme.
- *Thanks to.* Grâce à.
- *This is the reason why.* C'est pourquoi.
- *So.* Donc.
- *Therefore.* Donc, par conséquent.
- *As a result.* De ce fait.
- *As a consequence.* En conséquence.

• La condition :
- *(Except) if.* (Sauf) si.

• Le but :
- *To* + V. Pour + verbe.

Bases

Les déterminants, les pronoms et les mots interrogatifs

À la fin du collège, vous devez être capable de maîtriser l'usage des déterminants et des pronoms et de manier tous les mots interrogatifs avec aisance.

AH, POUR ÇA IL EST TRÈS RÉFLÉCHI

Les déterminants

On emploie l'article :

- *a* (indéfini = un, une) devant une consonne.
- *an* (indéfini = un, une) devant une voyelle.
- *the* (défini = le, la, les).
- Ø (des/le, la, les).

Le symbole Ø (ou article zéro) s'emploie devant une généralité ou une quantité indéfinie.

- Les articles démonstratifs *this* et *these* désignent ce qui est proche dans le temps ou l'espace, tandis que *that* et *those* comportent une notion d'éloignement.

- L'adjectif possessif s'accorde avec le genre du possesseur (masculin, féminin ou neutre) et non avec le genre du nom qui suit.

➡ *Peter and his sister.*
➡ *Sandra and her brother.*

my
your
his (possesseur masculin)
her (possesseur féminin)
its (possesseur neutre)
our
your
their

Les pronoms

Les pronoms personnels peuvent être :

Sujets	Compléments
I	*me*
you	*you*
he	*him*
she	*her*
it	*it*
we	*us*
you	*you*
they	*them*

- Les pronoms possessifs ne varient ni en genre ni en nombre.

➡ *mine* = le mien/les miens/la mienne/les miennes/à moi.

mine		*ours*
yours		*yours*
his	(masculin)	*theirs*
hers	(féminin)	
its	(neutre)	

- Les pronoms réfléchis s'emploient quand le complément et le sujet désignent la même personne.

➡ *I did it myself.*

myself	*ourselves*
yourself	*yourselves*
himself	*themselves*
herself	
itself	

Les mots interrogatifs

La question porte sur :

- la personne *Who*
- une chose *What*
- un lieu *Where*
- un moment *When*
- un possesseur *Whose*
- une cause *Why* (raison) *What for* (but)
- un choix *Which*
- une description *What... like*
- une manière *How*
- un prix, une quantité *How much*
- un nombre *How many*
- une fréquence *How often*
- un âge *How old*
- une taille *How tall*
- une distance *How far*
- une durée *How long*

Les prépositions de lieu

Les prépositions de lieu sont soit statiques (elles donnent la position d'un objet ou d'une personne dans l'espace), soit dynamiques (elles marquent un déplacement). Toutefois, certaines d'entre elles peuvent avoir les deux sens.

Les prépositions statiques

Ces prépositions indiquent une position. La personne ou l'objet ne se déplacent pas.

- *Above.* Par-dessus.
- *Against.* Contre.
- *Among.* Parmi.
- *At.* À.
- *Behind.* Derrière.
- *Below.* Au-dessous de
- *Beside.* À côté de.
- *Between.* Entre.
- *Close to.* Tout près de.
- *In.* Dans.
- *In front of.* Devant.
- *Inside.* À l'intérieur de.
- *Near.* Près de.
- *Next to.* À côté de.
- *On.* Sur.
- *Opposite.* En face de.
- *Outside.* À l'extérieur de.
- *Under.* Sous.

Les prépositions dynamiques

Les prépositions dynamiques indiquent une notion de mouvement.

- *Along.* Le long de.
- *(A)round.* Autour de.
- *Away.* Au loin (distance).
- *From.* De (provenance).
- *Into.* Dans.
- *Onto.* Sur.
- *Out of.* En dehors de.
- *Past.* Devant.
- *Through.* À travers (un volume).
- *To.* À.
- *Towards.* Vers.

Les prépositions à double sens

Elles marquent à la fois la position et le déplacement. Quand deux traductions sont données, la première traduit le sens statique.

- *Across.* De l'autre côté de/ à travers.
- *Along.* Le long de.
- *By.* Près de.
- *Down.* En bas de/ vers le bas.
- *Off.* À l'écart de/de.
- *Over.* Au-/par-dessus.
- *Up.* En haut de/ vers le haut.

- Il faut se méfier des prépositions « à » (*at/to*), « dans » (*in/into*), « sur » (*on/onto*), « à travers » (*across/through*) et vérifier si elles sont employées dans un sens statique ou dynamique avant de les traduire en anglais.

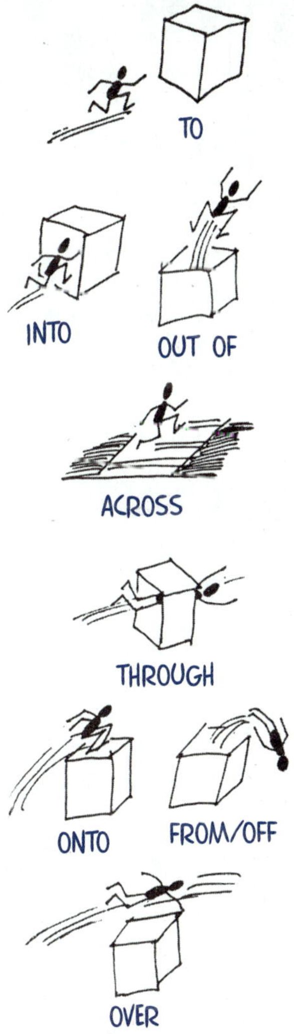

Tableau de conjugaison

En anglais, il existe des formes verbales simples (présent et prétérit), composées (qui se construisent avec un auxiliaire) et continues (cont. dans le tableau).

		Affirmatives	Interrogatives	Négatives
Présent	simple	• *I work* *He/she/it works*	• *Do I work?* *Does he/she/it work?*	• *I do not work* *He/she/it does not work*
	cont.	• *I am working* *He/she/it is working*	• *Am I working?* *Is he/she/it working?*	• *I am not working/* *He/she/it is not working*
Prétérit	simple	• *I worked*	• *Did I work?*	• *I did not work*
	cont.	• *I/he/she/it was working* *We/you/they were working*	• *Was I/he/she/it working?* *Were we/you/they working?*	• *I/he/she/it was not working* *We/you/they were not working*
Present perfect	simple	• *I have worked* *He/she/it has worked*	• *Have I worked?* *Has he/she/it worked?*	• *I have not worked* *He/she/it has not worked*
	cont.	• *I have been working* *He/she/it has been working*	• *Have I been working?* *Has he/she/it been working?*	• *I have not been working* *He/she/it has not been working*
Pluperfect	simple	• *I had worked*	• *Had I worked?*	• *I had not worked*
	cont.	• *I had been working*	• *Had I been working?*	• *I had not been working*
Futur	simple	• *I will work*	• *Will I work?*	• *I will not work*
	cont.	• *I will be working*	• *Will I be working?*	• *I will not be working*
Futur antérieur	simple	• *I will have worked*	• *Will I have worked?*	• *I will not have worked*
	cont.	• *I will have been working*	• *Will I have been working?*	• *I will not have been working*
Conditionel présent	simple	• *I would work*	• *Would I work?*	• *I would not work*
	cont.	• *I would be working*	• *Would I be working?*	• *I would not be working*
Conditionel passé	simple	• *I would have worked*	• *Would I have worked?*	• *I would not have worked*
	cont.	• *I would have been working*	• *Would I have been working?*	• *I would not have been working*
Impératif		• *Work!* • *Let's work!*		• *Don't work!* • *Let's not work!*

Les modaux

Les modaux *(can, may, will, shall, must)* servent à exprimer le point de vue de celui qui parle. Celui-ci porte un jugement sur le sujet d'une action ou sur les chances de réalisation d'une action (c'est-à-dire sur sa probabilité).

Les caractéristiques et l'emploi des modaux

Les modaux sont des auxiliaires. On les utilise pour construire les formes négatives et interrogatives et pour les *questions-tags.*

➥ *You must not put your finger in your nose.* Tu ne dois pas te mettre les doigts dans le nez.

➥ *Can I go now?* Puis-je partir ?

➥ *My friend won't speak to me.* Mon ami refuse de me parler.

• Ils sont suivis de l'infinitif sans *to.*

➥ *He might change his mind.* Il se pourrait qu'il change d'avis.

• Ils sont identiques à toutes les personnes : ils ne prennent pas de *-s* à la 3ᵉ personne du singulier du présent simple.

• *Must* n'existe pas au passé, mais les autres modaux ont une forme pour le présent et une forme pour le passé : *can/could – may/might – will/would – shall/should.* Il peut s'agir d'un prétérit temporel ou modal.

Les modaux et leurs équivalents

Le sens des modaux peut-être reformulé grâce à d'autres verbes ou à d'autres expressions.

NOTION (jugement)	MODAL	ÉQUIVALENCE
• obligation	*must*	*have to, ought to*
• absence d'obligation	*need not*	*do not have to*
• volonté	*will/will not*	*(do not) want to*
• interdiction	*must not*	*not allowed, forbidden*
• permission	*may/can*	*to be allowed to*
• (in)capacité	*can/can not*	*(not) to be able to*

DEGRÉ (probabilité)	MODAL	ÉQUIVALENCE
• quasi-impossibilité	*can not*	*it's impossible*
• faible probabilité	*might*	*(very) unlikely*
• probabilité moyenne	*may (not)*	*likely, perhaps, maybe (not)*
• très forte probabilité	*must*	*sure, certainly, (most) probably*
• quasi-certitude	*will*	*very likely*

FIL ROUGE

Pour comprendre
le programme
dans son ensemble

Une présentation vivante de la vie quotidienne aux États-Unis et dans d'autres pays anglo-saxons à travers un abécédaire rédigé par Alex Taylor. Des extraits en anglais.

A for Apple

J'aurais pu tout simplement commencer cet abécédaire par le mot *America*. C'est en effet de ce pays que je vais vous parler dans ce Fil rouge du Manuel + Lycée consacré à l'anglais (la version Collège ayant plutôt traité de la Grande-Bretagne). Mais autant entrer tout de suite dans le vif du sujet. Or, peu de mots résument aussi bien qu'*apple* l'esprit de ce vaste et passionnant pays, connu sous le nom d'États-Unis.

Difficile en effet d'ignorer l'importance de la pomme dans l'esprit américain. D'abord, c'est souvent le premier mot qu'apprennent les écoliers américains lorsqu'ils étudient l'alphabet : *A is for apple* (notez bien qu'en anglais on dit *for* et non pas *like*). D'un point de vue plus général, qu'elles soient jaunes, vertes ou rouges, qu'elles portent le nom de MacIntosh, Newton, Pippin, Rome, Gala, Granny Smith ou Red Delicious, elles appartiennent désormais à la légende et symbolisent le patriotisme américain.

Pour vous, Français, ceci n'est qu'une pomme. Mais pour les Américains, ce fruit est chargé d'une valeur symbolique.

C'est particulièrement le cas de ce personnage américain mythique s'il en fut, le très sympathique Johnnie Appleseed, de son vrai nom John Chapman. Ce pionnier, originaire de l'État de Massachusetts, eut, en 1801, la bonne idée d'importer des graines de pommier de Philadelphie jusque dans la vallée de l'Ohio. Il a ainsi transporté ce délicieux fruit d'un bout à l'autre du pays, qui à l'époque était beaucoup moins étendu qu'aujourd'hui. Cela n'a l'air de rien de nos jours, mais cet événement confère à ce fruit somme toute modeste une place particulièrement importante dans l'imaginaire collectif de nos amis d'outre-Atlantique.

Ainsi, tout ce qui est purement américain est *as American as apple-pie,* c'est-à-dire aussi américain que la tourte aux pommes (on parle de tourte et non de tarte car, contrairement à sa cousine française, les tranches de pomme y sont recouvertes d'une couche de pâte). La seule mention de ce dessert évoque l'image de *Ma*: une maman faisant la cuisine pour une famille joyeuse dans une grande maison en bois blanc, quelque part dans une banlieue tranquille et rassurante.

Le mot *apple* apparaît également dans de nombreuses expressions de la vie courante comme : *You are the apple of my eye* (littéralement, « tu es la pomme de mon œil », c'est-à-dire l'être qui m'est le plus cher au monde, alors qu'en français on parle de « la prunelle de ses yeux »), ou dans des dictons un peu énervants du genre : *An apple a day keeps the doctor away* (« une pomme par jour éloigne le médecin »). Mais à notre époque, avec tous les colorants chimiques qui permettent de rougir la peau des pommes américaines, ce n'est plus un conseil particulièrement fiable. Vaut-il mieux pour autant avaler des cartons entiers de *dietary supplements* (un nombre incroyable de préparations ou de mélanges de toute sorte de vitamines) qu'on vend dans les *health-shops* situés à tous les coins de rue des villes américaines ?

Pour revenir à nos pommes, le choix de ce fruit comme logo et comme nom de la société informatique Apple dans les années 1980 n'était pas non plus le fruit du hasard. Le mot *apple* « parle » en quelque sorte à l'âme américaine. Comme vous le savez sans doute déjà, la ville de New York est affectueusement désignée sous le sobriquet de *Big Apple* (« la Grosse Pomme »), toute prête à croquer sous la dent. Cela tombe bien, car le nom de l'une de ses avenues les plus fascinantes commence justement par la lettre B…

"Apple" is often the first word Americans learn at school in their alphabet books. Johnny Appleseed, a mythical character if ever there was one, was a pioneer from Massachusetts who in 1801 had the good sense to import apple-tree seeds from Philadelphia to the Ohio Valley, enabling the apple to be introduced across the land. This may not seem much now, but at the time it bestowed on this delicious if somewhat modest fruit a special place in the American collective imagination.

B for Broadway

Come on along and listen to a lullaby on Broadway (« venez écouter une berceuse sur Broadway ») fait partie des chansons les plus connues de la comédie musicale américaine. La berceuse évoquée dans cette chanson fait d'ailleurs référence au *ballyhoo,* le brouhaha de la grande ville, où il est impossible de dormir tant la foule est dense sur les trottoirs, dans les cafés et dans les très nombreux théâtres qui bordent l'avenue. Mieux vaut alors veiller jusqu'à l'aube, marquée par l'arrivée du livreur de lait *(the milkman's on his way).*

Dans une ambiance glamour typiquement hollywoodienne, les Oscars récompensent chaque année les meilleurs acteurs mais aussi tous ceux qui participent à l'élaboration des films.

Broadway, qui s'étend du nord au sud de Manhattan, est l'une des artères les plus longues du monde. Elle a été créée au XVIIe siècle par des colons hollandais. Lorsque l'on mentionne son nom, on pense assez rarement aux très nombreux commerces et immeubles qui s'y dressent. Broadway évoque plus particulièrement la 42e rue, là où cette avenue croise Times Square, le cœur de New York City. C'est ici que se trouvait, et se trouve encore en grande partie, le quartier du show business de la Grosse Pomme.

Promenez-vous donc tout autour de la 50e rue : que de théâtres *(playhouses)*, de cinémas, de restaurants et de bars, où l'on peut tomber sur des acteurs connus ou sur de jeunes et belles vedettes en herbe ! Les pièces qui se jouent dans les grands théâtres sont qualifiées de *mainstream* : il s'agit des grands succès. En revanche, les œuvres plus expérimentales sont présentées dans les salles retirées des petites rues adjacentes. On dit alors qu'elles sont *off Broadway* (littéralement, « à côté de Broadway »), en attendant la gloire en somme.

C'est ici qu'est née une forme d'art que les États-Unis ont léguée au monde entier : la comédie musicale. Les plus connues sont sans doute *Oklahoma, South Pacific* et *West Side Story* (peut-être la plus réussie de tous les temps). Cette œuvre est une sorte de *Roméo et Juliette* des temps modernes. Mais il ne s'agit plus d'une guerre opposant deux familles de Vérone dans l'Italie du XVIe siècle. L'histoire d'amour se joue ici sur fond de gratte-ciel dans les quartiers populaires de New York. Elle doit son immense succès aux chansons de Leonard Bernstein, telles que la terriblement entraînante : *I wanna be in Ame-ri-ca* ou *Tonight, tonight, won't be just any night* (« Ce soir, ce soir, ne sera pas n'importe quel soir… »).

Vous vous en êtes certainement aperçus : les Américains raffolent des soirées d'*awards*, c'est-à-dire des récompenses décernées dans telle ou telle branche de la production artistique. Dans la catégorie des « soirées d'autocongratulation les plus poussées », sont « nominés » les *Emmy's*, pour les vedettes de la télévision ; les *Tony Awards*, qui récompensent chaque année les grands succès de Broadway (qu'il s'agisse des décors, de la mise en scène ou des acteurs) et, *last but not least*, les Oscars, qui sont décernés chaque année aux meilleurs films de cinéma. *And the winner is…* À vous de voir.

There's no way it can have escaped your notice that Americans love nothing more than a nice Awards ceremony. In the category "most self-congratulatory evening" the nominees are: Emmy's for TV, Tony's for Broadway hits, and last but nowhere near least! the Oscars for the year's best films. And the winner is…?

C for Corn

Attention ! *Corn* en anglais britannique signifie le blé. Mais en anglais américain, *corn* évoque plutôt le maïs, aliment d'une grande importance non seulement pour l'estomac de nos amis d'outre-Atlantique, mais aussi pour la nourriture de leur imaginaire collectif.

Ainsi, le maïs fut l'un des principaux produits agricoles cultivés par les Pères Pèlerins (*the Pilgrim Fathers,* ceux qui ont quitté le Vieux Continent pour commencer une nouvelle vie là-bas). De nos jours, impossible de vous promener dans le moindre *7 to 11* (les épiceries ouvertes de 7 heures du matin jusqu'à 23 heures) sans y trouver des paquets de *cornflakes,* les fameux flocons de maïs (plutôt que des pétales, comme on le traduit parfois sur les paquets vendus en France). De même, il est impossible d'aller dans un restaurant américain sans qu'on vous y propose un *cornbread,* une sorte de pain au maïs qui a, entre nous, plutôt le goût d'un quatre-quarts. Ce dernier doit être généreusement nappé de *gravy* (le jus qui s'écoule de votre plat de viande)… Mais, me répliquerez-vous, ce n'est pas à un Anglais de critiquer les bizarreries de la gastronomie étrangère.

It's impossible to go to an American restaurant without having "cornbread" forced on you, so that you can slosh it around in the gravy. Cornbread is a kind of baked loaf of corn, which I find tastes more than a little bit like the French *quatre-quarts,* but as I'm English I suppose I'm not allowed to cast aspersions on other people's cuisine.

Depuis des années, outre-Atlantique et, depuis peu de temps, en Europe, l'une des façons les plus répandues et les plus savoureuses de consommer le maïs, c'est de le manger *corn on the cob.* L'épi entier est plongé dans une casserole d'eau bouillante pendant douze minutes, avant d'être enduit – généreusement, s'il vous plaît ! – de beurre. Vous n'avez plus qu'à essayer de le tenir dans vos mains, qui deviennent du coup de plus en plus grasses. Le but de tout cela est de dévorer – goulûment, vous l'aurez compris – les grains de maïs sans que ceux-ci restent collés sur vos dents ou… sur vos genoux. À éviter donc si vous portez un dentier – *false teeth* (de « fausses dents » en anglais).

Le maïs joue également un rôle très important dans une autre tradition on ne peut plus américaine, celle du *Thanksgiving Day,* littéralement « le Jour des remerciements ». Ces remerciements sont adressés à Dieu pour les récoltes de l'année. Le premier *Thanksgiving Day* fut célébré en 1621 à Plymouth dans le Massachusetts par nos amis les Pères Pèlerins. Ils rendirent ainsi grâces à Dieu qui leur avait permis de cultiver cette nouvelle terre chargée de promesses.

Depuis cette époque, *Thanksgiving,* qui tombe tous les quatrièmes jeudis de novembre, est désormais une fête officielle célébrée par tous les Américains, toutes croyances, tendances et appartenances ethniques confondues. C'est surtout l'une des seules fêtes véritablement familiales. Tous les membres de la famille se réunissent donc pour manger non seulement du

Thanksgiving **est probablement la fête la plus populaire des États-Unis. C'est en tout cas une réunion éminemment familiale, ce qui implique la préparation d'un repas des plus copieux, où figure en bonne place une dinde de taille respectable.**

maïs, Dieu merci, mais aussi une énorme dinde *(turkey)*. Cette dernière est farcie d'une gelée *(jelly)*. Il ne s'agit pas de la *jelly* britannique, que nous avons découverte dans la version Collège, mais d'une confiture dont le goût rappelle celui des airelles. Dans certains cas, elle est même fabriquée avec de vraies airelles ! Si vous voulez goûter cette spécialité, demandez de la *cranberry jelly*. En plus du plat principal, vous dégusterez des patates douces *(candied sweet potaoes)*. Pour des raisons que seuls les Américains comprennent, ces pommes de terre de couleur orange sont cuites dans un sirop marron foncé et terriblement visqueux, fait de sucre caramélisé.

Nul besoin de dessert après tout cela, allez-vous me dire. Et pourtant si ! Voici qu'arrive la tarte à la citrouille *(pumpkin-pie)*. La citrouille, elle, a déjà été à l'honneur un mois plus tôt. À l'occasion de *Hallowe'en,* elle est transformée en une bien sinistre lanterne, dont les yeux et la bouche sont éclairés par la lueur d'une bougie disposée à l'intérieur du fruit. Le tout est censé faire peur aux mauvais esprits. Mais de nos jours, ce sont plutôt les parents qui sont effrayés par les dépenses familiales qui augmentent chaque année avec l'achat de costumes de vampire de plus en plus extravagants. Cette fête est tout sauf chrétienne, bien qu'*Hallowe'en* (mot provenant de *Hallowed evening*) soit la « Nuit de tous les saints ». Cette autre tradition bien américaine connaît depuis quelques années un succès croissant en France.

Mais nous en avons presque oublié la forme la plus courante sous laquelle on consomme le maïs aux États-Unis : le *pop corn,* qu'on fait exploser au micro-ondes avant de l'inonder de beurre et de sel et de le croquer – bruyamment si possible et surtout au moment le plus crucial du film – dans les salles de cinéma du monde entier. Restons-en là avec l'alimentation et passons à un autre chapitre hautement symbolique de la vie quotidienne américaine…

D for Deli

Grâce aux innombrables *delis* dont regorgent toutes les villes américaines, la faim ne risque point de vous tenailler si vous faites un séjour dans ce pays.

Impossible de parcourir la moindre avenue ou la moindre rue de New York sans tomber sur un, voire plusieurs *delis.* Ce mot est en fait l'abréviation de *delicatessen,* qui signifie « traiteur ». C'est une institution 100 % américaine (bien qu'à 99 % d'origine allemande), puisqu'on ne trouve rien de la sorte, hélas ! dans les villes britanniques. Comment définir un *deli* ? C'est en gros un magasin où l'on peut acheter des produits alimentaires, une sorte d'épicerie générale, à la différence près que l'on peut tout consommer sur place. Cela explique pourquoi on entende sans cesse à la caisse la sempiternelle question : *To go?* (« À emporter ? »). Notez qu'en anglais britannique, ce qui est réservé à un nombre nettement moins important de magasins, on dit plutôt : *To take away?*

On trouve dans les *delis* une très large sélection de produits généralement vendus en supermarché, la législation américaine, comme dans tout domaine commercial, étant nettement plus souple que celle en vigueur en Europe.

On peut généralement classer les *delis* selon les origines de leur propriétaire, qui sont d'ailleurs souvent des personnages locaux hauts en couleur. Toni, le sympathique patron du *deli* italien, vous proposera ainsi une grande variété de saucisses, de

Tony, the friendly boss at the Italian deli, will offer you his great choice of sausages and cheese, peppers, pepperoni, not to mention pasta, just like his Mama made it in Tuscany. Jo, the boss at the Jewish deli opposite, will tempt you with his food, obviously kosher, and often just as delicious from a phonetic as from a gastronomic point of view – like "knisch", pronounce the "k" before you put it in your mouth!

fromages et de poivrons, sans parler de ses pâtes fraîches, cuisinées à la mode toscane. Jo, le patron du *deli* juif d'en face, vous vantera tous ses produits, évidemment cachers (*kosher,* en anglais) et souvent aussi délicieux phonétiquement que du point du vue purement gastronomique. Goûtez surtout ses *knisch* (prononcez bien le *k,* contrairement à *know* et autres *knee,* où la première consonne est muette). En revanche, Jo ne le restera sans doute pas pour vous faire l'éloge de ses viandes fumées telles que le *pastrami,* ou le *corned beef,* ainsi que de toutes sortes de sandwichs aux noms et aux goûts assez exotiques, comme le célèbre *Reuben sandwich* – un mélange de *sauerkraut* (choucroute) et de fromage suisse, qui, vous en conviendrez avec Jo, vaut largement le détour.

Restent les *delis* indiens avec leurs *curries* et leurs *pappadams* (de grandes galettes croustillantes aux céréales) et les *delis* vietnamiens avec toutes sortes de produits épicés. Enfin, en dehors du grand *melting pot* des métropoles, dans de petites villes, vous ne manquerez pas de tomber sur un *deli* nettement plus *WASP* (*wasp* étant une guêpe, mais également l'abréviation de *White Anglo-Saxon Protestant,* la population la plus répandue en Nouvelle-Angleterre). Dans ce genre de *deli,* vous trouverez plutôt des jambons, des viandes à la coupe et des sandwichs à l'œuf, avant d'attaquer la recette locale de *brownies,* un gâteau au beurre, au sucre et surtout au chocolat, que vous laisserez un instant dans votre bouche, mais qui restera nettement plus longtemps dans vos bourrelets présents ou futurs. À noter que l'on parle aussi, en anglais, de *love handle,* c'est-à-dire « poignée d'amour ».

Autre grand avantage des *delis* : ils sont souvent ouverts, du moins dans les grandes villes, à toutes les heures du jour et de la nuit. Une fois encore, les Américains font montre d'une souplesse plus grande en ce qui concerne les horaires d'ouverture que les Européens. Attention, ne confondez pas un *deli* et un *diner.* Un *diner* est un endroit où l'on prend traditionnellement ses repas en famille. Cet établissement se situe à mi-chemin entre le restaurant et le café, les Américains n'ayant pas de véritable équivalent des cafés, sauf quelques *French-style cafés* dans les quartiers les plus branchés des grandes villes. C'est dans un *diner* que les parents américains se rendent avec leurs 2,4 enfants en moyenne. Toute la famille y déguste des *hamburgers* et des frites (*French fries,* en américain, *chips,* en anglais britannique). Le repas se termine généralement par un *milk-shake,* cette boisson laiteuse à laquelle on ajoute des boules de glace et des milliers de parfums un peu chimiques, mais qui ne sont pas toujours sans rappeler au moins vaguement le produit d'origine dont ils portent le nom. Si vous allez dans un *diner,* ou un restaurant, vous demanderez à la fin du repas l'addition (*the check* aux États-Unis, mais *the bill* en Grande-Bretagne). N'oubliez pas de laisser le *tip* plus ou moins obligatoire, le pourboire, qu'on estime en général à environ 15 % du prix du repas.

Vous serez probablement frappé, si vous allez aux États-Unis, par le caractère ethnique de nombreux quartiers, où se sont regroupés les étrangers.

E for Ellis Island

Situé dans la baie de *Upper New York* au sud-ouest de Manhattan, Ellis Island est devenu le symbole par excellence du *melting pot,* c'est-à-dire d'une société voulue, dans sa conception même, multiraciale, multiethnique et multiculturelle. Souvent appelé *The Gateway,* la grande porte d'entrée des États-Unis, Ellis Island fut, de 1892 à 1943, le principal centre d'accueil des immigrés débarquant dans le Nouveau Monde.

Often referred to as The Gateway which opened the door into the country, Ellis Island was the main place of arrival for immigrants coming to the States between 1892 and 1943. During this period millions of people passed through the enormous waiting rooms where they went through the administrative procedure which would perhaps allow them one day to become "a US citizen." How many people, crammed into boats arriving here from other continents (often ours, by the way!), read the words as they passed in front of the Statue of Liberty: "Bring me your huddled masses yearning to be free"?

Durant cinquante ans, des millions de personnes ont transité par d'immenses salles d'attente avant d'entamer la procédure administrative qui leur permettait, si tout allait bien, de devenir un *American citizen.* Combien de personnes, entassées dans des bateaux venus d'autres continents (souvent le nôtre d'ailleurs, mais également, plus récemment, l'Asie, pour échapper à certaines dictatures) ont lu, en passant devant la statue de la Liberté, ces mots censés accueillir les défavorisés de la planète entière : *Bring me your huddled masses yearning to be free* (« Amenez-moi vos masses opprimées avec leur désir ardent de liberté ») ?

En 1886, la France offrit cette œuvre du sculpteur Bartholdi aux États-Unis, comme symbole d'amitié entre les deux peuples. À l'époque, cette énorme statue, surnommée *Lady Liberty,* dominait de son imposante torche le port de New York. Aujourd'hui, elle est un peu perdue dans le paysage.

Une fois leur permis en main, ces immigrés se sont souvent établis à New York même. La ville est ainsi devenue un *melting pot* miniature de l'*American Dream* (« le rêve américain »). Depuis, les quartiers des cinq *boroughs* ou municipalités de NYC (Manhattan, Queens, Brooklyn, le Bronx et Staten Island) ont souvent conservé une forte connotation « ethnique », par exemple le quartier grec dans le Queen's ou le quartier juif à Brooklyn.

Même à Manhattan, on peut constater à quel point des décennies, voire deux siècles après leur arrivée aux États-Unis, les gens de même origine aiment rester entre eux, recréant souvent sur place l'ambiance et l'univers de leur pays d'origine. Vous pouvez le constater en vous promenant dans les rues de Chinatown, véritable ville chinoise au côté indéniablement touristique, où la plupart des habitants n'ont même pas besoin de parler anglais dans leur vie de tous les jours et vivent sans entretenir le moindre rapport avec le reste de la ville. Pourtant, le reste de la ville est tout proche puisqu'il suffit de traverser la rue pour se retrouver tout d'un coup au milieu des *pizzerias* et des *gelaterias.* Les sons et les gestes, sans parler des vitrines décorées de représentations de la Madone, vous indiquent clairement que vous êtes à Little Italy.

Puisque nous sommes à New York, voici un petit conseil : dès votre arrivée, et si vous en avez les moyens, faites soit un tour en hélicoptère la nuit au dessus des toits des innombrables gratte-ciel, soit, si vous êtes moins fortuné, un tour dans un bus à double étage *(double decker City tour)* avec des guides autochtones qui sont souvent drôles et connaissent mieux que quiconque les anecdotes de la ville. Enfin, pour quelques *cents,* vous pouvez grimper en haut de l'Empire State Building. S'il fait beau, vous verrez un panorama sublime de la ville la plus *alive* (« vivante ») de la planète.

Du haut de l'Empire State Building, la vue sur Manhattan est impressionnante.

L'Empire State, qui était à l'époque le bâtiment le plus haut du monde, doit son nom au surnom de l'État de New York. En effet, les Américains ont donné un surnom à tous leurs États. Dans ce cas, il ne faut pas confondre la ville de New York avec l'État de New York. C'est la raison pour laquelle on entend souvent les Américains dire *« New York, New York ».* Ils ont une tendance un peu énervante à faire de même avec nos villes. Ils débarquent toujours à *« Paris, France »,* ou à *« London, England »,* un peu comme si nous habitions également dans des États et non dans des pays indépendants. New York, New York donc, comme dans la célèbre chanson de Frank Sinatra : *New York, New York, so good they named it twice. New York, New York – all the scandal and the vice – I love it!*

L'Empire State Building est redevenu le gratte-ciel le plus haut de l'horizon new-yorkais depuis que les tours jumelles du World Trade Center, The Twin Towers, ont été détruites dans l'attentat du 11 septembre 2001 qui a fait 2 752 victimes et qui s'est gravé dans la mémoire collective new-yorkaise et américaine. Depuis, petit à petit, New York retrouve son peps et est également l'une des villes les plus sûres des États-Unis, l'une des rares à enregistrer moins d'homicides aujourd'hui que dans les années 1970. Si vous y allez, petit conseil, contacter le réseau des *New York Greeters,* quelques 400 *Native New Yorkers,* des natifs de la ville qui vous proposent de découvrir cet authentique Manhattan qui est le leur.

Si vous voulez assister à un concert, allez donc au Lincoln Centre, au Carnegie Hall ou dans l'un des innombrables clubs ou boîtes de nuit cachés dans les petites rues d'Alphabet City, l'une des rares parties de Manhattan où les rues ne suivent pas le *grid system* (c'est-à-dire le quadrillage systématique des avenues et des rues, qui se croisent à angle droit et sont toutes numérotées). Autrement dit, munissez-vous d'un plan !

L'architecture de NYC est aussi diversifiée que ses habitants ont des origines différentes. On y trouve surtout des *tenement buildings*, ces immeubles d'habitation dont les sorties de secours se présentent sous forme d'escalier extérieur, cet élément si caractéristique des villes riches en gratte-ciel comme New York. Il existe également quelques rares maisons, appelées *brownstones,* dont le style architectural va du victorien à l'Art déco. Trouver un petit *bed and breakfast* sympathique dans Greenwich Village, par exemple, n'est pas si difficile qu'on pourrait le croire et coûte même parfois moins cher que l'hôtel. Dans ce cas, il vaut mieux se rendre sur place pour vérifier si l'endroit vous convient.

F for Football

Prenez le basket-ball, le base-ball et le football et vous aurez le tiercé sportif préféré des Américains. Commençons par le football américain, du moins par ce qu'on appelle là-bas le football, qui n'est pas la même chose qu'en Europe. Outre-Atlantique, le football à l'européenne se dit *soccer.*

Le football américain, lui, ressemble plutôt à notre rugby : deux équipes courent partout, le ballon à la main, dans le but d'atteindre l'extrémité du terrain appartenant à l'équipe adverse. Si chez nous le foot se joue avec un ballon rond, ce n'est pas le cas du football américain, qui a adopté le ballon ovale de notre rugby. Il paraît qu'on a retenu cette forme car elle empêche les joueurs de faire ce qu'on appelle de manière assez inélégante en anglais : *to dribble* (littéralement, « baver de la bouche », mais au foot, il s'agit de contourner ses adversaires en conservant la balle au pied). Le football américain est en fait un véritable style de vie. Afin d'en être convaincu, allez donc dans un stade un

Ces espèces de bonshommes Michelin renforcés de multiples protections sont en fait de redoutables joueurs de football américain. Ce sont de véritables stars aux États-Unis, où ce jeu est au moins aussi populaire que le football en Europe.

jour de grand match (le jour du *Superbowl* étant le summum). Vous aurez une idée de l'ambiance qui y règne en voyant dans le parking les milliers de pique-niques organisés autour des coffres de voitures (on appelle ces repas *Tail gate,* du nom du modèle de Jeep dont la porte arrière sert de buffet improvisé).

It's becoming the fashion in Europe now, but for years American football fans have been painting their faces and getting dressed up in the colours of their favourite team, often in somewhat peculiar costumes, all of this with what appears to be the sole aim of getting their faces on the local television's evening news. As for the players themselves, their kits are more on a par with armour, making them into something akin to The Michelin tyre man, with a whole range of pads to cover everything from knees to shoulders via the groin, protecting the most delicate parts of their otherwise massive anatomy from enemy attack!

Comme cela se fait de plus en plus chez nous, les supporters peignent leur visage aux couleurs de leur équipe préférée. Ils revêtent aussi des costumes parfois assez extravagants, dans le but sans doute de passer le soir même au bulletin d'informations de la télévision locale. Quant aux joueurs, vous les avez vus, leurs vêtements relèvent quasiment de l'armure, tant ils ressemblent à des bonshommes Michelin, avec tout un assortiment de protections. Il s'agit des *pads* ; il existe des *shoulder-pads* (épaulettes), des *knee-pads* (genouillères) et des *groin-pads* (coquilles), qui protègent les parties les plus sensibles de leur massive anatomie de l'agressivité des autres joueurs !

Quant au base-ball, c'est un sport légèrement moins agressif. Par exemple, le *tackling,* c'est-à-dire le fait de s'attaquer directement au détenteur de la balle, est interdit par le règlement. Le joueur qui affronte le lanceur de balle n'est muni que d'une grosse batte et de quelques *pads* – à l'épaule, aux genoux et devant la partie la plus délicate de l'anatomie masculine. À le regarder, on dirait que le base-ball puise ses origines dans deux sports anglais : tout d'abord dans le cricket (avec un côté nettement plus *peps* dans la version américaine) et ensuite dans un sport joué naguère dans les écoles britanniques pour filles : le *rounders.* Comme au base-ball, ce jeu consiste à envoyer grâce à une batte la balle aussi loin que possible pour que les joueuses de l'équipe munies de battes (celles qui sont *in*) courent comme des folles dans un cercle et marquent ainsi un maximum de points dans le temps nécessaire à l'équipe adverse pour retrouver, puis renvoyer la balle à la joueuse postée juste derrière la batteuse principale. Suis-je clair ?

En tout cas, vous devez savoir que lorsqu'on réussit à taper dans la balle, on réalise un *hit,* tandis que manquer la balle équivaut à un *strike.* Ne pas tenter de la frapper a également un nom : *a ball* (un coup pour rien donc). Si après avoir frappé la balle, on court, on réalise un *score* et si l'on touche les quatre points du cercle pour revenir au point de départ avant que l'équipe adverse n'ait renvoyé la balle, on effectue *a home run.* On accorde à chaque batteur trois chances pour marquer des points. S'il échoue, il est *struck out* (« frappé dehors », si vous préférez). Si je vous donne tous ces termes (plus qu'hermétiques j'en conviens !), c'est qu'ils sont souvent employés dans d'autres circonstances de la vie aux États-Unis. *To strike out* signifie « échouer » de manière générale. On peut ainsi dire : *Jim wanted to take his doctor's exam but he struck out* (« Jim voulait passer son examen de médecine, mais il n'a pas réussi »).

Le troisième sport de ce trio (même si le hockey sur glace passionne de plus en plus les Américains) est le basket-ball, un sport représenté aux jeux Olympiques. Nous avons ici affaire à deux équipes qui s'affrontent sur un terrain rectangulaire. L'objectif est de lancer la balle dans le filet de l'équipe adverse. Ce sport ne se caractérise pas par un vocabulaire spécialisé, Dieu merci, mais par un grand nombre de joueurs extraordinairement grands.

Même si les règles du base-ball vous paraissent pour le moins incompréhensibles (ce qui n'a rien d'étonnant !), il ne faut point les négliger si vous souhaitez être à la page aux États-Unis. En effet, certains mots de vocabulaire et certaines expressions sont désormais passés dans le langage courant.

G for Gym

Vous ne pourrez pas mettre le pied dans une grande ville américaine sans constater l'invraisemblable obsession nationale qu'est devenu le *fitness* (l'équivalent de la santé, de la forme physique). Il est vrai qu'une importante proportion – 40 % selon certains chiffres – d'Américains sont obèses. Mais il existe depuis des années dans ce pays une manie du « corps parfait » qui relève souvent bien davantage de la futilité que d'un véritable souci du bien-être corporel. Cette attitude porte même le nom de *body-fascism* !

En témoignent les nombreuses publicités diffusées sur toutes les chaînes de télévision et vantant les mérites de multiples appareils. Ces derniers sont censés garantir entre autres des épaules carrées (*the coconut,* avec le haut des bras en forme de noix de coco, donc) et la dureté des fessiers (l'engin le plus terrifiant que j'ai vu s'appelait *butt blaster,* littéralement « appareil qui fait exploser la partie postérieure »). N'oublions surtout pas le culte voué au sempiternel ventre plat (*flat abs,* en anglais, *abs* étant l'abréviation d'*abdominals*). *To lose your love handles,* « perdre ses bourrelets » ou, littéralement, ses poignées d'amour, est devenu l'obsession nationale numéro un outre-Atlantique. On a pour ce faire mis au point d'innombrables engins de torture. À toute heure du jour et de la nuit, des individus arborant les « tablettes de chocolat » tant désirées en font la démonstration à la télévision. À noter qu'en anglais on parle de *washboard stomach,* littéralement « ventre comme une planche à laver » (cette planche à rythmes raclée avec des dés qu'utilisaient les musiciens de jazz de La Nouvelle-Orléans). Si l'on veut faire plus moderne, on emploiera l'expression *six pack,* littéralement « qui ressemble à six cannettes de bière emballées sous cellophane » (dont la consommation régulière, hélas ! ne conduit pas du tout au même résultat).

Si vous vous installez pour plus d'une semaine aux États-Unis, il vous faudra songer à prendre un abonnement *(to take out membership)* dans une salle de gym, voire, si vos moyens vous le permettent, embaucher *an own personal trainer* (un de ces profs de musculation que l'on voit de plus en plus fréquemment veiller aux moindres mouvements de leurs élèves dans les salles de sport). Il va également falloir apprendre le vocabulaire de la gym, ainsi que son étiquette. *To spot,* par exemple, signifie rester derrière quelqu'un qui soulève une barre particulièrement lourde pour empêcher que celle-ci ne tombe. *Are you using these dumbells?* se traduit littéralement par : « Vous servez-vous de ces haltères ? » ; alors que le sens profond en est plutôt : « Combien de temps encore allez-vous les monopoliser ? » Enfin, il va falloir apprendre à pousser toutes sortes de hurlements et de cris, souvent alarmants pour ceux qui n'en ont pas l'habitude car on ne les entend jamais dans les salles de gym européennes. Les Américains sont en effet nettement plus enthousiastes dans l'expression vociférante de leur souffrance. Comme dit le slogan : *No pain, no gain!* (« Sans douleur, pas de résultats ! »)

Faites aussi attention aux nombreuses personnes qui vous recommanderont, surtout dans les grandes villes, de prendre des stéroïdes censés avoir des effets immédiats sur votre musculature. Mais ces substances n'agissent pas seulement sur les muscles visibles à l'extérieur du corps. Elles gonflent également de nombreux organes internes, allant jusqu'à recouvrir la peau des body-buildés de points rouges ou noirs. Elles ont surtout un effet très néfaste sur l'humeur de leurs utilisateurs. Elles provoquent en effet de nombreuses et inexplicables crises de colère, ou *roid rage* (*roid* d'après *steroid*). Selon les dernières rumeurs, l'emploi de ces substances serait en diminution, sans pour autant que le culte du corps soit moins vivace.

You'll have to become familiar with gym etiquette, as well as gym vocab. "To spot" for example means to stay behind someone who's lifting a particularly heavy weight on the bars. "Are you using these dumbbells?" isn't necessarily the polite enquiry it seems, meaning more often than not : "How much time are you going to be hogging these things for??!!" You'll also need to learn how to emit all sorts of screams and cries often of an alarming nature, the like of which are never heard in European gyms, Americans being altogether more prone to vociferous expressions of their suffering.

H for Hollywood

District de Los Angeles, Hollywood est considéré comme le berceau et le cœur de l'industrie cinématographique américaine. Le premier film y a été produit en 1911. Depuis, avec un style que nul ne pourrait qualifier de modeste, cette banlieue s'affiche dans tous les sens du terme, notamment à travers d'énormes lettres qui forment son nom sur la colline dominant les résidences les plus huppées. Sachez d'ailleurs qu'elles formaient initialement le mot Hollywoodland. Mais au bout de quelques années de décrépitude, les lettres de *land* sont tombées. Cela n'a pas pour autant entamé le mythe hollywoodien, constitué depuis le début du XXe siècle d'un mélange de vulgarité, de paillettes, de glamour, d'excès et de passions.

Combien de personnes ces quelques lettres ont-elles fait rêver ? Tous les comédiens débutants venus tenter leur chance ici, avides de gloire et de succès, mais aussi de simples spectateurs comme vous et moi, fascinés par ce microcosme si particulier.

Durant les années de faste, les grands distributeurs de films comme MGM ou Warner Brothers ont créé des vedettes – que dis-je ! des mythes et des légendes – connues dans le monde entier : Bette Davis, Elizabeth Taylor, Humphrey Bogart, James Dean, Marilyn Monroe ou encore Charlie Chaplin et, plus récemment, Tom Cruise, Michelle Pfeiffer ou autres Leonardo DiCaprio. La liste des films tournés à Hollywood est impressionnante et témoigne de la culture populaire du XXe siècle. Voici donc tout ce que vous avez toujours voulu savoir sur le cinéma de Hollywood, sans même avoir à regarder les films – ce qui, entre nous, serait dommage car ceux que je vais évoquer sont des chefs-d'œuvre incontournables.

Commençons par les films de la superbe Suédoise Greta Garbo, l'une des vedettes des années 1930, mystérieuse à souhait. Tous les Américains l'imitent d'ailleurs en reprenant la phrase *I want to be alone* («Je veux être seule»), qu'il faut prononcer avec un léger accent suédois. Passons ensuite aux films de gangsters avec James Cagney, qu'on peut également imiter grâce à sa réplique la plus célèbre. S'adressant à des malfaiteurs dans les rues de Chicago, il les invective en ces termes : *You dirty rats* («Espèces de rats immondes»).

Plus romantique, voici *Casablanca* avec Humphrey Bogart amoureux d'Ingrid Bergman dans la casbah occupée par les Allemands durant la Seconde Guerre mondiale. Comme il le dit lui-même dans le film : *Of all the goddam people in all the goddam places!* («Tous ces fichus gens dans tous ces fichus endroits!»), et il a fallu que je tombe sur toi, ici et maintenant. Tout cela avant que sa promise ne s'envole au milieu de la nuit, dans un brouillard hollywoodien particulièrement épais. C'est sans conteste l'une des plus belles histoires d'amour jamais racontées au cinéma. À l'exception, bien sûr, du film le plus connu de tous les temps : *Gone with the Wind (Autant en emporte le vent),* avec Vivien Leigh et Clark Gable s'étreignant sur fond d'incendie en Géorgie.

Dans *Rebel without a Cause (À l'est d'Eden),* James Dean nous la joue faux dur, symbole de toute une jeunesse impatiente et avide de révolte, un peu d'ailleurs comme Marlon Brando. Apparu à la même époque, ce dernier est cependant plus macho, tout de cuir bardé dans *The Wild One (l'Équipée sauvage),* un film sur un groupe de motards tout aussi révoltés.

Plus ou moins à la même époque, *Some Like it Hot (Certains l'aiment chaud)* nous montre Tony Curtis et Jack Lemmon habillés assez incongrûment en femme et poursuivant néanmoins de leurs assiduités une Marilyn Monroe plus que jamais séductrice. Pour imiter Marilyn, c'est simple, revê-

Let's start with the superbly mysterious Swedish Greta Garbo, who everyone imitates with the phrase: "I want to be alone" (to be pronounced with a distinctly Swedish accent). Then there's James Cagney who you can imitate by going round calling Chicago street gangs "you dirty rats!" More romantically, Humphrey Bogart and Ingrid Bergman in the German-occupied kasbah, just like he says himself: "Of all the goddam people in all the goddam places!" This before flying off into the suitably thick mist of a Hollywood night.

tez une robe blanche mi-longue et placez-vous juste au-dessus de l'une des nombreuses bouches de ventilation du *subway* (le métro) de New York.Vous n'aurez plus qu'à chanter *I wanna be loved by you, just you and nobody else but you* («Je veux être aimée par vous, seulement par vous et par personne d'autre que vous»). Et surtout terminez par le légendaire *Poo poo pee doo!*

Vous connaissez vraisemblablement mieux les films un peu plus récents, dont les scénarios relèvent d'ailleurs souvent davantage de la science-fiction, comme *E.T., la Guerre des étoiles* et autres *Rencontres du troisième type.* Sans oublier les succès qui ont probablement bercé votre jeunesse, les *Titanic* et autres *Jurassic Park*... Tout cela est bien sûr fabriqué, estampillé, créé et réalisé à Hollywood dont les acteurs les plus prestigieux deviennent tour à tour maire (Clint Eastwood), gouverneur de la sixième économie mondiale, la Californie (Arnold Schwarzenegger), voire même *Mr. President* de la plus grande puissance économique, politique et militaire du monde (Ronald Reagan).

It must be said that there was indeed reason to revolt against the Colonial Powers of the time. The British had such a total control over the whole commercial system that, if a woman from Boston, for example, wanted to order a new hat which was even remotely fashionable, she had to place the order with a British manufacturer, in order to strengthen the homeland's economy, but which meant that she would often have to wait six months for the thing to be made and come back by boat.

I for Independence Day

Justement, j'aurais pu également citer ce film comme exemple d'un grand *blockbuster* (voilà une belle façon d'impressionner vos amis anglophones, utilisez ce mot-là pour désigner un «film à succès populaire»). Mais *Independence Day* est aussi et surtout la fête qui marque l'adoption de la Déclaration d'indépendance des États-Unis, le 4 juillet 1776. On considère cette date comme celle de la véritable «naissance» du pays, résultat direct de la guerre d'Indépendance menée contre les Britanniques.

Il faut dire qu'il y avait de quoi se rebeller contre la puissance coloniale de l'époque ! Les Anglais avaient une telle mainmise sur tout le système commercial qu'une habitante de Boston, si elle souhaitait acquérir un nouveau chapeau un tant soit peu raffiné, devait passer commande auprès d'un fabricant en Grande-Bretagne. Cela évidemment afin de renforcer l'économie de la puissance coloniale. Mais ce procédé occasionnait des délais allant souvent jusqu'à six mois, en attendant que l'objet soit fabriqué en Europe puis livré par bateau.

L'épisode le plus connu de la révolte américaine est celui de la *Boston Tea Party,* au cours de laquelle les habitants de Boston jetèrent à la mer une cargaison de thé arrivée d'Angleterre. Cette scène est l'une des plus marquantes de l'inconscient collectif américain. Elle symbolise la volonté de couper le cordon ombilical avec le Vieux Continent et plus profondément avec ses racines. Cela dit, il ne faut pas sous-estimer l'importance accordée par les Américains à tout ce qui concerne leurs origines. Prenez par exemple le succès extraordinaire connu dans les années 1970 par le roman puis le téléfilm intitulés *Roots (Racines).* Chaque citoyen américain sait en effet tout sur les origines les plus lointaines de sa famille et sur celles de ses voisins. Chacun sait par exemple que les Kennedy sont d'origine irlandaise, ce qui crée de véritables liens de parenté avec *The Old World* (le Vieux Monde qu'est, du moins à leurs yeux, le nôtre).

La ville de Philadelphie est la capitale de l'État de Pennsylvanie. Ce dernier fut baptisé ainsi en 1681 car le roi d'Angleterre Charles II, qui devait 16 000 £ à l'amiral Penn, en fit cadeau à son fils. L'amiral y accola le mot Sylvania qui signifie « pays du bois ».

Pour en revenir à la naissance de la nation américaine, la *Declaration of Independence* proclame que tous les hommes sont nés égaux et bénéficient des mêmes droits, dont on ne peut les priver – *inalienable rights* dans le texte original. Ces droits leur garantissent la vie, la liberté et la recherche du bonheur, le tout promulgué à l'époque par Thomas Jefferson. Ce document a été signé dans le *Hall of Independence* de Philadelphie en Pennsylvanie. Il est depuis l'un des fondements de la démocratie américaine.

Philadelphie, connue sous le surnom affectueux de « la Ville de l'amour fraternel » *(the City of Brotherly Love)*, est pour cette raison considérée comme le lieu de naissance des États-Unis. Elle mérite d'ailleurs largement le détour en raison de ses nombreux sites historiques et culturels, d'autant plus qu'elle est à une heure et demie à peine de New York si vous prenez les trains Amtrak.

Le premier drapeau américain y a été cousu par Betsy Ross. Il se composait à l'époque de traits blancs sur un fond rouge, avec dans un coin un champ bleu parsemé des étoiles des treize États alors membres de l'Union. Il ne faut surtout pas manquer la grande cloche de la Liberté. J'ai vu des Américains entrer presque en transe dans ce lieu hautement vénérable puisqu'il évoque les événements de la guerre d'Indépendance. Cette fameuse cloche porte l'inscription : *Proclaim liberty throughout all the land unto all the inhabitants thereof* (« Proclamez la liberté à travers le pays et à tous ses habitants »). Hélas ! la gigantesque cloche s'est fêlée au cours des premiers tests techniques. Mais cela a été rapidement transformé en légende, selon laquelle elle s'est brisée sous le poids de sa tâche et de sa responsabilité : proclamer la liberté d'un bout du pays à l'autre.

La ville de Philadelphie est l'une des plus grandes agglomérations des États-Unis. On trouve en son centre le City Hall, où se dresse la statue de William Penn, celui qui a gentiment donné son nom à tout l'État de Pennsylvanie. Figurez-vous que jusqu'en 1980 la législation de la ville stipulait qu'aucun immeuble ne devait dépasser en hauteur la tête de ce monsieur, ou plus exactement son chapeau. Depuis cette époque, le *skyline* (l'horizon) s'est considérablement transformé et ressemble davantage à celui que l'on voit à l'approche de Manhattan.

Philadelphie est l'une des villes les plus cosmopolites des États-Unis. Parmi les communautés les mieux représentées figurent les Polonais, les Irlandais et surtout les Italiens avec leur marché – l'un des endroits à visiter sans faute dans cette ville, que ce soit pour ses pizzas, ses fruits de mer ou le sandwich que tous ont essayé de copier et que nul n'a jamais égalé, le fameux, l'extraordinaire, l'incroyable *cheese steak sandwich* !

L'un des événements marquants dans le calendrier de Philadelphie est le *Mummers Day Parade,* le défilé annuel du premier janvier. Rien d'autre aux États-Unis ne ressemble (à l'exception du mardi gras en Louisiane) à ce défilé de personnages habillés de plumes ou de paillettes. J'ai même vu un individu uniquement revêtu de miroirs. Tout ce beau monde est accompagné de musiciens jouant de l'accordéon, du tambour et du banjo.

J for Judge Judy

« The people are real, the cases are real, the verdicts are final, this is her court-room, this is Judge Judy ! » Ainsi démarre le générique de chaque émission de « Judge Judy ». Judy Scheindlin est une véritable juge qui officie depuis plus de trente ans dans les tribunaux à New York et en Californie. En quelques années, elle est aussi devenue l'une des vedettes les plus inattendues et les mieux payées de la télévision américaine. Avec sa robe noire, son *gavel* (son marteau) et ses colliers en dentelle, elle préside en direct à la télévision une *small claims court* (tribunal pour petits montants), où les sommes exigées par les plaignants *(plaintiffs)* auprès des accusés *(defendants)* ne doivent pas dépasser les 5 000 dollars. Ces mini-procès sont suivis par des

Real people, real cases. A woman is suing the mother of a 6 year-old girl for 100 dollars because she "put too much make-up" on her daughter for a child's beauty pageant, thus damaging her own child's chances of success. Judge Judy has a sharp tongue, particularly when she thinks someone is trying to take her in – "They keep me here because I'm smart, not because I'm gorgeous !" "Why did you get together with this loser ?" she asks of a woman who is suing her ex-boyfriend for having "stolen her heart". "Because", replies the woman, "for once in my life a man told me everything I always wanted to hear from a man." "That, replies Judge Judy, should have been your first clue !"

millions de téléspectateurs américains, avec web-site à l'appui et formulaire d'inscription en ligne (allez voir sur le site http://www.judgejudy.com/home/home.asp).

De vraies personnes donc, de vrais procès. Une femme poursuit la mère d'une petite fille de 6 ans qui aurait « porté trop de maquillage » lors d'un *childrens beauty pageant* (concours de beauté pour enfants) parce qu'elle estime que ceci était préjudiciable aux chances de réussite de sa propre fille, le tout pour des dommages intérêts atteignant 100 dollars. La juge est connue pour ses répliques acerbes, surtout quand on essaie de la berner… *They keep me here because I'm smart, not because I'm gorgeous!* (« Ils me gardent à mon poste de juge parce que je suis futée, non pas parce que je suis une bombe sexuelle ! ») « Pourquoi vous êtes-vous maquée avec un tel perdant ? » demande-t-elle à une femme qui poursuit son ancien amant parce qu'il lui a volé « son cœur ». « Parce que, pour une fois dans ma vie, un homme m'a dit tout ce que j'ai toujours voulu entendre de la bouche d'un homme. » *That should have been your first clue!* (« Cela aurait dû vous mettre tout suite au parfum ! »), rétorque la juge.

On ne peut que s'interroger sur le bien-fondé de ces procès. Dans le générique, on peut d'ailleurs lire que « certains paiements ont été effectués à ceux qui figurent dans l'émission » – c'est-à-dire que les producteurs paient les amendes de ceux qui perdent, et peut-être même de jolis émoluments aux gagnants. Ce qui soulève de nombreuses questions déontologiques dans un pays où l'on peut poursuivre *(to sue)* n'importe qui et où la justice est devenue un moyen de faire de l'argent comme un autre.

K for Kitsch

Je serais d'une mauvaise foi certaine si je ne décernais pas aux Américains la palme d'or du kitsch, incarné ici avec un goût unique par les sept nains du *Blanche-Neige* de Walt Disney.

Comment définir le kitsch ? Voilà une question difficile, car il s'agit d'une conception du mauvais goût, voire de la vulgarité, liée à des objets et à des éléments de la vie quotidienne, qui provoquent l'amusement ou, au contraire, le dégoût. Où et comment voir du kitsch ? Il suffit, hélas ! de se promener dans les banlieues souvent un peu huppées de n'importe quelle ville typique du *smalltown America* (l'équivalent de la France profonde, « l'Amérique des petites villes ») et de contempler – en particulier à la période de Noël – les guirlandes, les arbres et les Pères Noël aux barbes clignotantes qui « ornent » les jardins des bungalows, pour avoir un aperçu de ce qu'est le kitsch américain dans toute sa splendeur.

Mais tout le reste de l'année, que de nains de jardin (*garden gnomes,* mais ne prononcez surtout pas le *g*), que de flamants roses qu'on illumine une fois le soir venu ! À une époque, ces horribles créations représentaient certes quelque chose de nouveau et d'excitant : l'exotisme qui déferla tout d'un coup dans la vie quotidienne des années 1950 et 1960. Mais pour des raisons qui ne sont pas toujours claires, ces « objets » ont perduré et représentent aujourd'hui le nec plus ultra en matière de kitsch : en en mot, le mauvais goût total. Le kitsch a également influencé l'art moderne, notamment l'artiste pop des années 1960 Andy Warhol. Ce dernier a su transformer les choses les plus banales, puisées dans la quotidienneté terrifiante de la société de consommation américaine, en objets de curiosité esthétique. Citons notamment ses tableaux représentant d'innombrables boîtes de soupe Campbell devenant, à travers le prisme de son talent et de son humour, irrémédiablement kitsch.

L for Lincoln

Abraham Lincoln fut le seizième président des États-Unis, de 1861 à 1865. Il est toujours l'un des plus populaires et, en tout cas, le plus connu. Sa vie fourmille d'ailleurs de légendes. Celle, par exemple, selon laquelle il serait né et aurait grandi dans une hutte en rondins *(a log cabin)* et devait marcher des kilomètres pour aller à l'école, ou encore celle selon laquelle sa famille était si pauvre qu'il devait écrire ses leçons sur le dos d'une pelle *(the back of a shovel)* plutôt que sur les ardoises qu'utilisaient ses copains de classe. Tous les Américains connaissent ces histoires, ce qui montre à quel point la vie de cet homme est passée dans la mémoire collective du pays et combien est profonde l'empreinte laissée par le leader de l'Union des États du Nord contre les confédérés du Sud durant la guerre civile américaine (la guerre de Sécession) entre 1861 et 1865.

Qui n'a pas été ému par ce couple mythique du cinéma américain : Vivien Leigh et Clark Gable ? Il ne faudrait pourtant pas oublier que leurs amours se déroulent sur fond de guerre de Sécession, la plus sanglante jamais subie par ce pays.

L'*American Civil War* a été provoquée par un différend portant sur la tolérance de l'esclavage dans les États du Sud. Les législateurs sudistes prétendaient que le droit des États était souverain, ce qui leur permettait de ne pas appliquer les lois du Nord, voire de se séparer de l'Union. La guerre n'a pas opposé un État à un autre, mais en fait toute une culture, une façon de penser et de vivre, à une autre. Le Sud a, en effet, dans ses racines profondes un mode de vie tout particulier, que vous pouvez voir, quoique sous forme un tantinet caricaturale et surtout démodée, dans le film *Autant en emporte le vent,* que nous évoquions plus haut.

Cette guerre fut la plus sanglante de l'histoire des États-Unis, des familles entières ont été décimées, des frères se sont parfois battus les uns contre les autres. Lorsque la guerre toucha à sa fin, un profond ressentiment persista néanmoins entre les *Yankees* du Nord et les confédérés du Sud. Aujourd'hui encore, il existe une certaine suspicion, voire de l'antipathie, entre ces deux cultures. On voit même de nos jours des manifestations où figure le drapeau des *Confederates* (confédérés), toujours soupçonnés par les nordistes d'être des comploteurs sécessionnistes. Comprendre cet esprit permet de saisir encore mieux le rôle joué par Lincoln dans l'histoire de ces États qui n'ont pas toujours été si « unis » qu'on pourrait le croire aujourd'hui.

M for Mickey Mouse

En anglais, on parle toujours de *Mickey Mouse,* et non de Mickey tout court, tout comme on dit toujours *Donald Duck* et non pas Donald, qui, à l'oreille anglophone, semble déplacé et terriblement familier. En 1928, cette ravissante petite souris fut donc la vedette du premier dessin animé (*cartoon,* en anglais) à être sonorisé : *Steamboat Willie,* littéralement « Willie du bateau à vapeur ». Ce personnage est le fruit de l'imagination de Walt Disney, sans doute le plus important producteur de films qui ait jamais existé, celui qui créa par exemple en 1937 le premier long-métrage *(full-length feature)* uniquement en dessins d'animation : *Blanche-Neige et les sept nains (Snow-White and the Seven Dwarves).*

Disney est depuis devenu le symbole du divertissement familial à l'américaine, une suprématie souvent contestée, dans un autre domaine, par McDonalds. Depuis ses débuts, il a produit d'innombrables films d'aventure, des comédies et des produits destinés à toucher la cible familiale *(family viewing)*, autrement dit à voir en famille avec les enfants. Ses films les plus connus resteront ses adaptations de différents contes de fées, de *Cendrillon* (*Cinderella* en VO, voire la *Cenerentola* sur les affiches de Little Italy) jusqu'à *la Belle au bois dormant (Sleeping Beauty)*, en passant par *le Roi Lion (The Lion King), la Belle et la Bête (The Beauty and The Beast), Pocahontas* ou *Mulan*. Ces contes sont sans doute anciens, mais la technologie utilisée dans les films de Disney est toujours *state of the art* (« top niveau »), avec souvent de grands acteurs qui prêtent leur voix aux personnages dessinés.

Aux États-Unis, tout est bon pour gagner de l'argent, y compris revêtir d'étranges costumes pour divertir la population.

Pour vous convaincre que des personnages comme *Mickey Mouse, Donald Duck* ou *Goofy* (sorte d'affreux chien aux longues oreilles traînantes) sont devenus de véritables symboles de la société américaine, promenez-vous dans l'un des immenses centres commerciaux *(shopping malls)* situés à la périphérie d'une grande ville américaine. Il s'écoulera peu de temps avant que vous ne soyez abordé par un pauvre étudiant, obligé pour gagner un peu d'argent de passer toute sa journée dans un costume grotesque, visiblement inspiré des films de Disney, qui essaiera de vous vendre quelque chose. Mais ne soyons pas méchants ; Disney participe également à de bonnes œuvres, comme le nettoyage de Times Square à New York, qui était auparavant un repaire de gens un peu louches.

N for Niagara Falls

Les chutes du Niagara sont sans conteste l'une des principales merveilles naturelles du monde. Situées à la frontière entre le Canada et les États-Unis, ces cascades, ou « chutes », prennent naissance à l'endroit où le fleuve Niagara se déverse du lac Érié pour se jeter dans le lac Ontario. Connu dans le monde entier, ce site attire non seulement des touristes dûment *thrilled* (j'ai toujours envie de traduire par « frissonnés » et non pas par « assaillis par des sensations fortes ») par la beauté du spectacle, mais également de nombreux *daredevils* (« des casse-cou ») qui essaient de descendre les chutes dans toutes sortes d'embarcations tout à fait inappropriées – un tonneau par exemple ! Les *Niagara Falls* sont surtout fréquentées par des jeunes mariés *(newlyweds)*, au cours de leur lune de miel – traduisez *honeymoon*. En effet, voir et entendre toute cette eau tomber en cascade est censé inspirer la passion et l'amour !

Les États-Unis possèdent de nombreux autres sites naturels exceptionnels. On y trouve tout d'abord plusieurs déserts, celui du Nevada en Arizona, par exemple, ainsi que des chaînes de montagne spectaculaires ; la *Rocky Mountain Range* étant la plus connue. Ajoutez à cela un grand nombre de parcs naturels comme *The Yellowstone National Park* qui s'étend sur les trois États du Wyoming, de l'Idaho et du Montana et regorge de bisons, d'élans et d'ours grizzly. On trouve également aux États-Unis plusieurs lacs dotés de cascades ; c'est en outre le pays qui possède le nombre le plus élevé de geysers naturels au monde. Le plus connu d'entre eux se trouve dans le parc national de Yellowstone. Baptisé *Old Faithful* (« le vieux fidèle »), il entre en éruption en moyenne toutes les 35 à 95 minutes. Pendant quatre minutes, il produit alors une colonne d'eau pouvant atteindre 50 mètres de haut.

These are without doubt one of the natural wonders of the world – located on the border between Canada and the United States at the point where the river Niagara falls down from Lake Erie into Lake Ontario. Known the world over, this site not only attracts tourists who are dutifully thrilled by so much natural beauty, but also numerous daredevils who attempt to follow the falls downwards, on board all sorts of contraptions, ranging from totally inappropriate boats to even a beer barrel!

Lorsqu'on évoque les merveilles naturelles des États-Unis, il ne faut évidemment pas oublier le Grand Canyon, cette énorme gorge située au nord-ouest de l'Arizona. Sa profondeur maximale atteint un kilomètre et demi, pour une largeur de 6 kilomètres, le tout s'étendant sur plus de 300 kilomètres. Ses formes spectaculaires témoignent des effets produits par l'érosion pendant 2 millions d'années. Si on le souhaite vraiment, on peut emprunter l'un des petits chemins de terre qui descendent jusqu'en bas du canyon. Mais l'un des moyens de locomotion favoris des touristes consiste à se déplacer à dos d'âne. Préférez l'hélicoptère si vous avez les moyens, mais pas le vertige. Savez-vous d'ailleurs comment on dit « avoir le vertige » en anglais ? *Not to have a head for heights,* littéralement « ne pas avoir la tête pour les hauteurs », ou plus joliment encore deux expressions : *to get giddy* ou *to feel dizzy.*

Les chutes du Niagara, hautes de 50 mètres, ont creusé à leur pied un creux de 60 mètres de profondeur sous l'effet de l'érosion.

O for Oreo cookies

Il serait quasiment impensable de ne pas évoquer, lorsque l'on parle des États-Unis, ces sublimes petits gâteaux secs (attention *cookies* en anglais américain, mais *biscuits* en Grande-Bretagne), que sont les *Oreo cookies.*

Allez dans n'importe quel supermarché américain et vous serez frappé par l'immense choix de *cookies* qui y est proposé, un choix infiniment plus grand qu'en Europe – où il est pourtant déjà assez important ! Vous y trouverez bien sûr des *chocolate chip cookies* (*cookies* aux pépites de chocolat), mais le choix ne s'arrête pas là – que nenni ! Il existe moult variations dans la taille desdites pépites allant des *tiny chips* (pépites minuscules) aux *big chunks* (d'énormes morceaux de chocolat) – le tout avec ou sans cacahuètes ou tout autre sorte de graine ou de noix.

Pour comprendre ce qu'on appelle en anglais cette *addiction* (dépendance) de nos amis américains à l'égard de tous ces délices, il faut connaître l'importance dans leur alimentation quotidienne du *snack* (en-cas). En français, ce mot confère à cette petite pause-repas une justification (en cas de faim, suppose-t-on), dont les Anglo-Saxons ne se soucient guère. En ce qui les concerne, il s'agit tout simplement d'un moment de pure gourmandise. Il existe ainsi d'innombrables friandises à consommer entre les repas, que ce soit du yaourt à boire, du *candy* (toutes sortes de produits dont le seul point commun est d'être sucré), mais aussi des aliments salés, que ce soient des *chips* à la patate, douce ou pas, ou toute une gamme d'amuse-gueule au fromage (généralement écrit *cheeez* sur les emballages !). Ce fromage est forcément *processed* (traité, donc), sans qu'on sache jamais ni comment ni par qui. Ces amuse-gueule sont vendus en *puffs, balls, sticks* ou *crackers,* bref, sous toutes les formes géométriques permettant de faire fondre du fromage, qu'il soit *processed* ou pas. Goûtez aussi aux *nachos* d'origine mexicaine, aux *pretzels* et autres *bretzels* d'origine juive, ou même à un *snack* italien, puisque certains considèrent la pizza comme un en-cas. Tout cela en dit long sur l'obésité, qui est nettement plus visible outre-Atlantique que chez nous, car les Américains ont ce qu'on appelle en anglais « la dent sucrée » *(a sweet tooth).*

Mais je m'égare et j'allais oublier de vous décrire ce qu'est exactement un *Oreo cookie.* Il s'agit en fait de deux biscuits au chocolat noir, assez petits et ronds, reliés entre eux par une couche de crème pâtissière. Fabriqués depuis 1910, ils sont

What exactly is an Oreo cookie? It's two round black, quite small chocolate biscuits, glued together by the cream between them. They have been made ever since 1910 and have become as American as apple-pie. An advertising campaign harangues the unfortunate consumer with questions about the correct way to consume Oreos: should they be dunked? i.e. immersed into a drink of some kind, cold or hot. Many people swear by dunking them into a glass of cold milk. Another school prefers separating them and then licking the cream in between, but this method must be considered somewhat unorthodox.

désormais aussi américains que l'*apple-pie.* Une campagne publicitaire tarabuste depuis des années le pauvre consommateur de *cookies* américain en lui demandant quelle est la meilleure façon de consommer ses *Oreos.* Doit-on, par exemple, les *dunk* (les tremper dans une boisson, chaude ou pas) ? Nombreux sont ceux qui ne jurent que par une dégustation accompagnée d'un verre de lait froid. Une autre école préconise de séparer les deux parties sphériques du biscuit afin de mieux savourer la crème pâtissière, évidemment avant de consommer individuellement chacune des parties rondes. On ne saurait trop insister sur le fait qu'il s'agit là d'une méthode peu orthodoxe.

À noter que le mot *Oreo* est passé dans l'argot américain. Il signifie, lorsqu'un Américain d'origine africaine l'emploie à l'encontre d'une personne de même origine, qu'il s'agit d'un Noir qui est « blanc » à l'intérieur, de quelqu'un qui aurait tendance à oublier un peu ses origines ethniques.

P for PBS

PBS *(Public Broadcasting Station)* est une oasis dans le paysage audiovisuel américain. C'est la seule chaîne à ne pas être ouvertement commerciale, puisque l'objectif de ses programmes n'est pas de fournir des téléspectateurs à ses annonceurs, mais d'offrir de véritables émissions à ces téléspectateurs. Contrairement à nos chaînes publiques en Europe, dont les fonds proviennent de la redevance, rien de tel n'existe aux États-Unis où, selon la loi de la jungle médiatique, *you swim or you sink!* (« tu nages ou tu coules ! »). Ainsi, vous verrez fréquemment sur l'antenne même de PBS des appels, souvent lancés par des personnalités publiques ou des vedettes, en faveur de « dons permettant à [cette] chaîne de survivre », ce qu'elle réussit à faire davantage en raison de son excellente réputation que grâce à son audimat.

PBS ne trouve en effet guère sa place sur le champ de bataille où les *majors* (les trois grandes chaînes commerciales : ABC, CBS et NBC) se livrent depuis cinquante ans déjà une concurrence sans merci pour obtenir, d'une part, les meilleurs *ratings* (indices d'écoute) et, d'autre part, le maximum de revenus publicitaires, afin de garantir leur survie et de financer les nouveaux programmes. En tant qu'Européen, vous ne pourrez appuyer sur votre *remote* (« télécommande », de *remote control*, « contrôle à distance ») sans être impressionné par le côté commercial de la chose. Les publicités sont beaucoup plus nombreuses que chez nous et leur apparition est franchement plus insidieuse. La plupart du temps, il n'existe pas de véritable « coupure » annonçant une page de publicité. Ainsi, au beau milieu d'un bulletin d'informations, juste à la fin d'un reportage, une publicité est diffusée pour tel ou tel produit, sans qu'aucun signalement ne la différencie de ce que l'on vient de voir. Un Américain a donc nettement plus tendance qu'un Européen à négliger la barrière séparant le journalisme du commerce, puisqu'il conserve inconsciemment la même attitude devant les messages publicitaires que devant des comptes rendus d'actualité.

Encore plus qu'en Europe, le conducteur *(running order)* des reportages du journal télévisé est déterminé en fonction de ce qui risque de « plaire » au téléspectateur. En effet, ce dernier ne doit surtout pas zapper, car des téléspectateurs en moins, cela signifie des annonceurs en moins et, par conséquent, de l'argent en moins et une émission en moins. Le côté très direct de la publicité est également frappant. Regardez-la et vous trouverez la nôtre mille fois plus sophistiquée. À la télévision américaine, rares sont les spots contenant un peu d'humour. On est là pour vendre et on le fait directement et sans fioritures. Je me

Adverts pop up much more often than they do on European TV, and the way they're shown is often frankly insidious. Most of the time, for example, there's no natural break between the programme itself and the advertisement. This means that bang in the middle of a news report you come across an advert for such and such a product, with no warning or indication which differentiates it from what you've just been watching, which was the effect of blurring the distinction between journalism and salesmanship to a much less acceptable degree than would be the case in Europe – at least for the moment.

rappelle notamment une vente télévisée de matelas livrables à domicile avec un comédien hurlant pendant presque cinq minutes : *Don't spend another night on your old mattress!* (« Ne passez pas une seule nuit de plus sur votre vieux matelas ! »). Outre ce ton quelque peu tonitruant, la publicité comparative est autorisée depuis des années aux États-Unis. Les annonceurs peuvent ainsi déclarer : « Notre produit est meilleur que celui de notre concurrent, parce que… »

Friends fait partie de ces séries télévisées américaines d'un nouveau type. En effet, le code moral habituellement en vigueur est ici quelque peu égratigné puisqu'on y parle avec une assez grande liberté de sexe ou d'alcool, par exemple.

Cela dit, ce côté direct constitue une excellente manière d'étudier l'anglais, car souvent le langage des publicités américaines est nettement plus simple que celui des réclames britanniques. En voici un exemple, sur une affiche du métro vantant les mérites d'un piège anticafards que ses fabricants appellent délicatement *The Roach Motel* (« le motel des cafards »), on lit ce slogan merveilleusement lugubre : *They check in – but they don't check out.* Voilà une expression nettement plus « peps » en anglais qu'en français, où elle donnerait quelque chose du genre : « Ils (les cafards) enregistrent bien leur nom au moment où ils arrivent, mais ils ne font pas de même en partant », sous-entendant qu'ils ne repartiront plus jamais !

La télévision américaine n'est pas pour autant totalement mauvaise. Dans ce climat de concurrence effrénée, les émissions sont, contrairement aux préjugés européens, souvent bien écrites et bien faites. Ainsi, le journalisme de *Sixty Minutes* sur CBS représente ce qui se fait de mieux en matière d'*investigative journalism* (le journalisme d'investigation à l'anglo-saxonne). En outre, les *sitcoms* et séries sont souvent nettement mieux écrites que leurs équivalentes européennes. Elles sont surtout plus réalistes avec des séries comme *Urgences* (*ER* en VO), qui montre la vraie vie dans un hôpital, ou *Friends,* qu'il faut voir en VO pour en apprécier pleinement l'humour.

Les grandes chaînes perdent leurs parts de marché à un rythme beaucoup plus soutenu que chez nous face aux innombrables chaînes du câble et du satellite. Ces chaînes se spécialisent de plus en plus. J'ai même entendu parler d'une chaîne sur le jardinage spécifiquement destinée à la communauté d'origine vietnamienne. Parmi les plus cotées, on trouve *The Food Network,* qui diffuse uniquement des émissions sur l'alimentation et des cours de cuisine. Ces derniers sont animés par la vedette américaine incontestée en la matière depuis quarante ans, Julia Child, connue pour absorber en direct les boissons alcoolisées dont elle est censée faire ses étonnantes sauces. Vous pourrez également regarder *Sci-Fi Network,* avec d'innombrables sosies de *Star-Trek* et autres *X-Files,* ou *Comedy Central,* avec toutes sortes de *sitcoms* d'hier et d'aujourd'hui. Si vous tombez sur un épisode de *I Love Lucy,* série culte des années 1960 avec Lucille Ball, l'actrice comique de référence de la télévision américaine, ne le ratez surtout pas. C'est une série un peu vieillotte mais adorée, à juste titre, par plusieurs générations de téléspectateurs. Depuis quelques années, de nouvelles séries révolutionnent la télévision américaine, brisant pas mal de tabous non seulement sociétaux, mais également télévisuels. Elles offrent un contraste saisissant avec les productions plus policées et prudes des grands *majors.* Ainsi, *Sex and the City* raconte les frasques de quatre femmes célibataires à Manhattan, avec des scénarios assez osés et impensables il y a quelques années. De même *Six Feet Under* est la première sitcom à explorer l'humour noir du monde des pompes funèbres. Ces deux séries particulièrement innovantes ont été primées à maintes reprises.

American TV isn't all bad. Programmes, in the climate of frantic competition (and contrary to European stereotypes), are often well-written and well-made. The journalistic standards of a programme like *Sixty Minutes* on CBS represent the epitome of Anglo-saxon investigative journalism at its best. Sitcoms and soaps are often much better written than their equivalent on European TV – above all they're much more realistic, with series like *ER* giving a glimpse of what working in a hospital is really like.

Q for Quack

"*Quack, mooh, oink, woof, bow-wow, aarf, ruff, miaow.*" **Non, je ne délire pas, je vous indique simplement le cri de quelques animaux en anglais !**

Commençons par un petit aparté. Voilà le genre de choses que vos professeurs occupés par le programme n'ont guère le temps de vous enseigner, mais il se trouve que *quack* est la transcription anglaise du bruit produit par un canard. *A duck goes quack,* donc, de même qu'une vache fait *mooh,* un cochon fait *oink* et un chien fait, selon sa taille et son humeur, *woof, bow-wow, aarf* ou *ruff.* Ces sons sont très employés aux États-Unis dans l'enseignement des rudiments du langage aux tout-petits. Et puis, je l'avoue, j'avais bien du mal à trouver un autre mot significatif commençant par Q. En effet, comme nous l'avons déjà vu, les Américains vivent depuis longtemps en république et n'ont donc plus de *Queen,* ce qui ne les empêche nullement d'ailleurs de suivre, dans des *tabloids* comme *The Daily Enquirer* ou *People Magazine,* les faits et gestes de la famille royale britannique.

Puisque nous en sommes à *quack,* sachez que ce mot signifie également en langage familier un médecin, mais un médecin qui n'est pas qualifié pour les services qu'il propose ; un charlatan donc. Qualifier un médecin de *quack* est donc une insulte grave et risque de vous valoir des ennuis juridiques dans une société nettement plus portée sur les procès que la nôtre. La phrase : *I'll sue you* (« Je vais vous faire un procès ») devrait d'ailleurs figurer dans tous les manuels d'anglais américain. On voit souvent à la télévision des cabinets d'avocats qui incitent les malades mal soignés à les contacter pour la moindre affaire, ce qui serait inconcevable, du moins pour le moment, chez nous.

Comme la télévision, le système de santé aux États-Unis est presque exclusivement privé. On le caricature souvent avec cette histoire d'un malade moribond arrivant sur un brancard aux urgences, où on lui demande d'abord sa carte de crédit avant d'accepter de le soigner. Cette image est bien sûr exagérée, mais elle n'est pas si éloignée de la vérité. De nombreux Américains ont réellement peur de ne pas pouvoir payer les médicaments dont ils ont besoin. Il existe cependant un système d'aide financière pour les plus démunis, *Medicare,* mais qui n'a rien à voir avec nos différentes sécurités sociales. En contrepartie, les Américains paient nettement moins d'impôts que nous. Comme on dit en anglais : *You get what you pay for* (« On a ce qu'on paie »).

R for Rock and roll

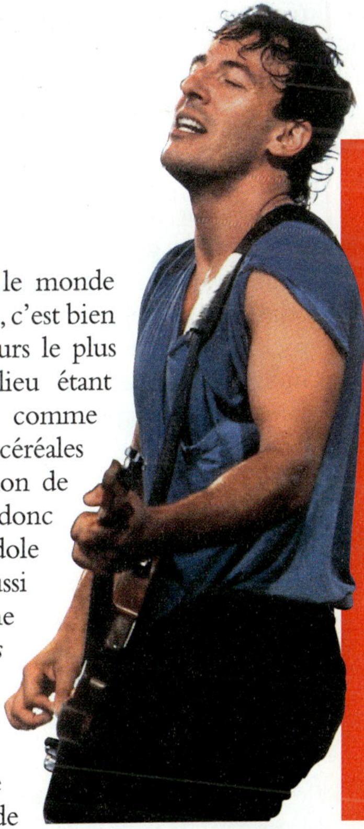

Bruce Springsteen, surnommé le Boss, fait partie des chanteurs les plus représentatifs des États-Unis, grâce au succès énorme qu'a rencontré sa chanson *Born in the USA.*

S'il y a une chose pour laquelle le monde entier doit remercier les États-Unis, c'est bien le rock and roll. On l'écrit d'ailleurs le plus souvent rock'n'roll, le 'n du milieu étant l'abréviation américaine de *and,* comme dans *Fruit'n'Fibre,* la marque de céréales préparées à partir de flocons et non de pétales de maïs. Le rock'n'roll a donc explosé avec Elvis Presley – jeune idole des demoiselles – qui chantait aussi bien des chansons douces comme *Love Me Tender* ou *You Are Always on my Mind* que des reprises plus « agitées » comme *Don't You Step on my Blue Suede Shoes* (« Ne marche pas sur mes chaussures de daim bleu »). LE titre de référence de

Rock and roll itself was at the beginning a real mixture of musical genres, from rhythm and blues, through country and western, with elements of Black gospel music to boot. The best definition though will always come from the instruments themselves, and those which are absolutely at one with the essence of rock and roll are the guitar and the bass, drums and the human voice itself. Throughout the years there have been many voices which have come to the fore, like Buddy Holly, Chuck Berry, and Bruce Springsteen, and you won't be able to set foot in America without hearing his famous hit *Born in the USA* at least once a day.

l'histoire du rock and roll reste néanmoins *Rock Around the Clock,* chanté dans les années 1950 par Bill Haley and The Comets. Ce disque résume bien la révolte de toute une génération et la naissance d'un style de musique qui allait, pendant cinquante ans, dominer (et dominera encore, qui sait pendant combien de temps ?) la musique des jeunes, et des nettement moins jeunes maintenant.

Le rock a donné naissance à toutes sortes de musiques. N'attendez pas que je vous explique ici la différence entre ces formes acoustiques, électriques, électroniques et même plus récemment informatiques que sont pêle-mêle le rockabilly, le grunge, le trash, le métal (qu'il soit heavy ou pas), le hip hop, la dance, la house, le bubblegum et même le handbag, tous pouvant légitimement prétendre à des liens de parenté avec le rock.

En effet, le rock and roll lui-même était à ses débuts un mélange de genres, un amalgame de rhythm and blues, de country et de western, plus quelques éléments de musique religieuse noire, le gospel. La meilleure manière de définir le rock and roll reste d'énumérer les instruments plus ou moins indissociables de tout ce qui s'en réclame, c'est-à-dire la guitare, la basse, les percussions et la voix éminemment humaine des chanteurs.

Au fil des années, de nombreuses voix ont émergé du lot, de Buddy Holly et Chuck Berry à Bruce Springsteen, avec sa chanson la plus célèbre, que vous ne manquerez pas d'entendre au moins une fois par jour lors de votre séjour outre-Atlantique, même vingt ans après sa sortie : *Born in the USA*. Quant aux artistes qui représentent la tendance la plus récente du rock'n'roll, vous êtes sans doute infiniment plus calé que moi pour en parler !

S for South Africa

Quittons un instant les États-Unis pour nous tourner vers un pays où l'anglais n'est que l'une des onze langues officielles, l'Afrique du Sud. Cela nous donnera l'occasion d'évoquer le continent africain, dont une grande partie – notamment à l'est, avec des pays comme le Kenya ou l'Ouganda – est anglophone. Cet enracinement linguistique n'est pas toujours associé dans l'esprit des Africains aux meilleurs souvenirs qui soient puisqu'il est dû à la colonisation. Mais le fait est que, si vous voyagez sur ce continent, autant le français est toujours la principale langue parlée dans des pays comme le Sénégal ou le Bénin, autant l'anglais est compris par un grand nombre d'Africains de toutes les origines.

En Afrique du Sud, l'anglais a longtemps été, avec l'afrikaans, la langue du pouvoir, celui des Blancs venus « s'établir » (les premiers fermiers blancs s'appelant justement les *settlers*) dans le pays. Ainsi, l'anglais aussi bien que l'afrikaans (la version africaine du néerlandais parlé au XIXe siècle par les Boers, les fermiers qui étaient arrivés des Pays-Bas) étaient les deux langues officielles du pays, les seules au temps de l'apartheid. Ce mot signifiant « le fait d'être à part » est d'origine afrikaans, ce qui ne signifie nullement que les Blancs anglophones ne pratiquaient pas ce terrible système de ségrégation raciale avec moins d'enthousiasme que les autres Blancs. Cela paraît assez étonnant lorsque l'on tombe maintenant sur des photos datant des années 1980, où des plages, par exemple, étaient réservées aux seuls Blancs *(for Whites only)*.

Malgré la fin de l'apartheid et l'établissement d'un régime enfin démocratique, les conditions de vie de la plupart des Noirs restent difficiles, le clivage entre les classes sociales étant désormais d'ordre financier et non plus racial.

The result and outcome of this change of attitude and of all the international pressure over the years was that Nelson Mandela finally became president of South Africa in 1994, "finally", for it was he who throughout the long years of his imprisonment had come to symbolize the fight against apartheid, and the racial injustice at the very heart of South African society. But you can't change a system, even one as insidious as apartheid, in two or three years, and if you go there, you'll see that it's still the 5 million Whites who live in the nice areas, with villas and a life-style to more than rival ours in Europe. The great majority of the country's 35 million Blacks on the other hand still live in townships like Soweto on the outskirts of Johannesburg.

En 1990, lorsque le président F. De Klerk a admis pour la première fois en public que le système d'apartheid ne pouvait pas durer éternellement, l'Afrique du Sud a entamé une énorme phase de transition. C'était en grande partie le résultat de pressions exercées depuis des années par l'opinion publique étrangère. Si vous étiez étudiant en Grande-Bretagne dans les années 1980, il était par exemple fort peu conseillé d'ouvrir un compte dans une banque entretenant des relations avec ce pays. De même, les équipes sportives sud-africaines n'étaient pas invitées dans les rencontres internationales. C'était en particulier le cas des Springboks, l'équipe nationale de rugby exclusivement blanche. Cette dernière tire son nom d'un animal vivant dans le *veld,* un plateau herbeux, un peu désertique mais magnifique, situé dans ce vaste et fascinant pays.

La conséquence directe de ce revirement de situation et de la pression internationale exercée sur le pays fut l'élection en 1994 de Nelson Mandela comme premier président noir d'Afrique du Sud. Pendant toutes les années qu'il avait passées en prison, ce dernier avait symbolisé la lutte contre l'injustice raciale qui était à la base même de la société sud-africaine. Tabo Mbeki lui a succédé en 1999.

Mais on ne change pas un système, aussi décrié soit-il, en deux ou trois ans. Même dix ans après le début des changements politiques, les Blancs (5 millions de personnes en tout) habitent toujours dans les quartiers les plus huppés. Leurs villas et surtout leur style de vie (golf, voiture de sport, surf, etc.) sont souvent nettement plus agréables qu'en Europe. En revanche, la majorité des Noirs (35 millions de personnes environ) habitent souvent dans des *townships,* comme Soweto, près de Johannesburg. Le reste de la population (2 millions de personnes) est aujourd'hui encore appelé *coloured* (littéralement, colorés), c'est-à-dire des métis, souvent d'origine indienne ou asiatique.

En outre, si vous vous promenez à Cape Town ou à Durban, vous remarquerez que, la plupart du temps, ce sont les Noirs qui font les travaux les plus pénibles. Les Blancs, en revanche, exercent les métiers les plus intéressants et surtout les plus lucratifs. Personnellement, je n'ai jamais été aussi conscient de mon appartenance raciale que lorsque je me promenais dans les rues de Johannesburg, tant cinquante ans de discrimination ont laissé des traces difficiles à effacer. De l'avis général, il faudra encore deux générations avant de constater de vrais changements.

La question de la race influe de manière étonnante sur tous les aspects de la vie quotidienne. J'ai même lu, figurez-vous, un petit article de journal sur la différence de traitement accordé par des vétérinaires aux animaux domestiques en fonction de la couleur de la peau, non des chiens, mais de leurs propriétaires !

Afin de briser ces habitudes, le premier gouvernement de l'ANC *(African National Congress)*, dirigé par Mandela, a instauré un système d'*affirmative action*, qui consiste à imposer le recrutement d'un personnel noir à des postes clés. Mais cette politique n'est pas simple à appliquer. J'ai ainsi rencontré un chauffeur de taxi blanc qui m'a raconté avoir été patron d'une mine de plutonium avant d'être remplacé par un dirigeant noir. Ce nouveau patron n'avait pas, en revanche, l'expérience requise pour assumer ce poste. « Mais c'est justement nous qui les avons empêchés d'avoir accès à cette éducation », admit-il avec une circonspection somme toute assez louable, vu le changement radical que cette loi avait provoqué dans sa vie.

Lorsqu'on évoque l'Afrique du Sud, on pense bien sûr à des questions de politique et surtout de race. Mais l'on oublie un peu trop souvent que c'est également un pays riche en sites naturels, comme ici la plage de Cape Town.

Pendant mes séjours en Afrique du Sud, j'ai entendu à plusieurs reprises cette phrase : « Il n'y a plus aucune discrimination, tout le monde a accès à tout, il suffit d'avoir de l'argent. » Or l'argent remplace justement les anciennes lois de l'apartheid comme moyen de discrimination, ce qui relève d'une réelle hypocrisie, car rares sont les Noirs qui peuvent se payer la carte de membre d'un club de golf, par exemple. Il reste ainsi, même dans la nouvelle *South Africa,* bien des endroits réservés aux seuls Blancs.

On peut tout de même se montrer optimiste, lorsqu'on arrive sur place et qu'on entend, par exemple, pour la première fois un chœur mixte d'enfants chanter le nouvel hymne national : *Llhosi Sikelele Africa* (« Que Dieu bénisse notre Afrique »). Mais même un court séjour dans ce pays suffit pour émettre des réserves quant aux changements effectués, du moins à court terme.

T for Texas

Le Texas, qui oserait le nier, se trouve au sud-ouest des États-Unis et recouvre une superficie de quelque 267 000 *miles* carrés (pour obtenir des kilomètres d'après des *miles,* divisez par 5 et multipliez par 8 !), ce qui en fait le deuxième État, en termes de superficie, de toute l'Union (le plus grand étant l'Alaska, qui ne compte pas, car il n'est pratiquement pas habité). Le Texas fut le vingt-huitième État à rejoindre l'Union après s'être battu longuement pour obtenir son indépendance du Mexique, la bataille la plus connue étant celle de Fort Alamo. Aujourd'hui, la majorité de sa population vit dans des centres urbains tels que Houston, Dallas, Austin, San Antonio et Fort Worth.

Lorsqu'on songe au Texas, c'est pourtant une tout autre image qui vient à l'esprit. Les gens pensent généralement à des *cowboys* regroupant le bétail à l'aide de leur lasso dans les grandes plaines sèches et ensoleillées *way down South* (« là-bas, dans le grand, grand Sud »). L'imaginaire collectif est également nourri d'innombrables batailles contre les Indiens (les seuls Américains d'origine indigène), avec toute l'imagerie traditionnelle des arcs, des flèches, des visages peints, des chapeaux de *cowboy* et des braves envahisseurs menés à la guerre par des personnages mythiques comme le général Custer. Quel Américain n'a pas grandi, nourri de feuilletons comme *Bonanza,* s'imaginant pénétrer dans un grand *saloon,* où une *barmaid* pulpeuse à souhait lui fait glisser une bière le long du bar, bière qu'il boit avant d'aller se battre en duel sur le sable, puis de partir sur son fidèle cheval, soufflant la poudre de son pistolet au moment où le soleil se couche sur les cactus.

Le Texas, qui est de par sa superficie le deuxième État américain après l'Alaska, est le premier quant à la production de gaz naturel et surtout de pétrole. Ce n'est pas pour rien que Dallas figure parmi les grandes villes texanes !

La vie était sans doute tout autre à l'époque. Mais elle était quand même assez difficile pour les *settlers* (ici aussi, comme en Afrique du Sud) qui devaient se battre contre les Indiens mais aussi contre les Mexicains, de l'autre côté du Rio Grande, cet énorme fleuve qui sépare le Mexique des États-Unis. L'image du *cowboy* restera cependant à jamais associée à l'identité américaine, même s'il existe de rares tentatives de proposer une autre version des faits. Citons notamment le film *Danse avec les loups (Dances With Wolves)* de Kevin Costner, qui montre une autre image, moins violente et plus respectueuse, de la civilisation des premiers habitants du continent américain.

Le Texas a énormément changé depuis le XIXe siècle. Le contraste entre les centres urbains et les grandes plaines n'a fait que s'accroître. Cet État est le plus grand fournisseur de minerais du pays. Son économie est dominée par d'abondantes ressources en énergie, des parties entières du paysage étant occupées par des puits de pétrole. Vous le savez si vous avez regardé le générique du feuilleton *Dallas* ! Aujourd'hui, le Texas est également un grand centre de recherche. On y produit de l'équipement électronique, sans oublier la NASA, centre mondial de la recherche spatiale, qui est implantée à Houston – une information que vous ne pouvez ignorer si vous avez vu *Apollo 13*. Ce film raconte l'un des épisodes les plus marquants de la conquête de l'espace, l'incident survenu à bord de la navette du même nom, au cours duquel fut prononcée l'une des phrases les plus terrifiantes de l'histoire de l'aventure humaine : *Houston we have a problem* (« Houston nous avons un problème »). Cette phrase tragique n'a toutefois pas effacé l'une des plus glorieuses formules de l'histoire humaine, prononcée par Neil Armstrong, lorsqu'il a marché pour la première fois sur la Lune en 1968 : *It's a small step for a man, but a giant step for mankind* (« C'est un petit pas pour l'homme, mais un pas de géant pour l'humanité »). J'en ai encore des frissons, moi qui ai suivi en direct et en noir et blanc cet alunissage à la télévision lorsque j'avais onze ans.

The sound of the ukulele brings to mind evenings spent sipping brightly-coloured drinks whilst local people in grass skirts emerge from their huts, with flower garlands – the traditional Hawaiian leys around their gyrating waists, eager to prove to all and sundry their prowess at limbo-dancing. Real life in Hawaii doesn't have too much to do with any of this.

U for Ukulele

L'ukulélé (*ukulele* en anglais) est un petit instrument de musique, une guitare à quatre cordes pour être plus précis, qu'il faut *pluck* (c'est-à-dire pincer). Le son obtenu, qui est légèrement plus aigu que celui d'une guitare normale, est intimement lié à l'île d'Hawaii. Il évoque des soirées passées à siroter des boissons de couleurs vives, pendant que les habitants de l'île, vêtus de jupes en raphia, de pagnes et de guirlandes de fleurs (les traditionnels *lei*), émergent de leur cabane et se précipitent sur la plage pour démontrer leur habileté à la danse. La vie quotidienne à Hawaii n'a sans doute rien à voir avec tout cela, mais il faudrait vous rendre sur place pour le voir de vos propres yeux. En tout cas, je peux vous dire que Hawaii est le cinquantième État américain et qu'il se compose de huit îles ainsi que d'innombrables îlots perdus au milieu de l'océan Pacifique. Ces îles sont d'origine volcanique et sont entourées de corail. Elles sont extrêmement fertiles et recouvertes d'une végétation luxuriante qui bénéficie d'un climat des plus doux. La principale production est la canne à sucre, juste avant l'ananas, deux cultures destinées à l'exportation. De nos jours, la plupart des habitants de Hawaii sont d'origine asiatique et très peu de gens peuvent se targuer de posséder encore du sang indigène.

On peut déplorer que les magnifiques plages d'Hawaii soient désormais envahies, voire défigurées, par des gratte-ciel.

V for Verbs

Voilà, j'ai évité tout au long de cet abécédaire de vous soumettre des informations linguistiques, car vous en trouverez de très nombreuses dans les pages qui suivent. Je me bornerai donc à vous donner quelques « tuyaux » pour mieux comprendre et mieux vous faire comprendre lors de votre séjour aux États-Unis, surtout si, comme on peut le supposer vu le programme scolaire en France, vous avez plutôt appris l'anglais britannique. Comme on le dit régulièrement dans les relations entre Londres et Washington : « Les États-Unis et la Grande-Bretagne sont deux pays qui sont séparés par une seule et même langue » *(Two countries separated by one and the same language).*

Prenez, par exemple, les conjugaisons : les Américains emploient parfois d'autres temps que les Britanniques, en particulier au passé. J'ai ainsi été très étonné lors de mon premier séjour aux États-Unis. J'avais perdu mon peigne dans une voiture et je le cherchais visiblement toujours, lorsque la conductrice m'a demandé : *"Did you find it?"* Or cette question suppose pour moi que je ne le cherchais plus. J'aurais dit en anglais britannique : *"Have you found it?"* (voir d'innombrables règles dans toutes les méthodes, y compris celle-ci, sur l'emploi des temps du passé, en raison de ses « conséquences dans le présent »). Les Américains emploient en effet beaucoup plus souvent le prétérit que les Britanniques. *"Did you cook the cake?"* implique pour moi qu'en cas de réponse négative, il est trop tard pour songer à faire le gâteau. Pour un Américain, il n'est en revanche jamais trop tard pour songer à faire un gâteau (voir également les remarques plus haut sur l'obésité).

American English sounds a bit more familiar than its British version, especially with the ubiquitous use of the word "guy" – even used, my goodness me, to describe groups where women are present! Just don't make the same mistake that I did once asking for a rubber in a bookshop in Vermont – the word means something to erase mistakes in British English, but for the unfortunate saleswoman I had in front of me ` was more associated with a means of contraception.

Il existe quelques autres différences entre l'anglais britannique et l'anglais américain, en particulier en ce qui concerne l'orthographe. Il est vrai que les Américains sont plus logiques, avec leur *center, color, flavor* que les Britanniques avec leurs *centre, colour* et *flavour.* À part les temps et l'orthographe, restent mille et une petites différences de vocabulaire. En gros, l'américain est plus familier que l'anglais britannique. Ainsi, on emploie un peu partout le mot *guy,* qui, pour moi, est l'équivalent de « mec » en français. C'est une habitude très répandue outre-Atlantique (et totalement inconcevable outre-Manche !) pour désigner même des personnes de sexe féminin. On dira par exemple : *You guys ready?,* ce qui m'amuse toujours de la part d'un Américain qui s'adresse à un groupe mixte, comme si l'on demandait : « Vous êtes prêts, les gars ? » à un groupe de garçons ET de filles.

En parlant de sexe justement, méfiance ! Ne faites pas la même erreur que moi en demandant une gomme dans une librairie du Vermont. J'ai employé le mot anglais *rubber,* ce qui signifiait pour la vendeuse un peu interloquée que je demandais un préservatif. *Do you have an eraser?* aurait été plus approprié. Justement, notez bien le *do you have?* En effet, les Américains ne disent jamais *have you got?* comme en Grande-Bretagne. Ils n'utilisent le verbe *get* que dans ses multiples autres sens, dont « devenir », mais avec un participe passé spécifique, qui est *gotten. My girlfriend's gotten mad* se traduit ainsi par « ma copine est devenue furieuse », et non pas folle, ce qui est une autre petite nuance transatlantique. Sexe toujours et méfiance encore avec l'expression *to knock someone up.* Pour un Britannique aussi naïf que moi, cela veut dire « réveiller quelqu'un en frappant à sa porte au milieu de la nuit ». Aux États-Unis en revanche, le sens de ce verbe est plus dramatique, puisqu'il signifie mettre une fille enceinte.

Cette gomme, à l'apparence pourtant bien innocente, représente un piège linguistique pour tous ceux qui maîtrisent davantage l'anglais britannique que l'anglais américain.

Restent quelques expressions « du cru », qui, notamment en raison des très nombreuses émissions américaines diffusées à la télévision britannique, traversent l'Atlantique, comme par exemple le très expressif *tell me about it,* sorte de « à qui le dis-tu, mon vieux ! » (qu'il faut toujours accompagner d'un geste large des deux mains et d'un roulement des yeux). Le mot *already* est également employé avec une connotation de « enfin » plutôt que du simple « déjà ». *They've gone already!* se traduit donc par « Ils sont enfin partis ! » et non par « Ils sont déjà partis ». De même, lorsque quelque chose ne va pas, les Américains demandent un peu abruptement *Do you have a problem with*

this?, ce qui est vaguement l'équivalent de « Vous avez un problème, on dirait ! ». Enfin, des expressions plus directes et souvent amusantes nous viennent directement de l'américain. J'adore, par exemple, lorsque quelqu'un est trop naïf et ne voit pas la vérité en face, lui dire *Wake up and smell the coffee!* (« Réveille-toi et sens le café ! »), ou plus dur encore, lorsque l'on trouve quelqu'un ennuyeux, on peut lui dire sèchement *Get yourself a life* (« Procure-toi une vie, une "vraie" »).

Mais ne désespérez pas, les différences sont minimes, nettement moins importantes, par exemple, que celles entre le français de France et celui du Québec. Si vous me montrez deux articles tirés du *Washington Times* et du *Times* de Londres, j'aurai du mal, à part quelques références nationales, à reconnaître l'un de l'autre. Reste le fait que les Américains sont parfois un peu, disons, « bornés » dans leur conception de la linguistique. Je n'effectue pas un seul séjour sur place sans que quelqu'un me dise, sans doute pour être gentil : *What a cute little accent you have* (« Quel joli petit accent vous avez »). Cela me donne toujours envie de leur rappeler que c'est après tout de mon pays que vient notre langue commune. Peut-être devrais-je me contenter de leur demander s'ils ont « un problème avec cela ».

W for Washington

George Washington fut le premier président des États-Unis, de 1789 à 1797 et donc le commandant en chef de l'armée durant la révolution américaine. On l'appelle le Père de la Nation. Tout comme Abraham Lincoln, son personnage est entouré d'innombrables histoires et légendes. Voici l'une des plus célèbres : petit garçon, il aurait abattu un cerisier. Lorsqu'on lui a demandé si c'était bien lui qui l'avait fait, il aurait répondu : *I cannot tell a lie. I chopped it down.* (« Je ne peux pas mentir. C'est en effet moi qui l'ai abattu. ») Cette histoire est franchement idiote, mais riche d'enseignement dans le contexte contemporain où les hommes politiques, à la pureté moins exemplaire, ne disent pas toujours la vérité (j'aurais d'ailleurs pu choisir le mot *Watergate* pour la lettre W, d'après l'affaire qui a conduit à la démission du président Nixon en 1974 pour cause de mensonge). Ce fut donc Washington qui commanda les troupes américaines durant la guerre d'Indépendance contre l'armée britannique. Remarquez, il ne devait pas aimer beaucoup plus vos compatriotes de l'époque, car c'est également lui qui a présenté, en 1753, aux soldats français du fort Le Bœuf un ultimatum les invitant à se rendre.

Washington was the first president of the United States between 1789 and 1797 and was the Commander in Chief of the continental army in the American Revolution. He's referred to as the Father of the Nation. Just like Abraham Lincoln there are a lot of stories and legends concerning him and which contribute to his being seen as something of a myth.

La ville de Washington DC est la capitale des États-Unis et porte donc son nom. Elle fait partie du district de Columbia (d'où le DC du titre), qui englobe à la fois Washington, Georgetown et Washington County. Ce dernier a été créé en 1874 sur le territoire de l'État du Maryland, afin que la capitale échappe à l'influence politique des États. La ville elle-même se dresse au bord du fleuve Potomac et constitue le centre administratif, législatif et juridique des États-Unis. C'est également un grand centre financier, presque aussi important que Wall Street sur les marchés internationaux. Le Capitole, la Maison Blanche et la Cour suprême se trouvent aussi dans le centre. Parmi les monuments les plus fréquentés, citons le Washington Monument, le Lincoln Memorial et le mémorial des vétérans de la guerre du Viêtnam. Il faut savoir que l'intervention au Viêtnam dans les années 1970 a été un moment de grand questionnement sur l'identité américaine et surtout sur le rôle des États-Unis dans le monde. De nombreux soldats ont même rendu leurs décorations une fois de retour au pays, dégoûtés de ce qu'on leur avait fait subir. Le film *Fourth of July,* avec Tom Cruise, raconte cet épisode mieux que n'importe quel article ou livre d'histoire.

Il convient également de dire que Washington est – en tout cas au moment où j'écris ce livre – la ville la plus violente des États-Unis. Il est particulièrement dangereux de se promener dans certains quartiers. La tension est souvent des plus vives entre les Blancs d'un côté et la communauté noire de l'autre. Celle-ci représente 70 % de la population de la ville et habite pour la plupart dans les quartiers défavorisés (voir le chapitre sur les *townships* en Afrique du Sud). Il est une fois de plus étonnant pour nous Européens (qui ne sommes déjà pas parfaits en la matière) d'arriver dans une ville comme Washington et de constater à quel point la ségrégation raciale continue de marquer les esprits dans un pays où, si l'on en croit les préceptes pour lesquels George Washington lui-même s'est battu, tous les hommes sont censés être nés égaux.

Le mémorial des vétérans de la guerre du Viêtnam est un simple mur sur lequel sont gravés les noms des Américains tombés durant cette guerre (soit 58000 soldats).

X for X

En anglais, la lettre X signifie « des petits bisous ». C'est une habitude anglo-saxonne que de terminer les lettres que l'on envoie à ses amis par des X X X manuscrits. Ce sont des témoignages de tendresse à l'égard du destinataire. Cette sympathique pratique a le mérite d'introduire un chapitre sur l'attitude des Anglo-Saxons envers les expressions d'affection. Si vous êtes déjà allé à Londres, vous avez sans doute remarqué qu'on a plus tendance qu'en France à éviter tout contact physique avec des inconnus. Il est, même aujourd'hui, peu conseillé d'embrasser sur la joue ses amis – et encore moins de leur serrer la main. Cette pratique est réservée à la première rencontre. Elle est généralement accompagnée, du moins dans des circonstances un peu formelles, de l'expression *How do you do?* (littéralement, « Comment faites-vous ? ») à laquelle tout Britannique ou Américain bien élevé répondra, pour des raisons assez obscures, par *How do you do?* (« Et vous, comment faites-vous ? »)

Tout cela fait partie de l'éducation britannique. Lorsque je vais au cinéma, par exemple, je fais tout pour ne pas toucher, donc ne pas « envahir l'espace personnel » de la personne assise à côté de moi, même s'il s'agit d'un ami proche. Cette attitude explique la réputation un peu froide de mes compatriotes. Elle est on ne peut mieux résumée par le titre d'une pièce à grand succès à Londres dans les années 1970 : *No Sex Please, We're British* (« Pas de sexe, s'il vous plaît, nous sommes Britanniques »).

Heureusement, il n'en est plus de même parmi les gens de votre génération. Les jeunes Britanniques ne sont guère plus réservés que vous, mais il vaut toujours mieux savoir ces choses afin de comprendre, par exemple, la façon dont se tiennent les gens dans le métro. Les Américains ont adopté des attitudes plus diverses, en raison de leurs origines différentes. Les Hispaniques, de culture latine, sont ainsi plus « physiques » que les *WASP's* (les *White Anglo-Saxon Protestants*). Les Noirs, en revanche, ont souvent élaboré des gestuelles très complexes qui consistent à se donner toutes sortes de tapes dans les mains. Vous le constaterez facilement en vous postant à l'entrée d'une discothèque, où les videurs (*bouncers,* en anglais) accueillent les habitués du lieu.

Il faut cependant reconnaître qu'il existe dans les pays anglo-saxons une attitude très pudibonde à l'égard de la sexualité. Ainsi, l'affaire Monica Lewinsky aurait tout simplement été inconcevable dans un pays latin. Une volumineuse enquête, on ne peut plus officielle, nous a expliqué dans les moindres détails

It's somewhat unwise even today, to kiss even your friends on the cheek when you meet up with them, and even less so to shake their hands – this practice being reserved for formal introductions, and accompanied by a ritual "How do you do?" to which any self-respecting English-speaking person will reply: "How do you do?", which doesn't really get us very far.

les visites que cette jeune stagiaire a rendues au président américain Bill Clinton dans son bureau ovale de la Maison Blanche. Ce scandale a plus ou moins monopolisé le débat politique aux États-Unis pendant une large partie de l'année 1998. Les *Republicans* (le parti de droite, Clinton étant un *Democrat,* de gauche) ont en effet tenté d'obtenir l'*impeachment* du président. Ce mot a la même racine que le verbe français « empêcher ». Il signifie donc empêcher le président, en l'occurrence, de continuer à occuper ses fonctions.

On imagine difficilement un tel étalage sur la place publique de la vie privée d'un dirigeant dans un pays non anglo-saxon. Comparez cette histoire à ce qu'on a dit, et surtout à ce qu'on a tu, sur des affaires similaires concernant des hommes politiques français. Il faut néanmoins rappeler que cette attitude est due à une conception des responsabilités publiques propre aux États-Unis et à la Grande-Bretagne. Pour les Anglo-Saxons, tout représentant du peuple doit être un parangon de vertu, y compris dans sa vie privée. Comment faire confiance à quelqu'un dont les décisions affectent souvent notre vie quotidienne, si cette personne trompe son conjoint ? Comment laisser les représentants du peuple légiférer sur les valeurs familiales si on ne peut pas approuver leur propre mode de vie ? Pourtant, cette idée ne passe pas du tout en France. J'imagine déjà les réserves que vous émettez pour les avoir entendues de nombreuses fois lors de discussions avec des amis et des collègues français ! Il s'agit simplement d'une différence culturelle entre les Anglo-Saxons et les Latins. Les révélations faites sur la vie privée de personnages publics font en outre grimper les ventes des journaux à scandales, dont regorgent les kiosques des pays concernés. Voilà une autre raison expliquant l'acharnement des médias.

Y for Yahoo

Arpanet – c'est sous ce nom qu'est né en 1969 notre Internet actuel. C'était pendant la Guerre froide, et le Département de la Défense américaine voulait concevoir un réseau d'information capable de survivre à une hypothétique attaque nucléaire. Plus de trente ans après, quelques 550 millions de personnes surfent et communiquent à travers le monde grâce au world wide web, et on estime qu'elles seront bientôt 950 millions. Il ne faut pas pour autant oublier que 90 % de la population mondiale n'a pas accès à Internet.

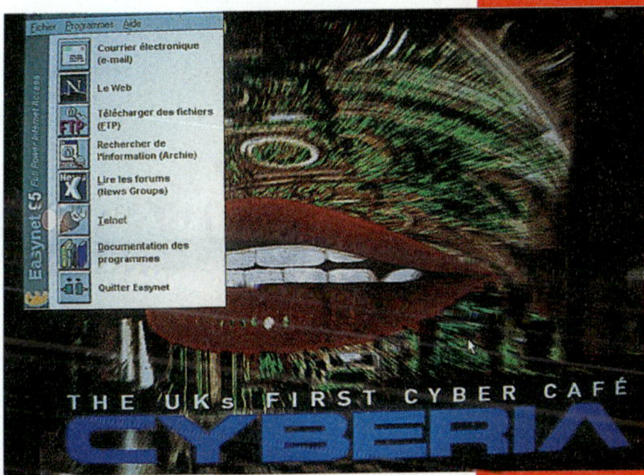

Internet prend une place de plus en plus importante dans nos vies, au fur et à mesure des développements technologiques, mais aussi de l'évolution des mentalités.

Le *snail mail* – le courrier traditionnel (« courrier escargot » en anglais) – est de plus en plus remplacé par les *e-mail.* D'énormes sommes d'argent sont transférées tous les jours sur le web, plutôt que dans les circuits traditionnels. Les transactions B2B, *business to business,* d'une entreprise à l'autre ont atteint à la fin de 2003 la somme de 1,4 trillion – c'est-à-dire 14 000 000 000 000 de dollars ! On peut tout commander, tout acheter, tout trouver sur Internet (sur e-bay par exemple, l'internaute le plus offrant peut s'emparer de tout et de n'importe quoi vendu aux enchères) ; un chirurgien peut intervenir en direct lors d'une opération à cœur ouvert qui se déroule de l'autre côté du monde grâce aux images du net ; on peut même rencontrer l'homme ou la femme de sa vie grâce à l'*Internet dating.* On peut même avoir des surprises, comme celle qu'a eue l'auteur du présent ouvrage, qui, en tapant son propre nom sur Yahoo (l'un des *search engines,* moteur de recherche, les plus consultés), a découvert qu'il porte le même nom que la stripteaseuse américaine la plus célèbre sur le net !

Z for (New) Zealand

La Nouvelle-Zélande commence certes par un N, je vous l'accorde. Mais l'élément principal de ce mot, vous n'allez certainement pas ergoter là-dessus !, a le mérite de pouvoir être classé au Z. La Nouvelle-Zélande, terre anglophone donc, est le plus grand pays de Polynésie. Elle fait plus ou moins la même taille que la Grande-Bretagne (c'est-à-dire à peu près la moitié de la superficie de la France), pour une population de seulement 3,9 millions de personnes (contrairement aux 58,7 millions de Britanniques). Pour ces raisons, le paysage donne l'impression d'être nettement plus désertique qu'en Europe. De même, l'ambiance générale ne souffre guère du stress et de la surpopulation.

La majorité des Néo-Zélandais descend des *settlers* britanniques. Contrairement à ce qui s'est passé en Australie, il ne s'agissait pas de prisonniers déportés vers une colonie pénitentiaire. La Nouvelle-Zélande, découverte par le capitaine James Cook en 1769-1770, a plutôt été peuplée par des chasseurs de baleines et des fermiers immigrés. Le peuple indigène s'appelle les Maoris. Mais cette île est également habitée par une importante population polynésienne, avec des noms de tribus aussi exotiques que les Tongans, les Samoans ou les Rarotongans. Enfin, le reste de la population n'a apparemment pas d'autre appellation que celle « d'originaires de l'île de Cook » *(Cook Islanders).* Ajoutez à toutes ces peuplades un nombre élevé d'immigrés en provenance des pays asiatiques et vous serez plus que jamais face à un vrai melting pot !

L'anglais est l'une des deux langues officielles du pays avec le maori. Dans la langue indigène, la Nouvelle-Zélande a toujours été connue sous le charmant nom d'Aotearoa, qui signifie « le Pays du long nuage blanc » *(the Land of the Long White Cloud).* Les esprits mal tournés ont transformé cette belle expression en *Land of the wrong white crowd* (c'est-à-dire « le Pays des Blancs malfamés »). Depuis des années, la question de la race est en effet l'une des plus importantes dans ce pays car la population maorie subit une vague de discrimination. C'est aussi le cas des aborigènes, qui furent les tout premiers habitants de l'Australie.

Dans les mythes du peuple néo-zélandais, l'île du Nord est représentée sous la forme d'un poisson et celle du Sud sous la forme d'un canoë-kayak. Le héros principal de l'île du poisson s'appelle Mani. C'est une sorte de Superman maori, puisqu'il est censé avoir repêché l'île du Nord grâce à une canne à pêche magique fabriquée avec la mâchoire de sa grand-mère. Cette aventure se déroulant en plein milieu de l'océan Pacifique, il aurait utilisé l'île du Sud en guise d'embarcation. C'est à ce même Mani que nous devons le fait d'avoir séparé le ciel et la terre et d'avoir un jour attrapé le soleil dans un filet magique. Tout cela fait partie du pittoresque manga maori (la légende locale).

Le kiwi, cette espèce de poule un peu terne au long bec, a prêté son nom aux joueurs de l'équipe néo-zélandaise de rugby et, plus généralement, à tous les habitants de cette île.

Depuis l'introduction du rugby en Nouvelle-Zélande par les premiers colons britanniques, la suprématie mondiale des All Blacks ne s'est jamais démentie. Le rugby est une institution dans ce pays : il est obligatoire à l'école. Le championnat national attire des foules de passionnés des deux sexes !

Étant située à la limite entre deux plaques tectoniques, la Nouvelle-Zélande est extrêmement riche en volcans et bénéficie du coup de nombreux geysers ainsi que d'innombrables bains de boue naturels. Auckland, la plus grande ville du pays (bien que Wellington soit la capitale), est même dominée par sept de ces volcans, dont tous ne sont pas éteints. Le pays appartient au Commonwealth et reconnaît donc toujours le souverain britannique comme chef de l'État. La situation est un peu différente en Australie, où la majorité souhaite abolir ces liens, naguère justifiés, avec *The Mother Country*, mais qui apparaissent un peu anachroniques et désuets de nos jours. La Nouvelle-Zélande est dirigée par un gouverneur général, mais il faut savoir que la reine peut toujours dissoudre le Parlement, ce qui serait cependant franchement improbable.

L'ambiance qui règne en Nouvelle-Zélande est généralement assez *new age*. Ce fut, par exemple, le premier pays au monde à décréter son espace territorial et maritime zone libre d'essais nucléaires *(Nuclear Free Zone)*. Ses principales sources de revenus sont toujours la laine d'agneau, le beurre et les kiwis. On surnomme même les Néo-Zélandais Kiwis, même s'il ne s'agit pas du fruit mais de l'oiseau indigène, qui porte le même nom mais, hélas ! ne vole pas. Les Néo-Zélandais ont aussi une grande équipe de rugby, les All Blacks. On ne les appelle pas ainsi parce qu'ils sont « tout noirs », mais à cause de la couleur de leur maillot. Avant chaque match, ils dansent le haka, une sorte de danse de guerre maorie terrifiante, qui sert

également à accueillir toute sommité étrangère de passage dans cette partie du globe.

De nos jours, la Nouvelle-Zélande est un paradis pour les producteurs et les réalisateurs de films et de publicités. Elle possède également un milieu de la mode assez branché. Certaines de ses émissions de télévision ont même accédé aux États-Unis à un statut « culte », comme *Zéna la Guerrière (Zena, the Warrior Princess)*. Mais habiter cette île présente en revanche un énorme inconvénient : le coût de la vie. Il faut en effet importer la plupart des objets manufacturés. Ne songez donc pas une seule seconde à y acheter une voiture ou même un grille-pain.

Pour finir, voici une petite colle ! Citez-moi les noms de quelques Néo-Zélandais connus. Pour vous aider, voici quelques réponses : Kiri TeKanawa, la soprano, Peter Blake, le navigateur, sir Edmund Hilary, le premier homme à avoir gravi l'Everest, Sam Neil, l'acteur, et Rachel Hunt, l'ex-épouse de Rod Stewart – et ne me demandez pas qui est Rod Stewart !

C'est ainsi que l'abécédaire de ce manuel s'achève sur la Nouvelle-Zélande pour vous montrer qu'on peut aller non seulement jusqu'au bout de l'alphabet, mais également jusqu'au bout du monde avec la langue dont on ne dit plus tellement, et à juste titre, qu'elle est exclusivement celle de Shakespeare. ■

EXIT 24B
Civic Center
Hill Street
THRU
TRAFFIC
MERGE
RIGHT
110
Downtown

POINTS CLÉS

Pour maîtriser
les sujets de cours

Le cours et ses difficultés dans le détail, sujet par sujet. Le renvoi à l'Index permet de retrouver les thèmes abordés.

Points clés

Les origines de la langue anglaise

La langue anglaise possède l'un des vocabulaires les plus riches au monde. Elle s'est, en effet, étoffée de multiples influences au fur et à mesure que la Grande-Bretagne a été soumise à diverses invasions au début de sa formation.

L'histoire de la langue anglaise

L'anglais, l'allemand, le français, le grec ou l'arménien ont le même ancêtre : l'indo-européen, dont le berceau serait en Asie.

- L'influence germanique (V-XIe siècle) est associée au hollandais et au bas allemand, donc au groupe occidental des langues germaniques. Avec les invasions venues du continent (saxonnes au Ve siècle, scandinaves au VIIIe siècle), elle supplante peu à peu les langues celtiques (gallois, irlandais ou gaélique). On parle pour toute cette période de vieil anglais. Mais lui-même est divisé en trois dialectes : le saxon occidental (au sud), l'anglien (au centre et au nord) et le kentien (au sud-est). Au IXe siècle, le saxon occidental devient la langue littéraire, au point de se confondre avec l'appellation de vieil anglais.

- L'influence normande (XIe siècle). L'invasion normande entraîne la disparition progressive du saxon occidental au profit du français comme langue officielle et littéraire. Des dialectes locaux survivent cependant pendant trois siècles. Ce bilinguisme correspond à la hiérarchisation très forte de la société anglaise. Le peuple continue à parler ses idiomes régionaux.
La petite noblesse fait de même, n'adoptant le français que dans ses relations avec le pouvoir royal. Celui-ci perd de son influence au XIIIe siècle avec le développement des classes moyennes qui, elles, privilégient l'anglais.

- La naissance de l'anglais (XIVe siècle). L'anglais gagne donc peu à peu de l'importance, localement d'abord (chaque région gardant son dialecte littéraire), puis jusqu'à la région de Londres où siège l'aristocratie anglo-française. Au XIVe siècle, l'anglais littéraire londonien devient national. Un siècle plus tard, l'invention de l'imprimerie lui permet d'étendre encore son influence et de jeter les bases de ce qui deviendra l'anglais moderne. Celui-ci acquiert en effet des caractéristiques presques définitives bien avant l'établissement de colonies. ■

Ce document écrit en anglais a été rédigé en 1427.

Les contributions étrangères au vocabulaire anglais

Les mots empruntés à d'autres langues représentent environ 25 % du vocabulaire anglais.

• Les dialectes celtes :
• en Écosse, le gaélique est parlé par une partie importante de la population. C'est également la langue officielle de la république d'Irlande ;
• une variante du breton est encore parlée en Cornouailles et par environ 30 % de la population galloise. Par rapport à l'anglais, il représente donc aujourd'hui une forme d'affirmation culturelle, mais ne se retrouve plus que dans certains noms de lieux comme Trent ou Avon.

• Le germanique et le scandinave : provenant tous deux de l'indo-européen, l'allemand et l'anglais conservent de nombreuses similitudes dans leur vocabulaire *(Mutter/mother, Bruder/brother, Vater/father)* ainsi que dans leur grammaire (génitif). Les langues nordiques furent usitées parallèlement à l'anglais durant presque trois siècles. C'est pourquoi les mots nordiques qui font désormais partie du vocabulaire anglais ont souvent une connotation « domestique » : *egg, window, leg, skin...*

• Le latin : son influence a débuté avec l'invasion des îles Britanniques par les Romains. On la retrouve dans les noms de lieux : (Nor)wich, (New)port, (Win)chester... À partir du VIe siècle, la christianisation a enrichi l'anglais de mots à connotation religieuse : *altar, angel, mass, priest...* Tout comme pour d'autres langues, le vocabulaire technique ou savant lui doit beaucoup : *legal, history, promote, custody, necessary...* Ajoutons que le français, lui-même issu du latin, a enrichi l'anglais par l'apport de synonymes ayant pour source le latin : *brotherhood/fraternity, freedom/liberty, to start/to commence...*

Les Scandinaves ont contribué à la formation de l'anglais tel que nous le connaissons.

• Le français : plusieurs milliers de mots anglais sont d'origine française. Ils sont souvent culturels *(court, crown, to govern, parliament, treaty, to reign, prayer)*. Mais il s'agit également de mots de la vie quotidienne issus des rapports noués par trois siècles de bilinguisme à une période où le français jouissait d'une supériorité culturelle *(flower, people, river, change...)*.

• L'anglais d'Amérique du Nord : l'anglais ne cesse pourtant pas d'évoluer. Notons les influences plus récentes constituées par des mots empruntés aux Amérindiens *(wigwam, squaw, racoon)*, au français des Grands Lacs *(prairie)*, ou à l'espagnol du Sud-Ouest *(lasso, ranch, corral...)*. ■

Index → langue

Points clés

Les noms dénombrables et les noms indénombrables

Les noms anglais se classent en trois genres : masculin, féminin et neutre. Ils se divisent en outre en deux groupes. Les dénombrables désignent des éléments que l'on peut compter et qui peuvent donc se mettre au singulier ou au pluriel. Les indénombrables désignent des substances, des concepts qui ne sont pas divisibles et ne peuvent être quantifiés à l'aide de *a/an* ou d'un numéral. Ils s'utilisent au singulier.

Les noms dénombrables

Pour faire la distinction entre féminin et masculin on peut :

• avoir une forme différente.
➥ ***Master ⇒ mistress.*** Maître ⇒ maîtresse.

• ajouter ***male*** ou ***female*** avant le nom.
➥ ***A female writer.*** Une femme écrivain.
➥ ***A male singer.*** Un chanteur.

• ajouter ***man, woman, girl*** ou ***boy*** à un nom.
➥ ***A policeman.*** Un policier.
➥ ***A girlfriend.*** Une petite amie.

• Le pluriel des noms dénombrables se forme dans la plupart des cas en ajoutant un *s* au singulier.
➥ ***A book ⇒ books.***

• À cette règle générale s'ajoutent cependant un certain nombre de particularités :

• Les noms se terminant par *o, s, x, z, ch, sh* ont un pluriel en *-es* :
➥ ***Match ⇒ matches.*** Allumette(s).
➥ ***Box ⇒ boxes.*** Boîte(s).
➥ ***Potato ⇒ potatoes.***
Sauf les mots d'origine étrangère ou les noms abrégés :
➥ ***Piano ⇒ pianos.***
➥ ***Photo ⇒ photos.***

• Les noms se terminant par une consonne suivi d'un *y* ont un pluriel en *-ies.*
➥ ***Country ⇒ countries.*** Pays.

Attention !

Les noms terminés par *-ics* sont en général singuliers.
➥ ***Politics.*** La politique.
➥ ***Economics.*** L'économie.

• Les noms terminés par une voyelle suivie d'un *y* ont un pluriel en *-s.*
➥ ***Day ⇒ days.*** Jour(s).

• Certains noms se terminant par *-f* ou *-fe* ont un pluriel en *-ves.*
➥ ***wolf ⇒ wolves.*** Loup(s).
➥ ***Knife ⇒ knives.*** Couteau(x).

• Mais d'autres ont un pluriel régulier en *-s.*
➥ ***Roof ⇒ roofs.*** Toit(s).

• Certains noms ont un pluriel irrégulier.
➥ ***(Wo)man ⇒ (wo)men.*** Femme(s)/homme(s).
➥ ***Foot ⇒ feet.*** Pied(s).
➥ ***Tooth ⇒ teeth.*** Dent(s).
➥ ***Child ⇒ children.*** Enfant(s).
➥ ***Penny ⇒ pence.*** Penny(ies).
➥ ***Mouse ⇒ mice.*** Souris.

• Quelques noms sont invariables au pluriel.
➥ ***A fish ⇒ fish.*** Poisson(s).
➥ ***A sheep ⇒ sheep.*** Mouton(s). ■

Les noms indénombrables

Sont indénombrables, donc au singulier suivi d'un verbe au singulier :

- Les noms de matériaux, d'aliments et d'éléments.

➥ *Coal.* Le charbon.
➥ *Bread.* Le pain.
➥ *Air.* L'air.

- Les noms représentant un ensemble.

➥ *Furniture.* Les meubles.
➥ *Hair.* Les cheveux.

- Les noms abstraits.

➥ *Courage.* Courage.
➥ *Optimism.* Optimisme.
➥ *Friendship.* Amitié.

- Les noms formés à partir de verbes (sports et jeux).

➥ *Swimming.* La natation.
➥ *Skating.* Le patinage.

- D'autres noms tels que :

➥ *Advice.* Les conseils.
➥ *Housing.* Le logement.
➥ *Money.* L'argent.

- Les noms de langues.

➥ *English.*

- Les noms de couleur.

➥ *Pink.* Rose.

- Les noms de maladie.

➥ *AIDS.* Le sida.

- Certains peuvent pourtant être dénombrés, on leur ajoute alors un terme pour les compter.

➥ ***A piece of advice.*** Un conseil.
➥ ***A piece of information.*** Une information.
➥ ***A piece of furniture.*** Un meuble.
➥ ***A loaf of bread.*** Une miche de pain.
➥ ***A lump of sugar.*** Un morceau de sucre.
➥ ***A sheet of paper.*** Une feuille de papier.
➥ ***A means of transport.*** Un moyen de transport.

- Certains indénombrables peuvent changer de sens suivant leur forme.

➥ *Custom* (coutume) ⇒ *customs* (douane).
➥ *Hair* (cheveux) ⇒ *hairs* (poils).

- Des noms tels que *police, people* (les gens), *wages* sont des indénombrables à sens pluriel accompagnés d'un verbe au pluriel.

➥ *The police have arrested the murderer.* La police a arrêté le meurtrier.

- Les indénombrables pluriel (*trousers, glasses, shorts,* etc.) désignent des objets composés de deux parties identiques. Ils s'accordent avec un verbe pluriel.

➥ *I don't like your jeans because they are old-fashioned.* Je n'aime pas ton jean car il est démodé. ■

Exercices

A) Mettez le verbe à la forme qui convient.

1. My hair (be turning) white.
2. Economics (be) easier than mathematics.
3. The government (to vote) a new law.
4. His advice (be) very bad: I lost a lot of money.
5. Where (be) your luggage?
6. People (be) very nice in this town.
7. Your hair (be) too long.
8. The furniture in the living-room (be) modern.

B) Traduisez.

1. Un homme attendait pour porter mes bagages.
2. Ses cheveux noirs grisonnaient.
3. Il y a beaucoup de poissons dans le lac.

Corrigés

A) 1. *is turning* 2. *is* 3. *have voted*
4. *is* 5. *is* 6. *are*
7. *is* 8. *is*

B) 1. *A man was waiting to carry my luggage.*
2. *His/her dark hair was turning grey.*
3. *There are a lot of fish in the lake.*

Index → nom

Points clés

Les noms propres

Les noms propres désignent des personnes, des pays ou des choses uniques. Les noms de journaux *(The Times, The Guardian, The New York Times)*, de monuments et lieux publics *(The Eiffel Tower, The MoMA)* comptent également parmi les noms propres.

Les caractéristiques des noms propres

Les noms propres prennent toujours une majuscule.
➥ *Buckingham Palace.*
➥ *Mr Smith.*

• Les noms propres peuvent se mettre au pluriel.
➥ *The Smiths.* Les Smith.
➥ *The Smarts.* Les Smart.

• Certains noms propres sont précédés de l'article défini *the.* Il s'agit :
• des noms de pays ou de montagnes au pluriel.
➥ *The United States.* Les États-Unis.
➥ *The Netherlands.* Les Pays-Bas.
➥ *The West Indies.* Les Antilles.
➥ *The Alps.* Les Alpes.
➥ *The Rocky Mountains.* Les montagnes Rocheuses.
• des noms d'océans, de fleuves.
➥ *The Atlantic.* L'Atlantique.
➥ *The Thames.* La Tamise.
➥ *The Red Sea.* La mer Rouge.

• En revanche, d'autres noms propres ne sont pas précédés de l'article défini *the.* Il s'agit :
• des noms de pays au singulier.
➥ *Italy.* L'Italie.
➥ *Morocco.* Le Maroc.
➥ *South Africa.* L'Afrique du Sud.
• des noms comportant les mots *lake* (lac), *cape* (cap) et *mount* (mont).
➥ *Lake Michigan.* Le lac Michigan.
➥ *Cape Horn.* Le cap Horn.
➥ *Mount Everest.* Le mont Everest.
• des noms propres précédés d'un titre ou d'une profession.
➥ *Queen Elizabeth.* La reine Élisabeth.
➥ *President Clinton.* Le président Clinton.
➥ *Admiral Nelson.* L'amiral Nelson.

• En revanche, lorsque l'on mentionne simplement le titre sans préciser le nom, on ajoute l'article *the.*
➥ *The President left Paris yesterday evening.* Le président a quitté Paris hier soir.
➥ *The Queen is 72.* La reine a 72 ans. ■

Les noms de nationalité et leur formation

Les noms de nationalité s'emploient au pluriel.

• Lorsque ces noms sont précédés de l'article défini *the* (➥ *The French*), ils désignent l'ensemble de la nation ou ceux qui la représentent (ministres, sportifs…).

• En revanche, lorsqu'on les emploie sans article (➥ *French people*), ils renvoient à l'idée de généralité.

• Les noms de nationalité se subdivisent en quatre catégories qui répondent à des règles de formation différentes. ■

Les noms de nationalités qui se terminent par *-ss*, *-sh*, *-ese* ou *-ch* ne prennent pas de marque du pluriel.
➥ *The Swiss.*
Les Suisses.
➥ *The Irish.*
Les Irlandais.

Pays	Adjectifs de nationalité	Noms de tous les habitants	Noms d'un ou de plusieurs habitants
England	*English*	*The English*	*An Englishman (Englishmen)*
The Netherlands	*Dutch*	*The Dutch*	*A Dutchman (Dutchmen)*
France	*French*	*The French*	*A Frenchman (Frenchmen)*
Italy	*Italian*	*The Italians*	*An Italian (Italians)*
Australia	*Australian*	*The Australians*	*An Australian (Australians)*
India	*Indian*	*The Indians*	*An Indian (Indians)*
Germany	*German*	*The Germans*	*A German (Germans)*
China	*Chinese*	*The Chinese*	*A Chinese (Chinese)*
Vietnam	*Vietnamese*	*The Vietnamese*	*A Vietnamese (Vietnamese)*
Spain	*Spanish*	*The Spaniards* (ou *the Spanish*)	*A Spaniard (Spaniards)*
Sweden	*Swedish*	*The Swedes*	*A Swede (Swedes)*
Poland	*Polish*	*The Poles*	*A Pole (Poles)*
Great Britain	*British*	*The British*	*A Briton (Britons)*

Index → noms

Points clés

Les mots composés

Dans un mot composé, c'est le deuxième élément qui est le plus important. Le premier élément sert à préciser le sens du second; il a le rôle d'un adjectif et ne se met jamais au pluriel.

Les adjectifs composés

Ces adjectifs composés sont très nombreux en anglais. Ils ne se mettent jamais au pluriel.

• Les procédés de composition les plus courants sont :
• adjectif/adverbe + nom + *-ed* (⇒ désigne les caractéristiques d'une personne) ;
➥ *A narrow-minded narrator.* Un narrateur borné.
• adverbe/nom + participe passé (⇒ sens passif, action subie par le nom qui suit l'adjectif) ;
➥ *Well-known.* Célèbre.
➥ *A state-owned company.* Une entreprise publique.
• adjectif + participe passé (⇒ sens passif)
➥ *A widespread idea.* Une idée très répandue.
• nom + *V -ing* (⇒ sens actif; *V -ing* donne un sens actif à l'adjectif)
➥ *A heartbreaking story.* Une histoire qui brise le cœur.
• adjectif + *V -ing*
➥ *An old-looking house.* Une maison qui a l'air vieille.
➥ *Long-lasting.* Durable.
• nom + adjectif
➥ *A navy-blue raincoat.* Un imperméable bleu marine.
• adjectif + adjectif
➥ *Light green.* Vert clair.

• En théorie, les deux éléments de l'adjectif composé sont reliés par un trait d'union; en pratique, la tolérance est grande. ■

Les noms composés

Les noms composés précisent la fonction d'un objet, d'une personne ; ils indiquent une relation permanente entre deux termes.

• Le premier terme précise la fonction du second. Il sert de déterminant et ne se met pas au pluriel. Le second terme est donc l'élément principal. C'est pourquoi on le traduit en premier. En outre, c'est lui qui prend la marque du pluriel.
➥ *A teacup.* Une tasse à thé. ⇒ *Teacups.* Des tasses à thé.

• Les mots composés s'écrivent en un ou deux mots, avec ou sans trait d'union. Il n'existe pas de règle générale : suivant le dictionnaire consulté, le même nom peut s'écrire :
➥ *Workforce/work-force/work force.* La main-d'œuvre.

• Les principaux procédés de composition sont :
• nom + nom ;
➥ *Income tax.* Impôt sur le revenu.
• verbe + nom ;
➥ *Rainbow.* Arc-en-ciel.
• nom + verbe + *-ing* ;
➥ *Housekeeping.* Le ménage.
• verbe + *-ing* + nom ;
➥ *Washing powder.* Lessive en poudre.
• adjectif + nom ;
➥ *A madman.* Un fou.
• nom/adjectif/verbe + particule.
➥ *A grown-up.* Un adulte.

• Il existe des exceptions dans la mise au pluriel d'un nom composé.
➥ *A woman driver* ⇒ *women drivers.*
➥ *A passer-by* ⇒ *passers-by.*
➥ *A brother-in-law* ⇒ *brothers-in-law.*

• Le sens des noms composés dépend de la relation entre les deux termes :
• usage/destination *(what is it for?)* ⇒ *a letter box (a box for letters).*
• matière *(what sort of?)* ⇒ *an ivory ring (a ring made of ivory).*
• activité *(what does he/it do?)* ⇒ *a shopkeeper (he keeps a shop).*
• moment/date/heure ⇒ *a Sunday paper (a newspaper published on Sundays).* ■

Exercices

A) Complétez les phrases en formant un adjectif composé accompagnant un nom.

1. Come and enjoy that... (take/landscape/breath).
2. He likes to wear... (trousers/brown/dark).
3. You can't bear wearing this... (pullover/make/hand).
4. Joe can't use his right hand; he is a... (hand/teenager/left).

B) Trouvez les noms composés qui répondent à ces définitions.

1. A person who drives a taxi.
2. What you need to brush your teeth.
3. A movie that can frighten you.
4. A person who loves cars.

Corrigés

A) 1. *breathtaking landscape* 2. *dark brown trousers* 3. *handmade pullover* 4. *a left-handed teenager*

B) 1. *A taxi-driver.* 2. *A toothbrush.* 3. *A horror movie.* 4. *A car-lover.*

Points clés

L'adjectif

L'adjectif qualificatif est invariable en anglais. Lorsqu'il est épithète, il se place toujours avant le nom. Quand plusieurs adjectifs accompagnent le nom, on les place dans un ordre bien établi.

Les règles générales

Contrairement à l'adjectif français, l'adjectif anglais est invariable en genre et en nombre. Ainsi, on ne met jamais de *s* au pluriel ni de marque du féminin.
➥ *A young boy ⇒ some young boys.*
➥ *A young girl ⇒ some young girls.*

• L'adjectif peut être épithète. Il se place alors avant le nom qu'il qualifie.
➥ *He published a very interesting novel.* Il a publié un roman très intéressant.

• Mais l'adjectif peut aussi avoir une fonction d'attribut. Il se place alors après certains verbes lorsqu'il se rapporte au sujet de ces verbes. Il s'agit notamment de :
• *seem.* Sembler ;
• *look.* Avoir l'air ;
• *be.* Être ;
• *appear.* Paraître ;
• *become.* Devenir ;
• *feel.* Se sentir ;
• *taste.* Avoir le goût ;
➥ *They looked calm when I met them.* Elles avaient l'air calme lorsque je les ai rencontrées.
➥ *The cheese tasted bad.* Le fromage avait mauvais goût.

• Lorsqu'une phrase comporte plusieurs adjectifs, on les place selon un ordre précis.
• L'adjectif qui indique un jugement personnel se place en tête du groupe d'adjectifs.
➥ *A marvellous young movie star.* Une merveilleuse jeune star du cinéma.
• Les adjectifs qui servent à décrire des caractéristiques objectives se classent par :
– taille
– âge
– couleur
– origine
– matière
(= TACOM).
➥ *A small old black French bike.* Un vieux vélo français petit et noir.
• Un autre critère peut être la longueur de l'adjectif. On place d'abord les adjectifs courts, puis les longs et enfin les composés.
➥ *A young open-minded student.* Un jeune étudiant à l'esprit ouvert.
• L'adjectif qui indique la qualité la plus spécifique se place le plus près du nom.
➥ *A nice little girl.* Une gentille petite fille. ■

Attention !

Si l'adjectif lui-même comporte un complément, on le place après le nom qu'il qualifie.
➥ *He published an illustrated book suitable for children.* Il a publié un livre illustré pour enfants.
De même, l'adjectif épithète est toujours placé après un composé de *some, any, no.*
➥ *Nothing interesting.* Rien d'intéressant.

Les cas particuliers

Certains adjectifs ont toujours une fonction d'attribut. Si l'on veut dire la même chose avec un adjectif épithète, il faut utiliser le synonyme qui vous est proposé.

➡ *This cat is afraid.*
Ce chat a peur (attribut).
➡ *A frightened cat.*
Un chat effrayé (épithète).

• Cette règle s'applique :
• aux adjectifs qui commencent par le préfixe *a-* :
– *afraid* ⇒ *frightened*
– *alike* ⇒ *similar*
– *alive* ⇒ *living*
– *alone* ⇒ *lonely*
– *asleep* ⇒ *sleeping*
– *aware* ⇒ *conscious*
• aux adjectifs suivants:
– *content* ⇒ *satisfied*
– *cross* ⇒ *angry*
– *drunk* ⇒ *intoxicated*
– *glad* ⇒ *pleased*
– *ill* ⇒ *sick*

• Certains participes présents et passés peuvent s'employer comme adjectifs :
• *Boring/bored.*
Ennuyeux/qui s'ennuie ;
• *Exciting/excited.*
Passionnant/excité ;
• *Tiring/tired.*
Fatigant/fatigué ;
• *Interesting/interested.*
Intéressant/intéressé ;
• *Pleasing/pleased.*
Agréable/content. ■

Exercices

A) Retrouvez l'ordre des mots dans ces phrases.

1. a/cashmere/English/beautiful/pull-over
2. a/round/wooden/small/table/old
3. a/short/fashionable/dress/green
4. a/black-eyed/Italian/student/very young

B) Mettez l'adjectif à sa place.

1. alive : They are the funniest friends.
2. alone : She can't bear eating and walking.
3. envious : He is a boy of his neighbours.
4. smart, open-minded : That young man showed us his computer.

C) Complétez la phrase avec l'adjectif qui convient.

1. Since his wife's death he has been very.../ he spends all his days... (alone/lonely).
2. The children are fast.../ ... children are very moving (asleep/sleeping).
3. You don't look.../ in fact, your job is not very... (tiring/tired).
4. His two dogs are very much.../ they have a... origin (similar/alike).

Corrigés

A) 1. *A beautiful English cashmere pull-over.*
2. *A small round old wooden table.*
3. *A fashionable short green dress.*
4. *A very young black-eyed Italian student.*

B) 1. *They are the funniest friends alive.*
2. *She can't bear eating and walking alone.*
3. *He is a boy envious of his neighbours.*
4. *That smart, open-minded, young man showed us his computer.*

C) 1. *very lonely/his days alone.*
2. *fast asleep/sleeping children.*
3. *look tired/is not very tiring.*
4. *much alike/similar.*

Points clés L'adjectif substantivé

Quelques adjectifs peuvent être utilisés comme noms pour désigner l'ensemble d'un groupe, une catégorie ou une abstraction. Ils sont alors précédés de l'article défini *the*.

Les emplois et la construction

Employé comme nom, l'adjectif substantivé est précédé de *the*. Il désigne alors la totalité d'une catégorie ou d'un groupe. Bien qu'il ait un sens pluriel, il ne prend pas de *s* au pluriel. Le verbe qui suit est cependant au pluriel.

➥ *The rich and the poor.* Les riches et les pauvres.

➥ *The old and the young.* Les jeunes et les vieux.

➥ *The homeless and the unemployed.* Les sans-abri et les chômeurs.

➥ *The blind and the deaf.* Les aveugles et les sourds.

➥ *The wounded and the dead.* Les blessés et les morts.

➥ *The sick and the disabled.* Les malades et les infirmes.

➥ *The blind need to be helped to cross the streets.* Les aveugles ont besoin d'être aidés pour traverser les rues.

Dans la langue parlée, on peut également dire :

➥ *Young/old people.*

• Pour parler d'un seul individu, on utilise un déterminant comme *man/woman* ou *person*.

➥ *A blind man.* Un aveugle.

➥ *A young man.* Un jeune.

• Les adjectifs de nationalité se terminant par *-sh, -ch, -ese* possèdent les mêmes propriétés :

• emploi de *the* ;
• verbe au pluriel ;
• ajout d'un nom pour parler d'un individu.

➥ *The French and the Irish are members of the EU.* Les Français et les Irlandais sont membres de l'Union européenne.

Mais au singulier, il faut ajouter un nom (*man, woman, person,* etc.).

➥ *An Irishman.* Un Irlandais.

➥ *A Frenchwoman.* Une Française.

➥ *A Japanese person.* Un Japonais.

Quand on veut parler d'un peuple entier, on utilise l'adjectif substantivé.

➥ *The Irish celebrate*

St Patrick on March 17th. Les Irlandais fêtent la Saint-Patrick le 17 mars.
Quand on ne veut pas les opposer à d'autres peuples, on utilise adjectif + *people.*
➥ *Irish people love having fun.* Les Irlandais aiment bien s'amuser.

• Certains adjectifs s'emploient comme des noms et prennent la marque du pluriel.
➥ *The Whites have got as many problems as the Blacks in the USA.* Les Blancs ont autant de problèmes que les Noirs aux États-Unis.
➥ *The fifty-year olds.* Les gens de cinquante ans.
➥ *The Greens and the Republicans.* Les Verts/les Écologistes et les Républicains.

• Quelques adjectifs peuvent s'utiliser comme noms pour désigner des notions abstraites.
➥ *The unknown.* L'inconnu.
➥ *The supernatural.* Le surnaturel.
➥ *The fantastic.* Le fantastique.

• On peut faire précéder l'adjectif substantivé par un adverbe.
➥ *The very rich.* Les très riches.

• Un adjectif substantivé ne peut pas se mettre au cas possessif.
➥ *The game of the Irish was perfect.* Le jeu des Irlandais a été parfait.
➥ *The problem of the poor.* Le problème des pauvres. ■

THE SUPERNATURAL

THE FANTASTIC

THE REPUBLICANS

THE DEMOCRATS

Exercice

Traduisez.

1. Trois Allemands et deux Anglais voyageaient ensemble.
2. Les riches deviennent plus riches et les pauvres plus pauvres.
3. Une infirme parlait à un aveugle.
4. Au concert, j'ai rencontré un jeune que je connais.

Corrigé

1. *Three Germans and two Englishmen travelled together.*
2. *The rich get richer and the poor poorer.*
3. *A disabled woman was talking to a blind man.*
4. *I met a young man I know at the concert.*

Points clés

Les mots dérivés

Le principe de la dérivation consiste à ajouter à une base adjectivale, nominale, verbale ou adverbiale soit un préfixe (placé avant), soit un suffixe (placé après) afin de créer de nouveaux mots.

La construction des adjectifs

Verbe + suffixe = adjectif	➥ *Eat ⇒ eatable.* Mangeable. ➥ *Understand ⇒ understandable.* Compréhensible. ➥ *Create ⇒ creative.* Créatif.
il-/im-/in-/un-/ir-/dis- + adjectif = adjectif (ces préfixes expriment un contraire)	➥ *Correct ⇒ incorrect.* Incorrect. ➥ *Easy ⇒ uneasy.* Malaisé. ➥ *Responsible ⇒ irresponsible.* Irresponsable.
nom + *-ful* = adjectif (sens positif)	➥ *Care ⇒ careful.* Attentif/consciencieux. ➥ *Help ⇒ helpful.* Serviable.
nom + *-less* = adjectif (sens négatif)	➥ *Home ⇒ homeless.* Sans abri. ➥ *Mercy ⇒ merciless.* Impitoyable.
nom + *-ish* = adjectif (caractéristique de)	➥ *Child ⇒ childish.* Enfantin. ➥ *Red ⇒ reddish.* Rougeâtre.
nom + suffixe en *-y* = adjectif	➥ *Anger ⇒ angry.* En colère. ➥ *Fog ⇒ foggy.* Brumeux. ➥ *Blood ⇒ bloody.* Sanglant.

La construction des verbes et des adverbes

Grâce au principe de la dérivation, on peut également former des verbes et des adverbes.

• **Adjectif + suffixe en *-en* = verbe**
➥ *Wide ⇒ to widen.* Élargir.
➥ *Short ⇒ to shorten.* Raccourcir.

• **Adjectif + suffixe en *-ly* = adverbe**
➥ *Easy ⇒ easily.* Facilement.
➥ *Wise ⇒ wisely.* Sagement.

• On peut également composer des mots en utilisant plusieurs suffixes (cas n° 1) ou en employant à la fois un préfixe et un suffixe (cas n° 2).
➥ (1) *Care ⇒ careless.* Négligent.
⇒ *Carelessness.* Négligence.
➥ (2) *Happy ⇒ unhappy.* Malheureux.
⇒ *Unhappily.* Malheureusement. ■

La construction des noms

Adjectif + suffixe en *-ness/* *-dom/* *-ty/* *-th* = nom	➥ *Kind* ⇒ *kindness.* Gentillesse. ➥ *Happy* ⇒ *happiness.* Bonheur. ➥ *Wise* ⇒ *wisdom.* Sagesse. ➥ *Free* ⇒ *freedom.* Liberté. ➥ *Cruel* ⇒ *cruelty.* Cruauté. ➥ *Poor* ⇒ *poverty.* Pauvreté. ➥ *Deep* ⇒ *depth.* Profondeur. ➥ *Long* ⇒ *length.* Longueur.
Nom + suffixe en *-hood/* *-ship/* = nom (abstrait)	➥ *Child* ⇒ *childhood.* Enfance. ➥ *Mother* ⇒ *motherhood.* Maternité. ➥ *Friend* ⇒ *friendship.* Amitié. ➥ *King* ⇒ *kingship.* Royauté.
Nom + suffixe en *-ful/* = nom (quantité)	➥ *Hand* ⇒ *handful.* Poignée. ➥ *Mouth* ⇒ *mouthful.* Bouchée.
Nom + suffixe en *-et/-ette* = nom (diminutif)	➥ *Book* ⇒ *booklet.* Petit livre, brochure. ➥ *Kitchen* ⇒ *kitchenette.* Petite cuisine.
Verbe + suffixe en *-al/* *-ation/* *-ment/* *-er* = nom	➥ *Approve* ⇒ *approval.* Approbation. ➥ *Arrive* ⇒ *arrival.* Arrivée. ➥ *Educate* ⇒ *education.* Éducation. ➥ *Accuse* ⇒ *accusation.* Accusation. ➥ *Improve* ⇒ *improvement.* Amélioration. ➥ *Drive* ⇒ *driver.* Conducteur. ➥ *Work* ⇒ *worker.* Ouvrier.

Exercice

Complétez ces phrases avec un mot dérivé.

1. Nothing wrong can happen if you behave... (care)
2. ... is often regarded as the best moment of a woman's life. (mother)
3. Trying to break into a bank is a... business. (risk)
4. What is the... and the... of your car? (long/wide)
5. It was an... party: everything was delightful. (forget)

Corrigé

1. *carefully*
2. *Motherhood*
3. *risky*
4. *length/width*
5. *unforgettable*

Index ➜ dérivation

Points clés

Les comparatifs et les superlatifs

Comparatifs et superlatifs mesurent un degré de supériorité, d'infériorité, d'égalité ou d'inégalité. Ceux de supériorité se construisent différemment selon que l'adjectif est court ou long.

Les types d'adjectifs et les modifications orthographiques

La formation d'un superlatif ou d'un comparatif de supériorité est différente selon le type d'adjectif.
On en distingue deux :
- les adjectifs courts, soit les adjectifs d'une syllabe et de deux syllabes se terminant par *-y, -er, -ow, -le* ;
- les adjectifs longs, soit tous les adjectifs de trois syllabes ou plus et ceux de deux syllabes qui ne se terminent pas par *-y, -er, -ow, -le.*

- La formation du comparatif et du superlatif de supériorité entraîne certaines modifications orthographiques :
- les adjectifs courts d'une syllabe doublent leur dernière consonne si elle est précédée d'une seule voyelle ;
  - ➡ *big* ⇒ *bigger.*
  - ➡ *fat* ⇒ *fatter.*
- dans les adjectifs de deux syllabes, le ***y*** final devient ***i*** s'il est précédé d'une consonne ;
  - ➡ *happy* ⇒ *happier*
  - ➡ *pretty* ⇒ *prettier*
- on ne double pas le ***e*** à la fin des adjectifs courts.
  - ➡ *nice* ⇒ *nicer*
  - ➡ *white* ⇒ *whiter.* ■

Les comparatifs d'adjectifs

	Supériorité	Infériorité	Égalité	Inégalité
Adjectifs courts	adj. + *-er than* ➡ *He is smaller than me.*	*less* + adj. *than* ➡ *Life is less expensive in Cuba than in France.*	*as* + adj. *as* ➡ *John is as strong as Jim.*	*not as* + adj. *as* ➡ *Belgium is not as large as France.*
Adjectifs longs	*more* + adj. *than* ➡ *Tomatoes are more expensive than potatoes.*	*less* + adj. *than* ➡ *English is less difficult than Chinese.*	*as* + adj. *as* ➡ *Shakespeare is as famous as Molière.*	*not as* + adj. *as* ➡ *My friend is not as intelligent as my sister.*
Adjectifs irréguliers				
Good, well	*better than*	*less good than*	*as good as*	*not as good as*
Bad	*worse than*	*less bad than*	*as bad as*	*not as bad as*
Far	*farther than* (distance) *further than* (dist./sens figuré)	*less far than*	*as far as*	*not as far as*
Old	*older than* (plus vieux que) *elder* (aîné de 2)	*less old than*	*as old as*	*not as old as*

Les comparatifs d'adverbes

Les comparatifs d'adverbes se forment comme les comparatifs d'adjectifs.
➥ *Fast/faster.*
Vite/plus vite.

• Les adverbes de deux syllabes sont considérés comme longs (sauf *early* ⇒ *earlier*).
➥ *More nicely.*
Plus gentiment.

• Beaucoup/encore/tellement suivis d'un comparatif se traduisent par :
• *much/far* + comparatif ;
➥ *Much more expensive.*
Beaucoup plus cher.
• *even* + comparatif ;
➥ *Even more interesting.*
Encore plus intéressant.
• *so much* + comparatif.
➥ *So much smaller.*
Tellement plus petit. ■

Exercice

Complétez les phrases avec un comparatif ou un superlatif.

1. January the first is one of... (tiring) days of the year.
2. Cider is... (expensive) Cognac.
3. This village is not... (well-known) Paris.
4. The English test was... (simple) the Japanese one.
5. Peter is... (good-looking) his sister.
6. The Mississippi is... (wide) the river Seine.
7. It's (bad) meal I have ever eaten.
8 Their house is... (comfortable) mine.

Corrigé

1. the most tiring
2. less expensive than
3. as well-known as
4. simpler than
5. better-looking than
6. wider than
7. the worst
8. more comfortable than

Les superlatifs

Les superlatifs ne s'utilisent qu'à partir de 3 éléments. Pour en comparer 2, on emploie le comparatif précédé de *the*.

➥ *John is the elder of the two brothers.* John est l'aîné des deux frères.
Les superlatifs se forment comme suit :

	Supériorité	Infériorité
Adjectifs courts	*the* + adj. + *-est* ➥ *It's the highest building I've ever seen.*	*the* + *least* + adj. ➥ *Of all the people I know, he is the least kind.*
Adjectifs longs	*the* + *most* + adj. ➥ *He's the most intelligent boy in his class.*	*the* + *least* + adj. ➥ *It's the least expensive dress I have ever bought.*
Good, well *Bad* *Far* *Old*	*the best* *the worst* *the farthest* (distance) *the furthest* (distance/temps) *the oldest* (plus vieux) *the eldest* (aîné)	*(the least good)* ⇒ *the worst* *(the least bad)* ⇒ *the best* *(the least far)* ⇒ *the nearest* *(the least old)* ⇒ *the youngest*

Points clés

Autres termes de comparaison

D'autres constructions, d'autres mots (adjectifs, adverbes ou conjonctions) ainsi que certaines expressions figées permettent d'exprimer des comparaisons et des progressions positives, négatives, parallèles ou encore consécutives.

L'expression de la progression

La formation de la double comparaison, progressive ou dégressive, suit les mêmes règles que celles du comparatif de supériorité et d'infériorité.

• « De plus en plus »
Selon la longueur de l'adjectif, on a :
• adjectif *-er and* adjectif*-er*
➥ *He runs faster and faster.* Il court de plus en plus vite.
• *more and more*
➥ *The air in big cities is getting more and more polluted.* L'air dans les grandes villes devient de plus en plus pollué.

• « De moins en moins »
On utilise :
• *less and less* devant tous les adjectifs et les noms singuliers ;
➥ *Cars are becoming less and less expensive.* Les voitures sont de moins en moins chères.
➥ *He earns less and less money.* Il gagne de moins en moins d'argent.
• *fewer and fewer* devant les noms pluriels.
➥ *She has fewer and fewer friends.* Elle a de moins en moins d'amis.

• « Plus... plus », « moins... moins », « plus... moins », « moins... plus »
Pour exprimer un accroissement ou une diminution parallèles, on utilise la construction :
the + comparatif, *the* + comparatif.
➥ *The more he works, the less he sleeps.* Plus il travaille, moins il dort.
➥ *The more you sing, the happier I feel.* Plus tu chantes, plus je me sens heureux.

• « D'autant plus que », « d'autant moins que »
Pour exprimer une progression consécutive, on utilise la construction : *all the* + comparatif + *as/since/because.*
➥ *It was all the tastier as it was homemade.* C'était d'autant meilleur que c'était fait maison.
➥ *It was all the more important since it was compulsory.* C'était d'autant plus important que c'était obligatoire. ■

On emploie des comparatifs d'égalité dans certaines expressions figées et familières, où le verbe est sous-entendu.
➥ *As easy as ABC.* Aussi facile que deux et deux font quatre.
➥ *As good as gold.* Sage comme une image.
➥ *As keen as mustard.* Déborder d'enthousiasme.
➥ *As deaf as a post.* Sourd comme un pot.

Les structures particulières

Certaines structures permettent également d'introduire une notion de comparaison. Il s'agit de :

• *Rather than* (plutôt que), *no sooner than* (à peine... que) et *had better than* (ferait mieux de).
➥ *He wanted to invite her rather than you.* Il voulait l'inviter plutôt que vous.
➥ *No sooner had he awoken than he thought of her.* À peine était-il réveillé qu'il pensa à elle.
➥ *You'd better speak to him.* Tu ferais mieux de lui parler.

• *The same... as* (le même que) et *different... from* (différent de).
➥ *She bought the same dress as mine.* Elle a acheté la même robe que la mienne.
➥ *She bought a dress different from mine.* Elle a acheté une robe différente de la mienne.

• L'expression 2, 3… fois plus + adjectif + que. Attention, en anglais, on dit 2, 3… fois autant… que.
➥ *His garden is three times as large as yours.* Son jardin est trois fois plus grand que le tien.

• *Like* et *as* indiquent la ressemblance et se traduisent par « comme ». *Like* est suivi d'un nom ou d'un pronom, *as* est suivi d'une proposition.
➥ *Our friend Anna is like a sister to us.* Notre amie Anna est comme une sœur pour nous.
➥ *He goes to the swimming-pool on Sundays, as I do.* Il va à la piscine le dimanche, comme moi.

• *Unlike* et *whereas* indiquent l'opposition et signifient « à la différence de », « tandis que ». *Unlike* est suivi d'un groupe nominal, *whereas* d'une proposition.
➥ *Unlike her, he likes cooking.* Contrairement à elle, il aime cuisiner.
➥ *He'd like to go to a Chinese restaurant whereas she'd prefer to go to an Indian one.* Il voudrait aller dans un restaurant chinois alors qu'elle préférerait un indien. ■

Exercice

Traduisez les phrases suivantes.

1. Jenny court trois fois plus vite que toi.
2. Plus nous parlions, moins nous étions fatigués.
3. Les CD sont de plus en plus chers.
4. C'est d'autant plus difficile que le taux de chômage augmente.
5. Contrairement à ma petite amie, j'adore le chocolat.
6. Il travaille de mieux en mieux.

Corrigé

1. *Jenny runs three times as fast as you do.*
2. *The more we spoke, the less tired we were.*
3. *CDs are becoming more and more expensive.*
4. *It's all the more difficult as unemployment is getting worse.*
5. *Unlike my girlfriend, I am fond of chocolate.*
6. *He works better and better.*

Points clés

L'article indéfini « a/an »

L'article indéfini *a/an* ne varie pas avec le genre, n'a pas de pluriel et s'utilise principalement avec des noms dénombrables. Il sert à sélectionner un élément dans son ensemble.

Ses caractéristiques

L'article indéfini anglais a deux formes : *a* et *an*.

• L'article *a* s'utilise devant les mots commençant par une consonne.
➥ *A car.*
➥ *A house.*

• L'article *an* s'utilise devant les mots commençant par une voyelle.
➥ *An elephant.*
➥ *An umbrella.* ■

Attention !
Une consonne peut avoir un son de voyelle.
➥ *An M.P.*

• De même, une voyelle peut avoir un son de consonne, tel [ju] ou [w].
➥ *A university.*
➥ *A European country.*
➥ *A one-eyed man.*

• On emploie *an* devant les « h » non aspirés.
➥ *An hour.*
➥ *An honest citizen.*

Son emploi

L'article indéfini *a/an* s'emploie dans un certain nombre de cas précis qu'il faut connaître.

• Devant un nom attribut ou un nom mis en apposition.
➥ ***Her husband is an engineer.*** Son mari est ingénieur.
➥ ***Chaplin, a famous English actor, died in 1977.*** Chaplin, célèbre acteur anglais, est mort en 1977.

• Entre l'adjectif et le nom quand l'adjectif est précédé de *so, as, too* ou *how*.
➥ ***He is too nice a boy.*** C'est un trop gentil garçon.
➥ ***How beautiful a country China is!*** Comme la Chine est un beau pays !

• Derrière *quite, what* ou *such* pour introduire un nom comptable.
➥ ***It's quite a long walk.*** C'est une assez longue marche.
➥ ***I've never seen such a funny film.*** Je n'ai jamais vu un film aussi drôle.
➥ ***What a lovely morning!*** Quelle belle matinée !

• Dans les expressions liées au temps et à la mesure.
➥ ***Once a day.*** Une fois par jour.
➥ ***80 pence a pound.*** 80 pence la livre.

• Après une préposition (*without, as, of...*).
➥ ***She went out without an umbrella.*** Elle est sortie sans parapluie.
➥ ***It's my duty as a brother.*** C'est mon devoir en tant que frère.

• Il ne s'utilise que devant un nom comptable singulier, donc jamais devant les indénombrables comme *luggage, information, news, advice, luck, furniture* ou *evidence*. Au singulier, ces mots sont précédés de *a piece of*.
➥ ***A piece of evidence.*** Une preuve.
➥ ***A piece of information.*** Une information. ■

Les expressions idiomatiques

L'article indéfini *a/an* s'emploie également dans un certain nombre d'expressions toutes faites, dont voici une liste non exhaustive :

- *What a shame!* Quelle honte !
- *What a pity!* Quel dommage !
- *What a relief!* Quel soulagement !
- *What a mess!* Quel désordre !
- *To make a fortune.* Faire fortune.
- *To make a fire.* Faire du feu.
- *To make a noise.* Faire du bruit.
- *To have a headache.* Avoir mal à la tête.
- *To have a toothache.* Avoir mal aux dents.
- *To have a sore throat.* Avoir mal à la gorge.
- *To have a weak heart.* Avoir le cœur fragile.
- *All of a sudden.* Soudain.
- *To be in a hurry.* Être pressé.
- *To make a fuss.* Faire des histoires.
- *To put an end to.* Mettre fin à.
- *To have a sense of humour.* Avoir le sens de l'humour.
- *To have a guilty conscience.* Ne pas avoir la conscience tranquille. ■

Points clés

L'article zéro

Il existe en anglais un article qui ne se « voit » pas. On l'appelle l'article zéro (Ø). On l'emploie pour parler d'une idée générale. Son utilisation est beaucoup plus fréquente qu'en français où l'on utilise l'article défini dans les notions de généralité, ce qui provoque des erreurs de traduction.

La notion de généralité

L'article Ø s'emploie pour désigner une généralité.

• Devant les noms indénombrables :

• les noms abstraits ;

➥ *I hate Ø violence and Ø hypocrisy.* Je déteste la violence (sous-entendu en général) et l'hypocrisie (en général).

• les noms de matériaux ;

➥ *Ø Gold is more expensive than Ø silver.* L'or est plus cher que l'argent.

• les noms d'aliments ;

➥ *He likes Ø tea but he prefers Ø coffee.* Il aime le thé mais il préfère le café.

• les noms d'activités humaines (les sports, les jeux, les musiques, etc.) ;

➥ *His favourite sport is Ø tennis but he also enjoys playing Ø rugby.* Son sport favori est le tennis mais il aime aussi jouer au rugby.

➥ *My brother is crazy about Ø rap.* Mon frère adore le rap.

• les noms formés à partir de verbes ;

➥ *Swimming.* La natation.

➥ *Horse-riding.* L'équitation.

• les noms de saisons ;

➥ *I love Ø winter.* J'adore l'hiver.

• les noms de couleurs ;

➥ *Ø Blue is the colour I like best.* Le bleu est la couleur que je préfère.

• les noms de langues ;

➥ *Ø Russian is a difficult language.* Le russe est une langue difficile.

• les noms de maladies ;

➥ *Ø AIDS is a transmissible disease.* Le sida est une maladie transmissible.

• Devant les noms dénombrables pluriels. Tous les dénombrables pluriels peuvent être utilisés avec l'article zéro quand ils sont placés dans un contexte de généralité.

➥ *Ø German cars are much more expensive than Ø French cars.* Les voitures allemandes (en général) sont beaucoup plus chères que les voitures françaises (en général). ■

Attention !

On peut toujours déterminer des indénombrables et des dénombrables pluriels par une proposition ou un complément introduit par une préposition. Comparez :

I admire Ø courage. J'admire le courage (idée générale).

The courage he showed on that day surprised everybody. Le courage qu'il montra ce jour-là surprit tout le monde (cas particulier).

Les noms propres

On utilise également l'article zéro devant un certain nombre de noms propres.

• Les noms de personnes.
➥ *John Smith.*
Ajouter la fonction d'un personnage devant le nom propre ne change pas la règle.
➥ *President Kennedy.*
➥ *Doctor Jekyll.*
Il en est de même quant à la présence de certains adjectifs familiers et de nationalité.
➥ *Poor old Mrs Brown* (mais aussi *little, nice, good,* etc.).
➥ *British Prime Minister Tony Blair.*

• Les noms de lieux géographiques :
• les continents ;
➥ *Africa.*
• les pays au singulier ;
➥ *Canada.*
• les États, les régions ;
➥ *Texas.*
➥ *Cornwall.*
• les îles (au singulier) ;
➥ *Sicily.*
• les villes ;
➥ *London.*
• les sommets ;
➥ *Mount Everest.*
• les lacs ;
➥ *Lake Michigan.*
• les noms d'édifices et de lieux publics (si le premier mot est un nom propre).
➥ *Hyde Park.*
➥ *Oxford Street.*

• Les noms de jours et de mois.
➥ *Monday is the busiest day of the week.* Le lundi est le jour le plus chargé de la semaine. ■

Les cas particuliers

Enfin, on emploie l'article zéro dans certaines syntaxes particulières.

• Les noms suivis d'un chiffre.
➥ *Room 12.*

• Les noms d'institutions et de lieux quand on parle de leur fonction.
➥ *to go to hospital/prison/church/school/university/bed/work/town.*
En revanche, on utilise l'article *the* quand on parle du bâtiment.
➥ *The church is opposite the prison.* L'église se trouve en face de la prison.

• Les mots *man* et *woman* quand on parle de l'homme et de la femme en général (bien qu'il s'agisse de dénombrables).
➥ *Man proposes, God disposes.* L'homme propose, Dieu dispose.

• Le mot *television* quand il s'agit du média.
➥ *to watch TV.*
Regarder la télé.

• Certaines expressions idiomatiques.
➥ *From beginning to end.*
Du début à la fin.
➥ *At night/by day.*
La nuit/le jour.
➥ *Freedom of speech.*
La liberté d'expression. ■

Index ➜ article

L'article défini « the »

L'article défini *the* est invariable en genre et en nombre. Toutefois, il se prononce [ðə] devant les consonnes et [ðiː] devant les voyelles. *The* est un ancien démonstratif, c'est pourquoi son emploi ne se justifie que lorsque l'on veut désigner ce qui est parfaitement identifié et déterminé.

La détermination par le contexte

On utilise l'article défini *the* lorsqu'il y a :

• Reprise d'un élément qui a déjà été mentionné, donc qui a déjà été identifié par celui qui parle et à qui l'on parle.
➥ ***How did you find the film? (we've just seen)*** Comment as tu trouvé le film ? (Sous-entendu : le film que nous venons de voir.)

• Détermination par des subordonnées relatives ou par certains compléments introduits par une préposition (par exemple ***of, with, in,*** etc.).
➥ ***I love the flowers in your garden.*** J'aime beaucoup les fleurs de votre jardin.
➥ ***The friends (that) I've invited tonight are both architects.*** Les amis que j'ai invités ce soir sont tous les deux architectes.

• Détermination par un superlatif.
➥ ***This is the best book I've ever read.*** C'est le meilleur livre que j'aie jamais lu.

• Détermination implicite. C'est le cas des noms qui fonctionnent en opposition.
➥ ***The past and the present.*** Le passé et le présent.
➥ ***The Blacks and the Whites.*** Les Blancs et les Noirs.
➥ ***The body and the mind.*** Le corps et l'esprit. ■

Attention !

Un ou même plusieurs adjectifs ne suffisent pas à déterminer un nom.
➥ ***Do you like strong black coffee?***

La détermination par l'environnement

L'élément concerné est alors immédiatement identifiable, car :

• Il se trouve dans l'environnement de celui qui parle.
➥ ***Could you pass me the pepper, please?*** Pourrais-tu me passer le poivre, s'il te plaît ?
➥ ***Where is the cat?*** Où est le chat ?

• Il renvoie à une expérience culturelle commune :
• dans une communauté donnée ;
➥ ***The headmaster.*** Le directeur d'école.
➥ ***The boss.*** Le patron.
• à l'échelle nationale ;
➥ ***The President.*** Le président.
➥ ***The Prime Minister.*** Le Premier ministre.
• à l'échelle mondiale ;
➥ ***The Pope.*** Le Pape.
➥ ***The Pentagon.*** Le Pentagone.
• pour un élément unique.
➥ ***The sun.*** Le Soleil.
➥ ***The universe.*** L'Univers. ■

Les syntaxes particulières

On emploie également *the* devant :

- les adjectifs substantivés.
  ➥ ***The blind.*** Les aveugles.

- Les noms comptables au singulier quand ils font référence à :
  - une espèce animale ;
    ➥ ***The giraffe is the tallest animal.*** La girafe est le plus grand des animaux.
  - une machine, une invention ;
    ➥ ***When was the telephone invented?*** Quand a-t-on inventé le téléphone ?
  - un instrument de musique ;
    ➥ ***He plays the piano.*** Il joue du piano.
  - la monnaie d'un pays.
    ➥ ***The dollar.*** Le dollar.

- Les noms de personnes au pluriel.
  ➥ ***The Wagers have got a new car.*** Les Wagers ont une nouvelle voiture.

- Les noms de lieux au pluriel.
  ➥ ***The Netherlands.*** Les Pays-Bas.

- Les expressions avec *of*.
  ➥ ***The Tower of London.*** La Tour de Londres.

- Les noms de pays contenant *Republic, Kingdom, State* ou *Union*.
  ➥ ***The United States.*** Les États-Unis.
  ➥ ***The United Kingdom.*** Le Royaume-Uni.

- Les noms de rivières, de mers et d'océans.
  ➥ ***The Thames.*** La Tamise.

- Certains noms de nationalités à sens collectif.
  ➥ ***The English.***
  ➥ ***The French.*** ■

Exercice

Complétez avec *the, a, an* ou l'article zéro (Ø).

1. He plays... rugby on... Mondays and... violin with... friends twice... week.
2. ... doves *(colombes)* symbolize... peace.
3. ... United Kingdom is composed of... Great Britain and... Northern Ireland.
4. Which is... longest river in... Africa ? .... Nile.
5. ... Smiths have.... house in.... suburbs of... London.
6. He'd like to become... architect.
7. He is really kind. He spends his free time taking care of... poor and... disabled.

Corrigé

1. Ø (sport)
Ø (jour)
the (instrument de musique)
Ø (des)
a (expression liée au temps)
2. Ø/Ø (généralité)
3. *the* (nom de pays contenant *Kingdom*)
Ø (pays singulier)
Ø (pays singulier)
4. *the* (superlatif)
Ø (continent)
the (fleuve)
5. *the* (nom de famille au pluriel)
a
the (déterminé par *of*)
Ø (ville)
6. *an* (nom attribut)
7. *the/the* (adjectifs substantivés)

Index ➜ article

Points clés

Les quantificateurs : « some » et « any »

Some et _any_ peuvent avoir une fonction et un sens très différents selon qu'ils se trouvent dans des phrases affirmatives, négatives ou interrogatives.

« Some » dans les phrases affirmatives et interrogatives

Dans les phrases affirmatives, *some* peut être article partitif, pronom, adjectif indéfini ou adverbe :

• *Some* article partitif. Dans les phrases affirmatives, on emploie le plus souvent *some*. Son sens est proche de celui de l'article partitif français : « du », « de la », « des ». En anglais, *some* en tant qu'article partitif s'emploie devant les noms indénombrables singuliers et les noms dénombrables pluriels. Dans ce cas, il a une valeur quantitative et il est toujours inaccentué.

➡ *I've bought some bread.* J'ai acheté du pain.

• *Some* pronom. *Some* peut être utilisé comme pronom pour reprendre un nom singulier indénombrable ou un nom pluriel dénombrable. *Some* est alors accentué.

➡ *If you need change, there is some in my purse.* Si tu as besoin de monnaie, il y en a dans mon porte-monnaie.

Some peut alors être suivi de *of*.

➡ *Some of the pupils came with us.* Certains élèves sont venus avec nous.

• *Some* déterminant. Dans les phrases affirmatives, *some* peut également avoir le sens de *a little* ou *a few* (un peu, quelques). Il est alors accentué et a une valeur qualitative.

➡ *Some people left while others decided to stay and wait for him.* Certains partirent tandis que d'autres décidèrent de rester pour l'attendre.

• *Some* adjectif indéfini. *Some* suivi d'un nom dénombrable singulier peut être employé comme adjectif indéfini. Dans ce cas, *some* permet de renvoyer à un élément imprécis.

➡ *For some reason, he left without saying goodbye.* On ne sait pas pourquoi, il est parti sans dire au revoir.

• Dans les questions auxquelles on pense obtenir une réponse positive, on peut trouver *some* avec un sens d'article partitif au lieu de *any*. C'est le cas lorsque l'on propose ou que l'on demande quelque chose à quelqu'un.

➡ *Would you like some more?* En voulez-vous davantage ?

➡ *May I have some tea, please?* Puis-je avoir du thé, s'il vous plaît ?

« Any » dans les phrases affirmatives, interrogatives et négatives

Dans les phrases affirmatives, *any* a le sens d'un adjectif indéfini qui signifie « n'importe lequel ». *Any* a alors une valeur qualitative et non pas quantitative.
➥ *Any dress will do.* N'importe quelle robe fera l'affaire.

• Dans les phrases interrogatives, devant les noms singuliers indénombrables et les pluriels dénombrables, on emploie le plus souvent *any* qui a alors le sens d'un article partitif. L'emploi de *any* dans les phrases interrogatives correspond à celui de *some* article partitif dans les phrases affirmatives. *Any* a alors une valeur quantitative.
➥ *Have you drunk any wine?* As-tu bu du vin ?
➥ *Are there any biscuits left?* Est-ce qu'il reste des biscuits ?

• À la phrase affirmative : *there are some eggs in the fridge* correspond la phrase négative : *there aren't any eggs in the fridge.* On trouve *any* devant les noms indénombrables singuliers et les noms dénombrables pluriels. Tout comme dans les phrases interrogatives, *any* a une valeur quantitative dans les phrases négatives.

• Dans ce type de phrase, *not any* peut être remplacé par *no,* ce dernier donnant à la phrase un ton plus catégorique.
Mais attention, *no* s'emploie avec un verbe à l'affirmatif.
➥ *There aren't any eggs in the fridge = there are no eggs in the fridge.* Il n'y plus d'œufs dans le frigo.
➥ *There isn't any tea left = there is no tea left.* Il ne reste plus de thé. ■

Les composés de « some » et « any »

Les composés de *some* et *any* sont les suivants :
➥ *Somebody/someone.* Quelqu'un.
➥ *Anybody/anyone.* Quelqu'un.
➥ *Nobody/no one.* Personne.
➥ *Something/anything.* Quelque chose.
➥ *Nothing.* Rien.
➥ *Somewhere/anywhere.* Quelque part.
➥ *Nowhere.* Nulle part.

Tous ces composés suivent les mêmes règles grammaticales que *some* et *any.* ■

Points clés

Les quantificateurs : d'une petite à une grande quantité

Les quantificateurs correspondent à toute une série d'outils grammaticaux. Il s'agit en fait de déterminants qui permettent d'isoler ou de désigner un nombre plus ou moins élevé d'éléments (en cas de noms dénombrables) ou une quantité plus ou moins grande (en cas de noms indénombrables).

Tableau des quantificateurs selon la quantité envisagée

On évoque :	Noms dénombrables	Noms indénombrables
La totalité ⇒ *all, every, the whole*	➡ *All children/Every child.* Tous les enfants/ Chaque enfant.	➡ *All my money.* Tout mon argent. ➡ *The whole town.* Toute la ville.
La majorité ⇒ *most*	➡ *Most people.* La plupart des gens.	➡ *Most American wine.* La plupart du vin américain.
Une grande quantité ⇒ *many, a lot, lots of, plenty of, several, much*	➡ *Many friends.* ➡ *A lot of friends.* ➡ *Lots of friends.* ➡ *Plenty of friends.* Beaucoup d'amis. ➡ *Several friends.* Plusieurs amis.	➡ *Much wine.* ➡ *A lot of wine.* ➡ *Plenty of wine.* Beaucoup de vin.
Une quantité suffisante ⇒ *enough*	➡ *Enough boys.* Assez de garçons.	➡ *Enough money.* Assez d'argent.
Une certaine quantité ⇒ *some*	➡ *Some girls.* Quelques filles.	➡ *Some cheese.* Du fromage.
Une petite quantité ⇒ *a few, a little*	➡ *A few students.* Quelques étudiants.	➡ *A little coffee.* Un peu de café.
Une quantité insuffisante ⇒ *few, little*	➡ *Few girls.* Peu de filles.	➡ *Little hope.* Peu d'espoir.
Une quantité nulle ⇒ *not any, no*	➡ *Not any/no clues.* Pas d'indices.	➡ *Not any/no tea.* Pas de thé.

« All »

On utilise *all* quand on se réfère à toute une classe d'éléments et *all the* quand on se réfère à des éléments précis qui ont été définis au préalable.
➥ *All children like snow.* Tous les enfants aiment la neige. (L'ensemble de la classe enfants.)
➥ *All the children who were there were Americans.* Tous les enfants qui étaient là étaient américains. (On parle seulement de ceux qui étaient là.)
Devant une indication de temps et un nombre, on n'utilise jamais *the*. On dira donc : *all night, all day long, all three men...*

• Quand *all* est suivi d'une relative, on utilise *all... who, which* ou *that* en fonction sujet mais uniquement *all (that/∅)* en fonction complément.
➥ *All the girls who/that are there are coming with us.* Toutes les filles qui sont ici viennent avec nous.
➥ *They will give you all that/∅ you need.* Ils te donneront tout ce dont tu as besoin.

• À part dans des expressions du type *not at all, is that all?,* on ne trouve pas *all* isolé en fin de phrase. En revanche, les composés de *every* peuvent s'y placer.
➥ *I'll give you all you need.* Je te donnerai tout ce dont tu as besoin.
➥ *I need everything.* J'ai besoin de tout.

• L'adjectif *the whole* insiste davantage sur l'intégralité que *all*.
➥ *All day.* Toute la journée.
➥ *The whole day.* La journée tout entière. ■

« Most » et « most of »

La différence entre *most* et *most of* est la même qu'entre *all* et *all the.* On trouve *most* pour une classe d'éléments et *most of* quand ces éléments ont été préalablement définis.
➥ *Most little girls like dolls.* La plupart des petites filles aiment les poupées.
➥ *Most of the little girls I know like dolls.* La plupart des petites filles que je connais aiment les poupées. ■

« Enough »

On place *enough* devant un nom et derrière un adjectif ou un adverbe.
➥ *I haven't got enough money.* Je n'ai pas assez d'argent.
➥ *I'm not tall enough.* Je ne suis pas assez grand. ■

« A lot of », « lots of »

On accorde le verbe avec le nom qui suit.
➥ *A lot of people think so.* Beaucoup de gens le pensent.
➥ *There were lots of people.* Il y avait beaucoup de gens.
A lot s'emploie de préférence à l'affirmatif et *much /many* dans un énoncé négatif ou interrogatif. ■

Exercice

Chassez l'intrus.

1. *They invited some-few-many-little friends for dinner.*
2. *My children eat little-much-few-a lot of chocolate.*
3. *We never drink some-any-much wine.*
4. *They had made much-little-some-many progress.*
5. *He had some-many-enough-much painful experiences.*

Corrigé

1. *Little.* 2. *Few.* 3. *Some.* 4. *Many.* 5. *Much*

Les autres quantificateurs

Certains quantificateurs permettent d'isoler un ou plusieurs éléments d'un ensemble. En anglais, on utilise un quantificateur différent selon que l'ensemble parmi lequel on prélève des éléments est constitué de deux ou de plus de deux unités.

Le choix entre deux unités

Les déterminants suivants s'emploient lorsque l'ensemble considéré ne contient que deux éléments.

• *Each.*
Each s'emploie toujours avec un nom singulier pour traduire « chaque » ou « chacun » (l'élément est donc pris individuellement).
➥ ***He smiled to each pupil.*** Il sourit à chaque élève (il y en a deux).
• *Each* peut être suivi de *of* lorsqu'il porte sur un pronom.
➥ ***He smiled to each of them.*** Il sourit à chacun d'entre eux.

• *Both.*
Both signifie « l'un et l'autre » ou « les deux ».
➥ ***Both Thomas and Paul said they would come with us.*** Thomas et Paul ont tous les deux dit qu'ils viendraient avec nous.
• *Both* est suivi ou non de ***of*** lorsqu'il est placé devant les possessifs et les démonstratifs.
➥ ***Both (of) his parents died in a car accident.*** Ses deux parents sont morts dans un accident de voiture.
• *Both* est suivi de *of* quand il porte sur un pronom personnel.
➥ ***He invited both of them.*** Il les a invités tous les deux.

• *Either.*
Either signifie « l'un ou l'autre », « n'importe lequel » et se construit comme ***both***.
➥ ***Here are two dresses; you can take either of them.*** Voici deux robes ; tu peux prendre l'une ou l'autre.

• *Neither.*
Neither signifie « ni l'un ni l'autre ». Cependant, il s'utilise avec un verbe à la forme affirmative.
➥ ***Neither boy knew the answer.*** Aucun (des deux) garçon(s) ne connaissait la réponse.
➥ ***My mother and I like going to the pictures; neither of us like shopping.*** Ma mère et moi aimons aller au cinéma ; nous n'aimons ni l'une ni l'autre faire des courses.

• *Neither... nor* signifie « ni… ni ».
➥ ***She likes neither history nor geography.*** Elle n'aime ni l'histoire ni la géographie.

• *Each other.*
Each other est un pronom réciproque.
➥ ***They looked at each other.*** Ils se regardèrent. ■

Le choix entre plus de deux unités

Les déterminants suivants s'emploient quand l'ensemble d'éléments considéré comprend plus de deux unités.

• *Every.*
Every s'emploie avec un nom et un verbe au singulier. On considère alors l'ensemble et non chaque élément séparément. Il ne peut pas être pronom.
➥ *Every child has a part in the school-play.* Chaque enfant/tous les enfants a/ont un rôle dans la pièce de l'école.
• Pour exprimer la fréquence, on utilise *every* et non *each*.
➥ *Every day.*
Tous les jours.
Attention à ne pas confondre *every day, all day* (qui signifie « toute la journée ») et *the whole day* (qui se traduit par « la journée entière »). De même, on dit *every other day* pour « tous les deux jours ».

• *None.*
None signifie aucun. Il a le même sens que *neither,* mais s'emploie quand l'ensemble contient plus de deux éléments.
➥ *My brothers love rock music; none of them like classical music.* Mes frères aiment le rock ; aucun d'entre eux n'aime le classique.

• *One another.*
One another est un pronom réciproque. Il a la même signification que *each other,* mais il s'utilise dans un ensemble comprenant plus de deux unités.
➥ *The pupils looked at one another.* Les élèves se regardèrent. ■

BOTH BEAUX BOW ON THE BOUGHS WITH THEIR BOWS BOSS

Exercice

Traduisez les phrases suivantes en utilisant un quantificateur.

1. Mon neveu et ma nièce sont tous les deux nés aux États-Unis, mais aucun des deux ne parle anglais couramment.
2. Elle se lave les cheveux tous les deux jours.
3. Aucun de ses amis ne l'a aidé quand il a été licencié.
4. Toute la ville était bouleversée après la mort de cette grand-mère.
5. Ils ont deux enfants, mais je ne connais ni l'un ni l'autre.

Corrigé

1. *Both my nephew and my niece were born in the United States but neither of them speaks English fluently.*
2. *She washes her hair every other day.*
3. *None of his friends helped him when he was laid off/when he was fired.*
4. *The whole town was shattered after this grand-mother's death.*
5. *They have two children but I know neither of them.*

L'expression de l'appartenance : le génitif

Le génitif (souvent appelé cas possessif) exprime soit la possession, soit un lien étroit entre deux noms. Le second nom est défini par le premier, qui joue donc un rôle de déterminant. C'est pourquoi le second nom, au contraire du premier, n'est jamais précédé d'un déterminant. Le génitif s'emploie avec des noms désignant des êtres humains ou des animaux, ainsi que d'autres tournures (mesures, catégories, expressions figées).

La possession

Lorsque le nom au génitif est un singulier ou un pluriel sans *s*, il est suivi de *'s*.
➡ *John's mother.*
➡ *The children's house.*
➡ *The actress's car.*

• Lorsque le génitif est un pluriel régulier, il est simplement suivi de l'apostrophe.
➡ *My parents' house.*

• Les noms propres qui se terminent par *s* prennent normalement *'s*, prononcé [iz].
➡ *Chris's room.*
L'usage varie pour les personnages célèbres.

• Dans certains cas, on peut trouver un double cas possessif.
➡ *John's mother's cat.*

• Parfois, lorsque le sens est évident ou pour éviter une répétition (si l'information vient d'être donnée ou s'il s'agit du deuxième membre d'une comparaison), le nom est sous-entendu.
➡ *At the baker's (shop).*
➡ *At his father's (house).*
➡ *Don't borrow my bicycle. Borrow Kevin's !*
➡ *His house is bigger than his brother's.*

• Le nom est parfois sous-entendu dans la structure nom + *of* + génitif. Le *'s* signifie alors « un parmi ».
➡ *He is a friend of John's.*

• Lorsqu'on a des noms coordonnés, le sens peut différer suivant que la marque du génitif porte sur chaque nom ou uniquement sur le dernier.
➡ *Look at Peter's and Angela's cars.* (Ils ont chacun leur voiture.)
➡ *Look at Peter and Angela's car.* (C'est leur voiture à tous deux.)

MY PARENTS' HOUSE

• La marque du génitif peut s'appliquer à un groupe de mots ou à un sigle.
➡ *ITV's programmes.*
➡ *The Russian president's visit.* ■

Les autres emplois du génitif

On peut former le génitif avec de nombreux mots. Les deux mots reliés par la marque du génitif sont alors unis par un lien étroit, le premier élément étant le point d'ancrage et devant donc être parfaitement identifié.

• Le nom portant la marque du génitif peut être :
• un repère dans le temps ;
➡ *Yesterday's news.*
➡ *Today's paper.*
➡ *Last year's events.*
• un nom de ville, de pays ou de continent ;
➡ *New York's highest skyscraper.*
➡ *China's history.*
➡ *Africa's rivers.*
• un élément connu de tout le monde ;
➡ *The government's meeting.*
➡ *The world's largest river.*
• une unité de mesure exprimant la durée, la distance ou une somme d'argent.
➡ *A five miles' walk.*
➡ *A two years' sentence.*
➡ *Two pounds' worth of sweets.*
• On peut remplacer certaines de ces tournures par des noms composés si le deuxième nom est un dénombrable.
➡ *A five-mile walk.*
➡ *A two-year sentence.*
• On peut également employer le génitif en *'s* dans des expressions toutes faites.
➡ *For God's sake.* Pour l'amour de Dieu.
➡ *Art for art's sake.* L'art pour l'art.
➡ *At a stone's throw.* À un jet de pierre.
➡ *A good night's rest.* Une bonne nuit de repos.
➡ *Within hand's reach.* À portée de main. ■

Le génitif générique

Le génitif peut aussi exprimer l'appartenance à une catégorie préétablie. Le premier élément fait alors référence au genre. Il décrit et qualifie comme un adjectif.
➡ *A woman's magazine.* Un magazine féminin.

• Avec le génitif générique, les déterminants et les adjectifs qualifient l'ensemble nom + *'s* + nom. Ils sont donc placés avant cet ensemble.
➡ *This red cyclist's cap can be seen from a distance.* Cette casquette de cycliste rouge se voit de loin.
Mais c'est le contexte qui permet de déterminer s'il s'agit d'un génitif de possession ou d'un génitif générique.
➡ *This cyclist's red cap can be seen from a distance.* La casquette rouge de ce cycliste se voit de loin (possession). ■

Points clés

L'expression de l'appartenance : structures avec « of », noms composés

L'expression de l'appartenance, c'est-à-dire la possession ou encore un lien étroit existant entre deux noms, peut se traduire par un génitif, mais également par une structure en *of* ou un nom composé.

Les structures en « of »

Lorsque le nom n'est pas un être animé, on utilise la structure : nom + *of* + nom.
➥ *The bonnet of the car.* Le capot de la voiture.
Quand on parle de groupes, on emploie la structure avec *of*, ou le *'s*.
➥ *The members of the government/ the government's members.* Les membres du gouvernement.

• On peut utiliser la première structure pour des humains ou des êtres animés à l'écrit dans un niveau de langue soutenu.
➥ *You have to wait for the conclusions of the expert.* Vous devez attendre les conclusions de l'expert.

• Il faut utiliser la structure en *of* avec des adjectifs substantivés comme *the poor, the rich, the blind,* etc.
➥ *In the USA, the situation of the poor is getting difficult.* Aux États-Unis, la situation des pauvres devient difficile. ■

Les cas particuliers

La préposition *of* peut exprimer d'autres notions que celle de propriété.
➥ *I like this photo of Peter.*
Cette phrase signifie que l'on voit Peter sur la photo et non qu'elle lui appartient. Pour dire que la photo appartient à Peter ou que c'est lui qui l'a faite, il faudrait dire :
➥ *Peter's photo.*

• Dans certains cas, même si le nom que l'on veut mettre au génitif est un être animé, il est impossible de mettre la marque en *'s* :
• quand le groupe nominal que l'on veut mettre au génitif est trop long ;
➥ *The anorak of the tall blue-eyed champion of the French team.* L'anorak du grand champion aux yeux bleus de l'équipe de France.
• quand le nom que l'on veut mettre au génitif est suivi d'un pronom relatif (il est impossible de séparer le relatif de son antécédent). Comparez :
➥ *The pianist's long hands flew over the keys.* Les longues mains du pianiste glissaient sur les touches.
➥ *The long hands of the pianist who was giving the recital flew over the keys.* Les longues mains du pianiste qui donnait le récital glissaient sur les touches.

• Quand les deux constructions (*'s* ou *of*) sont possibles, on privilégiera une construction en *'s* s'il s'agit d'une réalité ou d'un fait préétabli plutôt que d'une hypothèse.
➥ *The plane's delay is due to fog.* Le retard de l'avion est dû au brouillard. (L'avion a effectivement été retardé.)
➥ *A delay of the plane would be very inconvenient.* Il serait très gênant que l'avion ait du retard. (Ce retard est simplement envisagé, il n'a pas été annoncé.) ■

Les noms composés

De plus en plus fréquemment, la structure avec *of* est remplacée par un nom composé, surtout dans la langue orale. Ainsi, au lieu de dire :

➡ *The door of the kitchen.* La porte de la cuisine.
➡ *The path of the garden.* L'allée du jardin.
➡ *The tiles of the floor.* Les carreaux du sol.
➡ *The sink of the kitchen.* L'évier de la cuisine.

On dira :

➡ *The kitchen door.*
➡ *The garden path.*
➡ *The floor tiles.*
➡ *The kitchen sink.*

• À l'intérieur d'un nom composé, le deuxième élément est l'élément principal. Le premier élément se comporte comme un adjectif. Pour comprendre un nom composé, il faut donc commencer par traduire le deuxième nom.

➡ *A football player.* Un joueur de foot.
➡ *A goalkeeper.* Un gardien de but.

• Dans la plupart des noms composés, l'accentuation porte sur le premier élément. ■

Exercices

A) Traduisez en choisissant entre *'* + *s* et *s* + *'*.

1. La voiture de mon ami.
2. La voiture de mes voisins.
3. Les romans de Dickens.
4. Les jouets de nos enfants.
5. Une balade de deux heures.
6. Il vit chez ses parents.
7. L'appartement de Tim et Jane.
8. Les appartements de Tim et de Jane.
9. L'uniforme des pompiers.

B) Traduisez en utilisant le génitif en *'s* si possible.

1. Le magazine du mois dernier n'est pas arrivé.
2. La porte de la voiture doit être réparée.
3. L'école de filles est de l'autre côté de la ville.
4. Les Brown espéraient la réussite de leur fils.
5. Ils sont heureux de la réussite de leur fils.
6. Donnez-moi pour trente francs de pommes.
7. Le nouveau gouvernement de Grande-Bretagne.
8. Le manque d'argent conduit à des situations difficiles.

Corrigés

A) 1. *My friend's car.*
2. *My neighbours' car.*
3. *Dickens' novels* ou *Dickens's novels.*
4. *Our children's toys.*
5. *A two hours' walk* ou *a two-hour walk.*
6. *He lives at his parents'.*
7. *Tim and Jane's flat.*
8. *Tim's and Jane's flats.*
9. *The firemen's uniform.*

A) 1. *Last month's magazine hasn't arrived yet.*
2. *The car door has to be repaired.*
3. *The girl's school is on the other side of the town.*
4. *The Browns were hoping for the success of their son.*
5. *They are happy with their son's success.*
6. *Give me 30 francs' worth of apples.*
7. *Great Britain's new government.*
8. *The lack of money leads to difficult situations.*

Points clés

Le présent simple

Le présent simple décrit une action habituelle, un état, une caractéristique permanente. L'énonciateur énonce des faits sans les commenter.

La structure des phrases au présent simple

À la forme affirmative, on conjugue le présent simple en conservant telle quelle la base verbale. Cela vaut pour toutes les personnes à l'exception de la 3e personne du singulier, à laquelle on ajoute un *s* à la base verbale.
➥ *I swim. He swims. She swims.* Je nage. Il nage. Elle nage. ■

Attention !

- Faites attention à l'orthographe de la 3e personne du singulier :
  - en général on ajoute un *s* ;
    ➥ *He plays.* Il joue.
  - mais dans les verbes terminés par une consonne suivie de *y*, celui-ci se transforme en *i* et on ajoute *es* ;
    ➥ *She carries.* Elle porte.
  - aux verbes terminés par *-s*, *-x*, *-ch*, *-z(e)* ou *-o*, on ajoute *es*.
    ➥ *He kisses her.* Il l'embrasse.

- **Les phrases interrogatives :**

Do | sujet | base verbale

- sauf à la 3e personne du singulier :

Does | sujet | base verbale

➥ *What do you want? Does she know?* Que veux-tu ? Est-ce qu'elle sait ?

- **Les phrases négatives :**

Sujet | *do not (don't)* | base verbale

- sauf à la 3e personne du singulier :

Sujet | *does not (doesn't)* | base verbale

➥ *I do not (don't) read. He does not (doesn't) read.* Je ne lis pas. Il ne lit pas.

THE QUEEN ARRIVES IN HER BLACK CAR

La prononciation de la 3e personne du singulier

Base verbale	Prononciation	Base verbale	Prononciation
en [s] : *kiss*	*kisses* → [iz]	en [p] : *drop*	*drops* → [s]
en [z] : *rise*	*rises* → [iz]	en [t] : *cut*	*cuts* → [s]
en [ʃ] : *brush*	*brushes* → [iz]	en [k] : *look*	*looks* → [s]
en [tʃ] : *match*	*matches* → [iz]	en [f] : *laugh*	*laughs* → [s]
en [dʒ] : *judge*	*judges* → [iz]	en [θ] : *bath*	*baths* → [s]

En revanche, la terminaison de la 3e personne du singulier se prononce [z] après tous les autres sons.

➥ *reads/goes/falls/fails...* ■

Les emplois du présent simple

Le présent simple permet :

• De traduire des faits fréquents, répétés. C'est un présent d'habitude.

➥ *I meet him once a week.* Je le rencontre une fois par semaine.

➥ *Kim plays rugby on Saturdays.* Kim joue au rugby le samedi.

Cette fréquence peut être soulignée par des adverbes tels que *always, usually, often, sometimes, seldom, rarely, never.* Ils se placent entre le sujet et le verbe mais après le verbe *to be.*

➥ *He rarely goes to Paris.* Il va rarement à Paris.

➥ *He is often late.* Il est souvent en retard.

• De traduire des vérités et des caractéristiques générales et permanentes.

➥ *I live in Paris.* J'habite à Paris.

➥ *The sun sets in the west.* Le soleil se couche à l'ouest.

• De traduire un jugement, une perception, des goûts. On l'utilise aussi avec les verbes d'état et ceux qui traduisent une attitude mentale : *be/need/believe/know/understand/agree/think/remember/want* et *like/love/hate/seem.*

➥ *Jeremy plays tennis very well.* Jeremy joue très bien au tennis.

• De donner des informations objectives :

• d'exprimer des faits prévus dans un cadre officiel ;

➥ *The plane from London lands at 6 p.m.* L'avion de Londres atterrit à 18 heures.

• de faire un commentaire ou un reportage en direct ;

➥ *The Queen arrives in her black car.* La reine arrive dans sa voiture noire.

• des indications scéniques de théâtre ou de film ;

➥ *"From the right, Willy Loman, the salesman enters ..."* « Willy Loman, le commis-voyageur, entre par la droite... » (*Death of a Salesman,* Arthur Miller.)

• des instructions ;

➥ *You combine tomatoes, olives, lime juice. Then, you refrigerate for 4 hours.* Mélangez les tomates, les olives et le jus de citron vert. Mettez au réfrigérateur pendant 4 heures.

• raconter une histoire, faire un récit.

➥ *"Now it is a zero cold December afternoon and I'm in Moscow..."* « Il fait zéro degré en cet après-midi de décembre et je suis à Moscou. » (*Mr Jones,* Truman Capote.) ■

Index ➔ **présent simple**

Points clés

Le présent continu

Le présent continu décrit une action en train de se faire en relation avec le moment où l'on parle, commente une activité ou exprime une action personnelle prévue dans le futur.

La construction

Le présent continu est formé de l'auxiliaire *to be* conjugué au présent suivi de la base verbale + *-ing.*

• Les formes contractées ***I'm not, he/she/it isn't*** et ***you/we/they aren't*** sont très utilisées. En revanche, les verbes d'opinion ***(believe)***, de goût ***(like/love)***, de perception ***(smell/hear)*** se mettent rarement au présent continu. ■

Les emplois

Le présent continu permet :

• De décrire une action qui est en train de se réaliser au moment précis où l'on parle.
➥ ***She's having a cup of coffee.*** Elle boit (elle est en train de boire) un café.

• D'insister sur le caractère temporaire et non habituel d'une action.
➥ ***I'm studying English this year.*** Cette année, j'étudie l'anglais.

• De traduire une réaction irritée à l'encontre d'une activité habituelle.
➥ ***You are always watching TV.*** Tu regardes tout le temps la télé.

• De parler de projets personnels dans un futur proche.
➥ ***I'm leaving tonight.*** Je pars ce soir.
➥ ***I'm coming back soon.*** Je reviens bientôt.

• De décrire une position du corps ou une attitude.
➥ ***They are lying on their bed.*** Ils sont allongés sur leur lit.
➥ ***The President is standing to deliver his speech.*** Le Président est debout pour faire son discours.
➥ ***The children are sitting on the grass.*** Les enfants sont assis sur l'herbe. ■

Exercices

A) Conjuguez les verbes entre parenthèses au présent simple ou au présent continu.

1. What you (do)? I (read) a new novel.
2. I not (know) the truth.
3. He is tired. He (lie) on the sofa.
4. His train (leave) at 9.15 p.m. on Monday.
5. My grand-parents usually (visit) their cousins in July.
6. She already (play) tennis very well but she now (learn) how to play squash.

B) Traduisez.

1. « Qu'est-ce que tu cherches ? » « Je cherche mes lunettes. » « Tu les cherches souvent ! »
2. « Est-ce que vous partez avec eux ? » « Oui, ils m'attendent ! »
3. Je ne jardine pas aujourd'hui ; ma femme le fait toujours le dimanche.
4. « Comment fait-on pour se rendre à la gare de Victoria ? » « Vous prenez le métro et changez à Marble Arch. »

Corrigés

A) 1. *are you doing – I'm reading* (action en cours)
2. *don't* (attitude mentale)
3. *is lying* (position du corps)
4. *leaves* (fait prévu dans un cadre officiel)
5. *visit* (habitude)
6. *plays* (caractéristique) – *is now learning* (action en cours)

B) 1. "*What are you looking for?*" (action en cours)
"*I'm looking for my glasses.*" (action en cours)
"*You often look for them!*" (habitude)
2. "*Are you leaving with them?*" (projet personnel)
"*Yes, they're waiting for me.*" (action en cours)
3. *I'm not gardening today* (projet personnel) ; *my wife always does it on Sundays.* (habitude)
4. "*How do you get to Victoria?*" (demande d'information) "*You take the tube and change at Marble Arch.*" (information objective)

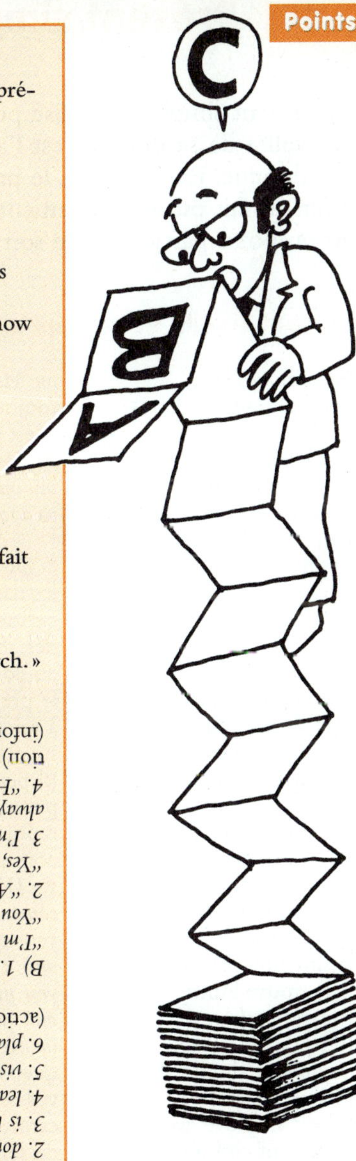

THE PRESIDENT IS STANDING TO DELIVER HIS SPEECH

Index → conjugaison • présent

Points clés

Présent simple ou présent continu ?

Le présent simple est utilisé pour un fait considéré dans la totalité de sa durée : c'est l'aspect global et permanent qui domine. En revanche, le présent continu est utilisé pour un fait ou un événement qui est présenté et perçu en un point particulier de son déroulement.

Présent simple et présent continu : des sens différents

Comparez les deux phrases suivantes :

➥ *John lives with his brother.*

➥ *John is living with his brother.*

La première phrase implique que John séjourne de façon permanente chez son frère, alors que la seconde insiste sur le caractère provisoire de son séjour (qui devrait durer seulement quelques jours ou quelques semaines).

• L'emploi de l'une ou de l'autre de ces formes grammaticales dépend de l'attitude de celui qui parle ainsi que de la situation dans laquelle il se trouve. Ainsi, l'adverbe *always,* lorsqu'il est associé au présent simple, décrit l'habitude, alors que, s'il est employé avec le présent continu, il traduit le plus souvent une réaction irritée.

➥ *He always visits me on Mondays.* Il me rend toujours visite le lundi (c'est son habitude).

➥ *He is always visiting me on Mondays* (cela m'agace beaucoup).

• De même, dans les narrations, le présent continu sert à décrire des actions qui sont en cours, tandis que le présent simple sert à rendre compte d'une succession d'actions (il peut alors s'agir, par exemple, d'un reportage ou d'un commentaire en direct).

➥ *While you are constantly stirring your eggs with cinnamon and a pinch of salt, you preheat the oven and put some butter in the dish...* Pendant que vous mélangez bien vos œufs avec de la cannelle et une pincée de sel, préchauffez le four et mettez un peu de beurre dans le plat…

• Certains verbes ont un sens différent selon qu'ils sont utilisés au présent simple ou au présent continu. Il s'agit notamment des verbes :

• *have :*

➥ *They're having a nice day together.* Ils passent une bonne journée ensemble (il s'agit dans ce cas d'une activité).

➥ *They have a lot of books in their home.* Ils ont beaucoup de livres dans leur maison (*have* exprime alors la possession et pourrait presque se traduire par le verbe posséder).

• *think :*

➥ *I think she's right.* Je pense qu'elle a raison.

➥ *I'm thinking of going to Canada.* J'envisage d'aller au Canada.

• *see :*

➥ *Can you see what he is doing?* Peux-tu voir ce qu'il fait.

➥ *I'm seeing John tomorrow.* Je rencontre John demain. ■

Le présent comme expression du futur

Le présent simple fait référence à un événement futur lorsque cet événement est programmé indépendamment de l'énonciateur (par exemple, dans le cadre d'un calendrier ou d'horaires).

➥ *The TWA plane leaves Orly at 10 a.m.* L'avion de la TWA quitte Orly à 10 heures du matin (les faits sont totalement indépendants de celui qui parle).

➥ *The concert starts at 9.* Le concert commence à 9 heures (ce sera le cas que l'énonciateur soit présent ou non).

• Quant au présent continu, il fait également référence à un événement situé dans le futur, mais lorsque cet événement est programmé par l'énonciateur lui-même (il peut alors s'agir d'un projet, d'une date, etc.).

➥ *My parents are moving next April.* Mes parents déménagent en avril prochain.

➥ *She is getting married in December.* Elle se marie en décembre (les faits sont programmés, il y a donc une volonté personnelle). ■

WHILE YOU ARE CONSTANTLY STIRRING YOUR EGGS WITH CINNAMON AND A PINCH OF SALT, YOU PREHEAT THE OVEN AND PUT SOME BUTTER IN THE DISH...

Exercice

Choisissez la forme qui convient.

1. She... to work (is always walking/always walks).
2. We... of going to the USA next year (are thinking/think).
3. He's old: he... people's names (is always forgetting/always forgets).
4. They... the Smiths on Saturdays (are meeting/meet).
5. At what time... the train...? (is leaving/does leave).
6. I... scones. Would you like one? (am making/make)
7. They... a tiring week-end (are having/have).

Corrigé

1. *always walks* (habitude) 2. *are thinking* (envisager)
3. *is always forgetting* (réaction irritée) 4. *meet* (habitude)
5. *does the train leave?* (demande d'information)
6. *I am making* (action en cours)
7. *are having* (activité et non possession)

Index ➜ présent

Points clés

Prétérit simple et prétérit continu

Le prétérit anglais est le temps du passé. Il ne correspond pas à un seul temps du français, mais selon les cas à notre passé simple, notre passé composé ou notre imparfait. Il existe une forme simple et une forme continue que l'on emploie différemment.

La formation du prétérit simple

À l'affirmatif, le prétérit se forme par l'ajout de la désinance *-ed* à la fin de la base verbale pour les verbes réguliers. Les verbes irréguliers sont des exceptions ; il faut donc apprendre par cœur la liste pages 469-472.

• Toutes les personnes ont la même forme :
➥ *I smiled.*
You smiled.
He/she/it smiled.
We/they smiled (régulier).
➥ *I ran.*
You ran.
He/she/it ran.
We/they ran (irrégulier).

> **Attention !**
> Le verbe *to be* est le seul à avoir deux formes :
> – *I was*
> – *he/she/it was*
> mais
> – *you were*
> – *we were*
> – *they were.*

• Aux formes interrogatives et négatives, l'auxiliaire que l'on emploie est *did* à toutes les personnes.
➥ ***Did you see him?***
No, I didn't.

• La terminaison *-ed* se prononce différemment selon la terminaison de la base verbale.
➥ *I played* ⇒ [d].
➥ *I wanted* ⇒ [id].
➥ *I packed* ⇒ [t].

• L'ajout de cette désinance peut également amener certaines transformations orthographiques.
➥ *To try* ⇒ *I tried.*
➥ *To prefer*
⇒ *I preferred.* ■

Les emplois du prétérit simple

Le prétérit est le temps du récit. Ce temps est très souvent utilisé par les romanciers.
➥ *"It was about eleven o'clock in the morning, mid October, with the sun not shining and a look of hard wet rain."* (Raymond Chandler, *The Big Sleep*).
« Il était environ onze heures du matin, à la mi-octobre, le soleil ne brillait pas et il pleuvait dru. »

• Dans la vie de tous les jours, on l'emploie pour :
• relater des événements du passé surtout s'ils sont datés. Les événements sont considérés comme révolus, coupés du moment présent ;
➥ *I sent a letter to her sister yesterday.* J'ai envoyé une lettre à sa sœur hier.
➥ *I went to London on Tuesday, January 31st.* Je suis allé à Londres mardi 31 janvier.
• parler de vérités générales du passé ;
➥ *The Earth was inhabited by dinosaurs.* La Terre était peuplée de dinosaures.
• exprimer un état passé.
➥ *When I was a child, I loved chocolate.* Quand j'étais enfant, j'adorais le chocolat. ■

La formation et les emplois du prétérit continu

Le prétérit continu se forme sur le même modèle que le présent continu. L'auxiliaire *be*, conjugué au prétérit *(was/were)*, est suivi de la base verbale + *-ing*.
➥ *He was reading the paper while we were watching TV.* Il lisait le journal pendant que nous regardions la télé.
Certains verbes se mettent rarement à la forme continue comme *like, want, know, hear...*

• Le prétérit continu s'emploie dans les descriptions dans le passé.
➥ *She was wearing a grey jacket and a black skirt.* Elle portait une veste grise et une jupe noire.

• Le prétérit continu s'emploie par contraste avec le prétérit simple lorsque la description d'une activité dans le passé est interrompue par une action brève. Il correspond alors à l'imparfait tandis que le prétérit simple correspond ici plutôt au passé simple ou au passé composé.
➥ *I was playing the piano, when the phone rang.* Je jouais du piano quand le téléphone sonna (ou a sonné). ■

Index ➜ prétérit

Exercice

Mettez le verbe au temps qui convient.

1. I (buy) a new pair of shoes last week.
2. I (buy) a TV set when I (see) her walk past the shop.
3. They (want) to go to Italy for their holiday.
4. Bill (smoke) a cigar in the living-room.

Corrigé

1. *I bought a new pair of shoes last week* (événement précis).
2. *I was buying a TV set when I saw her walk past the shop* (contraste).
3. *They wanted to go to Italy for their holiday* (la forme simple s'impose avec l'expression d'un désir).
4. *Bill was smoking a cigar in the living-room* (description).

Points clés

Prétérit simple et « present perfect » simple

Le prétérit simple renvoie à une action précise, datée, révolue, tandis que le *present perfect* renvoie, lui, à une action qui a commencé dans le passé ou qui est terminée mais ayant toujours un lien avec le présent. Pour choisir l'un ou l'autre, il ne faut jamais se fier aux temps utilisés en français.

Le « present perfect » simple

Le *present perfect* simple est formé de l'auxiliaire *have (has/have)* et du participe passé du verbe. Celui-ci s'obtient grâce à l'ajout de la désinance *-ed* pour les verbes réguliers.
➥ ***He has washed his socks.*** Il a lavé ses chaussettes.

• Aux formes interrogatives et négatives, c'est l'auxiliaire qui porte la marque de l'interrogation ou de la négation.
➥ ***Have you seen him?*** L'as-tu vu ?
➥ ***No, I haven't seen him since yesterday.*** Non, je ne l'ai pas vu depuis hier.

• Le *present perfect* s'emploie lorsqu'il y a un lien entre l'action passée et le présent. Il permet d'établir un bilan du passé jusqu'au moment où l'on parle. C'est pour cela qu'il accompagne les formules du type *the first time, so far* (jusqu'à présent), *over the past few years* (depuis ces dernières années), *lately* (récemment), *up to now* (jusqu'à maintenant), *just* (passé très récent), *yet* (encore), *before, ever...*
➥ ***It is the first time I have been in this bar.*** C'est la première fois que je viens dans ce bar. ■

Prétérit simple ou « present perfect » ?

Le prétérit simple s'emploie pour relater un fait, un événement ou un état situé intégralement dans le passé (quand il y a une date, par exemple). Il y a coupure avec le présent.
➥ ***Last year I worked in a factory (= I don't this year).*** L'année dernière, je travaillais en usine (= je ne le fais pas cette année.)
➥ ***When I was a girl, I wanted to become a teacher (= I changed my mind).*** Quand j'étais petite, je voulais devenir professeur (= j'ai changé d'avis).
➥ ***In 1939, the war broke out.*** La guerre a éclaté en 1939.

• Le *present perfect* exprime l'aspect perfectif. C'est-à-dire qu'il renseigne plus sur le présent que sur le passé. On s'intéresse aux conséquences du passé dans le présent.
➥ ***I have eaten the whole cake (= there is no cake left).*** J'ai mangé tout le gâteau (= il n'y en a plus).
➥ ***I have played tennis for two hours (= now I am exhausted).*** J'ai joué au tennis pendant deux heures (= maintenant, je suis épuisé).

• Comparez :
1) *I met Mary yesterday.*
2) *I have met Mary before.*
La phrase 1) renseigne sur ce qui s'est passé la veille : l'énonciateur a rencontré Mary hier. La phrase 2) nous dit que l'énonciateur a déjà rencontré Mary, qu'il la connaît. ■

L'emploi de « ago », « for » et « since »

On emploie toujours le prétérit avec *ago* qui sert à dater un événement et répond donc à la question *When?* (Quand ?).

➥ *I was in Toulouse two years ago.* J'étais à Toulouse il y a deux ans.

• *For* (dans le sens de « depuis ») s'emploie avec le *present perfect.* Il sert à mesurer une durée et répond donc à la question *How long?* (Depuis combien de temps ?)

➥ *They have lived in Toulouse for two years.* Ils vivent à Toulouse depuis deux ans.

• *For* (dans le sens de « pendant ») s'emploie parfois avec le prétérit lorsque l'on mesure la durée d'une action révolue.

➥ *They lived in Paris for a year in 1968...* Ils ont vécu pendant un an à Paris en 1968…

• *Since* (depuis) s'emploie avec le *present perfect.* Il sert à situer le point de départ d'une action dans le passé et répond à la question *Since when?* (Depuis quand ?).

➥ *I have been ill since the beginning of the week.* Je suis malade depuis le début de la semaine. ■

Attention !

La formule : *It is/has been five years since I last saw him* combine *present perfect* et prétérit. On emploie ici le prétérit car *I last saw him* renvoie à un événement précis, ponctuel.
On pourrait également trouver : *It is/has been five years since I have known him.* Ici *I have known him* renvoie à quelque chose qui dure cinq ans *(I have known him for five years).*

Exercice

Mettez au temps qui convient.

1. I (meet) them at the museum yesterday.
2. They (be married) for 10 years.
3. It has been years since I last (talk) to them.
4. I never (see) that film.
5. I (go) to the United States ten years ago.
6. We (watch) TV since two o'clock.

Corrigé

1. *met* (yesterday)
2. *have been* (for)
3. *talked* (action ponctuelle)
4. *I have never seen* (bilan jusqu'à aujourd'hui)
5. *I went* (ago)
6. *We have watched* (since)

« Present perfect » simple et « present perfect » continu

Le *present perfect* a une forme simple et une forme continue. Toutes deux établissent un lien entre le passé et le présent, mais on les emploie différemment selon que l'on veut mettre en avant le résultat dans le présent d'une action passée ou l'activité elle-même.

La formation du « present perfect » simple et continu

Le *present perfect* simple se forme grâce à l'auxiliaire *have* conjugué au présent et suivi du participe passé qui s'obtient en ajoutant *-ed* à la base verbale en ce qui concerne les verbes réguliers.
➥ *I have talked for hours* (régulier). J'ai parlé pendant des heures.

• Le *present perfect* continu, lui, se forme sur la base du *present perfect* auquel on ajoute *be* + *-ing.*
➥ *I have been talking for hours.* Je parle depuis des heures.

• L'auxiliaire porte la marque de l'interrogation ou de la négation. ■

Attention !

La liste des verbes irréguliers (pages 453-456) est à apprendre par cœur.
➥ *He has gone much too far* (irrégulier). Il est allé beaucoup trop loin.

Bilan neutre ou commentaire ?

Le *present perfect* simple établit un bilan sur le passé au moment où l'on parle.
➥ *I have just finished my homework.* Je viens de finir mes devoirs.
➥ *He has been absent for a week now.* Il est absent depuis une semaine maintenant.

• Le *present perfect* continu établit également un bilan actuel sur le passé, mais un commentaire souvent désapprobateur vient s'y ajouter.
➥ *What have you been doing again?* Qu'est-ce que tu as encore fait ?
➥ *We have been waiting for you for two hours.* Nous t'avons attendu pendant deux heures. ■

Résultat d'une action ou activité ?

Le *present perfect* continu établit un bilan qui porte moins sur le résultat d'une activité que sur l'activité elle-même. Comparez :
1) *They have washed the car.*
2) *They have been washing the car.*
En 1) on s'intéresse au résultat de l'action, c'est-à-dire *the car is clean now.*
En 2) on s'intéresse à l'activité elle-même, c'est-à-dire que l'on précise l'activité de *they* en l'opposant à d'autres activités *(they haven't been playing, working, or reading...).*

• Le choix de la forme simple ou de la forme continue dépend du contexte, mais aussi du type de verbe employé selon que celui-ci décrit une activité comme *to swim, to dream, to watch TV...* (on mettra alors la forme continue) ou qu'il décrit davantage un résultat comme *to lose, to leave...* (on utilisera alors la forme simple).

• Parce qu'il s'intéresse moins au résultat qu'à l'activité, le *present perfect* continu est incompatible avec les numérateurs et avec les tournures exprimant la quantité *(once, twice, too much, too many...).* ■

Exercice

Mettez au temps qui convient.

1. You (drink) again!
2. I (prepare) two sandwiches for them.
3. What you (do)? There is flour everywhere.
4. I (cook) all afternoon.
5. Who (take) my coat? It is not where I left it.
6. I (lose) the key to the cellar.

Corrigé

1. *You have been drinking again.* (On fait un commentaire comme en témoigne le *again*, qui marque l'énervement, la désapprobation.)
2. *I have prepared two sandwiches for them.* (La présence de *two sandwiches* oblige à mettre le *present perfect* simple.)
3. *What have you been doing? There is flour everywhere.* (Ici on fait un commentaire, on désapprouve.)
4. *I have been cooking all afternoon.* (On s'intéresse à l'activité plus qu'au résultat.)
5. *Who has taken my coat?* (Ce qui importe, c'est le résultat et non l'action.)
6. *I have lost the key to the cellar.* (Ici aussi, l'accent est mis sur le résultat.)

Index → « present perfect »

Points clés

« Pluperfect » simple et « pluperfect » continu

Le *pluperfect*, appelé aussi *past perfect*, dresse un bilan à un moment du passé ou permet d'établir un lien d'antériorité entre deux actions révolues. Il existe deux formes de *pluperfect*, une forme simple et une forme continue.

La formation du « pluperfect » simple et continu

Le *pluperfect* simple se forme à l'aide de l'auxiliaire *have* conjugué au passé *(had)*, suivi du participe passé du verbe.
➡ ***He had walked too much and he felt exhausted.*** Il avait trop marché et se sentait épuisé.
➡ ***We had never eaten snails before.*** Nous n'avions jamais mangé d'escargots auparavant.

• Le *pluperfect* continu se forme avec l'auxiliaire *have* au passé *(had)* suivi de *been* + *-ing*.
➡ ***He had been talking for two hours.*** Il avait parlé pendant deux heures.

• C'est l'auxiliaire *had* qui porte la marque de la négation *(hadn't)* et de l'interrogation.
➡ ***Had she been to New York before? No she hadn't.*** Était-elle déjà allée à New York ? Non. ■

Les emplois du « pluperfect »

Le *pluperfect* s'emploie pour :

• Dresser un bilan à un moment du passé.
➡ ***He had never met her before.*** Il ne l'avait jamais rencontrée.

• Marquer l'antériorité par rapport à un moment du passé. Il renvoie à un événement qui a eu lieu avant un autre événement du passé. Dans ce cas, il est employé avec le prétérit.
➡ ***They had told us what to do before they left.*** Ils nous avaient dit quoi faire avant de partir.
➡ ***When we opened the door, we realized that someone had broken into the house.*** Lorsque nous avons ouvert la porte, nous avons compris que quelqu'un était entré dans la maison.

• Avec *since* et *for*, le *pluperfect* s'emploie à la place du *present perfect* dans un contexte passé. Il se traduit alors par l'imparfait.
➡ ***I had been living in Paris for ten years when I decided to move abroad.*** J'habitais Paris depuis dix ans quand j'ai décidé de déménager à l'étranger.

• Pour des raisons de concordance de temps. En effet, lorsqu'on rapporte un événement passé au discours indirect, on est souvent amené à utiliser le *pluperfect* pour remplacer soit le prétérit, soit le *present perfect*.
➡ ***"I worked as a secretary last year", Helen said.*** « L'année dernière, je travaillais comme secrétaire », a dit Helen.
➡ ***Helen said that she had worked as a secretary last year.*** Helen a dit qu'elle avait travaillé comme secrétaire l'année dernière.
➡ ***"I have been cooking all afternoon", said his mother.*** « J'ai cuisiné tout l'après-midi », a dit sa mère.
➡ ***His mother said that she had been cooking all afternoon.*** Sa mère a dit qu'elle avait cuisiné tout l'après-midi. ■

Forme simple ou forme continue ?

Comme au *present perfect,* la forme continue permet d'insister davantage sur l'activité ou de faire un commentaire appréciatif, alors que la forme simple insiste plutôt sur son résultat.

• Avec les verbes décrivant des activités, on trouvera donc plutôt la forme continue.
➥ ***They had been playing tennis all afternoon and they were tired.*** Ils avaient joué au tennis tout l'après-midi et ils étaient fatigués.

• En revanche, avec les verbes décrivant un résultat (***lose, leave***…) ainsi que les verbes de volonté (***want, like***…) ou de perception comme ***see, hear***…, on trouvera la forme simple.
➥ ***He had always wanted to be an air pilot.*** Il avait toujours voulu être pilote de ligne. ■

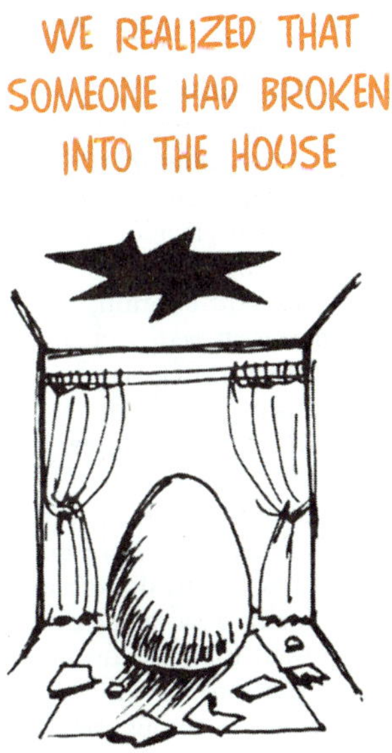

Exercices

A) Mettez au discours indirect.

1. "He was in love with Abby", they thought.
2. "I have painted my house blue", she said.
3. "I have been waiting for you for more than an hour", he said.

B) Traduisez.

1. J'étais déjà à la maison quand j'ai vu que j'avais oublié mon parapluie.
2. Elles avaient nagé toute la matinée.
3. Elle n'avait jamais compris cet enfant.

Corrigés

A) 1. *They thought he had been in love with Abby.*
2. *She said she had painted her house blue.*
3. *He said he had been waiting for her for more than an hour.*

B) 1. *I was already home when I realized that I had forgotten my umbrella* (antériorité).
2. *They had been swimming all morning* (activité).
3. *She had never understood that child* (bilan).

Points clés

Quelques problèmes de traduction de temps du français à l'anglais

Les temps français et les temps anglais ne suivent pas la même logique. Passer d'une langue à l'autre pose donc certains problèmes puisqu'il faut adopter un autre système de pensée et entrer dans une logique qui peut être très différente.

La traduction du présent

Le problème des temps est l'une des difficultés majeures de la langue anglaise, notamment à cause des aspects qui sont absents en français. Il faut tout d'abord bien analyser la valeur du temps français, puis tenter de trouver son équivalent dans la langue anglaise en considérant les nuances propres à cette langue.

Ainsi, le présent français n'est pas toujours traduit par un présent simple en anglais. Il peut également être rendu par un présent continu, un *present perfect* et même un prétérit.

En effet, le présent français peut renvoyer à des nuances très différentes selon les cas. Avant de le traduire en anglais, il faut donc bien réfléchir à la valeur du présent français afin de ne pas tomber dans les pièges des temps anglais. S'agit-il d'un présent de narration, d'une vérité générale, d'un présent à sens prospectif ? Établit-on un bilan présent sur le passé ? Voilà quelques-unes des questions qu'il est utile de se poser avant de traduire.

Ainsi, on traduira :

➥ En 1929, la ville plonge dans la crise économique. ***In 1929, the city plunged into economic crisis.***

Ici, le présent est un présent de narration qui n'est pas utilisé en anglais, où le temps de la narration est le prétérit.

➥ Ils sont mariés depuis dix ans.
They have been married for ten years.

Ici, le présent n'exprime pas une vérité générale. Il faut utiliser le *present perfect* car on fait en réalité un bilan sur le passé.

➥ Je pars demain.
I'm leaving tomorrow.

Le présent est ici prospectif (c'est-à-dire à valeur de futur), ce qui est rendu par la forme continue. ■

La traduction des temps du passé

Si la traduction du passé simple ne pose pas de problème particulier, il n'en va pas de même avec l'imparfait et surtout avec le passé composé.
En ce qui concerne l'imparfait, il faut déterminer s'il s'agit d'une vérité du passé, si c'est une description, s'il y a antériorité, pour savoir si l'on traduira par un prétérit simple, un prétérit continu, ou un *pluperfect.* Mais l'imparfait peut aussi être traduit grâce à *would* qui exprime l'habitude, ou *used to* qui exprime le passé révolu.
En ce qui concerne le passé composé, il ne faut pas tomber dans le piège de la traduction mot à mot qui consisterait à le traduire automatiquement par un temps composé en anglais, même si cette traduction est parfois possible.

➡ Il est rentré chez lui vendredi dernier.
He went back home last Friday.
Il s'agit d'une action ponctuelle dans le passé, il faut donc utiliser un prétérit. ■

BILL INVITED EVERYBODY YESTERDAY

Exercice

Traduisez en analysant à chaque fois le raisonnement qui justifie la traduction.

1. Napoléon est battu en 1815 par les Anglais à Waterloo.
2. Bill a invité tout le monde hier.
3. Elle se marie demain.
4. J'ai toujours été fascinée par la peinture.

Corrigé

1. *Napoleon was beaten by the English in 1815 in Waterloo.*
Prétérit (présent historique ; en anglais, on utilise toujours le prétérit avec une date au passé).
2. *Bill invited everybody yesterday.*
Prétérit (action ponctuelle dans le passé).
3. *She's getting married tomorrow.*
Présent continu (on parle du futur, emploi prospectif du présent continu).
4. *I have always been fascinated by painting.*
Present perfect (on fait un bilan sur le passé).

Points clés

L'expression du futur (1)

Le temps grammatical « futur » n'existe pas véritablement en anglais. Pour faire référence à l'avenir, on a recours (en plus du modal « will ») à une grande variété de procédés aux emplois nuancés. Le choix dépend de la façon dont la réalisation de l'action est envisagée.

Le présent simple

Le présent simple s'utilise pour renvoyer à l'avenir quand on parle d'emplois du temps réguliers ou d'horaires officiels.
➥ *The plane leaves at 5 o'clock.* L'avion part (ou partira) à 5 heures.
Après *to hope* (espérer), le présent simple exprime le renvoi à l'avenir.
➥ *I hope he doesn't fail.* J'espère qu'il n'échouera pas. ■

Le présent continu

On utilise le présent continu pour exprimer le futur lorsque la réalisation de l'action a été convenue à l'avance. Le plus souvent, la phrase comporte une indication de temps.
➥ *What are you doing tonight?* Que fais-tu ce soir ? (Sous-entendu : qu'as-tu prévu ?)
Contrairement au présent simple, le présent continu exprime un programme personnel. Comparez :
- *I'm leaving at 5.*
- *The plane leaves at 5.* ■

« Will »

L'auxiliaire de modalité *will* s'emploie à toutes les personnes, mais en Angleterre, dans une langue soutenue, on peut encore trouver *shall* au lieu de *will* à la première personne du singulier et du pluriel. *Will* s'emploie dans les cas suivants :

- Lorsqu'une décision est prise dans l'instant, sur-le-champ.
➥ *Stay here, I'll send for an ambulance.* Restez ici, je vais appeler une ambulance.

- Quand la réalisation de l'action dépend de circonstances extérieures.
➥ *If it rains tonight, I'll go to the pictures.* S'il pleut ce soir, j'irai au cinéma.

- Après les verbes :
- *to expect.* S'attendre à ;
- *to know.* Savoir ;
- *to be sure.* Être sûr ;
- *to think.* Penser.

On emploie également le modal *will* après l'adverbe *probably.*
➥ *They know we will agree with them.* Ils savent que nous serons d'accord avec eux.
➥ *I'm sure he will succeed.* Je suis sûre qu'il réussira.
➥ *He will probably want to see you.* Il voudra probablement vous voir.

- Pour exprimer une simple prédiction.
➥ *One day, you'll understand.* Un jour, tu comprendras. ■

Attention !

Le modal *will* ne renvoie pas toujours au futur. Il peut exprimer d'autres notions comme la volonté, le refus ou encore la réaction typique (voir page 161).

« Will be + -ing »

La forme verbale *will be* + *-ing* implique une action en cours de déroulement. On l'emploie :

• Pour exprimer le déroulement de l'action à un moment précis du futur. On a en général une indication de temps.
➥ *At this time, next week, we'll be flying to the States*. À cette heure-ci, la semaine prochaine, nous serons dans l'avion pour les États-Unis.

• Lorsque l'énonciateur commente une action à venir sans exprimer une nuance de volonté.
➥ *From now on, we'll be playing every day*. À partir de maintenant, nous jouerons tous les jours.

• *Will be* + *-ing* permet souvent de gommer la nuance de volonté que peut avoir *will* quand il est employé seul. Comparez :
• *Will you be coming with us?*
• *Will you come with us?*
Le premier énoncé est neutre par opposition au second qui peut être une question sur l'intention de l'interlocuteur. (Voudras-tu venir avec nous ?) ■

« Will have » + participe passé

La forme verbale *will have* + participe passé (que l'on appelle *future perfect*) sert à envisager une action qui est accomplie dans le futur. Elle se traduit souvent par le futur antérieur français.
➥ *By the time he arrives, I'll have typed all these letters*. Quand il arrivera, j'aurai tapé toutes ces lettres.

• En revanche, après une conjonction de temps, on ne trouve pas le *future perfect* mais le *present perfect*. ■

L'expression du futur (2)

Mis à part le présent simple, le présent continu et le modal *will*, un certain nombre de tournures utilisant l'auxiliaire *be* permettent d'exprimer la projection dans l'avenir. Selon le contexte et l'idée que l'on souhaite exprimer, on peut utiliser des structures telles que *be going to*, *be about to*, *be to* ou *be likely to*.

« Be going to »

La tournure *be going to* s'emploie dans les cas suivants :

- Lorsqu'une décision est déjà prise. On parle alors d'un futur d'intention, que l'on traduit en français par « je vais… ».
➥ *She's going to study computer-science.* Elle va étudier l'informatique.

- Lorsqu'on prévoit la réalisation d'une action à partir de certains indices.
➥ *Look at the sky! It's going to snow!* Regarde le ciel ! Il va neiger ! C'est la couleur du ciel, un indice détecté dans le présent, qui permet de prévoir qu'il va neiger (dans le futur).

- En revanche, s'il s'agit d'une simple prédiction sans indices et tenant de la supposition, on utilisera l'auxiliaire de modalité *will*. ■

« Be about to »

La tournure *be about to* s'emploie lorsque la réalisation de l'action est imminente. Elle se traduit assez souvent par l'expression française « être sur le point de ».
➥ *He's about to spill the beans.* Il est sur le point de vendre la mèche. ■

« Be to »

On emploie la tournure *be to* pour exprimer une action projetée à l'avance. Un engagement est déjà pris, la date et l'heure en sont même éventuellement fixées. En français, on traduit le plus souvent cette expression par le verbe « devoir ».
➥ *We are to meet them at 8.* Nous devons les rejoindre à 8 heures.
➥ *The new president is to be elected in May.* Le nouveau président doit être élu en mai. ■

« Be likely to »

La tournure *be likely to* s'emploie dans le cas où une action est envisagée par le locuteur comme étant vraisemblable dans l'avenir (ou dans le présent).

➥ ***He's likely to pass his exam***. Il va sans doute réussir son examen.

➥ ***He's likely to be at the swimming-pool***. Il est sans doute à la piscine. ■

Autres expressions du futur

Pour renvoyer à l'avenir, on peut utiliser d'autres expressions qui expriment également la modalité, par exemple :

• L'expression *be sure to,* lorsque la réalisation de l'action est envisagée comme pratiquement certaine par le locuteur.

➥ ***They are sure to win the election***. Ils gagneront certainement les élections.

• L'expression *be bound to,* lorsque la réalisation de l'action est envisagée comme absolument inévitable par le locuteur.

➥ ***They are bound to fail***. Il est inévitable qu'ils échouent. ■

Exercice

Mettez les verbes suivants au futur en spécifiant d'abord si la phrase exprime.

A) un programme ;
B) une décision ;
C) une prédiction ;
D) une anticipation ;
E) une action prévue ;
F) une action imminente.

1. I... (apply) for that job.
2. He... (score) when the referee blew his whistle.
3. What time... your plane (leave)?
4. When I get home, I... (have) a cup of tea.
5. This time, next week, he... (make) a speech in Paris.
6 We... (land) at 5 a.m.
7. She... (feel) better tomorrow.
8. I... (leave) tonight.
9. I... (learn) Russian.
10. What a mess! Your mother... (be) furious.

Corrigé

1. B.
I'm going to apply for that job.
2. F.
He was about to score when the referee blew his whistle.
3. A.
What time does your plane leave?
4. C.
When I get home, I'll have a cup of tea.
5. D.
This time, next week, he'll be making a speech in Paris.
6. E.
We are to land at 5 a.m.
7. C.
She will feel better tomorrow.
8. A.
I'm leaving tonight.
9. B.
I'm going to learn Russian.
10. C.
What a mess! Your mother's going to be furious.

Points clés

Le futur dans les subordonnées de temps

L'expression du futur dans les propositions circonstancielles de temps pose un problème grammatical particulier, dans la mesure où l'emploi des auxiliaires privilégiés du futur y est souvent impossible.

La traduction du futur simple français

On ne peut jamais employer *will* dans une subordonnée circonstancielle de temps introduite par *when* (quand) ou *as soon as* (dès que). Lorsque le français utilise un futur simple, l'anglais utilise un présent simple.
➥ *Call me when you get there.* Appelle-moi quand tu arriveras.
➥ *When I'm old, I'll spend my time travelling.* Quand je serai vieux, je passerai mon temps à voyager. ■

Attention !

On utilise *will* après *when* dans les interrogatives directes et indirectes.
➥ *When will you get there?* Quand arriveras-tu là-bas ?

Alors que *when* conjonction n'est jamais suivi de *will* dans les phrases affirmatives, *when* pronom relatif peut l'être.
➥ *They look forward to the day when they will meet again.* Ils attendent impatiemment le jour où ils se reverront.

La traduction du futur antérieur français

Quand le français utilise un futur antérieur dans une subordonnée de temps (action révolue dans l'avenir), l'anglais utilise un *present perfect.*
➥ *I'll call you when/as soon as I have finished.* Je t'appellerai quand/dès que j'aurai terminé.
➥ *Once/when I have passed my exam, I'll settle in England.* Quand j'aurai eu mon examen, je m'installerai en Angleterre. ■

La traduction du conditionnel français présent et passé au discours indirect

De même que l'on n'emploie jamais *will* dans les subordonnées circonstancielles de temps à sens futur lorsque la principale est au présent, on n'emploie jamais *would* dans ces subordonnées lorsque la principale est au passé. On utilise alors un prétérit. C'est le cas notamment au discours indirect en raison des règles de concordance des temps.
➥ *"I'll tell him as soon as he arrives." She said she would tell him as soon as he arrived.* Elle a dit qu'elle le lui dirait dès qu'il arriverait.

• On utilise un *pluperfect* pour traduire le conditionnel passé français.
➥ *"I'll call you as soon as I have finished." She said she would call us as soon as she had finished.* Elle a dit qu'elle nous appellerait dès qu'elle aurait terminé. ■

Exercices

A) Mettez le verbe entre parenthèses au temps qui convient.

1. By the time you understand, I (do) it all.
2. At this time tomorrow, we (sail) to Corsica.
3. I promise I (do) my best.
4. I want to know when he (be) back.
5. I'll visit them when I (recover).
6. When you (phone) me?
7. They will have to face new problems when they (get) back home.
8. He told me no one (prevent) him from going there.
9. When you (be able) to come?
10. Don't forget to lock the door when you (go out).

B) Traduisez les phrases suivantes.

1. Il a dit qu'il viendrait dès qu'il aurait fini ses devoirs.
2. Il passera son permis quand il aura 18 ans.
3. Il n'ira pas au cinéma tant qu'il n'aura pas appris sa leçon de géographie.

Corrigés

A) 1. *By the time you understand, I'll have done it all.*
2. *At this time tomorrow, we'll be sailing to Corsica.*
3. *I promise I'll do my best.*
4. *I want to know when he will be back.*
5. *I'll visit them when I have recovered.*
6. *When will you phone me?*
7. *They will have to face new problems when they get back home.*
8. *He told me no one would prevent him from going there.*
9. *When will you be able to come?*
10. *Don't forget to lock the door when you go out.*

B) 1. *He said he would come as soon as he had finished his homework.*
2. *He will pass his driving licence when he is 18.*
3. *He won't go to the cinema till he has learnt his geography lesson.*

Index → conjugaison

Points clés

L'expression du conditionnel et du subjonctif

Le subjonctif et le conditionnel traduisent un décrochement par rapport à la réalité. Fréquent en français, le subjonctif est plus rare en anglais et s'emploie surtout en américain.

Le conditionnel

Le conditionnel est un mode qui n'existe pas en anglais. Pour exprimer l'idée de décrochage avec la réalité que ce mode implique en français, l'anglais utilise l'auxiliaire modal *would*. L'anglais britannique utilise encore parfois l'auxiliaire *should* à la première personne du singulier, mais cet emploi est devenu assez rare.

➥ *I would like to go to the cinema tonight.* Je voudrais aller au cinéma ce soir.

• La proposition subordonnée exprimant la condition peut être placée avant ou après la principale sans que cela ait d'incidence sur le sens. Elle est introduite par *if.* Cette subordonnée peut exprimer :

• une condition qui n'est pas remplie dans le présent ;

➥ *If he won lottery, he would stop working.* S'il gagnait à la loterie, il arrêterait de travailler. La subordonnée de condition est alors au prétérit modal et *would* est suivi de la base verbale.

• une condition qui n'a pas été remplie dans le passé.

➥ *If he had won lottery, he would have stopped working.* S'il avait gagné à la loterie, il aurait arrêté de travailler. La subordonnée est alors au *past perfect* modal et *would* est suivi de *have* + participe passé. ■

Can et *may* sont des cas particuliers : en effet, *could* est le conditionnel de *can* et *might* est le conditionnel de *may.*

➥ *If he worked harder, he could pass his exam.* S'il travaillait plus, il pourrait réussir son examen.

➥ *If he had come earlier, he might have met her.* S'il était venu plus tôt, il l'aurait peut-être rencontrée.

Le subjonctif

En anglais, le subjonctif est tombé en désuétude. On ne l'emploie plus qu'au présent, à l'exception du verbe *be* qui s'emploie encore au passé. Sa forme est alors *were* à toutes les personnes.

➥ *I wish I were in America.* Si seulement j'étais en Amérique.

Le subjonctif est formé de la base verbale, qui reste inchangée à toutes les personnes (attention à ne pas mettre de *s* à la troisième personne du singulier).

➥ *He demanded that she accompany him.* Il a exigé qu'elle l'accompagne.

À la forme négative, on place la négation juste devant la base verbale.

➥ *He demanded that she not leave him.* Il a exigé qu'elle ne le quitte pas.

• La tournure *should* + base verbale est surtout utilisée en Grande-Bretagne.

➥ *He demanded that*

she should accompany him.
➥ *He demanded that she shouldn't leave him.*

• Le subjonctif ou la tournure *should* + base verbale s'emploient :
• après des verbes ou des tournures de phrase exprimant une demande, une insistance, une suggestion, etc. *(to ask, to demand, to request, to insist, to recommand, to suggest).*
➥ *I suggest he come tomorrow instead of today.* J'ai suggéré qu'il vienne demain au lieu d'aujourd'hui.
➥ *The air-hostess requested the passengers should remain seated.* L'hôtesse de l'air a demandé que les passagers restent assis.
• après des tournures de phrase exprimant des notions de jugement :
– *It's essential.* Il est essentiel.
– *It's necessary.* Il est nécessaire.
– *It's advisable.* Il est recommandé.
– *It's incredible.* C'est incroyable.
– *It's a shame.* C'est une honte.
– *It's a scandal.* C'est un scandale.
– *It's a pity.* C'est dommage.
➥ *It's unfair he be punished like this.* Il est injuste qu'il soit puni ainsi.
➥ *It is important that they should arrive on time.* Il est important qu'ils arrivent à l'heure.
➥ *It's a pity that she should be so aggressive.* Il est dommage qu'elle soit aussi agressive.
• dans des propositions de condition, dans un niveau de langue soutenu, on l'utilise pour exprimer une probabilité faible (par rapport à l'indicatif qui exprime une probabilité plus forte).
➥ *If that be true, he is the nicest man I've ever met.* Si c'est vrai, c'est l'homme le plus gentil que j'aie jamais rencontré.
• dans des expressions figées :
– *God bless you.* Que Dieu te bénisse.
– *Long live the queen.* Longue vie à la reine.
– *If need be.* Si besoin est.
– *Heaven forbid.* Dieu fasse/veuille que.
– *Lord have mercy on us.* Que le Seigneur ait pitié de nous.
– *Whether it be true or not.* Que ce soit vrai ou non. ■

La traduction de certains subjonctifs français

Le subjonctif français peut exprimer :
• La supposition, traduite par un présent quand la probabilité est forte,
➥ *Suppose it snows,*
ou par un prétérit modal quand la probabilité est plus faible.
➥ *Suppose it snowed.*
• La volonté traduite par la proposition infinitive.
➥ *I want you to hoover your bedroom.* Je veux que tu passes l'aspirateur dans ta chambre.
• Le souhait ou la préférence, exprimé par un prétérit modal.
➥ *It's high time we bought a car.* Il est grand temps que nous achetions une voiture.
➥ *I wish you could come on holiday with us.* Je souhaite que tu puisses venir en vacances avec nous.
➥ *I'd rather you left now.* Je préférerais que tu partes maintenant.
• Le regret, exprimé par un *past perfect* modal.
➥ *I wish you had come on holiday with us.*
• La crainte, exprimée par les locutions *lest* (surtout à l'écrit) et *for fear that,* suivies de *should.*
➥ *I didn't tell her the news for fear that she should faint.* Je ne lui ai pas appris la nouvelle, de peur qu'elle ne s'évanouisse.
• L'incertitude.
➥ *It may/might rain.* Il est possible qu'il pleuve. ■

La notion d'habitude (1)

L'anglais offre plusieurs structures qui permettent d'exprimer la notion d'habitude. Ces dernières ne sont pas toujours réservées à un temps grammatical précis en français.

Le présent simple

Le présent simple sert à exprimer une habitude du sujet valable au moment où l'on parle. Le locuteur ne fait alors aucun commentaire ; il décrit une réalité objective.

➡ *He often gets up at five.* Il se lève souvent à cinq heures.

➡ *She never drinks tea.* Elle ne boit jamais de thé. ■

L'auxiliaire « will »

On peut employer *will* (forme pleine) pour exprimer l'habitude, le comportement typique. On l'utilise souvent dans les proverbes. Il se traduit par un présent en français.

➡ *When the cat is away, the mice will play.* Quand le chat n'est pas là, les souris dansent.

➡ *Boys will be boys.* Les garçons, ça ne change jamais !

➡ *He will forget his keys.* Il faut toujours qu'il oublie ses clés. ■

L'expression « to be used to »

L'expression verbale *to be used to* sert également à exprimer une habitude ; elle décrit un état d'esprit, une attitude mentale. Elle se construit selon la structure suivante :

On peut la conjuguer à tous les temps, mais on la trouve le plus souvent au présent ou au passé. C'est l'auxiliaire *be* qui porte la marque du temps, *used to* demeurant inchangé. *To be used to* se traduit le plus souvent par « avoir l'habitude de » ; son sens est très proche de celui de *to be in the habit of*.

➡ *She's not used to drinking so much.* Elle n'a pas l'habitude de boire autant.

➡ *He wasn't used to being taken care of.* Il n'avait pas l'habitude qu'on s'occupe de lui. ■

WHEN THE CAT IS AWAY, THE MICE WILL PLAY

L'expression « to get used to »

Si *to be used to* décrit un état (et se traduit par « avoir l'habitude de »), *to get used to* décrit un changement et se traduit le plus souvent par « s'habituer à ». On peut trouver *to get used to* à tous les temps. Au futur, on utilise *to get used to* de préférence à *to be used to*.

➥ *They will never get used to getting up so early.* Ils ne s'habitueront jamais à se lever aussi tôt.

➥ *She couldn't get used to eating with chopsticks.* Elle n'a pas pu s'habituer à manger avec des baguettes. ■

Dans les expressions *to be used to* et *to get used to*, *to* est une préposition qui peut donc être suivie d'un nom.

➥ *She's not used to our food.* Elle n'est pas habituée à notre cuisine.

➥ *He's getting used to English weather.* Il s'habitue au climat anglais.

À l'écrit, on peut utiliser l'expression *to be accustomed to*, synonyme de *to be used to*.

➥ *She's accustomed to going swimming every morning.* Elle a l'habitude d'aller nager tous les matins.

HE'S GETTING USED TO ENGLISH WEATHER

Exercice

Traduisez.

1. Je ne suis pas habituée à taper sur ce clavier.
2. Leurs enfants ont l'habitude de rester seuls le soir.
3. Il faut toujours qu'il pose des questions idiotes.
4. Je n'arrive pas à m'habituer à conduire à gauche.
5. Quand j'étais jeune, j'avais l'habitude de me lever tôt.

Corrigé

1. *I'm not used to typing on this keyboard.*
2. *Their children are used to staying by themselves at night.*
3. *He will ask silly questions.*
4. *I can't get used to driving on the left-hand side of the road.*
5. *When I was young, I was used to getting up early.*

Index ➜ habitude • présent

Points clés La notion d'habitude (2)

Le modal *would* et l'expression *used to* servent tous deux à exprimer la répétition d'une action dans le passé. Leurs sens et leurs emplois sont toutefois différents.

Le modal « would »

Le modal *would,* qui est suivi d'une base verbale, traduit la notion d'habitude passée ; il exprime un comportement caractéristique et donc prévisible du sujet. Il est souvent associé à un adverbe de fréquence, s'emploie avec un sujet animé et se traduit en français par un imparfait.
➥ ***He would go for a walk in the park after dinner.*** Il allait faire (il avait l'habitude de faire) une promenade dans le parc après le dîner.

• Contrairement à la tournure ***used to, would*** + base verbale ne dit rien du caractère révolu de l'action ni du contraste entre le passé et le présent.

• L'évocation du passé avec ***would*** peut avoir une nuance nostalgique.
➥ ***My grand-parents would help us do our homework.*** Mes grands-parents nous aidaient à faire nos devoirs.

HE WOULD ASK SILLY QUESTIONS.

• *Would* peut être associé à la forme progressive.
➥ ***When they came back home in the evening, he would be sitting in his armchair, staring out into nothingness.*** Quand ils rentraient le soir, il était assis dans son fauteuil et regardait dans le vide.

• *Would* (accentué) peut également exprimer une nuance d'obstination qui provoque l'agacement ou l'irritation chez le locuteur.
➥ ***He would ask silly questions.*** Il posait toujours/il fallait toujours qu'il pose des questions idiotes. ■

L'expression « used to »

La tournure *used to* n'existe qu'à la forme passée. Elle sert à exprimer une attitude ou une action passée qui n'a plus cours au moment où l'on parle. *Used to* exprime un contraste entre le passé et le présent et signifie donc :
– premièrement, une habitude, une répétition dans le passé ;
– deuxièmement, le fait que cela est maintenant révolu.

➥ *He used to buy her flowers every week* signifie à la fois qu'il avait l'habitude de lui acheter des fleurs toutes les semaines et qu'il ne le fait plus maintenant.

• *Used to* ne fait pas forcément allusion à une action habituelle mais peut faire allusion à un fait.

➥ *There used to be a shop here.* Ici, autrefois, il y avait une boutique. Dans ce dernier exemple, c'est le caractère révolu qui est privilégié. En revanche, dans la phrase : *We used to spend our holidays in England* (Nous avions l'habitude de passer nos vacances en Angleterre), c'est l'habitude qui est privilégiée. Selon le contexte, c'est donc l'un ou l'autre aspect de *used to* qui est mis en relief. L'aspect qui n'est pas mis en relief est néanmoins toujours sous-entendu.

• L'expression *used to* est incompatible avec une expression de durée.

➥ *He lived in New Zealand for two years.* Il a vécu deux ans en Nouvelle-Zélande. (*He used to live* est impossible ici.)

• L'expression *used to* possède une forme interrogative et une forme négative. Elle se construit alors comme un verbe ordinaire, avec *did.*

➥ *Did he use to go with you every time you went there?* Est-ce qu'il t'accompagnait à chaque fois que tu allais là-bas ?

➥ *He didn't use to be so rude.* Autrefois, il n'était pas si grossier. ■

Attention !

Ne confondez pas *used to* avec l'expression *to be used to* qui se conjugue à tous les temps et qui est suivie soit d'un nom, soit d'un gérondif.

Exercice

Traduisez les phrases suivantes.

1. Jadis, il y avait un arbre au milieu de la cour d'école.
2. Quand j'étais jeune, je passais mes vacances chez elle.
3. Avant, il ne buvait pas autant.
4. Bien qu'elle ait l'habitude de parler en public, elle était tendue.
5. Il fallait toujours qu'il se plaigne de son travail.

Corrigé

1. *There used to be a tree in the middle of the schoolyard.*
2. *When I was young, I would spend my holidays at her place.*
3. *He didn't use to drink so much.*
4. *Although she was used to speaking in public, she was tense.*
5. *He would always complain about his job.*

Points clés

Le passif

Le passif met en relief la personne ou la chose qui subit l'action et qui devient sujet de la phrase. C'est le locuteur qui choisit de le faire ; le passif est donc une transposition de l'actif, mais aussi l'expression d'un point de vue du locuteur.

La formation du passif

Le passif se forme avec l'auxiliaire *to be* conjugué au temps voulu suivi du participe passé du verbe. Les différentes formes du passif sont les suivantes :

Temps	Forme
Présent simple	*Is/are* + participe passé ➡ *The burglar is arrested.* Le voleur est arrêté.
Présent progressif	*Is/are being* + participe passé ➡ *The house is being built.* On est en train de construire la maison.
Prétérit simple	*Was/were* + participe passé ➡ *He was killed yesterday.* Il a été tué hier.
Prétérit progressif	*Was/were being* + participe passé ➡ *Lunch was being cooked.* On était en train de préparer le déjeuner.
Futur simple	*Will be* + participe passé ➡ *It will be mended.* Ça sera réparé.
Present perfect	*Has/have been* + participe passé ➡ *They have been accused.* Ils ont été accusés.
Pluperfect	*Had been* + participe passé ➡ *The room had been redecorated.* La pièce avait été refaite.
Infinitif passé	*Have been* + participe passé ➡ *Your car should have been repaired.* Ta voiture aurait dû être réparée.
Conditionnel	*Would be* + participe passé ➡ *You would be helped if we could.* On t'aiderait si on le pouvait.
Conditionnel passé	*Would have been* + participe passé ➡ *The tree would have been cut if we had had time.* L'arbre aurait été coupé si nous avions eu le temps.

La forme interrogative :

Have they been accused? Ont-ils été accusés ?

La forme négative :

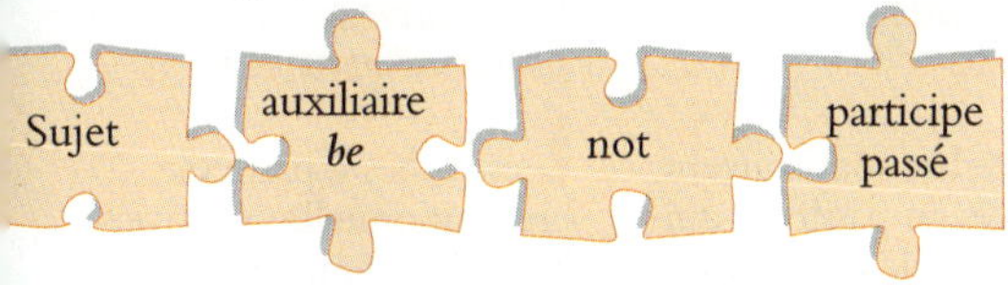

He wasn't given anything. On ne lui a rien donné.

Le passif peut être utilisé ec un modal qui sera vi, selon le sens, soit ın infinitif présent *(be)*, t d'un infinitif passé *ıve been)*.

➥ *She must be rewarded.* Elle doit être récompensée.
➥ *They may have been delayed.* Ils ont peut-être été retardés. ■

s principales traductions

e passif est beaucoup s fréquent en anglais 'en français. On l'utilise ır traduire :

On.
passif est la façon la s courante de traduire « on » français.
His car has been stolen. a volé sa voiture.

La forme pronominale.
tte forme s'utilise beau-ıp plus souvent en fran-s qu'en anglais, où l'on endance à employer le passif.
➥ *His film is called* **Deconstructing Harry.** Son film s'appelle *Harry dans tous ses états*.
➥ *It should be eaten with mint sauce.* Ça se mange avec de la sauce à la menthe.
➥ *It isn't done.* Cela ne se fait pas.

• Certaines tournures impersonnelles.
➥ *What remains to be done?* Que reste-t-il à faire ? ■

Le complément d'agent

Le complément d'agent (celui qui accomplit l'action) n'est pas toujours exprimé.

• L'agent est omis quand il est inconnu, évident ou inutile.
➥ *Your car has been stolen.* (L'agent n'est pas mentionné car il est inconnu.)
➥ *He was arrested yesterday.* (L'agent n'est pas mentionné car il est évident ; il s'agit de la police.)
➥ *The governor is expected to give his answer before midnight.* (Il est inutile de préciser que c'est l'ensemble de la population qui attend la réponse du gouverneur.)

• Quand le complément d'agent est exprimé, il est le plus souvent introduit par *by*.
➥ *His house has been designed by a famous architect.* Sa maison fut conçue par un architecte célèbre.

• Le verbe au passif peut également être accompagné d'un complément de moyen ou de manière introduit par *with*.
➥ *They were killed with a poker.* Ils ont été tués avec un tisonnier. ■

dex ➔ conjugaison • passif

Les emplois du passif

Les tournures passives sont beaucoup plus courantes en anglais qu'en français. En anglais, presque tous les verbes transitifs peuvent se mettre au passif. C'est le cas également de certains verbes intransitifs, des verbes exprimant une opinion générale, des verbes prépositionnels, etc.

Les verbes transitifs

Tous les verbes transitifs, sauf *to lack* (manquer) et *to resemble* (ressembler), peuvent se mettre au passif. Le complément d'objet de la phrase active devient sujet de la phrase passive. Comparez :

➥ *Kevin made the big cake.* Kevin a fait le gros gâteau.

➥ *The big cake was made by Kevin.* Le gros gâteau a été fait par Kevin.

• Dans la phrase passive, le locuteur choisit de mettre *"the big cake"* en relief en tête de phrase. ■

Les verbes intransitifs

Quelques verbes intransitifs *(live, sit, sleep)* peuvent se mettre au passif, ce qui est impossible en français.

➥ *This chair has been sat on.* Quelqu'un s'est assis sur cette chaise. ■

Les verbes d'opinion

Ces verbes sont souvent employés au passif, ce qui est impossible en français. C'est le cas des verbes *to advise* (conseiller), *to believe* (croire), *to consider* (considérer), *to expect* (s'attendre à), *to forbid* (interdire), *to know* (savoir), *to report* (rendre compte), *to say* (dire), *to think* (penser).

• Dans ce cas, le verbe au passif est suivi de l'infinitif complet.

➥ *He is thought to have committed a crime.* On pense qu'il a commis un meurtre.

➥ *They were advised not to tell their children.* On leur conseilla de ne pas en parler à leurs enfants.

• *To believe, to know, to report, to say* et *to think* peuvent également être employés dans des structures impersonnelles.

➥ *It is said that he committed suicide.* On dit qu'il s'est suicidé. ■

Les verbes prépositionnels

Les verbes à particule prépositionnelle ou adverbiale, de même que les constructions verbe + nom + préposition peuvent se mettre au passif, la particule se plaçant juste derrière le participe passé.

➥ *He was often made fun of.* On se moquait souvent de lui. ■

Le verbe « make » et les verbes de perception

Au passif, *to make somebody do something* et les verbes de perception se construisent avec l'infinitif.

➥ *He was made to work.* On l'a fait travailler.

➥ *He was seen to cry* ou *crying.* On l'a vu pleurer. ■

Le verbe « get »

Le verbe *get* peut être utilisé comme auxiliaire du passif et se traduit souvent par un verbe pronominal.

➥ *They got married.* Ils se sont mariés. ■

Les verbes à deux compléments

Les verbes à deux compléments du type *to give, to offer, to bring, to pay, to present, to sell, to show, to teach, to tell,* admettent deux constructions au passif, comme à l'actif.

➥ *The company offered them a plane ticket.* La société leur a offert un billet d'avion.

- Passif 1 :

➥ *A plane ticket was offered to them.*

- Passif 2 :

➥ *They were offered a plane ticket.*

La construction 2 (avec un sujet animé) est la plus fréquente. Notez bien l'emploi de la préposition *to,* qui est obligatoire dans la construction 1.

- Les verbes à deux compléments faisant appel à la préposition *for* (par exemple *to book, to choose, to fetch, to find, to make, to order, to reserve, to save*) n'ont qu'une seule construction passive.

➥ *They've booked a room for you/ They've booked you a room.* Elles t'ont réservé une chambre.

⇒ *A room has been booked for you.* ■

Exercices

A) Traduisez les phrases suivantes en utilisant la voix passive.

1. On nous a offert quelque chose à boire.
2. On m'a appris à réparer un pneu.
3. On nous a menti.
4. On l'a vu sauter par la fenêtre.
5. On me demanda de montrer mon permis de conduire.

B) Traduisez les phrases suivantes puis reformulez-les à la voix passive.

1. I hate people laughing at me.
2. The boss will throw her out tomorrow.
3. Millons of people have looked at that beautiful painting.
4. He promised her a new car.
5. They made him confess his crime.

Corrigés

A 1. *We were offered someting to drink.*
2. *I was taught how to mend a tyre.*
3. *We've been lied to.*
4. *He was seen to jump* (ou *jumping*) *out of the window.*
5. *I was asked to show my driving license.*

B 1. Je déteste que les gens se moquent de moi.
I hate to be laughed at.
2. Le patron la mettra à la porte demain.
She will be thrown out by the boss tomorrow.
3. Des millions de gens ont regardé ce magnifique tableau.
This beautiful painting has been looked at by millions of people.
4. Il lui a promis une nouvelle voiture.
She was promised a new car.
5. Ils l'ont obligé à avouer son crime.
He was made to confess his crime.

Index ➜ passif

Les modaux : généralités

Comme les trois auxiliaires anglais (*to be, to have* et *to do*), un modal est un verbe qui s'intercale entre le sujet et le verbe lexical. Il possède en plus la particularité d'exprimer la modalité selon laquelle l'action va être réalisée. Il permet de porter un jugement, de donner un avis ou de commenter une situation.

L'emploi et les règles premières

On distingue en général six auxiliaires de modalité appelés très souvent modaux. Leur prétérit est indiqué entre parenthèses lorsqu'il existe :

- *Can (could)* ;
- *May (might)* ;
- *Must* ;
- *Ought to* ;
- *Shall (should)* ;
- *Will (would)*.

• Les modaux sont invariables, portent la marque de la négation et de l'interrogation et sont suivis de la base verbale.

• Les modaux n'ont ni infinitif, ni participe passé, ni forme future. Il existe des tournures qui prennent la place du modal pour remplacer les temps qu'il ne possède pas. On appelle celles-ci tournures péri- ou quasi modales.

➥ ***He can ski.*** Il sait skier.

⇒ ***He will be able to ski if there is enough snow.*** Il pourra skier s'il y a assez de neige.

Can, may et *must* sont remplacés aux temps qui leur manquent par les tournures *be able to, be allowed to, have to* à leur sens premier (jugement). ■

Exercice

Donnez dans vos propres mots la valeur de l'auxiliaire de modalité utilisé dans les phrases suivantes.

1. She can't be at work today. She told me she was on holiday for three weeks.
2. You may take some more if you want.
3. It must have rained a lot, everything's wet.
4. Will you tidy your room, you messy girl!

Corrigé

1. Impossibilité (probabilité quasi nulle).
2. Autorisation, permission.
3. Très forte probabilité.
4. Volonté, demande très insistante.

Une pression exercée sur autrui

Employer un modal implique l'idée d'un jugement émis par le locuteur. Il peut exprimer :

- la permission (*can/may*) ;
- la capacité ou l'incapacité (*can/can't)* ;
- le conseil (*should)* ;
- l'obligation (*must)* ;
- l'interdiction (*mustn't*) ;
- l'absence d'interdiction (*needn't/don't have to*) ;
- la volonté (*will*).

➥ *You must eat your soup.* Tu dois manger ta soupe.

Celui qui parle ordonne ici à son interlocuteur de manger sa soupe. On peut dire qu'il exprime un jugement quant à la réalisation de l'action *eat your soup* par l'interlocuteur *you.* ■

La probabilité

L'emploi d'un auxiliaire modal permet également d'apprécier les probabilités de réalisation d'une action. Selon le modal utilisé, l'action aura très peu de chance de se réaliser ou au contraire aura très probablement lieu.

➥ *It might rain.* Il pourrait pleuvoir (il se pourrait qu'il pleuve).

➥ *It may rain.* Il peut pleuvoir (il se peut qu'il pleuve).

➥ *It will rain.* Il va pleuvoir.

Nous verrons par la suite qu'il est possible d'établir une échelle des probabilités de réalisation d'une action selon l'auxiliaire utilisé par la personne qui parle. ■

Quand on se trouve face à un modal, il s'agit de bien percevoir dans quel registre on se place. Par exemple, la phrase : *"He may come"* peut indiquer :

- le fait que cette personne ait la permission de venir ;
- le fait qu'il y ait des chances qu'il vienne.

La signification est très différente dans les deux cas.
Il convient, par conséquent, d'éviter tout contresens majeur, en particulier dans le cadre de la traduction d'un auxiliaire de modalité.

Index → modaux

Points clés

La valeur des modaux : le jugement

Les auxiliaires de modalité ont tous deux sens. Ils peuvent servir soit à porter un jugement sur une action envisagée (le locuteur estime que le sujet a la volonté, la capacité, la permission ou l'interdiction de faire quelque chose), soit à apprécier les probabilités de réalisation d'une action. C'est le contexte qui permet de percevoir dans quel registre l'on se place.

La capacité : « can »

La capacité physique ou intellectuelle à faire quelque chose s'exprime grâce au modal *can* au présent, *could* au passé. De même *can't* marque l'incapacité au présent, *couldn't* au passé.
En français, *can* se traduit soit par « pouvoir », soit par « savoir » selon le contexte.
➥ *Superman can fly.* Superman peut voler.
➥ *I can't ride a horse.* Je ne sais pas monter à cheval.
➥ *He couln't go to the match yesterday.* Il n'a pas pu aller au match hier.
➥ *He said he could drive.* Il a dit qu'il savait conduire.

• Pour former l'infinitif et le futur, on a recours à la structure péri modale *be able to.* ■

La permission : « can », « may »

Le modal *can* s'emploie également pour demander, accorder ou refuser une permission.
➥ *Can I go out tonight, Mum?*
Le refus de permission est proche de l'interdiction.
➥ *You can't smoke at school.*
Vous ne pouvez pas fumer à l'école.

• *Could*, le conditionnel de *can,* atténue la portée de l'action et permet ainsi d'exprimer une demande polie.
➥ *Could you lend me your pen, please?* Pourrais-tu me prêter ton stylo ?

• L'auxiliaire modal *may* exprime aussi la permission, l'autorisation, mais la demande est plus formelle qu'avec *can.*
➥ *"May I leave the table, Mum?" "No, you may not."* « Puis-je quitter la table, Maman ? » « Non, tu n'as pas le droit. »

• *Might,* qui est le prétérit de *may,* s'utilise uniquement dans le style indirect (langue formelle).
➥ *They asked if they might visit us.* Ils ont demandé s'ils pouvaient nous rendre visite.

• À l'infinitif et au futur, la permission se fait à l'aide de la structure péri-modale *be allowed to.* ■

L'obligation, l'absence d'obligation et l'interdiction : « must », « needn't », « mustn't »

Le modal *must* exprime une contrainte, une obligation, voire un ordre.
➥ *You must do that.*
Tu dois faire cela.

• L'obligation peut également concerner quelque chose à ne pas faire, ce qui équivaut à une interdiction. On emploie alors *mustn't*.
➥ *You mustn't say that word.* Tu ne dois pas dire ce mot.

• Pour nier l'obligation, on utilise *needn't* ou *don't have to*.
➥ *You needn't do that now. I'll do it later.*
➥ *You don't have to do that now. I'll do it later.*
Tu n'as pas besoin/ tu n'es pas obligé de faire ça maintenant. Je le ferai plus tard.

• *Must* n'existe qu'au présent. À l'infinitif et aux autres temps, on a recours à la structure périmodale, *have to*.
➥ *I had to sell my car.*
J'ai dû vendre ma voiture.
➥ *You will have to leave at 8.* Tu devras partir à 8 heures. ■

L'offre : « shall » et le conseil : « should »

À la forme interrogative (avec *I/we*), *shall* exprime la suggestion ou l'offre.
➥ *Shall we go now?*
On y va ?

• À la forme affirmative et négative, *shall* traduit une idée de contrainte (loi, règlement…).
➥ *You shall not steal.*
Tu ne voleras point.

• *Should* a une valeur atténuée. Il sert à exprimer un conseil ou une suggestion polie.
➥ *You should smoke less.*
Tu devrais fumer moins. ■

La volonté : « will » et le refus : « won't »

Le modal *will* marque la volonté, *won't* le refus.
➥ *Will you marry me?*
Veux-tu m'épouser ?
➥ *She won't eat.*
Elle ne veut pas manger.

• *Will* exprime les tendances du sujet, une réaction typique de sa part.
➥ *He will sleep with his Teddy bear.* Il dort toujours avec son nounours.

• *Will* au prétérit *(would)* garde les mêmes valeurs.
➥ *He wouldn't say what he knew.* Il refusait de dire ce qu'il savait. ■

Exercice

Complétez avec le modal qui convient pour exprimer la notion mentionnée entre parenthèses.

1. ... I help you to do that? *(offre)*
2. She... smoke here, I don't mind. *(permission)*
3. We... make any noise, the baby's sleeping. *(interdiction)*
4. You... see her so often. *(absence de nécessité)*
5. Maybe you... do a little sport. *(conseil)*
6. When she was 10, she... swim. *(incapacité)*

Corrigé

1. *Shall*
2. *may*
3. *mustn't*
4. *needn't/don't have to*
5. *should*
6. *couldn't*

Points clés

La valeur des modaux : la probabilité

Les auxiliaires de modalité permettent aussi d'estimer les chances de réalisation de l'action considérée. Le degré de certitude diffère alors selon le modal utilisé.

La construction des phrases

La probabilité concerne une action présente, passée ou future selon la forme du verbe qui suit le modal :

• **La probabilité porte sur le présent.**

Modal | *be* | verbe en *-ing*

➥ *It's 11 p.m. He must be sleeping.* Il est 11 heures du soir. Il doit (être en train de) dormir.

• **La probabilité porte sur le passé.**

Modal | *have* | participe passé

➥ *He is late. He may have missed the train.* Il est en retard. Il a peut-être raté son train.

• **La probabilité porte sur le futur.**

Modal | base verbale | (marqueur temporel)

➥ *It may rain tomorrow.* Il se peut qu'il pleuve demain. ■

L'impossibilité : « can't »

Quand la probabilité est quasi nulle, on utilise *can't*.
➥ *It can't be true, you're joking.* Cela ne doit/peut pas être vrai, tu plaisantes.

➥ *He can't have killed her. He was in America at the time.* Il ne peut pas l'avoir tuée. Il était en Amérique à l'époque. ■

La faible probabilité : « might », « could »

S'il est fort peu probable qu'un événement se réalise ou se soit réalisé, on utilise *might* ou *might have*.
➥ *It might rain.*
Il se pourrait qu'il pleuve.

• *Could* s'utilise pour parler de possibilité « théorique ».
➥ *It could be true.*
Could have + infinitif passé marque une possibilité généralement non réalisée.
➥ *He is very clever. He could have been a lawyer.*
Il est très intelligent. Il aurait pu être avocat. ■

La probabilité moyenne : « may », « can »

Lorsqu'une action a autant de possibilités de se réaliser que de ne pas se réaliser, on utilise le modal *may*. Dans ce cas, le français emploie le subjonctif.
➥ *It may rain but it may not, I don't know.*
Il se peut qu'il pleuve ou qu'il ne pleuve pas, je ne sais pas.

• Lorsqu'il est possible qu'un événement ait eu lieu sans qu'on en ait la certitude, on utilise *may have* + participe passé.
➥ *It may have rained yesterday.* Il se peut qu'il ait plu hier.

• Pour exprimer la moyenne probabilité, on peut également utiliser *can,* mais seulement à la forme interrogative (et non pas à la forme affirmative ni négative).
➥ *Who can it be?* Qui cela peut-il bien être ?
➥ *What can have happened to him?* Qu'a t-il bien pu lui arriver ? ■

La forte probabilité : « should », « must »

Avec *should* ou *ought to,* la probabilité est forte. On est relativement sûr que quelque chose va arriver.
➥ *She left home an hour ago. She should be there by now.*
Elle est partie de chez elle il y a une heure. Elle devrait déjà être là.

• *Must* exprime la quasi-certitude obtenue par déduction.
➥ *The light is off. He must be sleeping.*
La lumière est éteinte. Il doit être en train de dormir.
➥ *He speaks English perfectly. He must be English.*
Il parle parfaitement anglais. Il doit être anglais.

• Si on est presque sûr qu'un événement s'est produit, on utilise *must have* + participe passé.
➥ *She is sad. She must have received bad news.*
Elle est triste. Elle a dû recevoir de mauvaises nouvelles.

• *Will* exprime une très forte certitude, une prédiction logique.
➥ *The phone is ringing, that will be your mother.*
Le téléphone sonne, cela doit être ta mère. ■

Dans un certain contexte, *should* exprime une probabilité plus faible. Tel est le cas :
- après *suppose* ;
- après *in case* ;
- après *if* ;
- lors de l'inversion sujet-auxiliaire.

➥ *If Betty should phone, tell her to come at 5.* Si par hasard Betty téléphonait, dis-lui de venir à 5 heures.
➥ *Should Betty phone, tell her to come at 5* (langage soutenu).

Exercice

Traduisez les phrases suivantes en utilisant un modal.

1. Il aurait dû te prévenir qu'il aurait du retard.
2. Il faut que ce travail soit fini demain.
3. Il se pourrait bien qu'il pleuve. Regarde ces nuages là-bas !
4. Ce n'est pas vrai ! Elle n'a pas pu faire une chose pareille !
5. À cette heure-ci, elle doit être en train de prendre son bain. Ce n'est pas la peine de l'appeler.

Corrigé

1. *He should have warned you he would be late.*
2. *This work must be finished by tomorrow.*
3. *It might rain. Look at those clouds over there!*
4. *It can't be true! She can't have done such a thing!*
5. *She must be having her bath at this time, it's no use calling her.*

Index → modaux

Points clés

Les tournures périmodales

Quand il n'est pas possible d'utiliser un modal, l'anglais a recours à des structures de remplacement. C'est ce qu'on appelle les tournures périmodales. Cependant, certaines tournures sont également utilisées parce qu'elles donnent des indications subjectives sur les conditions de réalisation de l'action.

L'expression du jugement

Lorsqu'un modal utilisé dans son sens premier (porter un jugement) est remplacé par une tournure périmodale, le locuteur est beaucoup moins impliqué, il garde une certaine distance. Ainsi, il y a une nuance entre *must* et *have to* au présent. *Have to* exprime une obligation imposée non pas par celui qui parle mais par un élément extérieur, une loi, un règlement.

➡ *I must work harder to pass my exam.* Je dois travailler plus pour avoir mon examen (je m'impose cette contrainte).

➡ *In this school, you have to wear a uniform.* Dans cette école, tu dois porter un uniforme (c'est le règlement).

De même *be able to* et *can* ont des sens légèrement différents au présent et au prétérit. *Can* et *could* s'utilisent pour exprimer une caractéristique permanente du sujet, tandis que *be able to* insiste plus sur la réalisation d'une action précise.

➡ *He can speak four languages.* Il parle quatre langues.

➡ *He is not able to speak properly yet.* Il ne parle pas encore bien. ■

IN THIS SCHOOL, YOU HAVE TO WEAR A UNIFORM

L'expression de la probabilité

L'expression de la probabilité ne passe pas forcément par l'emploi d'un modal. Il existe en effet toute une série d'expressions du type *be* + adjectif + *to* qui expriment des degrés de certitude ou des tendances :

- *Be sure to.* Être sûr de.
- *Be likely to.* Il est probable que.
- *Be bound to.* Il est inévitable que.
- *Be liable to.* Être susceptible de.
- *Be apt to.* Avoir tendance à.

➡ *She may lose her temper.* ⇒ *She is apt to lose her temper.* Il se pourrait qu'elle perde son calme. ⇒ Elle a tendance à perdre son calme.

➡ *It will probably happen.* ⇒ *It's likely to happen.* Cela aura probablement lieu. ⇒ Il est probable que cela ait lieu. ■

« Ought to » et « had better »

Ces deux verbes se rapprochent par le sens du modal *should*. Tout comme lui, *had better* et *ought to* ont une seule forme grammaticale. Ces expressions modales donnent le point de vue de celui qui parle tout en le nuançant.

• Lorsqu'il utilise le verbe *ought to*, celui qui parle se réfère à une norme, c'est-à-dire à une règle généralement admise par tous mais qui n'est pas toujours respectée.
➥ *Taxi drivers ought to respect the highway code.* Les chauffeurs de taxi devraient respecter le code de la route (mais ce n'est pas toujours le cas !).

• Lorsqu'il utilise l'expression *had better*, le locuteur adresse un reproche, voire une menace plus ou moins voilée à son interlocuteur.
➥ *You'd better change your attitude or you will soon get into trouble.* Tu ferais mieux de changer d'attitude ou tu auras bientôt des ennuis. ■

« Dare » et « need »

Les verbes *dare* et *need* se conjuguent tantôt comme des verbes ordinaires suivis de l'infinitif avec *to*, tantôt comme des modaux, dont ils suivent alors les règles grammaticales.

• En fait, *dare* s'emploie rarement en anglais moderne. On le rencontre principalement au présent sous sa forme modale, notamment dans les expressions suivantes :
• *"How dare you?"* « Comment oses-tu ? »
• *"You dare...!"* « Tu oses... ! »
Ces expressions expriment respectivement l'indignation et le défi.
• En langage formel, *"I dare say"* signifie « Je suppose ».
• On rencontre parfois *dare* au prétérit sous sa forme lexicale *didn't dare*.
• En anglais moderne, on remplace souvent *dare* :
– par *not to be afraid to*. Ne pas avoir peur de ;
– par *to have the courage to*. Avoir le courage de.

• *Need to* s'emploie pour parler de la nécessité de faire quelque chose. Il est alors considéré comme verbe lexical.
➥ *You might need to see a doctor.* Tu aurais peut-être besoin de voir un docteur.
Au contraire, *needn't* exprime l'absence d'obligation. C'est alors le contraire de *must*.
➥ *He needn't do the washing-up now.* Ce n'est pas la peine qu'il fasse la vaisselle maintenant. ■

Exercice

Traduisez.

1. Vous n'êtes pas obligé de répondre.
2. Comment osez-vous me parler sur ce ton ?
3. Il faudrait qu'il voie un médecin.
4. Tu ferais bien de te dépêcher.

Corrigé

1. *You needn't answer/don't have to answer.*
2. *How dare you talk to me like that?*
3. *He ought to see a doctor.*
4. *You'd better hurry.*

Index → modaux

Points clés

Le prétérit modal et le « pluperfect » modal

Le prétérit modal et le *pluperfect* modal expriment l'irréel : ils marquent une rupture avec le certain, un contraste avec la réalité. Le prétérit modal et le *pluperfect* modal ont les mêmes formes que le prétérit et le *pluperfect* temporels, sauf pour l'auxiliaire *be* qui, au prétérit modal, requiert presque toujours *were* à toutes les personnes.

L'hypothèse

On utilise le prétérit modal et le *pluperfect* modal dans les situations hypothétiques après des expressions du type : ***if, suppose, imagine…***

• Le prétérit modal. On emploie le prétérit modal quand il s'agit du présent ou de l'avenir. Il exprime l'irréel du présent (on imagine une situation mais, en réalité, il n'en est pas ainsi).

➥ ***If I were you, I wouldn't go.*** Si j'étais toi, je n'irais pas.

➥ ***Suppose he won the contest…*** Suppose qu'il gagne le concours…

S'il s'agit d'une situation envisageable (et non impossible), on peut trouver *was* au lieu de *were* à la première personne.

➥ ***If I was asked to help him, I would do it.*** Si on me demandait de l'aider, je le ferais.

• Le *pluperfect* modal exprime l'irréel du passé (on avait envisagé une situation, mais, en réalité, il n'en a pas été ainsi).

➥ ***If you had told me he was ill, I would have come.*** Si tu m'avais dit qu'il était malade, je serais venue.

➥ ***Suppose he had won the contest…*** Suppose qu'il ait gagné le concours…

• Dans un style soutenu, on peut remplacer une subordonnée hypothétique en *if* + *pluperfect* par une inversion en tête de phrase.

➥ ***Had you told me he was sick, I would have come.*** ■

Le regret et le souhait

Ces notions peuvent être exprimées par :

• Le prétérit modal. Quand il s'agit d'une situation présente ou à venir (irréel du présent), on peut exprimer :

• le regret avec : *I wish/if only* + prétérit modal ;

➥ *I wish you were here.* J'aimerais que tu sois là.

➥ *If only you were here!* Si seulement tu étais là !

• le souhait avec : *I'd rather/it's time* + prétérit modal ;

➥ *I'd rather you didn't tell him.* J'aimerais/je préférerais que tu ne lui en parles pas.

➥ *It's (high/about) time we left.* Il est (grand) temps que nous partions.

Lorsque la réalisation de l'action est liée à un autre sujet, on trouve les modaux *could* et *would* dans l'énoncé.

• *would* marque la volonté ou le bon vouloir du sujet.

➥ *I wish she would help me.* J'aimerais qu'elle accepte de m'aider.

• Avec *could,* le sujet n'est pas actuellement capable de faire l'action, mais on souhaiterait qu'il le soit.

➥ *If only he could give me a hand!* Si seulement il pouvait me donner un coup de main !

• Le *pluperfect* modal. Quand il s'agit d'un passé, on exprime le regret avec : *if only/I wish/I'd rather* + *pluperfect* modal.

➥ *If only you had been here!* Si seulement tu avais été là !

➥ *I wish I hadn't spoilt them so much.* Je regrette de les avoir tant gâtés.

➥ *I'd rather you hadn't told them.* J'aurais aimé (ou j'aurais préféré) que tu ne leur en parles pas. ■

Exercices

A) Reformulez les phrases suivantes à l'aide des amorces proposées.

1. I regret telling him. (I wish...)
2. If only you accepted to do it for her! (I wish...)
3. I wish you hadn't refused that offer. (I'd rather...)
4. I'd like to go with you but I know it's impossible. (If only...)
5. We'd better go now, it's getting dark. (It's time...)

B) Traduisez les phrases suivantes.

1. Suppose que tu ne l'aies jamais rencontrée...
2. Si tu lui avais dit que c'était dangereux, il n'aurait pas sauté.
3. J'aurais aimé qu'ils restent plus longtemps.
4. Si seulement elle était là !
5. Il est grand temps que tu nous dises la vérité.

Corrigés

A) 1. *I wish I hadn't told him.*
2. *I wish you would do it for her.*
3. *I'd rather you hadn't refused/you had accepted that offer.*
4. *If only I could go with you!*
5. *It's time we went.*

B) 1. *Suppose you had never met her.*
2. *If you had told him it was dangerous, he wouldn't have jumped.*
3. *I wish they had stayed longer.*
4. *If only she were here!*
5. *It's high time you told us the truth.*

Index ➜ « pluperfect » • prétérit

Points clés

Les verbes à particule adverbiale

Les verbes à particule adverbiale sont souvent des verbes d'une seule syllabe (*get, put, set, keep,* etc.). En ajoutant une particule, on obtient une unité de sens différent ou beaucoup plus précis : la particule modifie la signification du verbe et ne peut donc pas être omise.

La construction

L'ordre du verbe, de sa particule et des éventuels compléments est variable selon que le complément est un nom ou un pronom.

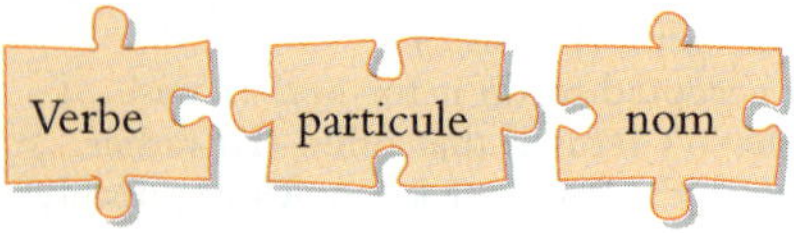

➥ *Turn down the music.*

➥ *Turn the music down.*

➥ *Turn it down.*

• Lorsque le complément est un pronom personnel, il se met nécessairement entre le verbe et la particule.
➥ *They laid them off.*
Ils les licencièrent.

• Certains verbes à particule se construisent sans complément.
➥ *He looked up.*
Il leva les yeux.

• Un même verbe peut être suivi de différentes particules.
➥ *To keep on.* Continuer.
To keep up. Maintenir.
➥ *To call up.* Appeler.
To call off. Annuler.

• Au total, il existe quatorze particules adverbiales :

- *about*
- *across*
- *along*
- *away*
- *back*
- *down*
- *in*
- *off*
- *on*
- *out*
- *over*
- *round*
- *through*
- *up*

Liste non exhaustive

Voici certains des verbes à particule adverbiale les plus connus.

- *break down.* Tomber en panne.
- *break out.* Éclater.
- *bring up.* Élever (un enfant).
- *call off.* Annuler.
- *call up.* Appeler au téléphone (US).
- *carry on.* Continuer.
- *carry out.* Procéder à, exécuter.
- *cut down.* Réduire.
- *fill in (a form).* Remplir (un formulaire).
- *give back.* Rendre.
- *give up.* Renoncer.
- *go on.* Continuer.
- *keep on.* Continuer.
- *keep up.* Maintenir.
- *lay off.* Licencier.
- *look into.* Examiner.
- *look up.* Lever les yeux.
- *pay back.* Rembourser.
- *pick up.* Ramasser.
- *put off.* Remettre à plus tard.
- *sell off.* Vendre, liquider.
- *set up.* Créer une affaire.
- *show in.* Faire entrer.
- *stand up.* Se lever.
- *take back.* Retenir.
- *take off.* Décoller.
- *take over.* Reprendre (le pouvoir, une entreprise).
- *Turn down.* Baisser le son, décliner une offre.
- *Turn off.* Éteindre.
- *Turn up.* Arriver, se présenter.
- *Wake up.* Se réveiller. ■

Exercices

A) Complétez avec une particule adverbiale.

1. Smoking is bad for your health, you should give...
2. Students went... talking when the teacher came in.
3. John and Jim set... their business two years ago.
4. "My father is outside, Jim, please, show him..."
5. Before your exam, you need to fill... a form.
6. Turn... the radio, please: it's too noisy and I want to read the newspaper.
7. Stand ...! The President has just come in!
8. Cut... your expenses or you'll be in the red *(à découvert à la banque).*

B) Complétez avec la particule qui convient.

1. The last plane is taking... (over/back/off) at 11 p.m.
2. You'd better carry... (out/on) your exercises, you don't know your lesson yet!
3. Please, call me... (up/off) when you arrive.

Corrigés

A)
1. *up*
2. *on*
3. *up*
4. *in*
5. *in*
6. *off*
7. *up*
8. *down*

B)
1. *off*
2. *on*
3. *up*

Verbes à particule suivis d'une préposition

Certains verbes sont suivis d'une particule et d'une préposition.

➥ *Get on with.* S'entendre avec.
➥ *Look down on.* Mépriser.
➥ *Look forward to.* Attendre avec impatience.
➥ *Miss out on.* Rater.
➥ *Put up with.* Tolérer, supporter.
➥ *Run out of.* Manquer de.
➥ *Stand up for.* Défendre une idée.
➥ *Watch out for.* Guetter. ■

Points clés

Les verbes prépositionnels

Les verbes prépositionnels ne peuvent être séparés de la préposition qui les suit et la présence de cette préposition exige un complément.

La construction des verbes prépositionnels

La préposition suit toujours le verbe :
- dans les phrases interrogatives.

➡ *What are you listening to?* Qu'est-ce-que tu écoutes ?
- dans les complétives.

➡ *I like the music you were listening to.* J'aime la musique que tu écoutais.
- au passif.

➡ *She was looked after.* On s'occupait d'elle.

- Comme la préposition est indissociable du complément, si le verbe n'a pas de complément, il faut enlever la préposition. Comparez ces deux phrases :

➡ *Look at that car!* Regarde cette voiture !

➡ *Look!* Regarde !

- Si un verbe suit la préposition, on aura la construction suivante : verbe + préposition + verbe en *-ing*.

➡ *She succeeded in arriving early.* Elle a réussi à arriver tôt. ■

Exercice

Complétez ces phrases avec *to, on, in, from* ou *with*.

1. I'm interested... sciences.
2. That car belongs... me.
3. He's keen... playing chess.
4. They have been... the dole for two months.
5. His article deals... the problems of Africa.
6. They love listening... music after dinner.
7. You're different... your sister.

Corrigé

1. *in*
2. *to*
3. *on*
4. *on*
5. *with*
6. *to*
7. *from*

Liste non exhaustive des verbes prépositionnels

(*sth* = *something*, *sb* = *somebody*/qqch = quelque chose, qqn = quelqu'un)

About	*complain about*	se plaindre de
	worry about	s'inquiéter de
After	*look after*	s'occuper de
At	*aim at*	viser
	laugh at	se moquer de
	look at	regarder
	smile at	sourire de
For	*account for*	expliquer, justifier
	apologize for	s'excuser de
	ask for sth	demander qqch
	be responsible for	être responsable de
	hope for	espérer
	look for	chercher
	search for	chercher
	stand for	représenter
	wait for	attendre
From	*be different from*	être différent de
	benefit from	tirer profit de
	escape from	s'échapper
	suffer from	souffrir de
In	*be interested in*	s'intéresser à
	consist in (ou *of*)	consister à
	succeed in	réussir à
Into	*break into*	entrer par effraction
Of	*approve of sth*	approuver qqch
	remind sb of sth	rappeler qqch à qqn
	think of	penser à
On	*be keen on*	être passionné de
	comment on	commenter
	depend on	dépendre de
	live on	vivre de
To	*be similar to*	ressembler à
	be superior/inferior to	être supérieur/inférieur à
	belong to	appartenir à
	compare to ou *with*	comparer à/avec
	listen to	écouter
With	*agree with*	être d'accord avec
	be faced with	être confronté à
	cover with	couvrir de
	deal with	traiter de
	part with	se séparer de

Points clés

L'emploi idiomatique des auxiliaires : « tags » et réponses courtes

La reprise par auxiliaire peut se faire soit en appendice d'un énoncé *(question-tags)*, soit dans des réponses courtes. Ces structures idiomatiques, qui permettent au locuteur de demander confirmation de son propos ou à l'interlocuteur d'exprimer une réaction, de donner un avis, de marquer un accord ou un désaccord, sont très fréquentes en anglais.

Les « question-tags »

Les *question-tags* ont pour fonction de solliciter l'interlocuteur (son avis, intonation montante, ou une confirmation, intonation descendante). Elles se traduisent par « n'est-ce pas ? », « tu ne trouves pas ? », « vraiment ? ».
Si la phrase est affirmative, le *tag* est négatif et inversement quand la phrase est négative.
➥ ***You called me (+), didn't you (–)?*** C'est vrai que tu m'as appelé ?
➥ ***You didn't call me (–), did you (+)?*** Tu ne m'as pas appelé, hein ?

• Le sujet de l'énoncé est toujours repris par un pronom personnel. Cependant, *this/that* est repris par *it* et *these/those* par *they*. Quant à *there*, il reste inchangé.
➥ ***That doesn't matter, does it?*** Cela n'a pas d'importance, n'est-ce pas ?

• Lorsque le sujet de la phrase est un composé de *one* ou de *body (everybody, anyone, no one...)*, on utilise *they* dans le *tag*.
➥ ***Nobody will come, will they?*** Personne ne viendra, je crois.

• ***I am*** dans un *tag* est repris par ***aren't I?***
➥ ***I'm late, aren't I?***

• La deuxième personne de l'impératif est reprise par ***will you?*** et ***let's*** est repris par ***shall we?***
➥ ***Sit down, will you?*** Assieds-toi, veux-tu ?
➥ ***Let's go, shall we?*** Allons-y, veux-tu ?

• Si une phrase contient un terme négatif *(nobody, no one, hardly, seldom, rarely, never...)*, son *tag* est toujours positif.
➥ ***He hardly ever smokes, does he?*** Il ne fume presque jamais, n'est-ce pas ? ■

Attention !

Dans les *tags* et les réponses courtes, il faut parfois faire apparaître un auxiliaire qui ne figure pas dans la phrase initiale (présent, prétérit).
➥ ***You love her, don't you?***
➥ ***He studied art, didn't he?***

• La contraction ***'d*** peut être la réduction de ***had*** ou de ***would.***
➥ ***You'd better leave now, hadn't you?*** Tu ferais mieux de partir, je crois ?
➥ ***You'd rather stay, wouldn't you?*** Tu préférerais rester, je crois ?

• Ne confondez pas l'auxiliaire ***have*** et le verbe lexical ***have.***
➥ ***You always have milk with your tea, don't you?*** Tu prends bien du lait dans ton thé ?

Les réponses courtes

La reprise par auxiliaire est utilisée lorsque l'on souhaite ne pas alourdir la phrase en rappelant le verbe. Ces réponses courtes se forment à l'aide de l'auxiliaire correspondant au temps de la déclaration.
Elles s'emploient pour :

• Répondre par oui ou par non à une question.
➥ *"Will they play tennis tomorrow?" "Yes, they will."* « Joueront-ils au tennis demain ? » « Oui. »
➥ *"Has he found his keys?" "No, he hasn't."* « A-t-il trouvé ses clés ? » « Non. »

• Identifier un sujet.
➥ *"Who broke it?" "John did."* « Qui l'a cassé ? » « C'est John. »
➥ *"Who won't come?" "I won't."* « Qui ne viendra pas ? » « Moi. »

• Marquer l'étonnement, l'intérêt (intonation montante).
On reprend l'auxiliaire et le sujet sans modifier la présence ni l'absence de *not*.
➥ *"I broke your pen." "Did you?"* « J'ai cassé ton stylo. » « C'est vrai ? »
➥ *"He hasn't got a car." "Hasn't he?"* « Il n'a pas de voiture. » « Ah bon ? »

• Exprimer son accord.
On peut faire précéder ces réponses courtes de *yes, of course, so* suivi d'un auxiliaire à l'affirmatif pour un énoncé affirmatif et vice versa.
➥ *"He looks very young." "Yes,/so he does."* « Il a l'air très jeune. » « Oh, oui alors ! »

• Traduire « moi aussi » ou « moi non plus ». *So* reprend une affirmation et *neither/nor* une négation. Les deux sont suivis de auxiliaire + nom/pronom.
➥ *"He likes jazz." "So do I."* « Il aime le jazz ». « Moi aussi. »
➥ *"He can't ski. Neither can she."* ou *"Nor can she."* « Il ne sait pas skier. Elle non plus.»

• Exprimer le contraste, le désaccord :
• le contraste peut être marqué par une réponse courte commençant par *but* (qui peut être omis) ;
➥ *"He plays the piano very well. But she doesn't"* ou *"She doesn't."* « Il joue très bien du piano, mais elle pas. »
• la reprise exprime le désaccord lorsqu'on répond affirmativement à une phrase négative et vice versa.
➥ *"I didn't call you." "Yes, you did."* « Je ne t'ai pas appelé. » « Mais si. »
➥ *"He's a liar." "No, he's not."* « C'est un menteur. » « Ce n'est pas vrai. » ■

Exercice

Traduisez les phrases suivantes.

1. Tu n'aimes pas aller au cinéma ? Moi si.
2. Il travaille dans une usine, je crois.
3. « Cette fille est championne de gymnastique. » « Non, c'est vrai ? »
4. Je ne suis pas allée en Chine et elle non plus.
5. Passe-moi le sel, tu veux ?

Corrigé

1. *Don't you like going to the cinema? I do.*
2. *He works in a factory, doesn't he?*
3. *"That girl is a gymnastics champion." "Is she?"*
4. *I've never been to China and neither has she.*
5. *Give me the salt, will you?*

Index ➔ **« questions tags »**

Points clés

Les phrases emphatiques et exclamatives

Les phrases emphatiques permettent d'insister avec force sur la réalité de ce que l'on exprime, tandis que les phrases exclamatives traduisent des sentiments positifs ou négatifs comme l'étonnement ou l'indignation.

Les phrases emphatiques

Il existe différentes manières de traduire l'emphase. On peut utiliser :

• Un auxiliaire.
Quand la phrase comporte un auxiliaire, l'insistance s'exprime à l'oral grâce à l'intonation ; l'accent porte alors sur l'auxiliaire. À l'écrit, le mot accentué sera noté en gras ou en italique.
➡ *She* **is** *stupid.* Qu'est-ce qu'elle est bête !

• *Do* ou *did.*
Lorsqu'une phrase comporte un verbe conjugué au présent ou au prétérit, on utilise *do* ou *did* suivis de la base verbale. Dans ce cas, l'auxiliaire est très fortement accentué. On peut alors :
• insister sur l'ensemble sujet/verbe ;
➡ *You do look tired.* Tu as vraiment l'air fatigué !
• apporter un démenti ou une contradiction ;
➡ *"You could have told me." "But I did tell you!"* « Tu aurais pu me le dire. » « Mais je te l'avais dit ! »
• donner un ordre en utilisant *do* et l'impératif.
➡ *Do tell him I love him!* Dites-lui bien que je l'aime !
Dans un style familier, *you* suivi de l'impératif permet d'exprimer l'agacement ou l'irritation.
➡ *You be quiet!* Tu vas te tenir tranquille !

• Une inversion après l'adverbe.
Lorsque les adverbes de sens négatif ou restrictif comme *only, hardly, scarcely, seldom, never...* sont placés en tête de phrase, on a une inversion du sujet et de l'auxiliaire. La phrase a alors un sens emphatique.
Comparez :
I have never seen such a terrible accident.
Never have I seen such a terrible accident. Je n'ai jamais vu un accident aussi terrible. ■

Les phrases exclamatives

La construction avec *how* s'emploie devant :
- un adjectif ;

➥ *How tall he is!* Comme il est grand !
- un adverbe ;

➥ *How beautifully she can play the piano!* Comme elle joue magnifiquement du piano !
- tout un énoncé.

➥ *How she has grown!* Comme elle a grandi !

- La construction avec *what* s'utilise devant un nom précédé ou non d'un adjectif. Il peut s'agir de :
  - noms indénombrables ;

➥ *What fun it must have been!* Comme ça a dû être drôle !
- noms dénombrables pluriels ;

➥ *What lovely lanscapes!* Quels jolis paysages !
- noms dénombrables singuliers. On utilise alors l'expression *what a/an.*

➥ *What a nice house!* Quelle jolie maison !

- Malgré leur nom, les formes interro-négatives ne sont pas des questions.

➥ *Isn't she cute!* Comme elle est mignonne !

Exercice
Traduisez.

1. Asseyez-vous, je vous en prie.
2. Je pense vraiment que vous avez tort.
3. Il fumait vraiment beaucoup.
4. Comme elle est douée ! *(gifted)*
5. Quel désordre !
6. Quels gens adorables !
7. C'est tellement injuste !

Corrigé
1. *Do sit down!*
2. *I do think you're wrong.*
3. *He did smoke a lot.*
4. *How gifted she is!*
5. *What a mess!*
6. *What lovely people!*
7. *It's so unfair!*

- Construction avec *such* (devant un groupe nominal) ou *so* (devant un adjectif ou un adverbe).

Such + a + nom dénombrable singulier

➥ ***He was such a nice guy!*** C'était un garçon si gentil !

Such + nom dénombrable pluriel

➥ ***They're such intelligent girls!*** Ce sont des filles si intelligentes !

Such + nom indénombrable

➥ ***It was such chaos!*** C'était une telle confusion !

So + adjectif ou adverbe

➥ ***It's so incredible!*** C'est vraiment incroyable !

- On peut également utiliser l'expression *so... that.*

➥ ***He was so upset that he could hardly speak.*** Il était si (tellement) bouleversé qu'il pouvait à peine parler. ■

Points clés

Les relatives déterminatives et non déterminatives

Il convient de distinguer deux types de subordonnées relatives : les relatives déterminatives (ou restrictives) et les subordonnées non déterminatives (ou appositives).

Comment reconnaître le type de relative ?

Une relative non déterminative apporte une précision qui est accessoire. Elle ne fait qu'ajouter un renseignement, une caractéristique qui pourraient être omis. Elle est le plus souvent encadrée de virgules. En revanche, une relative déterminative particularise l'antécédent. C'est pourquoi on ne peut pas la supprimer. Elle apporte un renseignement nécessaire à l'identification de l'antécédent en délimitant une sous-catégorie. Elle n'est jamais encadrée de virgules.

• Le sens de la phrase peut être totalement différent selon que la relative est encadrée de virgules (non déterminative) ou ne l'est pas (déterminative). Comparez :

➥ *The children, who were tired, were allowed to leave.*

➥ *The children who were tired were allowed to leave.*

Dans le premier cas, il s'agit d'une relative non déterminative ; tous les enfants ont pu partir et l'on précise, mais c'est accessoire, qu'ils étaient fatigués. La relative aurait pu être supprimée. Dans le second cas, il s'agit d'une relative déterminative ; elle délimite une sous-catégorie à l'intérieur de la catégorie *children* (seuls les enfants qui étaient fatigués ont pu partir). Le choix du pronom relatif varie d'après sa fonction grammaticale et son antécédent, selon qu'il est humain ou non humain. ■

Les pronoms relatifs dans les relatives déterminatives

Fonction du relatif	Antécédent humain	Antécédent non humain
Sujet	Who/that *The man who called yesterday is Cathy's brother.*	Which/that *The painting which/that was stolen is a Van Gogh.*
Complément	∅/that/who(m) *The girl ∅ we met the other day is a famous writer.*	∅/that/which *The car ∅ she bought is a brand new Jaguar.*
Complément du nom	Whose *This is the story of a young Vietnamese girl whose father is American.*	Whose *This is the house whose roof was blown off during the storm.*

Dans un style écrit soutenu, il vaut mieux utiliser *who(m)* et *which* que *that*. De même, *who* en position de complément est informel. Il vaut mieux utiliser *whom* dans un devoir écrit.

• On ne peut supprimer *that* que lorsqu'il a une fonction de complément et jamais quand il est sujet.
➡ ***I know the lady ∅ you're talking to.*** Je connais la dame à qui vous parlez.

• Après ***only, first, last, all, everything, nothing, something*** ou un superlatif, on emploie obligatoirement ∅ ou *that*.
➡ ***This is the only answer that/∅ he gave me.*** C'est la seule réponse qu'il m'ait donnée. ■

Les pronoms relatifs dans les non-déterminatives

Les relatives non déterminatives sont obligatoirement introduites par un pronom relatif appartenant à la série *who/which*.

• Les relatives non déterminatives ne sont jamais introduites par le pronom relatif *that* ni par le relatif zéro (symbolisé par ∅).

• Une fois de plus, on choisit le pronom relatif d'après sa fonction grammaticale et la nature de son antécédent.

Fonction du relatif	Antécédent humain	Antécédent non humain
Sujet	Who *Thomas, who is her new boyfriend, arrived yesterday.*	Which *His new film, which is his best one, has been awarded a prize.*
Complément	Who(m) *Thomas, who(m) I met yesterday, is her new boy-friend.*	Which *His first film, which I have seen twice, was on TV last night.*
Complément du nom	Whose *One of my pupils, whose father is American, speaks English fluently.*	Whose *That pub, whose owner has just retired, will close down next month.*

• Quand dans les déterminatives ou les non-déterminatives ont un complément indirect introduit par une préposition, on a deux constructions possibles :
• la préposition est rejetée derrière le verbe, on peut alors employer *∅/that/who(m)/which* (mais l'anglais parlé utilise le plus souvent le relatif zéro, ∅).
➡ ***The programme I'm talking about was very good.*** L'émission dont je parle était très bien.
• la préposition précède le relatif, ce qui est le cas dans la langue formelle. Les relatifs sont alors ***whom*** et ***which.***
➡ ***I know the woman with whom you went out.*** Je connais la femme avec qui tu es sorti. ■

Index ➡ **pronom relatif • relatives**

Points clés

Les relatives avec « when », « where », « why » et les relatifs en « -ever »

Les pronoms *when* (notion de temps), *where* (de lieu) et *why* (de cause) peuvent avoir une fonction de relatif. Les relatifs avec un suffixe en *-ever* expriment la nuance « quel que soit » et indiquent qu'il existe une série de possibilités sans choix précis, ce qui permet d'englober tous les cas possibles.

Les relatives avec « when », « where » et « why »

On utilise le relatif *when* lorsque l'antécédent désigne un moment, un jour, une époque. En français, on le traduit par « où ». En anglais, on aura donc les expressions suivantes :

- ***the moment when.*** Le moment où.
- ***the day when.*** Le jour où.
- ***the year when.*** L'année où.
- ***the time when.*** L'époque où.

Le relatif *when* peut être omis.

➥ ***I will never forget the day (when) we met.*** Je n'oublierai jamais le jour où nous nous sommes rencontrés.

• On utilise *where* en tant que relatif lorsque l'antécédent désigne un lieu.

➥ ***Here is the town where we spent our honeymoon.*** Voici la ville où nous avons passé notre lune de miel.

• On utilise *why* en tant que relatif lorsque l'antécédent désigne une cause. On peut alors l'omettre.

➥ ***This is the reason (why) I absolutely want to phone them.*** C'est la raison pour laquelle je veux absolument leur téléphoner. ■

Attention !

Lorsque *when* est utilisé en tant que conjonction de subordination, il n'est jamais suivi de *will.* En revanche, lorsqu'il a la fonction de relatif, il peut l'être.

➥ ***Jenny and her husband look forward to the day when they will meet again.*** Jenny et son mari attendent avec impatience le jour où ils se reverront.

Les relatifs en « -ever »

Ajouter un suffixe en *-ever* à un pronom relatif indique une absence de précision qui permet d'englober tous les cas possibles. Tous les relatifs en *-ever* sont accentués sur le suffixe.

• *Whoever.* *Whoever* se traduit par « qui que ce soit qui », « celui qui » ou « quiconque ».

➥ ***Whoever said that is an arrant liar.*** Quiconque a dit cela est un fieffé menteur.

➥ ***She can marry whoever she likes.*** Elle peut épouser qui elle veut.

• *Whichever* et *whatever.* *Whichever* se traduit par « quel que soit celui qui », « celui qui » ou « n'importe lequel ». *Whatever* se traduit par « quoi que », « tout ce que ». *Whichever* implique un choix plus

restreint que *whatever.* Quand on utilise *whichever,* on demande à son interlocuteur de sélectionner un élément à partir d'un nombre restreint d'éléments.
À l'inverse, *whatever* s'emploie quand il n'y a pas d'ensemble restreint.

Whatever et *whichever* peuvent être pronoms ou déterminants.

➥ ***You can choose whichever is best for you.*** Tu peux choisir celui qui te convient le mieux. (*Whichever* est alors pronom.)

➥ ***You can take whichever book you like best.*** Tu peux prendre le livre que tu préfères. (*Whichever* est alors déterminant.)

➥ ***Whatever happens, you can count on me.*** Quoi qu'il arrive, tu peux compter sur moi. (*Whatever* est alors pronom.)

➥ ***You can read whatever books you like.*** Tu peux lire tous les livres que tu veux. (*Whatever* est alors déterminant.)

• *Whenever.*
Whenever se traduit par « quel que soit le moment où » ou « chaque fois que ».

➥ ***You can come whenever you want.*** Tu peux venir quand tu veux. (C'est-à-dire n'importe quand.)

➥ ***I will come whenever you call me.*** Je viendrai chaque fois que tu m'appelleras.

• *Wherever.*
Wherever se traduit par « quel que soit l'endroit où », « n'importe où ».

➥ ***We can meet wherever you want.*** On peut se retrouver où tu veux (donc n'importe où).

➥ ***We will join you, wherever you are.*** Nous te rejoindrons, quel que soit l'endroit où tu te trouves. ■

Exercice

Complétez avec un relatif ou Ø.

1. The boy... father owns a pub is very nice.
2. The car... he was driving last night wasn't his.
3. This is the reason... his father is angry.
4. I'll give you all... you need.
5. Yesterday, they told us they were going to get married,... was totally unexpected.
6. She left the day... I arrived.
7. Don't forget to bring me... you promised.
8. This is the school... I go everyday.
9. I don't know ... or... the accident took place.
10. Do you know the man... I was talking to.
11. You can leave... you want.
12. The governor, ... you've never met, will arrive later.
13. His friend, with... he always spent his holidays, has just died in a car accident
14. This film, ... I saw in London, has just been released in Paris.
15. Jenny, ... likes travelling a lot, is in New York for a year.

Corrigé

1. whose (dont) *2. which/that/Ø* *3. why/Ø*
4. that/Ø *5. which (ce qui)* *6. when/Ø*
7. what (ce que) *8. where* *9. when or where*
10. whom/Ø/that *11. whenever* *12. whom*
13. whom *14. which* *15. who*

Points clés

Traduction de « dont », « ce qui », « ce que »

En anglais, seules les relatives exprimant l'idée de possession comprennent le relatif *whose*. « Ce que » et « ce qui » se traduisent par *which* ou *what*, selon que la proposition est reprise ou introduite par le relatif.

Comment traduire « dont »

Lorsque « dont » a une fonction de complément, il se traduit différemment selon qu'il est complément du nom, d'objet indirect ou d'adjectif.

Complément du nom (possession)	whose	➡ *Here is the man whose son is a famous actor.* Voici l'homme dont le fils est un acteur connu.
Complément d'objet indirect	∅... préposition that... préposition who(m)... préposition which... préposition	➡ *The woman ∅ you told me about is Cathy's teacher.* La femme dont tu m'as parlé est le professeur de Cathy.
Complément d'adjectif	∅ ou that	➡ *This is a book ∅* (ou *that*) *I'm crazy about.* C'est un livre que j'adore.

- « La façon dont + proposition » se traduit par « *the way* + proposition ». ➡ *I love the way she dances.* J'aime la façon dont elle danse.
- Pour distinguer un ou plusieurs éléments d'un ensemble, donc pour traduire « dont un », « dont beaucoup », etc., on utilise les structures ci-dessous. ➡ *There were many people, most of whom were my friends.* Il y avait beaucoup de gens dont la plupart étaient mes amis. ■

- **Traduction de « dont un »**

One *of* *which/whom*

- **Traduction de « dont beaucoup »**

Many *of* *which/whom*

- **Traduction de « dont la plupart »**

Most *of* *which/whom*

- **Traduction de « dont aucun »**

None *of* *which/whom*

Exercice

Traduisez.

1. Il m'a donné plusieurs romans dont aucun ne m'a plu.
2. Il y avait cinq bouteilles sur la table dont trois étaient vides.
3. Ils ont acheté plusieurs manteaux dont la plupart étaient en vison *(mink)*.
4. La fille dont je te parle est la cousine de Thomas.
5. La chambre dont la porte est ouverte est celle de ma grand-mère.

Corrigé

1. *He gave me several novels, none of which I liked.*
2. *There were five bottles on the table, three of which were empty.*
3. *They bought several coats, most of which were mink.*
4. *The girl I'm telling you about is Thomas's cousin.*
5. *The room whose door is open is my grandmother's.*

Traduction de « ce qui », « ce que »

Les expressions françaises « ce qui » (sujet) et « ce que » (complément) se traduisent en anglais par *which* ou *what,* selon que la proposition est reprise *(which),* ou annoncée *(what).*

• *Which*

Which reprend la proposition qui précède ; c'est l'ensemble de cette proposition qui est l'antécédent du relatif. La proposition relative est un commentaire de l'énoncé précédent. Dans ce type de phrase, *which* est obligatoirement précédé d'une virgule.

➥ *She told me she was in love with him, which was not true.* Elle m'a dit qu'elle était amoureuse de lui, ce qui est faux. *(Which* est alors sujet.)

➥ *She told him she had forgiven him, which he did not believe.* Elle lui a dit qu'elle lui avait pardonné, ce qu'il n'a pas cru. (*Which* est alors complément.)

• *What*

What est un relatif dépourvu de tout antécédent. C'est pourquoi on dit souvent qu'il contient son propre antécédent. Il correspond en fait à *the things that.*

➥ *What she said was wrong.* Ce qu'elle a dit était faux.

➥ *It is not what she told me.* Ce n'est pas ce qu'elle m'a dit.

• *What* est parfois placé en tête de phrase. Dans ce cas, *what* permet de mettre en relief tout un énoncé.

➥ *What she needs is a couple of days off to rest.* Ce qu'il lui faut, c'est deux jours de congé pour se reposer.

• Les expressions françaises « tout ce qui » et « tout ce que » se traduisent par *all that* ou *everything that.* On peut également les remplacer par *all* ∅ ou *everything* ∅ lorsqu'elles sont utilisées en fonction complément.

➥ *All that glitters is not gold.* Tout ce qui brille n'est pas or.

➥ *All ∅ you need is love.* Tout ce qu'il te faut, c'est de l'amour.

➥ *They were told to bring everything ∅ they might need for their week-end at the sea-side.* On leur a dit d'apporter tout ce dont ils pourraient avoir besoin pour leur week-end à la mer. ■

Points clés

Les subordonnées circonstancielles : cause, but, conséquence

Les subordonnées circonstancielles dépendent d'une principale et sont introduites par une conjonction. Elles ont la même fonction qu'un complément circonstanciel ou qu'un adverbe.

Les subordonnées circonstancielles de cause

Les conjonctions introduisant les subordonnées circonstancielles de cause sont : *because, for, as, since.* La question portant sur la cause est introduite par *why.*

• *Because*

➥ *I couldn't go to the beach because it was raining.* Je n'ai pas pu aller à la plage parce qu'il pleuvait.

• *For*

➥ *She was glad it was over for she was fed up with working.* Elle était contente que ce soit terminé car elle en avait assez de travailler.

Une subordonnée de cause introduite par *for* ne se place jamais en tête de phrase.

• *As*

➥ *As Henry was late, he missed the train.* Comme Henri était en retard, il a manqué le train.

Dans la langue écrite, on peut également trouver une subordonnée en *-ing* pour exprimer la cause.

➥ *Henry being late, they all missed the train.*

• *Since*

➥ *Since you speak English, could you translate this letter for me?* Puisque tu parles anglais, peux-tu me traduire cette lettre ?

• *As, because, since,* exprimant la cause, s'emploient souvent avec la locution comparative *all the more.*

➥ *She was all the more disappointed as he had promised her he would come.* Elle était d'autant plus déçue qu'il lui avait promis qu'il viendrait.

• On peut également exprimer la cause en employant un groupe nominal introduit par une des prépositions suivantes : *because of, for* + gérondif ou, dans une langue plus soutenue, *owing to, due to, on account of.*

➥ *They were late because of the snow.* Ils étaient en retard à cause de la neige.

➥ *She was expelled for insulting the teacher.* Elle a été expulsée pour avoir insulté le professeur.

➥ *Owing to/due to/on account of his bad behaviour, he was expelled from school.* Il a été renvoyé de l'école à cause de/en raison de son attitude. ■

Les subordonnées circonstancielles de but

Il faut distinguer deux types de construction : les constructions avec un seul sujet (quand le sujet de la subordonnée est le même que celui de la principale) et celles avec deux sujets (quand les sujets des deux propositions sont différents).

• Construction avec un seul sujet :

• *to* (négation : *not to*)

➥ *I'm writing to invite you to dinner next week.* Je vous écris pour vous inviter à dîner la semaine prochaine.

• *in order to* (négation : *not to*)

➥ *He left home early in order to be on time at the airport.* Il est parti tôt pour être à l'heure à l'aéroport.

• *so as to* (négation : *so as not to*)
➥ ***He left early so as not to be held up in the traffic.*** Il est parti tôt afin de ne pas être pris dans la circulation.
• *so that + may/might* ou *can/could*
➥ ***Mary spent a whole year in England so that she could learn English.*** Mary a passé toute une année en Angleterre afin d'apprendre l'anglais.

• Construction avec deux sujets :
• *for + nom + infinitif*
➥ ***I've bought a novel for you to read on the train.*** J'ai acheté un roman pour que tu le lises dans le train.
• *so that* + proposition
➥ ***Come and pick me up so that we can go together.*** Passe me chercher pour que l'on puisse y aller ensemble.

• But négatif (expression de la crainte) :
• *for fear + might/should*
• *lest + should*
➥ ***They did not phone them for fear they might/should disturb them*** ou ***they did not phone them lest they should disturb them.*** Ils ne leur ont pas téléphoné de peur/par crainte de les déranger. ■

Les subordonnées circonstancielles de conséquence

L'expression *so that* (ou tout simplement *so*), lorsqu'elle est employée sans auxiliaire ***might*** ou ***should,*** exprime non pas une notion de but, mais de conséquence (on la traduit alors par si bien que). Dans ce cas, ***so that*** est obligatoirement précédé d'une virgule.
➥ ***It poured with rain the whole afternoon, so that the party was cancelled.*** Il a plu tout l'après-midi, si bien que la fête a été annulée.

• Comparez :
➥ ***I warned him so that he wouldn't be surprised.*** Je l'ai averti de façon qu'il ne soit pas surpris (expression du but).
➥ ***I warned him, so he wasn't surprised.*** Je l'ai averti, si bien qu'il n'a pas été surpris (expression de la conséquence). ■

Exercice

Reformulez les phrases suivantes en utilisant les éléments proposés.

1. He was fired because he had insulted one of the executives (for).
2. They go swimming everyday because they want to be fit (as).
3. She took a year off so that she could take an exam in computer science (so as to).
4. He lent his car to his wife because he didn't need it (since).
5. He repeated what he had said because he was afraid they might not have understood (for fear).

Corrigé

1. *He was fired for insulting one of the executives.*
2. *As they want to be fit, they go swimming everyday.*
3. *She took a year off so as to take an exam in computer science.*
4. *Since he didn't need his car he lent it to his wife.*
5. *He repeated what he had said for fear they might not have understood.*

Points clés

Les subordonnées circonstancielles : condition et hypothèse

La condition s'exprime souvent à l'aide d'une proposition placée indifféremment devant ou derrière la proposition principale. Quand une condition a très peu de chances de se réaliser, on emploie une subordonnée hypothétique.

Les subordonnées de condition

Les subordonnées de condition sont introduites notamment par les éléments suivants : *if, provided that* (pourvu que), *as long as* (tant que) et *on condition that* (à condition que).

• *If* est la conjonction la plus couramment utilisée pour exprimer la notion de condition. La concordance des temps entre les subordonnées en *if* et les principales dont elles dépendent est la suivante :

• **La notion de futur :**

If | présent simple | futur simple (principale)

➥ *If the weather is fine, we will go for a picnic.* S'il fait beau, nous irons pique-niquer.

• **L'irréel du présent :**

If | prétérit modal | conditionnel présent (principale)

➥ *If the weather was fine, we would go for a picnic.* S'il faisait beau, nous irions pique-niquer.

• **L'irréel du passé :**

If | pluperfect modal | conditionnel passé (principale)

➥ *If the weather had been fine, we would have gone for a picnic.* S'il avait fait beau, nous aurions pique-niqué.

• dans les cas où *if* est suivi d'un *pluperfect* modal, on peut le supprimer et exprimer la condition en inversant le sujet et l'auxiliaire ;

➥ *If he had told me, I wouldn't have come. = Had he told me, I wouldn't have come.* S'il me l'avait dit, je ne serais pas venu.

• *will* après *if* exprime la volonté ;

➥ *If you will please listen to me!* Si tu veux bien daigner m'écouter !

• on utilise *if + would* pour formuler une demande polie.

➥ *If you would wait for a moment.* Si vous voulez bien patienter quelques instants.

• *Provided that, as long as, on condition that.* Tous trois s'emploient avec l'indicatif dans les cas où il s'agit d'une condition à respecter.

➥ *You can borrow this book, provided that/as long as/on condition that you bring it back to me before the holidays.* Tu peux

emprunter ce livre pourvu que/tant que/à condition que tu me le rapportes avant les vacances.

Attention !
Ne pas confondre *as long as* exprimant la condition et *as long as* qui a une valeur temporelle :
➡ *You can keep it as long as you want/like.* Tu peux le garder aussi longtemps que tu veux.

• *Unless* sert à exprimer la condition négative mais s'emploie avec un verbe à l'affirmatif. Il a le même sens que *if not.*
➡ *I won't go there if Laura doesn't come with us/I won't go there unless Laura comes with us.* Je n'irai pas si Laura ne vient pas avec nous. ■

Les subordonnées hypothétiques

Les subordonnées hypothétiques sont introduites par les éléments suivants : *if, in case, suppose, supposing, what if* et *whether.*

• *If,* dans les subordonnées hypothétiques, peut être associé à *ever, should* ou *to be to.*
➡ *If I ever win on the lotto, I'll stop working.* Si jamais je gagne au loto, j'arrête de travailler.
➡ *If John should lose his job, how would you react?* Si jamais John perdait son emploi, comment réagirais-tu ? (Dans ce cas, on peut également dire : *Should John lose his job, how would you react?*)
➡ *If she was to die, what would you do?* Si elle venait à mourir, que ferais-tu ?

• *In case*
• *In case* suivi d'un verbe au présent fait référence au présent ou bien au futur.
➡ *I'm going to stay here in case he phones this afternoon.* Je vais rester ici au cas où il téléphonerait cet après-midi.
• *In case* suivi d'un verbe au prétérit fait référence au passé.
➡ *He went to the station in case she arrived on the 5 o'clock train.* Il est allé à la gare au cas où elle serait dans le train de 5 heures. (Dans une langue plus soutenue, on trouvera : *in case she should be,* l'éventualité étant alors plus faible.)

• *Suppose, supposing, what if* expriment dans la majorité des cas une hypothèse dans des phrases interrogatives. *Supposing* dénote une hypothèse encore plus improbable que *suppose.* La principale (qui pourrait être : *What would you do?*) est souvent sous-entendue et peut donc être omise.
➡ *Suppose he comes in now (what would you do?)* Suppose qu'il entre maintenant (que ferais-tu ?)
➡ *Supposing I come first.* Imaginons que j'arrive la première.
➡ *What if your mother happened to know about it?* Que se passerait-il si ta mère l'apprenait ?

• *Whether* permet d'introduire une alternative.
➡ *I'll go to the cinema with my friends, whether you like it or not.* J'irai au cinéma avec mes amis, que ça te plaise ou non. ■

Points clés

Les subordonnées circonstancielles : concession et opposition

Dans les subordonnées circonstancielles de concession, l'action devrait être empêchée par un obstacle mais ne l'est pas car on parvient à passer outre. Quant aux subordonnées d'opposition, elles marquent le contraste, la différence entre deux personnes, deux choses ou deux actions que l'on compare et que l'on oppose.

L'expression de la concession

La concession peut se traduire par :

• *Though, although* et *even though* qui se placent en tête de phrase et introduisent une proposition. Ces trois conjonctions se traduisent par « bien que », « quoique ».

➥ *Though/although she doesn't like him very much, she was very glad he came.*

➥ *Even though she doesn't like him very much, she was very glad he came.*

On peut également utiliser *though* en le plaçant en fin de phrase.

➥ *She doesn't like him very much. She was very glad he came though.* Bien qu'elle ne l'aime pas beaucoup, elle était contente qu'il vienne.

• *Whatever* (quoi que), *however* (bien que), *no matter* + *how, why, who, what, where* (peu importe).

➥ *He will go there, whatever the risks.* Il ira, quels que soient les risques.

➥ *Whatever you may think, I'll vote for him.* Quoi que tu puisses en penser, je voterai pour lui.

➥ *However smart he is, he failed.* Bien qu'il soit très brillant, il a échoué.

➥ *No matter how you proceed, just do it!* Peu importe la façon dont tu t'y prends, fais-le !

> Dans un style soutenu, on rencontre la construction : adjectif (ou adverbe) + ***though/as*** + sujet + verbe.
>
> ➥ ***Strange though/as it may seem, they never saw each other again.*** Aussi étrange que cela puisse paraître, ils ne se sont plus jamais revus.
>
> ➥ ***Much though/as I like her, I must admit she was wrong.*** Bien que je l'aime beaucoup, je dois admettre qu'elle a eu tort.

• La notion de concession peut également être exprimée au moyen des adverbes ou des expressions adverbiales suivantes :

• ***however.*** Cependant.

• ***still, and yet.*** Et pourtant.

• ***nevertheless, nonetheless.*** Néanmoins.

• ***even so, all the same.*** Quand même.

➥ ***He worked very hard; however*** (ou ***still*** ou ***and yet***) ***he didn't pass his exam.*** Il a beaucoup travaillé ; cependant (et pourtant), il n'a pas obtenu son examen.

➥ ***They had just divorced; nevertheless*** (***nonetheless*** ou ***even so, all the same***), ***they remained very good friends.*** Ils venaient juste de divorcer ; ils restaient néanmoins (quand même) de très bons amis.

• Les prépositions *in spite of* et *despite* sont suivies

soit d'un groupe nominal, soit d'un gérondif. Ces deux prépositions se traduisent par « malgré » ou « en dépit de ».

➡ *In spite of* (*despite*) *her illness, she kept on working very hard.*

➡ *In spite of her being ill, she kept on working very hard.* Malgré sa maladie, elle a continué à travailler très dur. ■

L'expression de l'opposition

L'opposition peut se traduire par :

• *Unlike* et *contrary to.* Ces deux prépositions sont le plus souvent suivies d'un nom.

➡ *Unlike/contrary to his sister, he hates classical music.* Contrairement à sa sœur, il déteste la musique classique. Mais *contrary to* est parfois suivi d'une proposition introduite par *what.*

➡ *Contrary to what he said, he was very rude to her.* Contrairement à ce qu'il a dit, il a été très grossier avec elle.

• *Whereas.* *Whereas* introduit une proposition exprimant le contraste. On peut alors le remplacer par *while.* Les propositions de ce type se placent après la proposition principale, jamais en tête de phrase.

➡ *Sam flew to London whereas/while I took the Shuttle.* Sam est allé à Londres en avion, alors que (tandis que) j'ai pris le Shuttle.

➡ *He's fond of classical music whereas/while she prefers jazz.* Il aime le classique alors qu'elle préfère le jazz.

• *Instead of* + groupe nominal ou gérondif. *Instead of* introduit toujours un groupe nominal ou un gérondif. *Instead* peut toutefois s'employer seul, en général en fin de phrase.

➡ *For your birthday, I'll give you money instead of a gift.* Pour ton anniversaire je te donnerai de l'argent au lieu d'un cadeau.

➡ *Instead of doing his homework, he spent the whole day watching television.* Au lieu de faire ses devoirs, il a passé la journée à regarder la télévision.

➡ *He didn't go to the restaurant, he went to the cinema instead.* Il n'est pas allé au restaurant, il est allé au cinéma à la place. ■

Attention !
Ne pas confondre *while* lorsqu'il est synonyme de *whereas* et *while* lorsqu'il exprime la simultanéité dans les subordonnées de temps.

➡ *He phoned while we were out.* Il a téléphoné pendant que nous étions sortis.

Points clés

Les subordonnées circonstancielles : temps, manière, comparaison

Ces subordonnées occupent la place de compléments circonstanciels ou d'adverbes de temps, de manière ou de comparaison. Il faut faire attention aux conjonctions qui les introduisent.

Les subordonnées circonstancielles de temps

Les principales conjonctions qui les introduisent sont :

- *when.* Quand.
- *as.* Comme.
- *until/till.* Jusqu'à ce que.
- *after.* Après que.
- *before.* Avant que.
- *as long as.* Aussi longtemps que.
- *as soon as.* Aussitôt que.
- *once.* Une fois que.
- *while.* Pendant que.

• Dans les phrases affirmatives, après une conjonction de temps, on n'emploie jamais *will* ni *would* là où le français emploie un futur ou un conditionnel.
➡ ***I'll tell him what has happened as soon as he arrives.*** Je lui dirai ce qui s'est passé dès qu'il arrivera.
➡ ***He'll learn how to swim while we are in Spain.*** Il apprendra à nager pendant que nous serons en Espagne. ■

Exercice

Traduisez.

1. Téléphone-lui dès que tu seras là-bas.
2. Comme le dit cet article, la majorité des Américains sont pour la peine de mort.
3. Elle n'a pas appris à conduire avant l'âge de quarante ans.
4. Quand tu auras vingt ans, tu feras comme tu voudras.
5. Il n'a que dix ans, mais il parle comme un adulte.

Corrigé

1. *Call him as soon as you get there*
2. *As is said in this article, most Americans are in favour of the death penalty.*
3. *She didn't learn how to drive before she was forty.*
4. *When you are twenty, you'll do as you like.*
5. *He's only ten but he speaks like an adult.*

Les subordonnées circonstancielles de manière

Les subordonnées circonstancielles de manière sont toutes introduites par la conjonction *as* (qui signifie « comme »), même si dans le langage familier (surtout en américain) on utilise assez souvent *like* à la place de *as*.
➡ ***Do as you like!*** Fais comme tu veux.
➡ ***Nobody loves you as I do.*** Personne ne t'aime comme moi.

• La conjonction *as* est parfois renforcée par *so* dans la principale.
➡ ***As you make your bed, so you must lie on it.*** Comme on fait son lit, on se couche. ■

Les subordonnées circonstancielles de comparaison

Elles sont introduites par les conjonctions suivantes :

• *As*

➥ *He plays the piano as his father did.* Il joue du piano comme le faisait son père.

Mais attention, *like* est une préposition et ne s'emploie donc que devant un nom ou un pronom.

➥ *He is a pianist, like his father.*

• *As... if/though*

➥ *He behaved as if/though nothing had happened.* Il faisait comme si rien ne s'était passé

As if est suivi du prétérit modal pour insister sur l'irréalité.

➥ *He behaves as if he were twelve.* Il se comporte comme s'il avait douze ans.

• *As/than*

• *As* introduit un comparatif d'égalité (*as* + adjectif + *as*) ;

➥ *He is as intelligent as his brother.* Il est aussi intelligent que son frère.

• *Than* introduit un comparatif de supériorité ou d'infériorité.

➥ *He is more intelligent than his brother.* Il est plus intelligent que son frère.

➥ *He is less intelligent than his brother.* Il est moins intelligent que son frère.

• *The same... as*

L'expression *the same* est suivie d'une subordonnée introduite par *as*.

➥ *I bought the same dress as the one you were wearing the other day.* J'ai acheté la même robe que celle que tu portais l'autre jour. ■

Points clés

Les structures causatives

Les structures causatives sont des constructions composées de deux verbes qui se suivent. Le sujet de la phrase initie l'action mais ne l'accomplit pas. Il la fait faire ou subir par l'objet. En anglais, la traduction n'est pas la même selon que l'objet accomplit ou subit l'action.

L'objet accomplit l'action

Lorsque l'objet accomplit l'action, on obtient la construction suivante : verbe + objet + verbe à sens actif. L'objet du premier verbe, qui est aussi le sujet du second verbe, accomplit l'action. Il ne la subit pas. Les verbes et constructions utilisés sont les suivants :

• *To make* et *to have* ⇒ verbe + objet + base verbale.

• *to make somebody do* (attention, au passif on aura *to be made to do*) implique une idée de contrainte ;

➡ *I make him do his homework.* Je lui fais faire ses devoirs.

• on utilise *to have somebody do something* quand la contrainte est atténuée. L'accent est mis sur le résultat plutôt que sur l'action ;

➡ *She had him hoover.* Elle lui a fait passer l'aspirateur.

• si le sujet est inanimé, on utilise *make* plutôt que *have.*

M. HOOVER HAD MRS HOOVER HOOVER

• *To get, to cause, to force* et *to order* ⇒ verbe + objet + infinitif complet.

➡ *You should get your son to help you.* Tu devrais te faire aider par ton fils. *To get somebody to do something* implique une idée d'effort et de persuasion.

➡ *His illness caused him to retire.* Sa maladie l'a obligé à prendre sa retraite.

➡ *They forced him to do the work.* Ils l'ont obligé à faire ce travail.

➡ *They ordered her to come.* Ils lui ont donné l'ordre de venir.

• *To start* et *to set* ⇒ verbe + objet + verbe en *-ing.*

➡ *She started him talking about his past.* Elle l'a fait parler de son passé.

➡ *That joke set them all laughing.* Cette plaisanterie les a tous fait rire. ■

L'objet subit l'action

Lorsque l'objet de la structure causative se contente de subir l'action, on obtient la structure suivante : verbe + objet + participe passé.
Ici, le participe passé a toujours un sens passif. On s'intéresse principalement au résultat de l'action Les constructions utilisées sont les suivantes :

- *Have* + objet + participe passé.
➥ *I had my car repaired.* J'ai fait réparer ma voiture.

- *Get* + objet + participe passé.
➥ *He got him arrested.* Il l'a fait arrêter.
Ces deux structures sont très proches.

- *Want* + participe passé.
➥ *I want it done before Tuesday.* Je veux que ce soit fait avant mardi.

- *Make oneself* + participe passé.
➥ *She could not make herself respected.* Elle ne savait pas se faire respecter. ■

Exercice

Traduisez les phrases suivantes en utilisant une structure causative.

1. Le médecin l'a fait rester au lit.
2. Il l'a forcée à avouer ce qu'elle avait fait.
3. Je n'arrive pas à me faire comprendre.
4. Il lui a dit qu'il voulait que cette lettre soit tapée avant jeudi.
5. Il s'est fait inviter à dîner par le Premier ministre.
6. Tu devrais demander à Jenny qu'elle te traduise cette lettre.
7. Je l'ai obligée à faire la vaisselle.
8. Je me suis sentie mal à l'aise à cause de sa remarque.
9. Il a fait réparer sa voiture par le frère de Ken.
10. Il les a fait emprisonner sur-le-champ.

Corrigé

1. *The doctor made him stay in bed.*
2. *He forced her to confess what she had done.*
3. *I can't make myself understood.*
4. *He told her he wanted that letter typed before Thursday.*
5. *He got himself invited by the Prime Minister.*
6. *You should get Jenny to translate this letter for you.*
7. *I made her do the dishes.*
8. *His remark made me feel ill at ease.*
9. *He had his car repaired by Ken's brother.*
10. *He had them jailed at once.*

I WANT IT DONE BEFORE XMAS

Points clés

Les structures résultatives et la traduction de « faire faire »

Les structures résultatives expriment le rapport entre un moyen et un résultat. On emploie souvent un procédé dit de chassé-croisé : le français décrit souvent le résultat, alors que l'anglais indique tout d'abord le moyen.

Les structures résultatives

Il existe quatre types de structures résultatives.

• Verbe + complément + attribut.
Le résultat est exprimé à l'aide d'un adjectif attribut. À partir de deux propositions, on en forme une seule.
➡ *He banged the door. The door was shut* (résultat). ⇒ *He banged the door shut.* Il ferma la porte en la claquant.
➡ *The cat licked the bowl. The bowl was clean* (résultat). ⇒ *The cat licked the bowl clean.* Le chat nettoya l'assiette en la léchant.
➡ *He shouted. He was hoarse* (résultat). ⇒ *He shouted himself hoarse.* Il s'enroua à force de crier.

• Verbe + postposition.
Le procédé est le même ; cette fois, le résultat est exprimé par une postposition.
➡ *He locked himself out.* Il s'enferma dehors.
➡ *He ran out of the house which was on fire.* Il sortit en courant de la maison en flammes.
➡ *He limped in.* Il entra en boitant.
➡ *She laughed the matter off.* Elle écarta le sujet en riant.

• Verbe + préposition + nom.
➡ *He struggled to his feet.* Il se releva à grand-peine.
➡ *He rowed across the Channel.* Il a traversé la Manche à la rame.

• Verbe + complément + *into/out* + *-ing*.
La conviction, la dissuasion, la menace s'expriment souvent à l'aide de structures résultatives.
➡ *She talked them out of divorcing.* Elle a réussi à les dissuader de divorcer (en leur parlant).
➡ *They threatened him into signing the contract.* À force de menaces, ils ont réussi à lui faire signer le contrat.
➡ *She talked him into joining the Army.* Elle l'a finalement convaincu d'entrer dans l'armée. ■

SHE LAUGHED THE MATTER OFF

La traduction de « faire faire »

Comme on peut le constater après l'étude des structures causatives et résultatives, l'anglais ne possède pas de traduction unique du français « faire faire ». Pour savoir quelle structure anglaise choisir, il faut distinguer les phrases de sens passif des phrases de sens actif.

➡ Je le fais travailler.
I make him work.

➡ Tu devrais te faire aider par ton fils.
You should get your son to help you.

➡ Cela les a fait rire.
It set them laughing.

➡ J'ai fait taper ta lettre.
I had your letter typed.

➡ Elle ne sait pas se faire respecter. *She can't make herself respected.*

• Notez également les expressions suivantes :

• faire cuire. *To cook.*
• faire bouillir. *To boil.*
• faire pousser. *To grow.*
• faire démarrer. *To start.*
• faire frire. *To fry.*
• faire voler. *To fly.*
• faire entrer. *To show somebody in.*
• faire sortir. *To show somebody out.*
• faire venir. *To send for.*
• faire naviguer. *To sail.*
• faire attendre. *To keep somebody waiting.*
• faire savoir quelque chose à quelqu'un. *To let somebody know something.*
• faire tomber. *To drop.*
• faire penser. *To remind.* ■

THEY THREATENED HIM INTO SIGNING THE CONTRACT

Exercice

Utilisez les éléments suivants pour former des phrases contenant une structure résultative.

1. My brother–me–accept–talk–out of–the offer
2. Him–out of–the room–she–push.
3. Open–the safe–they–threaten–him–into.
4. Out of–laugh–they–him–habit–that.
5. Out of–tiptoe–she–the room.

Corrigé

1. *My brother talked me out of accepting the offer.*
2. *She pushed him out of the room.*
3. *They threatened him into opening the safe.*
4. *They laughed him out of that habit.*
5. *She tiptoed out of the room.*

Points clés

L'infinitif et la proposition infinitive

L'infinitif complet sert à exprimer un but ou un objectif à atteindre. On le trouve donc après les verbes qui invitent à une action. On parle de proposition infinitive lorsque l'infinitif est précédé d'un sujet. Elle s'emploie principalement derrière les verbes exprimant la pression sur autrui (volonté, ordre), la préférence et l'attente.

L'infinitif en fonction sujet

En fonction sujet, on peut trouver soit un gérondif, soit un infinitif complet.
➡ *To refuse that offer would have been a mistake.* Cela aurait été une erreur de refuser cette proposition.
➡ *To wait for your parents would be a waste of time.* Attendre tes parents serait une perte de temps. ■

Certains adjectifs sont suivis d'un infinitif complet. Il s'agit notamment de :
- *able.* Capable.
- *anxious.* Anxieux.
- *ashamed.* Honteux.
- *eager.* Passionné.
- *glad.* Content.
- *impatient.* Impatient.
- *surprised.* Surpris.
- *willing.* Désireux.

La construction infinitive

Il faut distinguer les cas où la proposition principale et la proposition subordonnée font référence à la même personne et les cas où elles se rapportent à des personnes différentes.

- Verbe + *to* + verbe. Lorsque la principale et la subordonnée se réfèrent à la même personne, on utilise la structure verbe + *to* + verbe.
➡ *She wants to be a doctor.* Elle veut être médecin.

- On trouve l'infinitif complet notamment après les verbes suivants :
– *to advise.* Conseiller.
– *to afford.* Avoir les moyens de.
– *to agree.* Être d'accord.
– *to appear.* Paraître.
– *to arrange.* Arranger.
– *to ask.* Demander.
– *to attempt.* Essayer.
– *to be determined.* Être déterminé.
– *to choose.* Choisir.
– *to compel.* Obliger.
– *to consent.* Consentir.
– *to decide.* Décider.
– *to expect.* S'attendre à, escompter.
– *to fail.* Échouer.
– *to force.* Forcer.
– *to happen.* Arriver, survenir.
– *to hesitate.* Hésiter.
– *to hope.* Espérer.
– *to intend.* Avoir l'intention de.
– *to learn.* Apprendre.
– *to manage.* Se débrouiller.
– *to mean.* Signifier.
– *to need.* Avoir besoin.
– *to neglect.* Négliger.
– *to oblige.* Obliger.
– *to offer.* Offrir.
– *to persuade.* Persuader.
– *to plan.* Projeter.
– *to pretend.* Faire semblant de.
– *to promise.* Promettre.
– *to recommend.* Recommander.
– *to refuse.* Refuser.

– *to swear.* Jurer, promettre.
– *to tend.* Avoir tendance.
– *to threaten.* Menacer.
– *to try.* Essayer.
– *to want.* Vouloir.

• À la forme négative, ***not*** et ***never*** se placent toujours devant ***to.***
➥ ***He decided not/never to come back.*** Il a décidé de ne pas/jamais revenir.

• ***The only one*** et ***the first*** sont toujours suivis de l'infinitif complet.

• La proposition infinitive.
Quand la principale et la subordonnée se réfèrent à des personnes différentes, le verbe introducteur est suivi d'un nom ou d'un pronom complément qui est également le sujet du verbe à l'infinitif complet.
On parle alors de proposition infinitive.
➥ ***I want her to be an architect.***
Je veux qu'elle soit architecte.
➥ ***His parents expect him to pass his exam in June.***
Ses parents s'attendent à ce qu'il réussisse son examen en juin.

• On trouve une proposition infinitive notamment après :
– *to advise.* Conseiller.
– *to allow.* Permettre.
– *to ask.* Demander.
– *to beg.* Prier.
– *to compel.* Obliger.
– *to enable.* Habiliter.
– *to encourage.* Encourager.
– *to expect.* S'attendre à.
– *to get.* Obtenir.
– *to help.* Aider.
– *to implore.* Implorer.
– *to like.* Aimer.
– *to order.* Ordonner.
– *to permit.* Permettre.
– *to persuade.* Persuader.
– *to prefer.* Préférer.
– *to recommend.* Recommander.
– *to request.* Demander.
– *to tell.* Raconter.
– *to urge.* Exhorter.
– *to want.* Vouloir.
– *to warn.* Avertir.

Attention !

Après les verbes d'impression ou d'opinion (*to find, to feel, to think, to consider*), le pronom *it* introduit un adjectif ou un nom.
➥ ***I find it difficult to believe.*** Je trouve que c'est difficile à croire.
➥ ***I consider it my duty to tell you.*** Je considère de mon devoir de te le dire.

Attention !

En français, les propositions infinitves s'écrivent souvent sous forme de propositions subordonnées introduites par la conjonction « que » suivie d'un verbe au subjonctif.
➥ ***Mr Mirliss wants his son to go to college next year.*** M. Mirliss veut que son fils aille à l'université l'année prochaine.

• La proposition infinitive indirecte.
Certains verbes ou expressions sont suivis de ***for*** + nom ou pronom + infinitif complet.
➥ ***She waited for them to come back.*** Elle attendait qu'ils reviennent.

• Certaines structures ont parfois une tournure impersonnelle, comme :
➥ ***There's no need for you to worry.*** Tu n'as aucune raison de t'inquiéter.
➥ ***It's time for me to go.*** Il faut que je m'en aille.
➥ ***It's impossible for him to understand.*** Il ne peut pas comprendre.

• La proposition infinitive peut suivre un adjectif. Le sujet est introduit par ***for.***
➥ ***They were anxious for their plan to succeed.*** Ils tenaient beaucoup à ce que leur plan réussisse.

Le gérondif

Le gérondif, ou nom verbal, se forme en ajoutant *-ing* à la base verbale. Il occupe la place et les fonctions d'un nom. Il ne faut pas le confondre avec les formes en *-ing* qui ont une valeur de participe présent en français. À la différence de l'infinitif qui désigne un acte à venir, le gérondif désigne une activité en cours ou déjà réalisée.

Le gérondif sujet

Le gérondif sujet se traduit par un infinitif ou un nom.

➥ *Smoking is bad for you.* Fumer est mauvais pour toi.

➥ *Swimming is my favourite sport.* La natation est mon sport préféré.

• Le gérondif sujet peut s'accompagner d'un génitif ou d'un adjectif possessif.

➥ *Margaret's/her driving was dangerous.* La conduite de Margaret/sa conduite était dangereuse. ■

La forme en *-ing* qui suit certains verbes comme ceux de perception ou *to imagine* n'est pas un gérondif et ne peut être précédée que d'un nom ou d'un pronom personnel.

➥ *I saw the thief/him running away.* (*His* ou *the thief's* sont impossibles dans ce cas.)

Le gérondif complément

Dans les subordonnées à gérondif, celui-ci exprime une idée d'activité. Il faut distinguer deux cas :

• Le sujet de la principale est le même que celui de la subordonnée.

➥ *I love playing the piano.* J'adore jouer du piano.

• Le sujet de la principale est différent de celui de la subordonnée.

Dans ce cas, le gérondif peut être précédé d'un génitif (1), d'un adjectif possessif (2), d'un nom (3) ou d'un pronom complément (4).

➥ *I don't mind John's staying up late.* (1)

➥ *I don't mind his staying up late.* (2)

➥ *I don't mind John staying up late.* (3)

➥ *I don't mind him staying up late.* (4) Cela ne me dérange pas que John soit en retard.

Les tournures (3) (4) s'utilisent dans une langue familière. ■

Prépositions et gérondif

L'emploi du gérondif est obligatoire après toutes les prépositions (sauf *but* et *except*) ainsi qu'après les verbes à particules adverbiales.

➥ *She left without saying goodbye.* Elle est partie sans dire au revoir.

➥ *He gave up smoking two years ago.* Il a arrêté de fumer il y a deux ans.

• Cependant, *to* est suivi d'un gérondif quand il est une préposition (on peut alors remplacer le gérondif par un nom). C'est le cas après les verbes :

• *to amount to.* Revenir à.
• *to be addicted to.* S'adonner à.
• *to come near to.* Arriver presque à.
• *to be given to.* Être enclin à,
• *to look forward to.* Avoir hâte de.
• *to object to.* Trouver à redire à.
• *to take to.* Prendre l'habitude.

• *to be used/accustomed to.* Être habitué à.
➥ *I'm looking forward to seeing Bob.* J'ai hâte de voir Bob.

• *On* + gérondif exprime la simultanéité entre deux actions.
➥ *On hearing the news, she collapsed.* En entendant la nouvelle, elle s'effondra.

• *For* + gérondif exprime la cause ou la fonction.
➥ *I'm sorry for being late.* Je suis désolé d'être en retard.

• *By* + gérondif exprime le moyen.
➥ *She keeps fit by exercising regularly.* Elle garde la forme en faisant de l'exercice régulièrement. ■

Les verbes suivis du gérondif

Certains verbes sont toujours suivis du gérondif. Citons les plus courants : *to avoid* (éviter), *to be busy, to consider, to contemplate, to enjoy, to imagine, to keep, to mind, to miss, to practise, to resent* (ne pas admettre), *to resist, to risk, to spend (time), to suggest.*
➥ *She spends her time cooking.* Elle passe son temps à faire la cuisine.

• Certains verbes exprimant le début, la continuité ou la fin d'une action ainsi que des verbes de sentiment ont une double construction (voir pages suivantes). ■

Les expressions suivies du gérondif

Il s'agit notamment :

• Des expressions négatives.
• *I can't help.* Je ne peux pas m'empêcher de.
• *I can't stand.* Je ne peux pas supporter de.
• *I don't mind.* Cela m'est égal de.

• Des expressions impersonnelles.
• *There's no point.* Cela ne sert à rien de.
• *It's no use.* Ce n'est pas la peine de.
• *It's no good.* Ce n'est pas bien de.
• *It's worth.* Cela vaut la peine de.
• *It needs.* Il faut. ■

Le gérondif seul peut avoir un sens passé. Il traduit l'expression française « avoir + participe passé ».
➥ *He is accused of killing a policeman.* Il est accusé d'avoir tué un policier.
➥ *He regrets selling his vintage car.* Il regrette d'avoir vendu sa voiture de collection.

Exercice

Traduisez.

1. Elle ne pouvait pas s'empêcher de pleurer.
2. Il a commencé à fumer à l'âge de 15 ans.
3. Elle l'a vu sauter par la fenêtre.
4. En voyant l'araignée, elle s'est évanouie.
5. Elle n'aime pas que son fils sorte tard le soir.

Corrigé

1. *She couldn't help crying.*
2. *He started smoking when he was 15.*
3. *She saw him jumping out of the window.*
4. *On seeing the spider, she fainted.*
5. *She doesn't like her son's going out late.*

Points clés

Infinitif complet ou gérondif ?

Certains verbes admettent deux constructions, c'est-à-dire qu'ils se construisent tantôt avec l'infinitif complet, tantôt avec le gérondif. D'une façon schématique, on peut dire que l'infinitif s'emploie quand l'action est envisagée (on se tourne vers le futur) et qu'à l'inverse le gérondif s'emploie quand l'action est accomplie ou en cours (on se tourne vers le passé).

Les verbes traduisant les goûts

Les verbes *to like, to love, to hate* et *to prefer* se construisent avec :

• un gérondif lorsqu'il s'agit d'une activité générale (dont on a déjà l'expérience) ;

➡ *I like gardening.* J'aime jardiner.

➡ *I prefer reading to watching TV.* Je préfère lire que regarder la télé.

• un infinitif lorsqu'il s'agit d'une activité ponctuelle.

➡ *I like to go to the theatre when I'm in London.* J'aime aller au théâtre quand je suis à Londres.

➡ *I hate to tell you this.* Je déteste te dire cela.

➡ – *"Would you like to join us?"*
– *"No, I prefer to watch TV."*
– « Veux-tu venir avec nous ? »
– « Non, je préfère regarder la télé. » (Maintenant.)

Les Américains utilisent seulement la structure avec *to*. ■

« Can't bear / stand »

L'expression *can't stand* est toujours suivie du gérondif.

• *Can't bear* est suivi :

• du gérondif en cas de situation générale ;

➡ *I can't bear listening to her.* Je ne supporte pas de l'écouter.

• de l'infinitif en cas de situation ponctuelle.

➡ *I can't bear to hear you speak like that.* Je ne supporte pas de t'entendre parler ainsi.

• *Couldn't bear/stand :*

• + gérondif en cas de situation passée ;

➡ *She was so vulgar that I couldn't stand going out with her.* Elle était si vulgaire que je ne supportais pas de sortir avec elle.

• + infinitif en cas de situation irréelle.

➡ *She's so vulgar that I couldn't stand to go out with her.* Elle est si vulgaire que je ne supporterais pas de sortir avec elle. ■

« To regret », « to remember », « to forget »

Ces trois verbes se construisent :

• avec un infinitif complet lorsque l'on envisage le futur, c'est-à-dire lorsque l'action reste à accomplir ;

➡ *Remember to lock the door!* N'oubliez pas de fermer la porte à clé (quand vous partirez).

• avec un gérondif lorsque l'on envisage le passé, c'est-à-dire lorsque l'action est déjà accomplie.

➡ *I remember locking the door before leaving.* Je me souviens d'avoir fermé la porte à clé avant de partir.

➡ *I regret to tell you that you're wrong.* Je suis au regret de te dire que tu as tort.

➡ *I regret lying to my father yesterday.* Je regrette d'avoir menti à mon père hier. ■

Les verbes traduisant le début et la fin

Les verbes :

- *to begin.* Commencer.
- *to start.* Commencer.
- *to continue.* Continuer.
- *to cease.* Cesser.

sont indifféremment suivis du gérondif ou de l'infinitif complet.

➥ *He started crying/ to cry when he saw the big dog.* Il s'est mis à pleurer quand il a vu le gros chien.

- Les verbes *to stop* (arrêter, cesser) et *to go on* (continuer) ont deux sens bien différents selon qu'ils sont construits avec :
- un infinitif complet, lorsqu'il y a une idée d'intention ou de but ;

➥ *He stopped to have a look at the map.* Il s'arrêta pour regarder la carte.

- un gérondif lorsque l'action est en cours ou déjà accomplie.

➥ *They stopped talking when I came in the bedroom.* Ils se sont arrêtés de parler lorsque je suis entré dans la chambre.

➥ *He stopped smoking two months ago.* Il a arrêté de fumer il y a deux mois. ■

Exercice

Complétez avec un infinitif ou un gérondif.

1. Remember (phone) me before you leave.
2. She said she regretted (go out) with him.
3. They stopped (have) a look at the sunset.
4. Don't forget (call) me on Saturday.
5. He hates (ski).

Corrigé

1. *to phone.* 2. *going out.* 3. *to have.* 4. *to call.* 5. *skiing.*

Autres verbes

Le verbe *to try* est suivi :

- d'un infinitif complet s'il traduit l'effort ;

➥ *I really tried to make him understand.* J'ai vraiment essayé de lui faire comprendre.

- d'un gérondif s'il traduit l'essai à titre d'expérience.

➥ *Try adding some twigs to make the fire go.* Essaye d'ajouter des brindilles pour faire partir le feu.

- *To need* et *to want* ont :
- un sens actif avec l'infinitif complet (intention) ;

➥ *I need to iron my shirts.* Il faut que je repasse mes chemises.

➥ *I want to go now.* Je vais y aller.

- un sens passif proche de *be + -en* avec le gérondif.

➥ *My shirts need ironing.* Mes chemises ont besoin d'être repassées.

➥ *Your jeans want washing.* Ton jeans a besoin d'être lavé.

- *To think :*
- + gérondif signifie envisager ;

➥ *I'm thinking of going to the States.* J'envisage d'aller aux États-Unis.

- + infinitif a un sens voisin de *to expect* (langue écrite soutenue).

➥ *I never thought to meet her here.* Je ne pensais pas la rencontrer ici.

- *To be afraid (of)* est suivi :
- du gérondif si on ne peut pas intervenir sur l'événement qui fait peur ;

➥ *She's afraid of going out at night.* Elle a peur de sortir le soir.

- de l'infinitif ou du gérondif dans les autres cas.

➥ *I'm afraid to tell him the truth.* J'ai peur de lui dire la vérité. ■

Index ➜ gérondif • infinitif

Les structures suivies d'une base verbale

Certains verbes et structures sont suivis de la base verbale (BV), encore appelée infinitif sans *to*. C'est le cas des modaux, des verbes de perception, des structures causatives et d'un certain nombre d'autres expressions.

Les modaux et les structures modales

Tous les modaux sauf *used to* et *ought to* sont suivis de la base verbale. C'est le cas également des structures modales *you'd better* et *I'd rather*.
➥ *You can go wherever you want.* Tu peux aller où tu veux.
➥ *You'd better go now.* Tu ferais mieux de partir maintenant.
➥ *I'd rather stay here than go to the pictures.* Je préfère rester ici qu'aller au cinéma. ■

Les verbes de perception

Les verbes de perception peuvent être suivis d'un participe présent ou d'une base verbale. Leur sens diffère alors légèrement. Quand l'action est envisagée dans son déroulement, les verbes de perception sont suivis de *-ing*. En revanche, quand l'action est perçue dans sa globalité, quand on envisage l'action pure, on utilise la base verbale.
➥ *I saw him running away.* Je l'ai vu partir en courant. (Le locuteur indique qu'il a assisté au déroulement de l'action.)
➥ *I saw him run away.* (Le locuteur indique simplement que l'homme en question est bien parti en courant, c'est-à-dire que l'action a effectivement eu lieu.) ■

« To let »

Le verbe *to let* est également suivi d'une base verbale.
➥ *They never let her go out at night.* Ils ne la laissent jamais sortir le soir.

• On emploie *to let* pour former l'impératif à la 1re personne du pluriel.
➥ *Let's go to the beach!* Allons à la plage ! ■

Les structures causatives

Les structures causatives avec *to make* et *to have* sont toujours suivies de la base verbale quand elles sont employées à l'actif.
➥ *She made him apologize.* Elle l'a obligé à s'excuser.
➥ *They had him type the letter.* Ils lui ont fait taper cette lettre.
Au passif on a *to be made to.* ■

« To help »

Le verbe *to help* peut être suivi soit de la base verbale (infinitif sans *to*), soit de l'infinitif complet.
➥ *Help me (to) set the table.* Aidez-moi à mettre le couvert.
➥ *Can you help me (to) carry my bag?* Peux-tu m'aider à porter mon sac ?
L'omission de *to* est plus fréquente en anglais américain qu'en anglais britannique. ■

Exercice

Complétez les phrases suivantes avec un gérondif, une base verbale ou un infinitif complet.

1. You'd better (tell) him the truth.
2. They all hate (travel).
3. I remember (have lunch) with him in London last month.
4. They prefer (go) to the pictures than (watch) a video at home.
5. He often walks his dog before (go) to bed.
6. On (hear) that, she started crying.
7. We heard her (cry) last night.
8. It's no use (call) him over and over again.
9. She expected them (be) on time.
10. There's no need for us (hurry).

Corrigé

1. *tell.*
2. *travelling.*
3. *having.*
4. *going, watching.*
5. *going.*
6. *hearing.*
7. *cry.*
8. *calling.*
9. *to be.*
10. *to hurry.*

« Rather than », « but », « except »

Les propositions subordonnées introduites par ***rather than, but*** ou ***except*** sont suivies de la base verbale.

➡ ***You'd better come with me rather than stay here.*** Tu ferais mieux de venir avec moi plutôt que de rester ici.

➡ ***She's done nothing but cry.*** Elle n'a fait que pleurer.

➡ ***They couldn't do anything except pay.*** Ils n'ont rien pu faire d'autre que payer. ■

Les autres expressions

Les questions qui commencent par ***why not*** et qui expriment la suggestion sont également suivies de la base verbale.

➡ ***Why not go with them?*** Pourquoi ne pas y aller avec eux ?

• Enfin, pour exprimer une idée totalement farfelue, on peut utiliser la base verbale.

➡ ***Me, go out with them?*** Moi, sortir avec eux ? ■

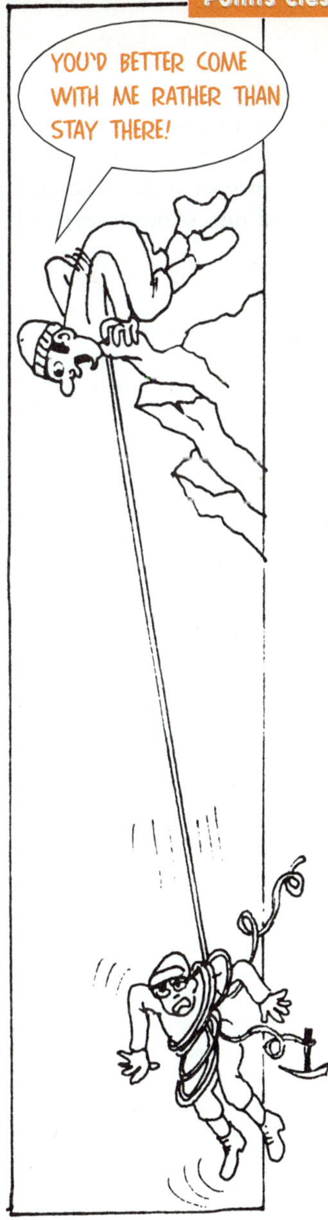

Points clés

Le discours indirect : les verbes introducteurs

Il y a deux façons de rapporter les paroles de quelqu'un : le discours direct et le discours indirect. Au style direct, les paroles sont rapportées entre guillemets sous leur forme originale. Au discours indirect, elles sont rapportées à l'aide d'une subordonnée introduite par un verbe de discours.

Les faits, les opinions et les réponses

Lorsque l'on rapporte des faits ou des opinions, ou que l'on donne une réponse, la structure de la subordonnée au discours indirect est la suivante :

• Verbes introducteurs possibles :
• *to acknowledge :* reconnaître.
• *to add :* ajouter.
• *to admit :* admettre.
• *to agree :* accepter.
• *to answer :* répondre.
• *to complain :* se plaindre.
• *to declare :* déclarer.
• *to exclaim :* s'exclamer.
• *to explain :* expliquer.
• *to insist :* insister.
• *to mention :* mentionner.
• *to point out :* faire remarquer.
• *to promise :* promettre.
• *to propose :* proposer.
• *to reply :* répondre.
• *to report :* rapporter.
• *to say :* dire.
• *to state :* affirmer.
• *to suggest :* suggérer.
• *to tell :* dire.
• *to warn :* avertir.
➥ *He admitted that* (ou ∅) *she was right.* Il a admis qu'elle avait raison.

• *Say* et *tell* correspondent tous deux au français « dire », mais ils ne s'emploient pas de la même manière. Au discours indirect, *to tell* s'emploie toujours quand l'interlocuteur est mentionné. À l'inverse, *to say* est utilisé le plus souvent quand l'interlocuteur n'est pas mentionné.
➥ *He said he was tired.* Il a dit qu'il était fatigué.
➥ *He told her he was ill.* Il lui a dit qu'il était malade.

• Conjonctions utilisées : *that* ou ∅. ■

Les questions

Quand on transforme une question directe en une interrogative indirecte, il faut rétablir la structure d'une phrase affirmative, donc remettre le sujet devant le verbe et supprimer le point d'interrogation et les auxiliaires *do/did.*
➥ *"Do you know her?" She wants to know if I know her.*
On utilise de préférence *whether* quand il y a une alternative.
➥ *"Do you want to stay here or to go to the cinema?" She asked him whether he wanted to stay here or go to the cinema.*

• Verbes introducteurs possibles :
• *to ask.* Demander.
• *to enquire.* Se renseigner.
• *to want to know.* Vouloir savoir.
• *to wonder.* Se demander.

• Conjonctions utilisées : *How/if* ou *whether/what/when/where/who(m)/why.* ■

Les ordres, les conseils et les suggestions

Si le discours direct exprime un ordre, un conseil ou une suggestion, la structure de la subordonnée au discours indirect est celle d'une proposition infinitive.

• Verbes introducteurs possibles :
• *to advise :* conseiller.
• *to ask :* demander.
• *to beg :* prier
• *to command :* ordonner.
• *to encourage :* encourager.
• *to forbid :* interdire.
• *to invite :* inviter.
• *to order :* ordonner.
• *to request :* demander.
• *to urge :* inciter à.
• *to warn :* avertir.

• L'impératif peut exprimer :
• un ordre : on utilise alors le verbe *ask* ou *order* suivi d'un infinitif ;
➡ *"Come at once", he said to his son.*
He ordered his son to come at once.
• un avertissement : on utilise alors le verbe *warn* suivi d'une proposition infinitive ;
➡ *"Mind the step", the notice said.*
The notice warned the visitors to mind the step.
• un conseil : on utilise alors le verbe *urge* ou *advise* suivi d'une proposition infinitive ;
➡ *"You should work harder", the teacher said to him.*
The teacher advised him to work harder.
• le rappel : on utilise alors le verbe *remind* suivi d'une proposition infinitive.
➡ *"Don't forget to lock the door before you leave", she said to him.*
She reminded him to lock the door before he left.

• Si l'on souhaite exprimer un ordre négatif, on emploie la structure *not to* suivie d'un verbe.
➡ *"Don't tell Mary about it", she said to him.*
She told him not to tell Mary about it.

• Lorsque le verbe introducteur est *suggest,* trois constructions sont possibles :
• avec un verbe en *-ing* ;
• avec *should* ;
• en utilisant le subjonctif (voir page 165).
➡ *"Let's go to the States!"*
• *He suggests going to the States.*
• *He suggests we should go to the States.*
• *He suggests we go to the States.* (US). ■

Les excuses, les interjections et les exclamations

Il faut choisir le verbe introducteur en fonction du sens de la citation.
➡ *"I'm sorry, I'm late."*
He apologized for being late.
➡ *"Have a nice stay!"*
She wished us a nice stay.
➡ *"Hello! Come and join us!"*
He greeted me and urged me to join them.
➡ *"What a beautiful house!"*
She remarked/observed what a beautiful house it was. ■

Points clés

Le discours indirect : autres modifications

Outre les modifications des formes verbales, le passage du style direct au style indirect entraîne des modifications portant, d'une part, sur les pronoms personnels et réfléchis, les adjectifs et les pronoms possessifs, les adjectifs démonstratifs et, d'autre part, sur les repères de temps et de lieu.

Les pronoms personnels et réfléchis

Ces modifications ne posent guère de problèmes, dans la mesure où, comme en français, elles sont imposées par la logique.

• Les pronoms personnels sujets.
➡ *"You shouldn't have come", she said to John.* « Tu n'aurais pas dû venir », a-t-elle dit à John. *She told John that he shouldn't have come.* Elle a dit à John qu'il n'aurait pas dû venir.

• Les pronoms personnels compléments.
➡ *"Wait for me!", she begged him.* « Attends moi ! », le pria-t-elle. *She begged him to wait for her.* Elle le pria de l'attendre.

• Les pronoms réfléchis.
➡ *"Don't indulge yourself", she said to him.* « Ne te laisse pas aller », lui dit-elle. *She told him not to indulge himself.* Elle lui a dit de ne pas se laisser aller. ■

Les adjectifs et les pronoms possessifs

Tout comme les pronoms personnels et réfléchis, les adjectifs et les pronoms possessifs sont modifiés de la même manière qu'en français lorsque l'on passe du style direct au style indirect.

• Les adjectifs possessifs.
➡ *"It's my car", the girl said.* « C'est ma voiture », a dit la fille. *The girl said it was her car.* La fille a dit que c'était sa voiture.

• Les pronoms possessifs.
➡ *"It's ours", they said.* « C'est la nôtre », ont-ils dit.
➡ *They said it was theirs.* Ils ont dit que c'était la leur. ■

Les adjectifs démonstratifs

La modification des adjectifs démonstratifs n'est pas systématique. Quand il y a une translation vers le révolu, un détachement par rapport à la situation présente, leur transformation est obligatoire. En revanche, quand les propos que l'on rapporte sont liés à la situation présente, il n'y a aucune modification des démonstratifs.
➡ *"I saw this play when I was in London." She told me she had seen this play when she was in London.* « J'ai vu cette pièce lorsque j'étais à Londres. » Elle m'a dit qu'elle avait vu cette pièce lorsqu'elle était à Londres.

• En cas de transformation, *this* est remplacé par *the* ou *that* et *these* est remplacé par *those*.
➡ *She told me she saw the* (ou *that*) *play when she was in London.* ■

Les repères de lieu

La règle qui s'applique aux repères de lieu est la même que pour les adjectifs démonstratifs.

• Les repères de lieu ne sont modifiés que si les propos rapportés ne sont plus liés à la situation présente.

➥ *"I've lived here for ten years", he said.* « J'ai vécu ici pendant dix ans », a-t il dit.

On aura l'une des deux formes suivantes :

➥ *He said he had lived here for ten years.* Il a dit qu'il avait vécu ici pendant dix ans. (Les propos rapportés sont toujours liés à la situation présente.)

➥ *He said he had lived there for ten years.* (Ces propos impliquent un détachement par rapport à la situation présente.) ■

Exercice

Transformez au discours indirect en utilisant les débuts de phrases proposés.

1. Cathy has been waiting all week for his phone call. He told us...
2. You shouldn't tell her. He advised us...
3. I don't want her badly treated. He repeated...
4. Why did she ask her father? We wondered...
5. It will have to be repaired before Saturday. They insisted...
6. He must be furious! She said...
7. We'll call you on Saturday. They told us...
8. Don't listen to such nonsense. He urged her...
9. I can't do it myself. She acknowledged...
10. Where do you come from? She asked him.

Corrigé

1. *He told us Cathy had been waiting all week for his phone call.*
2. *He advised us not to tell her.*
3. *He repeated he didn't want her badly treated.*
4. *We wondered why she had asked her father.*
5. *They insisted it would have to be repaired before Saturday.*
6. *She said he must be furious.*
7. *They told us they would call us on Saturday.*
8. *He urged her not to listen to such nonsense.*
9. *She acknowledged she couldn't do it herself.*
10. *She asked him where he came from.*

Les repères de temps

Là encore, les transformations ne s'effectuent que lorsque les propos rapportés ne sont plus liés à la situation présente.

➥ *"I saw her yesterday", she said.* « Je l'ai vue hier », dit-elle.

• Si l'on rapporte ces propos le jour même, on a :

➥ *She told me she saw her yesterday.* Elle m'a dit qu'elle l'avait vue hier.

• Si ces propos ne sont pas rapportés le même jour, on a :

➥ *She told me she had seen her the day before.* Elle m'a dit qu'elle l'avait vue la veille.

• Les modifications éventuelles des repères de temps sont les suivantes :

• *now* ⇒ *then.*

• *yesterday* ⇒ *the day before.*

• *last week* ⇒ *the week before.*

• Durée + *ago* ⇒ durée + *before.*

• *tomorrow* ⇒ *the next day.*

• *next week* ⇒ *the following week.* ■

Points clés

Le discours indirect : emploi des temps

Le passage du style direct au style indirect peut entraîner des modifications de temps dans la proposition subordonnée, selon que le verbe introducteur est au présent ou au passé.

Le verbe introducteur est au présent

Lorsque le verbe introducteur de la proposition principale est conjugué au présent, le passage du style direct au style indirect n'entraîne aucune modification de temps.
➡ *"I'm going to the pictures." He says he is going to the pictures.* « Je vais au cinéma. » Il dit qu'il va au cinéma.

• Cela étant, la retranscription de propos au présent est relativement rare. On ne l'utilise que dans deux cas :
– lorsque l'on répète instantanément les paroles de quelqu'un.
– lorsqu'on lit quelque chose à haute voix, une lettre par exemple.

• En effet, dans la majorité des cas, on rapporte les propos de quelqu'un en utilisant, dans la proposition principale, un verbe introducteur que l'on conjugue au prétérit. ■

Le verbe introducteur est au passé

Si le verbe introducteur est au passé, cela entraîne des modifications de temps qui sont recensées dans le tableau ci-contre.

• Le prétérit ne se transpose pas toujours en *pluperfect.* On le maintient :
• avec les verbes d'état ;
➡ *"She didn't ski because she was ill", she said.* ⇒ *She said she hadn't skied because she was ill.* Elle dit qu'elle n'avait pas skié parce qu'elle était malade.
• dans les subordonnées de temps avec *when* ;
➡ *"I studied law when I lived in Paris", she said.* ⇒ *She said she had studied law when she lived in Paris.* Elle a dit qu'elle avait fait du droit quand elle vivait à Paris.
• en cas de prétérit à valeur modale ;
➡ *"If you saw her, you would understand", he said to me.* ⇒ *He told me that if I saw her, I would understand.* Il m'a dit que si je la voyais, je comprendrais.
• en cas d'habitude.
➡ *"I often visited her in those days", he said.* ⇒ *He said he often visited her in those days.* Il a dit qu'il lui rendait souvent visite à cette période. ■

Les changements de temps au style indirect

Temps au style direct		Temps au style indirect	
Présent simple	*"I'm late", he said*	**Prétérit simple**	*He said he was late.*
Présent progressif	*"I'm coming!", she said.*	**Prétérit progressif**	*She said she was coming.*
Prétérit	*"We played all night", they said.* *"I studied law when I lived in Paris", she said.*	***Pluperfect*** **Prétérit**	*They said they had played all night.* *She said she had studied law when she lived in Paris.*
Present perfect	*"I've bought a dress", she said to her Mum.*	***Pluperfect***	*She told her Mum she had bought a dress.*
Pluperfect	*"When I arrived, he had already left", she said.*	***Pluperfect***	*She said that he had already left when she arrived.*
Futur	*"I will write soon", he promised.*	**Conditionnel**	*They promised they would write soon.*
Conditionnel	*"I would love to go there!", she exclaimed.*	**Conditionnel**	*She exclaimed that she would love to go there.*
Impératif	*"Call me tonight", he asked her.*	**Proposition infinitive**	*He asked her to call him tonight.*

La transformation des modaux au style indirect

Modal	Style direct	Style indirect
Can	*"I can see my cousin", he said.*	*He said he could see his cousin.*
May	*"You may leave now", he said to her.*	*He told her she might leave now.*
Must (quasi-certitude)	*"It must be John", she said.*	*She said he must be John.*
Must (obligation)	*"You must tell me where you are", she said.*	*She said we had to/must tell her where we were.*

Il est à noter que les modaux *could, might, ought to, would* et *should* restent inchangés lors de leur passage au style indirect. ■

Index → discours indirect • « pluperfect »

Évaluation (1)

Avec ces deux exercices, testez vos connaissances en matière de verbes et de conjugaison. En cas d'erreur, référez-vous aux Points clés dont la page est mentionnée dans la correction.

Exercice

Mettez le verbe entre parenthèses à la forme qui convient.

1. He's come all the way from the States (see) her.
2. If I had enough money, I (spend) a month in Greece.
3. When I was a little girl, I (visit) my grand-parents every week-end.
4. Don't call me tonight, I (go out).
5. They'll call you when they (arrive).
6. What (make) her laugh?
7. Why not (go) to Scotland next summer?
8. The mechanic was on holiday, so I (must) repair my tyre myself.
9. It's getting dark; I'd better (go) home.
10. Laura (work) for the past two hours.
11. I don't want them (lie) to me.
12. I (know) John for ten years.
13. When I saw him, I (recognize) him immediately.
14. He (watch) television when he heard a shot.
15. Remember (lock) the door before you leave.
16. They all look forward to (see) her.
17. They have never considered (leave) France.
18. They aren't used to (get up) so early.

Corrigé

1. *to see her* (194)
2. *I would spend* (184)
3. *I used to visit* (153)
4. *I'm going out* (142)
5. *when they arrive* (146)
6. *What makes her* (190)
7. *Why not go* (201)
8. *I had to* (161)
9. *I'd better go* (165)
10. *has been working* (137)
11. *to lie* (195)
12. *I have known* (136)
13. *I recognized* (132)
14. *He was watching* (133)
15. *to lock* (198)
16. *to seeing her* (197)
17. *leaving* (197)
18. *to getting up* (150)

Exercice

Choisissez la bonne réponse parmi celles qui sont proposées.

1. He said he... as soon as he...
a) will be back/has finished.
b) will be back/had finished.
c) would be back/had finished.
d) would be back/has finished.

2. All... she wants is to go out with him.
a) what
b) whatever
c) that

3. He has broken his leg. He... ski next week.
a) wasn't allowed to
b) needn't
c) can
d) won't be able to

4. He can't swim and... can I.
a) so
b) either
c) neither
d) also

5. I don't expect...
a) for him to come.
b) her to come.
c) that she comes.

6. What do these initials stand...?
a) out
b) for
c) in
d) up

7. ... her brother, she loves classical music.
a) Whereas
b) Unlike
c) Although
d) Unless

8. Don't drive too fast, ...
a) will you?
b) do you?
c) won't you?
d) don't you?

Corrigé

1-c (207)
2-c (177)
3-d (160)
4-c (173)
5-b (195)
6-b (171)
7-b (187)
8-a (172)

DON'T DRIVE TOO FAST,...

Évaluation (2)

L'exercice ci-dessous vous permettra de parfaire vos connaissances en matière de verbes et de conjugaison, tandis que celui ci-contre vous préparera à la reformulation. Dans le cadre de l'épreuve de compétence linguistique au baccalauréat, il est nécessaire de bien maîtriser cet exercice difficile. Comme aux pages précédentes, reportez-vous aux Points clés mentionnés dans le corrigé si vous avez fait des erreurs.

Exercice

Chassez l'intrus (une seule des trois propositions est grammaticalement impossible).

1. They had to take a taxi because they had some/much/many luggage.
2. She was so upset that she began to cry/crying/cry.
3. I suggest to go/going/we go to the States.
4. Some/∅/the sharks can be dangerous.
5. Some of the/∅/the actors were very good.
6. A lot of/several/much companies went bust.
7. There wasn't much/a few/enough cheese.
8. I don't know the man who/that/which came yesterday.
9. He thanked her for her help/to help him/for helping him.
10. His sister, who/∅/whom we met the other day, is very good-looking.

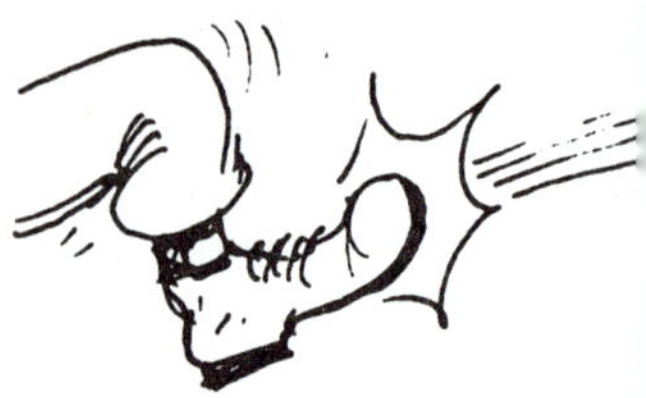

Corrigé

1. *many* (95)
2. *cry* (199)
3. *to go* (149/197)
4. *the* (112/116)
5. ∅ (116)
6. *much* (118)
7. *a few* (118)
8. *which* (176)
9. *to help him* (197)
10. ∅ (177)

Exercice

Reformulez les phrases suivantes sans en changer le sens et en utilisant les amorces proposées.

1. I regret lying to my parents.
I wish...
2. I've never had such a bad meal.
It is...
3. Someone saw her take the money.
She...
4. I feel certain he didn't steal that wallet.
He can't...
5. Why don't you do your homework instead of watching television?
I'd rather...
6. Perhaps they will come to my birthday party.
They...
7. I can hardly wait to visit China.
I am looking...
8. You haven't made up your mind yet!
It's about time...
9. They went for a walk yesterday.
They said...
10. She made her son tidy his room.
Her son...
11. If he doesn't work harder, he will fail his exam.
Unless...
12. I haven't seen him for five years.
It's...

Corrigé

1. *I wish I hadn't lied to my parents.* (167)
2. *It's the worst meal I have ever had.* (134)
3. *She was seen to take the money.* (156)
4. *He can't have stolen that wallet.* (162)
5. *I'd rather you did your homework instead of watching television.* (167)
6. *They may/might come to my birthday party.* (162)
7. *I am looking forward to visiting China.* (197)
8. *It's about time you made up your mind!* (167)
9. *They said they had gone for a walk the day before.* (207)
10. *Her son was made to tidy his room.* (156/190)
11. *Unless he works harder he will fail his exam.* (185)
12. *It's five years since I last saw him.* (135)

Points clés

Britain: Chronology of Major Events

Chronologie de l'histoire anglaise

Some key events in history have shaped Britain into what it is now. These events changed history and changed Britain. This is why they help us to understand British society today.

From the Norman conquest to Victoria

1066-1272: the Norman Conquest. William the Conqueror invades England.
1215: the Magna Carta («la Grande Charte») is signed by king John. It reduces the power of the King.
1453: end of the 100 Years' War. England loses its French possessions.
1455-1485: the Wars of the Roses. The house of Lancaster finally defeats that of York.
1534-1540: the Reformation. Henry VIII breaks with Rome and creates the Church of England.
1588: the Spanish Armada is defeated by Queen Elizabeth's navy.
1642-1648: the Civil War. It opposed the King's supporters (the Roundheads, «les Têtes rondes») to the Parliamentarians led by Oliver Cromwell.
1649: Charles I is beheaded. Oliver Cromwell becomes the leader of the new Commonwealth.
1665: the Great Plague in London kills nearly one inhabitant in two.
1666: the Great Fire in London destroys almost 13 000 houses.
1679: the Habeas Corpus Act is adopted. It prevents long imprisonment without trial.
1688: the Glorious Revolution. William of Orange, an Anglican, is called to England to take power.

In 1588, when the Armada was defeated, Protestantism won a glorious battle.

1689: the Bill of Rights is adopted. It establishes the British Constitutional Monarchy and makes sure that no Catholic can reign.
1764: Hargreaves invents the Spinning Jenny. This is a revolution in the textile industry.
1783: the Thirteen American Colonies become independent.
1785: James Watt's first steam engine («moteur

Queen Elizabeth II and François Mitterrand inaugurated the Channel tunnel together in 1994.

à vapeur ») appears. It marks the beginning of the Industrial Revolution.
1815: Napoleon is defeated at Waterloo by English troops.
1832: first Reform Act is adopted. More people are able to vote.
1837-1901: Queen Victoria is the longest reigning monarch.
1868: unions form the Trade Union Congress or TUC which meets to discuss social and political matters.
1875: Britain buys Suez Canal shares to take control of the region.
1876: Queen Victoria becomes Empress of India. ■

James Watt's steam engine was a real revolution.

The 20th century

1914: Britain enters World War I.
1921: the Irish Home Rule dividing Ireland into two is adopted.
1926: a general strike is led by miners, dockers and railwaymen. This is the sign of social unrest.
1928: the Representation of the People Act is adopted. Women and men over 21 can vote.
1936: Edward VIII abdicates because he wants to marry Wallis Simpson.
1939: Britain declares war on Germany.
1940: the Battle of Britain. Britain is bombed by German planes. London is bombed every night for more than a month. This is known as the Blitz.
1945: a Labour government is elected and establishes the Welfare State (« l'État-providence »)
1947: India becomes independent. It is divided between Pakistan (Muslim) and India (Hindu).
1973: Britain enters the European Common Market.
1979-1990: Margaret Thatcher (Britain's first woman Prime Minister) is elected and enforces a liberal policy.
1994: the Eurotunnel links Britain to France.
1997:
- after almost 20 years of Conservative rule, Britain elects a Labour government. Tony Blair is the new Prime Minister.
- Lady Diana is killed in a car crash.
- Hong Kong is returned to China.

2001: Tony Blair is re-elected.
2003: war against Iraq. ■

Index → Grande-Bretagne

Points clés

From the Middle Ages to 1689

Du Moyen Âge à 1689

Throughout the Middle Ages and the Renaissance, Britain developed into an independent nation: it set up its own religion, (Anglicanism) and its own political system, which was based on the balance of power between the king and Parliament.

From the Middle Ages to the Renaissance

In the Middle Ages, the King and the noblemen fought for power. The Magna Carta (1215) – an agreement stating that the noblemen had to be consulted before the King could make a decision – and the first meeting of Parliament in 1332 marked the birth of the English Parliamentary Monarchy. The period was also remarkable for the wars which opposed the two branches of the Royal Family: the house of York whose emblem was the white rose and the house of Lancaster whose emblem was the red rose. These were the Wars of the Roses (« la guerre des Deux-Roses ») which ended in 1485 when a Lancastrian defeated the Yorkists. Britain was also at war with France for a very long time. The 100 Years' War (« la guerre de Cent Ans ») ended in 1453 with the victory of France. ■

Henry VIII and the Reformation

Henry VIII's divorce from Catherine of Aragon caused one of the major events in British history. Anglicanism was neither Catholicism nor Protestantism. It was specifically British.

England was a Christian country but the relationships between Church and State were difficult. Henry VIII wanted to divorce his wife and remarry. The Pope refused and excommunicated him, so Henry decided to take control of the Church. In 1534, Henry became the Supreme Head of the English Church. This break with Rome is known as the Reformation (« la Réforme »). After Henry's death, there were conflicts between Catholicism and Anglicanism but when Elizabeth I came into power in the 16th century Anglicanism won a glorious battle over Catholicism. The King of Spain – a Catholic – sent ships to invade England and depose Elizabeth. The ships were called the Armada, they were defeated in 1588 by the English. ■

Oliver Cromwell (1599-1658) ruled England as Lord Protector and head of State from December 1653 until his death.

The Two Revolutions

Parliament wanted to have more power on political and religious decisions. In 1641, it presented King Charles I with proposals which made Parliament more powerful than himself. He refused and there was a civil war between the Royalists and the Parliamentarians led by Oliver Cromwell. The King surrendered and was executed in 1649. England became a republic, governed by Cromwell. But after his death, Parliament displeased with the republic, met and called the King's successor back to the throne. After Charles II's death, there were succession problems because some of his successors were Catholics. William of Orange who represented the Anglican branch of the Royal Family was asked to invade England in 1689. He took power and Parliament voted a law which excluded Catholics from succession. This is known as the Glorious Revolution. ■

Charles I failed to reach an agreement with Parliament and was beheaded (« décapité ») in 1649.

The 18th Century and the Victorian Era

Le XVIIIe siècle et l'ère victorienne

In the 18th and 19th centuries, Britain gained international power. Trade first and then the Industrial Revolution turned Britain into the first nation in the world. The symbol of this power was the Empire and its ruler, Queen Victoria.

The rising power of England

Thanks to new farming methods, a certain number of rich farmers increased their production. Others often had to leave the country and live in towns. The trade of exotic goods with India or Africa – as well as the selling of slaves to American farmers – was also becoming more important. All this meant prosperity for some people. Land owners, bankers and traders made money. A new class of people appeared: the middle-class: Politically too, things were changing. The King was not the only ruler of the country. Robert Walpole and William Pitt were Britain's first two Prime Ministers. After the Seven Years' War against France, Britain lost the Thirteen American Colonies. But it also gained new territories such as Canada and Australia. ■

The Industrial Revolution and the Victorian Age

New technologies and the discovery of steam as a source of power made the Industrial Revolution possible. Progressively, towns and factories became more important than the country and agriculture. This revolution was followed by political and social changes. In 1832, a reform bill enlarged the right to vote. New parties fighting for the rights of workers and trade unions (« syndicats ») appeared. In 1868, they joined forces to set up the Trade Union Congress to act as a lobby and improve working conditions in mines and factories. ■

The Thames and London's harbour were the heart of Britain's trade.

Queen Victoria and the Empire

The Victorian period was marked by a huge gap between rich and poor people. A famous writer even said that there were two nations. The adjective Victorian came from Queen Victoria who ruled for more than sixty years over Great Britain. The Queen was very popular, although she didn't play any real political role – since the Prime Minister governed. Abroad, Britain kept becoming more powerful. Napoleon was defeated at Waterloo in 1815. The East India Company which controlled a large part of trade in India had to give its possessions to the British government. Victoria became Empress of India in 1876. In order to protect its interests, Britain waged wars against European countries in China, Sudan and Africa. It gained control over India, Egypt and South Africa. At the end of the 19th century, the British Empire was enormous and Victoria was the most powerful sovereign of her time. ■

With the Industrial Revolution, the metal industry became very important especially in the Midlands.

Queen Victoria ruled from 1837 to 1901. From 1876, she was not only Britain's Queen, she was also Empress of India.

Points clés

Great Britain in the 20th Century

La Grande-Bretagne au xxe siècle

In the first half of the 20th century, Britain was hit by the Great Depression and started to lose its leadership. Britain's role in the Allied victory in 1945 didn't stop the country's decline due to the industrial crisis.

The age of doubt

The barbarity of World War I was a great shock for England as well as for other European countries. But it also had great social consequences. Women had worked in factories during the war and they wanted equal rights. The "suffragettes", as they became known, obtained the right to vote for women in 1928. In the '20s, industry went through a crisis which led to unemployment and strikes. This industrial crisis was followed by the Great Depression («la crise de 1929»). Unemployment was very high and many people became bankrupt. The golden age of British industry was over. Another shock for Britain was the division of Ireland into two separate countries. Southern Ireland became a sovereign state in 1937.

In England, during the Great Depression, a lot of people were without a job because many industries had to close down. The situation was very difficult. The unemployed organized protests and marches demanding jobs.

London was bombed every night for two months. During the "Blitz", as the period became known, thousands of houses were destroyed and thousands of civilians were killed. The Royals visited the destroyed areas and comforted their inhabitants.

England in World War II

In 1940, Hitler's army had conquered Europe. The last European country which wasn't dominated by Germany was the United Kingdom. Hitler decided to bomb the country before invading it. In 1940, for several months, London was heavily bombed every night and people had to sleep in shelters (« abris ») or the underground. Thanks to Churchill, Britain's leader, English people never gave up the fight. It was in London that the Allies organized the D-Day landing (« le Débarquement ») in Normandy which ensured their victory.

Hard times for contemporary Britain

After the war, people wanted more social equality, and a Labour government was elected. They set up the Welfare State (« l'État-providence »), which gave people social security, welfare payments… But in the '60s, the traditional industries went through a crisis. The Conservative goverments of the '70s and the '80s decided to close a lot of mines and factories and privatize industries. At an international level, things were difficult. All the colonies became indepedent and the Empire was replaced by the Commonwealth. In Northern Ireland, violence developed.

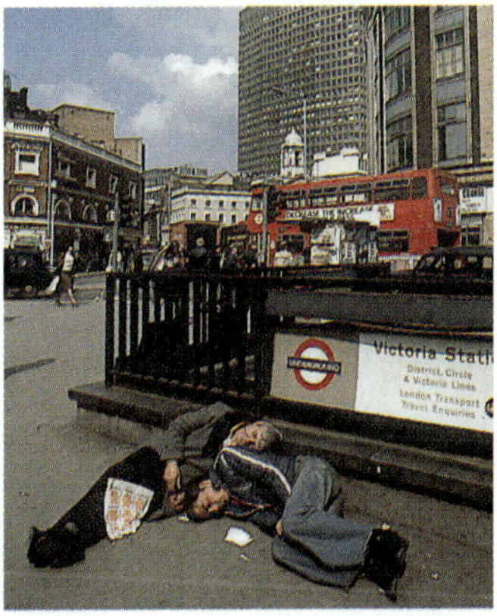

Nowadays, many homeless and jobless people have to beg in the streets of cities.

Points clés

Demography and Economy in Britain

Démographie et économie britanniques

The United Kingdom (which includes England, Wales, Scotland and Northern Ireland) and its population have been hard hit by the industrial crisis and by the liberal policy of the various conservative governments.

The majority of people (94.2%) are white, but a certain number of immigrants from former colonies have come to live in the United Kingdom. Their cultural and religious differences often make their integration difficult.

The people

According to the 2001 census, the United Kingdom is inhabited by 58.795 million people. The total superficy of the country being 244,046 sq km, the population density is 241,6 inhabitants per square kilometer (« km² ») – which is more than twice the population density in France. The population is urban, as 80% live in cities. But some regions are more populated than others. The largest cities are London (10.2 million people live in Greater London), Birmingham (1 million inhabitants) and Glasgow (around 750,000 people). Whereas some regions such as Greater London, the Liverpool-Manchester-Sheffield-Leeds region or South Wales (« le sud du pays de Galles ») are very densely inhabited, others such as the Highlands in Scotland are deserted. In the past, immigrants came from Europe, but now, people from the former colonies (India, Pakistan and the West Indies) emigrate to the United Kingdom. ■

Social realities

The position of a large number of people is uncertain in the United Kingdom, where the unemployment rate is 7.5%. The industrial crisis has threatened the future of industrial workers. Mines, dockyards (« chantiers navals ») and factories have closed leaving thousands of people unemployed. The liberal policy led by the Tory government in the '70s and '80s has destroyed the Welfare State (« l'État-providence ») and has made it very difficult for people with a low income to live decently. In the cities, the same kind of development as in the United States has appeared. The middle-class, and even the working-class tend to live in detached houses (« pavillons ») outside the inner cities (« centre-villes »), whereas city centers are left to jobless, poor inhabitants. ■

The economy

The gross domestic product or GDP (« produit intérieur brut ou PIB ») of the United Kingdom is 1.307 billion (« milliards ») dollars. More than 65% of GDP is made by the tertiary sector (the service sector). The share of the tertiary sector in GDP has risen by more than 10% over the last ten years. This rise reflects the changes in the economy of the United Kingdom. Formerly, the UK was mainly industrial, it is now becoming tertiary. Out of the total 28.9 million people working, more than 71.6% work in the service industry, whereas only 27% are blue-collar workers (« cols-bleus », c'est-à-dire des ouvriers). This change has had consequences on the dynamism of the regions. Formerly, the North – where all the mines were – was the most dynamic region, but now, the South is more dynamic. Indeed, London is a very important place for the banking industry and the South-West has been given new economic importance through tourism from Europe. The country seems to be divided into two parts: the North where unemployment is high and the South which is wealthier. ■

A lot of Northern cities such as Liverpool which employed numerous industrial workers have now extremely high unemployment rates. Closed factories and deserted shipyards (« chantiers navals ») make the scenery bleak and dreary (« morne »).

Points clés

Politics in Great Britain

La vie politique britannique

The specificity of British political life comes from the balance of power between the sovereign and Parliament. This balance is called a Parliamentary Monarchy. The sovereign doesn't rule the country but sees to its being ruled properly.

The political parties

Basically, English political life is governed by bipartism. There are two main political parties: the Labour Party and the Conservative Party – also called the Tory Party. The other parties – the Liberal Party or the Social Democratic Party – are too small to be able to win the majority and form a government. The Tory Party is right-wing and defends economic liberalism, whereas the Labour Party is left-wing and wants more state intervention. The Tory Party, which exists since the 18th century, is the oldest party. The Labour Party and the Liberal Democrat Party were created in the 19th century. Trade unions (« syndicats ») were created in the 19th century in order to improve working conditions in mines and factories. ■

The Labour party, which has been in power since 1997, was founded in the 19th century to promote social reforms.

The political institutions

Britain's Prime Minister is the head of government. He/she is appointed (« nommé ») by the King or the Queen who has to choose the Majority Leader (that is the leader of the party which has the majority in the House of Commons). The PM (i. e. the Prime Minister) lives in London at 10 Downing Street. He chooses his Cabinet, that is the ministers. The main ministers are the Chancellor of the Exchequer (« Finances »), the Foreign Secretary (« Affaires étrangères ») and the Home Secretary (« Intérieur »). There are two houses: the House of Commons, where Members of Parliament (MPs) sit, and the House of Lords, where peers (« les pairs ») sit. MPs are elected by the people. Peers are appointed by the Prime Minister. The opposition party forms a Shadow Cabinet (« contre-gouvernement ») to challenge the government. ■

When Tony Blair became Prime Minister in 1997, he moved with his family to 10 Downing Street, London.

Monarchy and power

Even though Great Britain is a monarchy, the sovereign doesn't play any real political role. He or she is the head of State, the head of the Church of England and the head of the Commonwealth but his or her functions are often purely formal. The Queen (or the King) reigns but does not rule. The symbol of the monarch's lack of political power is that he or she is not allowed to enter Westminster – where the two Houses of Parliament sit – except once a year to give the Queen's Speech (« le discours du trône »). The monarch can refuse to sign a law proposed by the Parliament, but he/she never uses this right. Nevertheless, the Royal Family has a very important symbolic role to play. It represents Britain's stability and unity. It also represents Britain abroad and is very popular. Finally, the Royal Family attracts a lot of tourist attention and interest.

Queen Elizabeth II lives in Buckingham Palace in London. The Royal Family and the palace represent the unity and continuity of the kingdom. Its members participate every year in the ceremony of the Trooping of the Colours (here in 1990).

Points clés

The British Society

La société britannique

The social institutions of the United Kingdom are very different from that of France. The ideals of the Welfare State, an established Church and a decentralized educational system are specific to the British society.

The Welfare State

After World War II, people wanted more social justice. They thought that they had given a lot to the country during the war, and that the country had to thank them for what they had done. In 1942, Lord Beveridge wrote a report where he said that a Welfare State (« État-providence ») would give everybody the same chance. In 1945, the institutions of the Welfare State were created. The National Health Service («la Sécurité sociale ») was the most important of these institutions. For example, thanks to the NHS, you don't have to pay when you go to see your General Practitioner or GP (« généraliste »), but the problem is that you have to see the nearest GP. It was very ambitious when it was created but little by little, it met with economic difficulties, because it was very expensive to run. Now, if you need surgery (« être opéré »), you are on a waiting list and it sometimes takes years before you can have your operation. More and more people prefer to go to private hospitals. ■

Religion

In Britain, there is an established Church. After the Reformation in the 16th century, Anglicanism became England's official religion. Anglicanism is different from Catholicism and from Protestantism. The separation of State and Church doesn't exist in England, since the monarch is the head of the Anglican Church.

Together with the Church of England, there is another established Church which is the Church of Scotland. But there are other Churches too: independent, Protestant Churches such as the Presbytarian Church, the Methodist Church or the Baptist Church. ■

Lord Beveridge (on the left), the author of the "Beveridge Report", founded what is now known as the Welfare State.

All secondary school pupils wear uniforms in Britain. Each school has its uniform. Uniforms are used in order to avoid fashion discrimination among pupils.

Canterbury boasts the most well-known Anglican cathedral. Its archbishop (« archevêque »), who is appointed by the monarch, is Primate of all England.

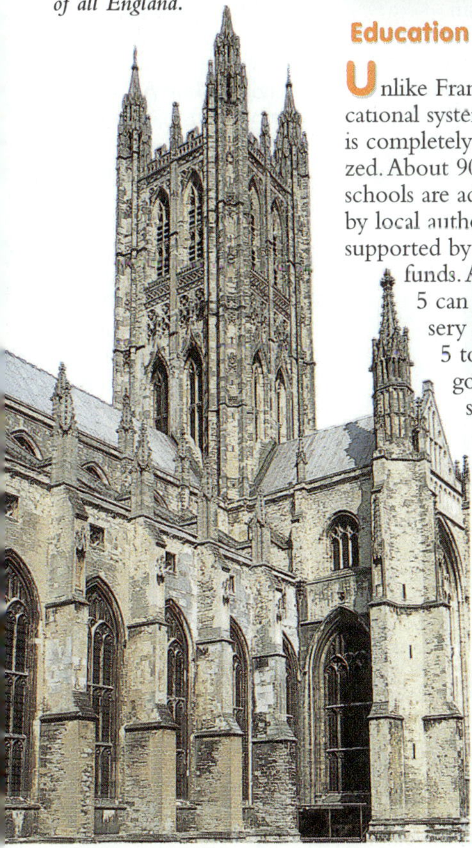

Education

Unlike France, the educational system in Britain is completely decentralized. About 90% of the schools are administered by local authorities and supported by public funds. A child under 5 can go to a nursery school. From 5 to 11, pupils go to primary school. From 11 to 17, pupils go either to a grammar school or a secondary modern school or they go to a comprehensive school. Grammar schools and secondary modern schools are selective, whereas comprehensive schools (90%) are unselective. There are also independent schools, where parents have to pay tuition fees (« frais de scolarité »). There are about 2,300 of them in England and Wales (6% of pupils). The most prestigious of these schools are Public Schools such as Eton and Harrow. Though they are called Public Schools, they are private. All pupils have to take the GCSE (General Certificate of Secondary Education) when they are 16. Those who want to go to university take the GCEA level (General Certificate of Education Advanced level) when they are 18. Scotland has its own system of education.

Points clés

Cultural Life in Great Britain

La vie culturelle britannique

Though it is a "small" island, the United Kingdom is a very inventive country which has been able to create artistic currents which became famous all over the world.

Painting

In the 18th century, painting was limited to British subjects (with, for example, Hogarth, Reynolds, Gainsborough) except for William Blake who, at the turn of the 19th century, was at odds (« en rupture ») with the Industrial Revolution and is seen as a precursor of Romanticism.

During the same period, British painting was very much influenced by French currents: Impressionism (Constable, Turner) or Art nouveau (Morris, Beardsley). In the 20th century, though accepting the contribution of foreign movements such as abstraction, vorticism (a mixture of Futurism and Cubism with Windham Lewis) or Surrealism (Nash), British art also managed to set new trends (« faire école »). It was at the origin of Pop Art (an abreviation of "popular art"), a visual art movement which later on developed in the States. Some of its most famous British artists are Peter Blake, David Hockney, Allen Jones, Peter Philips and Richard Hamilton. They imposed their own anguished and expressionist vision of a tragic reality. The same thing can be said of Francis Bacon's work. His expressionistic style, based on images of terror and outrage, made him one of the most original and controversial 20th century artists. He not only influenced the work of susbsequent artists (Gilbert and George) but also had an impact on commercial, graphic and fashion design. ■

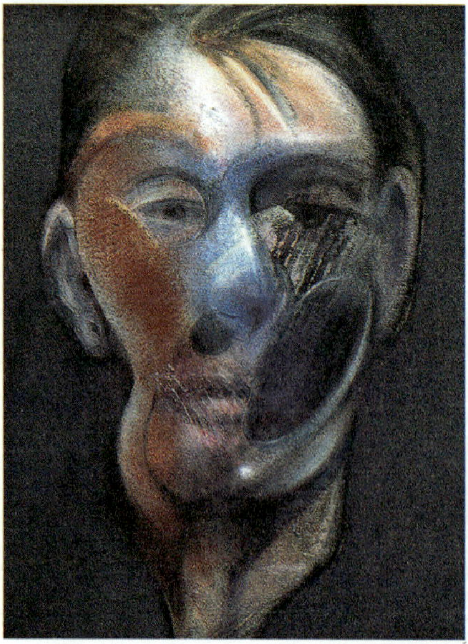

Like in Self portrait *(1976), Francis Bacon often dealt with the plastic transformations undergone by the human face and its environment.*

Johnny Rotten (on the right) and Sid Vicious originated the punk movement.

Cinema

British cinema has always been marked by a realistic approach. The first movement was the "documentary school" led by Grierson (*Drifters*, 1929) with his theory of the "creative treatment of actuality" inspired by Soviet social realism. After World War II, British cinema produced historical films (*Hamlet, Henry V* by Laurence Olivier), thrillers (Hitchcock) and comedies *(Arsenic and Old Lace)* all inspired by the American industry. The advent of Free Cinema, at the turn of the '60s, renewed (« renouvela ») the tradition of social criticism with Karel Reisz *(Saturday Night and Sunday Morning),* Lindsay Anderson *(If…)* and Ken Loach *(Family Life).* Many foreign directors came to shoot films in Great Britain: Losey *(The Servant),* Polanski *(Cul-de-Sac),* some even portraying the "swinging London" either metaphorically (Antonioni's *Blow Up*) or amusingly (Richard Lester's *A Hard Day's Night* and *Help!*). In the '70s, British studios became an appendix of American cinema. Since the '80s, British cinema regained its realistic vigour *(My Beautiful Launderette, Secret and Lies, Billy Elliott, Sweet Sixteen)* and its ironical sense of the absurd (*Trainspotting* and *The Full Monty*). ■

Music

Even though rock and roll started in the USA in the '50s, Britain has been at the avant-garde of musical trends. In the '60s, British pop music gave rock a new life with The Beatles. This musical phenomenon saw the advent of Beatlemania and groups like the Rolling Stones or the Who. Suddenly British groups invaded the US charts until the end of the '60s. Then pop music became decadent (David Bowie, Roxy Music) or more elaborate and turned into progressive music with the Pink Floyd and King Crimson. In 1976, punks (Sex Pistols, Clash) reacted against what they saw as conservatism with their provocative slogans ("No Future"). The '80s saw a tendency to make these angry rhythms more sophisticated by the use of electronics (the New Wave with Joy Division or Cure). Today the scene is split between house music, techno, trip hop or dance (The Chemical Brothers, Prodigy) and a return to pop music (the Brit-Pop movement with Oasis and Radiohead). ■

Index → Grande-Bretagne

Points clés

Great Figures of British History (1)

Les personnages clés de l'histoire britannique (1)

A certain number of great figures, whether legendary or real, created Britain. King Arthur because he was a reputed King of England, Henry VIII because he broke with the Roman Church, Queen Victoria because she built the British Empire, are among the most important personalities in English history.

King Arthur

King Arthur is a legendary British King around whom a lot of legends were written in the Middle Ages. According to these legends, he presided over the Knights of the Round Table who met in the castle of Camelot. Their quest was to look for the Holy Grail – the cup used by Christ at the last supper. ■

William I, the Conqueror

He was born in 1028 and died in 1087. He was Duke of Normandy and became King of England in 1066. He is one of the greatest soldiers and rulers of the Middle Ages. He was a great feudal lord and changed history when he conquered England from Normandy in 1066. During the Norman Conquest, his army defeated the English in the Battle of Hastings in Sussex. ■

Henry VIII

He was born in 1491 and died in 1547. He played a key role in the English Reformation. Henry is known for his six wives, two of whom he had executed (Anne Boleyn and Catherine Howard). He wanted to divorce his first wife, Catherine of Aragon, as she was unable to give him an heir. Under the Catholic Church only the Pope could grant a divorce, but he refused so that in 1534, the Act of Supremacy was passed. Henry VIII became head of the English Church. All the monasteries were closed and the State confiscated the possessions of the Church. Though Henry's reign began in a burst of Renaissance splendour, costly wars and general mismanagement in his last years left England in an uncertain position. ■

King Arthur was married to Guenievre who was seduced by Lancelot, one of the Knights of the Round Table.

Elizabeth I

Elizabeth I is one of the greatest English monarchs and her victory over the Spanish Armada is one of the most glorious events in English history.

She was the daughter of Henry VIII and was Queen of England and Ireland from 1558 to 1603. She was successful in uniting a divided nation and re-establishing Protestantism. Her reign was dominated by the threat of Catholic restoration and by war with Spain, during which the country was saved from invasion with the defeat of the Armada in 1588. Her reign witnessed a development of national culture, particularly in literature (Shakespeare). ■

Oliver Cromwell

Born in 1599 and dead in 1658, he was a soldier and a Puritan statesman who led the parliamentary forces against King Charles I during the English Civil War. His troops, the Roundheads, defeated and captured the King. Charles I was beheaded (« décapité ») and Oliver Cromwell became first Chairman of the Council of State of the new republic. He then made himself Lord Protector of England, Scotland and Ireland. After his death, Charles II was called back to the throne. ■

Victoria

She was born in 1819 and died in 1901. She ruled over Britain for 64 years (1837-1901), which makes her the longest reigning monarch of England. She was devoted to her husband, Prince Albert. When he died, she mourned him for 40 years. She was considered as the grand-mother of Europe, as her children married many heirs of European Crowns. The period of her reign was the golden age of Britain and its Empire at the international level. But it was also marked by strong inequalities between the haves and the have-nots (« riches et pauvres »). ■

Queen Victoria restored dignity and popularity to the Crown. This period is often referred to as the Victorian era.

Great Figures of British History (2)

Les personnages clés de l'histoire britannique (2)

The end of the Victorian period marked the beginning of a new era for England: the 20th century. Political leaders or important characters emerged changing the path of their country's history.

Edward VIII

Edward was born on June 23, 1894. He became Prince of Wales in 1911 and King of Great Britain and Ireland in January 1936. What makes Edward VIII a different monarch from other British Kings or Queens is that he abdicated from the throne in December 1936 in order to be able to marry a divorced American woman, Wallis Simpson. ■

Edward's marriage to Wallis Simpson created a great crisis in the British monarchy.

Winston Churchill

Sir Winston Churchill, born in 1874, entered politics as a Conservative and then joined the liberals. After holding important positions in various governments, he became Prime Minister in 1940 during World War II. He played a key role in rallying the British to resist Nazi Germany despite German dominance on the continent. His speeches gave people courage to live through the hardships of the war and win the war together with the Allied forces. ■

Lord Beveridge

Lord Beveridge was an economist. During World War II, he was asked to write a report on social issues. The result was what became known as the Beveridge Report. It was published in 1942 and immediately had a huge impact on the population. It laid the foundations of the Welfare State and its institutions such as the National Health Service. ■

The Beatles

John Lennon, Paul McCartney, Ringo Starr and George Harrison came from Liverpool. In 1962 they recorded their first single, *Love Me Do.* They soon climbed the British charts and in 1964 conquered the USA. Their music and their behaviour made them famous all over the world and they became the most popular rock band ever. In 1969, the band split. In 1980, John Lennon was assassinated in New York. George Harrisson died in 2001. ■

Princess Diana

Diana Spencer was born in 1961. When she was 20, she married Prince Charles, the Queen's eldest son. Diana gave new glamour to the Royal Family because of her spontaneity, vitality and cheerfulness. After highly-publicized marital difficulties, Charles and Diana separated in 1992 and were divorced in 1996. Diana was well-known for her commitment to charities. Her tragic death in a car crash in Paris, in August 1997, has turned her into a myth. ■

Mrs Thatcher was nicknamed the Iron Lady.

Diana's smile made her popular all over the world.

Margaret Thatcher

Margaret Thatcher was born in 1925. She was the daughter of a small shopkeeper. Despite this lower middle-class background, she studied in Oxford. She entered politics when she was 34 and quickly became one of the important figures of the Conservative Party. In 1979, she became Britain's first female Prime Minister. She implemented (« appliqua ») a strong policy of privatization which made her unpopular with portions of the population. In 1990, she resigned after losing the support of her party. ■

Points clés

Ireland: Chronology of Major Events

Chronologie de l'histoire irlandaise

Apart from the introduction of Christianity in this Celtic country and the Viking invasions, the main landmarks in Irish history are related to the political and armed struggle of the Irish people against the colonizing power: England, then Great Britain.

From independence to colonization

432: Saint Patrick introduces Christianity.
795: first Viking raids on Ireland.
1175: Treaty of Windsor: after a six-year occupation of most of the Irish territory by the Anglo-Normans, Henry II's suzerainty is recognized by Irish lords.
1495: Poynings's law submits the Irish Parliament decisions to the approval of the King's Council.
1541: Irish Parliament confirms Henry VIII as King of Ireland.
1594-1603: Catholic Irish rebellion led by Hugh O'Neil, Earl of Tyrone.
1607: flight of the Earls: all the leaders of the rebellion leave Ireland permanently.
1609: plantation of Ulster: the good farming lands are distributed to English and Scottish settlers.
1649: Cromwell crushes the Irish rebellion which started in 1641 and develops the process of land confiscation.
1690: the new British king, William III of Orange, defeats James II (the dethroned Catholic king) and his Irish allies at the Battle of the Boyne.
1695: beginning of Penal Laws which restrict or abolish the rights of the Catholics. These laws will be abolished only in 1829.
1795: the Orange Order is founded.
1798: the United Irishmen rise against British rule. The rebellion fails and their leader, Theobald Wolfe Tone, commits suicide. ■

The Battle of the Boyne (1690) is still celebrated by the Order of Orange as a symbol of Protestant supremacy in Ireland.

Since their arrival in 1969, slogans against the British military troops have flourished on Northern Ireland's walls.

A rebellious part of the United Kingdom

1800: Act of Union: Great Britain and Ireland become the United Kingdom.
1845-1849: the potato blight (« mildiou ») causes the great famine which kills 1.3 million people and results in massive emigration, particularly towards the United States.
1858: the Fenian movement is founded.
1873: the Home Rule League is formed.
1880: Charles Parnell is elected leader of the Irish Parliamentary Party.
1905: foundation of Sinn Fein. Ulster Unionist Council is formed to fight Home Rule.
1916: Easter Rising: an Irish Republican insurrection is crushed by the British army in Dublin. Most of the leaders are executed.
1919: foundation of Dail Eireann (Irish Parliament). Michael Collins creates the IRA (Irish Republican Army). and starts a guerilla war. ■

A divided country

1921: Anglo-Irish Treaty: Partition of Ireland
1922-1923: Civil War between the Irish government and the Republicans who reject the Treaty (De Valera).
1937: the Irish Free State becomes Eire.
1949: the Republic of Ireland leaves the Commonwealth.
1968: Civil Rights Campaign in Northern Ireland.
1969: British troops are sent to keep peace in Northern Ireland.
1970: the Provisional IRA starts bomb attacks in Northern Ireland.
1972: Bloody Sunday: 13 Catholics are killed by the British army. The IRA takes its terrorist campaign to England.
1981: Bobby Sands, leader of the Provisonal IRA, starts a hunger strike with 15 others. Ten of them die.
1985: The Anglo-Irish agreement gives the Irish government a consultative role in administrating Northern Ireland.
1993: talks between John Major and Reynolds. Thousands of Protestants and Catholics are united in a march for peace.
1994: IRA's cease-fire in August.
1996: the IRA resumes bomb attacks in February.
1997: new cease-fire in July. Peace talks start.
1998: • peace agreement in April. • a democratic assembly is elected. David Trimble Prime Minister of Ulster.
1999: creation of a power-sharing executive. Northern Ireland's political parties select the country's first all-inclusive government.
2001: IRA announces it will desarm in order to save the peace process.
2002: Blair suspends the power-sharing executive.
2003: a new assembly is elected. ■

Index → Irlande

Points clés

Ireland from the Celts to 1800

L'Irlande des Celtes à 1800

Before the English conquest, Ireland was a Gaelic country, always divided and temporarily invaded, but which remained independent. From 1175 to 1800, Ireland was an English, then a British colony, often rebellious but always submissive.

Henry II (on the left) with the archbishop Thomas Becket.

From Celtic Ireland to the 11th century

From the 6th century BC, Ireland was populated by Gaels who came from the continent. They had a Celtic culture, a Celtic language (Gaelic), and a Celtic religion (druids). Ireland was then divided into more than 100 kingdoms. The introduction of Christianity by St Patrick (389-461) in 432 AD led to the creation of numerous monasteries and the blooming (« épanouissement ») of Irish Christian culture and art. In the 9th century, the Vikings invaded Ireland and founded the first towns (Dublin in 841). In 1014, at Clontarf, the Gael King Brian Boru (941-1014) put an end to the Viking military supremacy. ■

The Anglo-Normans

After 1169, Anglo-Normans, led by the Earl of Pembroke, conquered most of Ireland. In 1175, at the Treaty of Windsor, Henry II's overlordship (« suzeraineté ») was recognized. Anglo-Norman barons took hold of large Irish territories. ■

From the Tudors to the last Stuarts

Three centuries later, in order to counter (« contrecarrer ») the rebellious desire for independence of Gaelic chiefs and "gaelicized" descendants of Anglo-Norman barons, the British Crown took actions.

- In 1495 Poynings's law subordinated the decisions of the Irish Parliament to the approval of the King's Council.
- In 1560, the Church of Ireland became Anglican, while most of the Irish remained Catholic.
- The policy of "plantations" initiated in the South after 1550 was massively developed in Ulster after 1607: the good farming lands were given to English and Scottish colonists who made Ulster a Protestant stronghold (« forteresse »), loyal to the British Crown.

• In 1641, the Irish started uprisings. Simultaneously with the Civil War in England, a confused war dragged on in Ireland.

• In 1649, after his victory over King Charles I, Oliver Cromwell came to Ireland and massacred the population of Drogheda and Wexford, and started a policy of repression against the Catholics. He confiscated more land and created a new category of Protestant landowners: the "absentee landlords".

• In 1685, the arrival of a truly Catholic King, James II, brought Irish Catholics new hope. So, after the English Revolution of 1688, the dethroned James got the support of Catholic France and Ireland to recover his throne. But he was defeated by his Protestant successor William of Orange at the Battle of the Boyne in 1690 and he fled to France. ■

The Protestant nation

A few years later the Catholics owned only 1/7 of Ireland. Moreover, the Penal Laws (1695-1829) abolished or restricted their rights. The object was to deprive them of all political, economic and financial power. In the 18th century, Catholic Irish tenants hired by Protestant landlords formed a miserable population exposed to food shortage, famine (1740-1741) and eviction.

• So for a long time most active Irish nationalists were Protestant. They disliked the British control of their politics (in 1720 an act subjected the decisions of the Irish Parliament to the approval of British Parliament) and of their economy (no Irish industry was allowed if it competed with industry in England).

• In the last decades of the 18th century, Protestant nationalists like Henry Grattan, through associations uniting Protestants and Catholics obtained some timid reforms which didn't satisfy Ireland's demand for freedom. In 1798, an uprising led by the protestant Wolfe Tone and his society of United Irishmen failed.

• In 1795, the Orange Order was formed to maintain Protestant supremacy in Ireland.

• Fearing another rising, Prime Minister Pitt was quite willing to repeal (« abroger ») the remains of the Penal Laws but unwilling to frighten the Protestants. So in 1800-1801, the Act of Union created the "United Kingdom of Great Britain and Ireland". The Irish Parliament was abolished: Ireland would send 100 MPs to Westminster. The two Churches were united into a single established Church. ■

Northern Irish people still brandish the Orange Order banner during what is called the "Orange marches", like here in July 1995.

Points clés

Ireland from 1800 to 1949

L'Irlande de 1800 à 1949

After Ireland's integration into the United Kingdom, the Irish never stopped considering themselves as a colonized nation and strove to gain their freedom through constitutional fights or armed rebellions.

The political fight for Home Rule (1800-1914)

In 1829, Daniel O'Connell and his Catholic Association were rewarded for their efforts by the Roman Catholic Emancipation Act which gave Catholics complete civil, political and economic rights.

• In 1845, there were 8.5 million people in Ireland. Most of them were very poor tenant-farmers living mainly on potatoes. So, the potato blight (« mildiou ») started a terrible famine. By 1852, 1.3 million people had died and one million had emigrated to North America, England or Australia. Other crops were produced such as corn, but the land-owners (mainly English) kept on exporting them for bigger profit.

• This tragedy boosted Irish nationalism.

• Activist organizations led unsuccessful insurrections: the "Young Irish" in 1848; the "Fenians" of the Irish Republican Brotherhood, very active both in America and in the UK, in 1867.

• Agrarian organizations such as the National Irish Land League (founded in 1879 with Charles S. Parnell as president) aimed at defending tenants' rights, through popular agitation (the Land War), economic boycott and political lobbying.

• Political organizations such as the Home Rule League (founded in 1873) advocated self-government through constitutional methods. Parnell, leader of the League and of the Irish Parliamentary Party, became very powerful in Westminster after the 1885 elections. Even after his downfall in 1890 "Home Rulers" kept being influent in Parliament where their support was often needed by the Liberal Party.

The Potato Famine (1845-1850) had huge consequences on Irish history and demography.

• From Gladstone to Lloyd George, liberal Prime Ministers complied with some of the Irish nationalists' claims.

• A series of Land Acts (1870, 1881, 1903) progressively put an end to the agrarian problem.

• Several Home Rule Bills were defeated (1886, 1893, 1911, 1912). In 1914, the Home Rule Act was passed but was suspended till the end of the war. ■

The armed struggle, the Partition and the Republic (1915-1949)

The opposition to Home Rule was very strong. In Ulster, the Protestants led by Edward Carson founded the Ulster Unionist Council in 1905 and recruited an army of "Ulster Volunteers" in 1913.

- A lot of nationalists were sceptical about the chances to secure free-dom for Ireland peacefully. Patrick Pearse's Irish Republican Brotherhood and James Connolly's Irish Socialist Republican Party took control of the Irish Volunteers formed as a response to the Ulster Volunteers.
- In 1916, Pearse and Connolly called for the Easter Rising in Dublin. They proclaimed an independent republic but were defeated after a week. Most of the leaders were executed.
- In the 1918 election, Sinn Fein, the nationalist party created in 1905 by Arthur Griffith and led by Eamon De Valera, won 73 of the 105 Irish seats. Sinn Fein members refu-sed to go to Westminster, met in Dublin, formed Dáil Éireann (Assembly of Ireland), proclaimed the Republic and elected De Valera as president.
- In 1919, Michael Collins organized the Irish Republican Army and launched a guerilla war against the British forces in Ireland.
- In 1921, Collins and Griffith on behalf of Sinn Fein signed the Anglo-Irish Treaty. Ireland was partitioned into two entities:
  – 6 of the 9 counties forming the province of Ulster, with a Protestant majority would remain in the UK with a parliament in Belfast (Stormont)
  – 26 counties in the South and West would form the Irish Free State – a British Dominion – with Dublin as capital.
- The Dáil ratified the Treaty. De Valera rejected it and conducted an unsuccessful civil war against the new Irish Government until 1923.
- De Valera founded the Fianna Fail Party in 1926 and became Prime Minister in 1932.
- In 1937, the Dáil rati-fied De Valera's conserva-tive Constitution giving the Catholic Church a powerful position in the country. The "Irish Free State" became Eire.
- In 1949 the Republic of Ireland was procla-med. ■

On Easter Monday 1916, about 2,000 republicans led by P. Pearse captured the General Post Office and other buildings in Dublin. The British sent in soldiers to suppress the rising.

Points clés

The Ulster Problem

Le problème de l'Ulster

If the 1921 Partition created an independent Irish State, by keeping Ulster within the UK, it planted the seeds of a new conflict which started in 1968 and developed into a bloody civil war which is not completely over yet.

Three decades of struggle for equality, then, independence

The Ulster Catholic minority has always been discriminated against by the Protestants (55% of the population) in terms of housing, political rights, education and employment.

• In 1968, the Catholic minority started a peaceful Civil Rights Campaign to end this discrimination. But the reaction of the Protestants led to riots.

• So, in 1969 the British government sent troops to keep order, which revived the anti-British feelings of most Catholics whose aim soon became to take Ulster out of the UK and, then, reunify Ireland.

• Most of those Catholics advocated legal fight through their political parties (Sinn Fein, legal branch of the IRA, and the moderate Social Democratic and Labour Party, the SDLP). They opposed the unionist parties representing the Protestants who wanted to keep Northern Ireland in the UK (the moderate Ulster Unionist Party, the UUP, or the sectarian Democratic Unionist Party of Ian Paisley).

• In the meantime, after 1970, both sides revived or set up paramilitary organizations which led bloody terrorist campaigns in Ulster. The IRA and the Irish National Liberation Army versus the Ulster Defence Association, the Ulster Freedom Fighters and the Ulster Volunteer Force. In 1972, the IRA decided to take their terrorist campaign to English territory, bombing public places (Harrods in 1983) or aiming at key personalities (Lord Mountbatten in 1979, Mrs Thatcher in 1984).

• The British government took drastic action: suspension of the Irish Parliament in 1972, a very harsh treatment of sus-

British soldiers and Civil Rights marchers face each other on "Bloody Sunday".

pects (internment without trial) and of prisoners (the suppression of their political status led Bobby Sands and other nationalist prisoners to go on hunger strike; ten of them died), very severe sentences after questionable trials (the Guildford Four and the Birmingham Six), bloody military repression (on "Bloody Sunday" in 1972, 13 Catholics were shot dead by the British army during a march for Civil Rights in Londonderry).

• In the '80s people on both sides started having enough of all the violence (more than 3,100 people were killed between 1970 and 1994).
In 1985, the Anglo-Irish Agreement started the cooperation of both governments. A slow peace process developed. In August 1994, the IRA called a ceasefire accepted later by unionist terrorist organizations but peace talks didn't start because the IRA refused to hand over their arms. They resumed their terrorist action in February 1996. ■

Tony Blair and Bertie Ahern, the Irish Prime Minister, in April 1998.

A difficult way towards peace

The election of Tony Blair led to a new ceasefire in July 1997. Peace talks resumed with all the major stake-holders which led to the signing of a peace deal in April 1998 and the setting-up of a democratically elected legislature and executive to govern Northern Ireland. But the peace-process was dogged for the next 5 years by disagreement, mainly over the issue of the IRA abandoning or "decommissioning" its arms. This all hangs on what the IRA meant when it issued a statement in May 2000 saying that it was ready to "put its arms beyond use completely and verifiably". As a result of this ambiguity, the UK general election of June 2001 led to major gains in Northern Ireland for hard-liners on both sides, with substantial loss of power for moderates. On October 14th 2002, the British government announced the suspension of devolution and the return of direct rule by London, which led the IRA to state in January 2003 that the peace process was under threat from "the British military establishment, its intelligence agencies and from the loyalist murder gangs". When elections to the Assembly finally went ahead in November 2003 the hard-line Unionists gained a big share of the vote and it became increasingly difficult to see how peace could ever be wrenched from such a tortuous process built on age-old suffering and mutual resentment and hatred. Perhaps the only solution lies within ever closer ties to Europe by both parts of Ireland, a process which will make local frontiers seem less and less important. ■

Points clés

Great Figures of Irish History

Les personnages clés de l'histoire irlandaise

Saint Patrick is celebrated on March 17th.

Most Irish personalities were nationalist politicians who dedicated their lives to Ireland's freedom. Most of them belonged to the underprivileged Catholic community but some were Protestants who resented British rule.

Daniel O'Connell (1775-1847)

Daniel O'Connell was one of the first Catholic lawyers in Ireland. In 1823, he founded the Catholic Association in order to fight against the last vestiges of the Penal Laws. Five years later, he was elected to a parliamentary seat which, as a Catholic, he was not legally allowed to take. In order to avoid expected disorder, the British government was obliged to grant (« accorder ») Catholics the right to sit in Parliament (Emancipation Act of 1829). In 1837, the "Liberator", as he was called, agitated to repeal (« abroger ») the Act of Union and to restore an Irish Parliament. Although, his "Repeal movement" generated great enthusiasm in Ireland, it finally failed. ■

St Patrick (389-461)

Patron Saint of Ireland, he was born in Roman Britain. He was captured and sold into slavery in Ireland where he turned to religion. He escaped to the continent, studied and was ordained in Auxerre (France). Appointed bishop of the Irish, he went to Ireland and was largely responsible for the development of Christianity and of the Irish Roman Catholic Church. ■

Charles Stewart Parnell (1846-1891)

Born into a rich Protestant family, Charles Stewart Parnell was elected to Parliament in Westminster in 1875. There, he adopted obstructionist tactics to get a hearing (« se faire entendre ») for Home Rule for Ireland. Though he associated himself with the popular agitation for land reform, Parnell always advocated constitutional methods. In 1880, he became the leader of the Irish Parliamentary Party. After 1885, his alliance with Prime Minister W. E. Gladstone resulted in the introduction of a Home Rule Bill in Parliament which was finally defeated. A scandal concerning his private life put an end to Parnell's political career in 1890. His political action had turned self-government for Ireland from a dream into an attainable goal. ■

Michael Collins (1890-1922)

Born in West Cork, Michael Collins was the son of a Catholic farmer. After working in very various jobs, he joined the Irish Republican Brotherhood in 1909. He participated in the Easter Rising (« soulèvement de Pâques ») of 1916 and was imprisoned in Britain.
In 1919, he was one of the main organizers and leaders of the IRA, establishing a very effective intelligent network. After the founding of Dáil Éireann, he was named minister of Home Affairs and then minister of Finance for De Valer's revolutionary government. In 1920, he was one of the Irish delegates who accepted a compromise and signed the Anglo-Irish Treaty. He became chairman of the government of the new Irish Free State and together with Arthur Griffith he led the pro-Treaty side against the hard line Republicans led by De Valera in the ensuing civil war. His side won the war but Michael Collins was killed in an ambush in 1922. ■

Eamon De Valera (1882-1975)

Eamon De Valera was born in New York. When his father died, he came to Ireland with his Irish mother. He became a maths teacher and joined the Irish Volunteers in 1913. He was sentenced to death for his part in the Easter Rising but the sentence was commuted, and he was released under an amnesty in 1917.
He then became president of Sinn Fein and, in 1919, president of Dáil Éireann, the revolutionary assembly. He opposed the Anglo-Irish Treaty of 1921 but he lost the civil war against the Irish government and the supporters of the Treaty. He finally broke with the IRA and formed the Fianna Fail Party. In 1932, he won the election and became Prime Minister. In 1937, he drafted (« rédigea ») the rather conservative Constitution which claimed juridiction over Northern Ireland but recognized the privileged position of the Roman Catholic Church in Ireland.
He was the President of Ireland from 1959 to 1973. ■

Gerry Adams (born in 1948)

President of Sinn Fein since 1983, and, as such, spokesman for the IRA, Gerry Adams played a major role in the IRA's decisions on complete cease-fires. His announcement of the cease-fire in 1994 brought him to prominence. He then toured the USA for political support and met President Clinton. He is one of the main representatives of the Irish nationalist and Republican movement in the peace talks. ■

Gerry Adams is now an active defender of a peaceful coexistence between Catholics and Protestants in Ulster.

Index → Irlande

Points clés

South Africa (1)
L'Afrique du Sud (1)

The history of South Africa is an eventful one. From early Dutch colonization to the two Boer Wars, from Apartheid to democracy, the country has gone through many difficult periods.

The Boer Wars and the South African Union

What we now call South Africa was first colonized by Dutch («néerlandais») settlers in 1652. But in the 18th century other European countries also wanted to have colonies in the area. In 1815, the British took possession of one of the Dutch colonies, so the Dutch settlers (called the Boers) founded other colonies. At the end of the 19th century, the Boers were threatened by the native Zulu population. They allied with the British who defeated the Zulus and annexed the land of the Boers. The first Boer War broke out in 1881 and ended with the victory of the Boers over the British. In 1899, the second Boer War broke out, this time the British won. In 1901, at the end of the second Boer War, all the colonies were annexed by the British. They became unified and part of the British Empire. Dutch and British settlers had to live together. In 1910, the South African Act was passed. The four states approved of the Constitution and became part of the South African Union. ■

Apartheid

Dutch and British settlers didn't agree on a certain number of points. Among them was the status of the Black population. Afrikaners (the Dutch) didn't want Black people to be able to vote, whereas the British did. In the '30s and '40s, more and more people began to see the link between the South African Union and England as a hindrance («obstacle»). In 1934, the National Party was founded by Daniel Malan. The NP was in favour of separating the black and white populations and of the domination of political life by the Afrikaners. In 1948, the NP won the election. From then on, the country started to be more and more extremist. It kept very much apart from the international community. In 1960, a referendum was organized to decide whether the South African Union should remain part

Non-Whites Only signs were in all public facilities: on benches, restaurants...

In May 1994, Blacks queued for hours to take part in the first democratic elections.

South Africa is the most southern country of the African continent.

of the Commonwealth. The voters decided that the country would leave the British Crown and become a republic. A new constitution was adopted where the blacks were denied basic rights, such as the right to vote. Segregation was implemented (« appliquée »). This regime was called Apartheid.

Democracy and freedom at last

South Africa during Apartheid was far from being a democratic country. Opposition parties like the African National Congress (ANC), which was against Apartheid, were forbidden. Their leaders were arrested and sent to jail. The non-white population (78%) was severely discriminated against, whereas the white minority (18%) enjoyed wealth, political power, and access to education. Blacks and Coloureds were excluded from white towns and lived in townships such as Soweto. On an international level, the country had very little contact with the rest of the world which condemned its policy. The black population organized riots and boycotts in order to protest against the situation. In the '80s, the rulers of the country realized that something had to change. In 1989, F. W. De Klerk was elected. He replaced Pieter Botha and began to change a lot of things. The opposition parties were made legal again and political prisoners were freed. Among these prisoners was Nelson Mandela who had served a 27-year sentence because of his political ideas. Little by little, the laws enforcing Apartheid were suppressed. In 1990, segregation was completely abandoned.

Index → Afrique du Sud

Points clés

South Africa (2)

L'Afrique du Sud (2)

South Africa has gone through many changes over the past few years. The end of Apartheid (in 1994) has had numerous important consequences on various domains such as economy or politics. A new country is emerging.

South Africa in figures

- Surface area: 1,221,042 square kilometers.
- It is composed of four provinces: the Transvaal, Orange Free State, Natal and the Cape of Good Hope.
- Population: 45.455 million.
- Density: 37.3 inhabitants per sq km.
- The population is composed of 76% of Blacks, 13% of Whites, 8.5% of Coloureds and 2.5% of Asians (mostly Indians).
- Official languages: 2. 57.5% of the white population speaks Afrikaans, 39% speak English. Non-white ethnic groups speak various other languages.
- Resources: mostly minerals (gold, diamonds, coal, uranium).
- Gross domestic product (« PIB ») : 137.4 billion dollars.

Society and politics from 1994

In 1994, when the National Party left, a government of national unity was set up with at its head Nelson "Rolihlahla" Mandela (which means "troublemaker"). He had been elected president of the republic in June by the Parliament. Thabo Mbeki and Frederik De Klerk were also in the government as vice-presidents. Together in 1996 they wrote a new constitution. This constitution ensures that South Africa is a democracy where the minorities take part in decision making. Now, black people play a role in politics. The ANC (the African National

Only a few years ago such a scene would probably not have been possible.

Congress) has enabled a black elite to appear. But the party is reproached for the corruption of a certain number of its members. For a long time, the main political issue of South Africa was that of finding a proper heir to Nelson Mandela. In 1997, the ANC chose Thabo Mbeki. Socially speaking (« d'un point de vue social »), South Africa still has a lot of problems to solve, although it has been accepted inside the institutions of Bretton Woods in October 1994. Indeed, the end of Apartheid hasn't meant the end of inequalities between blacks and whites. Today the whites still own 87% of the land and get two thirds of the gross domestic product (« produit national brut »). In 1996, a large program called GEAR (Growth, Employment and Redistribution) was launched by the government to try and reduce these inequalities. The transition was a very difficult period for South Africa's economy. Although austerity still reigns over the budget, things are beginning to settle down and the exportation rate rises steadily. ■

Nelson Mandela and F.W. De Klerk shared the Nobel Peace Prize in 1993 for putting an end to Apartheid.

Key figures: De Klerk and Mandela

Frederick Willem De Klerk was born in Johannesburg in 1936. He studied at Potchestroom university and became a lawyer. He started to be active in the National Party and in 1972 entered Parliament. He served in several governments. In 1989, he replaced P. Botha at the head of the country. He started reforming the Apartheid regime. In 1990, he ended the thirty-year-old ban (« interdiction ») of the ANC and set Mandela free. In 1993, he was jointly awarded the Nobel Peace Prize. He organized the first democratic elections and became vice-president in 1994. In 1996, he left the government of national unity.

Nelson Mandela was born on July 18, 1918. At the age of 26, he joined the anti-apartheid African National Congress and became involved in non-violent actions of resistance against the racist regime. In 1962, he was arrested and sent to prison. He spent 27 years in jail and was released in 1990. He became a symbol of black resistance because of the way he refused to be humiliated. After his release, he became president of the ANC and together with President De Klerk, he dismantled Apartheid and organized democratic elections. He was elected president of South Africa in June 1994. He was succeeded by Thabo Mbeki in 1999. ■

Points clés

India
L'Inde

The British government assumed full control of India from 1857 to 1947, but though the English tradition has deeply marked the country, India has always kept its independence in terms of religion, social codes and habits.

India in the past

In the 17th century, the East India Company began trading with India and soon gained growing influence. Little by little, the company controlled the country, and its lands were taken by the Crown. In 1876, Queen Victoria became Empress of India. A lot of English people came to live in what was considered to be the "jewel of the Crown" (« le joyau de la Couronne »). But after World War I, Gandhi started a non-violent movement of civil disobedience (« désobéissance civile ») demanding independence. In 1947, India became independent and was divided between India and Pakistan but Gandhi was murdered in 1948. In the '50s, India became a Republic. ■

The Indian society

There are various religions in India such as Hinduism, Bouddhism, Islam. Hinduism is the most important and therefore plays an important role in society. Indeed, in Hinduism, society is divided into rigid castes. A caste is a social group into which you are born and cannot escape. People of a given caste follow special religious rules, have certain jobs, marry people of the same caste. People of the highest caste (Brahmins) can be very poor. The fact that you belong to a given caste depends on your karma, that is your former life. If you are pure, you will be a Brahmin, but if you are very impure you will be an untouchable. Even if the 1956 Constitution tried to give less importance to the castes, they still play an important role and can hinder the development of the country. ■

In 1911, King George V was crowned Emperor of India.

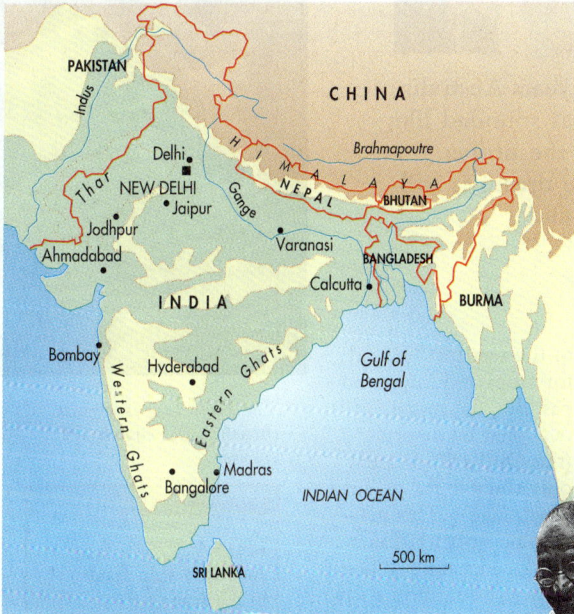

The official name of India is Bharat, which means "Indian union" in Hindi.

India in figures

- Surface area: 3,287,263 sq km.
- Population: 1.027 million inhabitants (second most populous country after China).
- Population density: 324 people per sq km.
- Largest cities: Bombay (16,368,084 inhabitants), Dehli (12,731,458) Calcutta (13,216,546).
- Capital: New Delhi.
- Religions: 83% Hinduism, 11% Islam, 6% other.
- Official languages: Hindi and English. The Constitution recognizes 14 regional languages.
- Resources: agriculture (cotton, tea, rice, spices, coffee), minerals (coal, iron, zinc).

Mahatma Gandhi

Mohandas Karamchand Gandhi (1869-1948) was the leader of a non-violent protest movement which led to the independence of India. He fought on two fronts: against poverty and inequality in India and in particular against discrimination towards the untouchables – and against the colonization by the English. His arms were hunger strikes, marches, civil disobedience... He was sent to jail several times because he tried to launch a boycott on manufactured goods from Great Britain. Hindu fanatics resented his achievements and one of them assassinated Gandhi in Delhi in 1948. ■

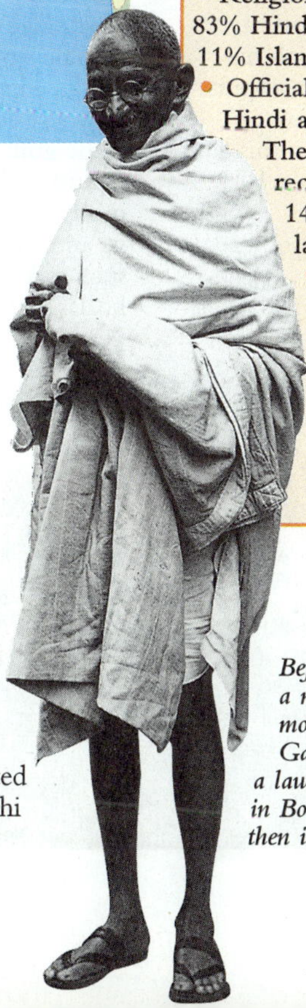

Before launching a non-violent movement, in India, Gandhi was a lawyer. He worked in Bombay and then in South Africa.

Index → Inde

Points clés

Australia (1)
L'Australie (1)

Ever since the very first years Australia (*Terra Australis* in Latin) has sounded like a far away dream. Today, the utopia may well be over but the dream is still alive in the "land down under".

The koala bear is a most cherished and endangered species.

A huge country

Australia is the sixth largest country in area (7,682,300 sq km). It is also the world's only nation continent, probably the oldest and certainly the flattest and driest, which may explain why its population is only about 19.7 million. In this land of contrasts only 10% of the territory is used for crops and improved pastures, the rest is occupied by deserts (the Outback) or areas only suitable for grazing («pâturage»). This geographic isolation has produced a unique flora (its most common native is the gum-tree or eucalyptus) and fauna. The most characteristic native animals are marsupials such as kangaroos, koalas and platypuses («ornithorynques»).

Ayers Rock is believed to be the largest monolith in the world (9 km around its base).

Landmarks

1606
A Dutch ship lands in Australia.

1642
A. Tasman discovers the island of Tasmania.

1770
Captain Cook claims possession of Sydney in the name of Great Britain.

1788
The first English convicts settle in Australia.

1850s
Wave of immigration. Gold Rush.

1901
The Commonwealth of Australia is founded.

1927
Canberra becomes the federal capital.

History

Australia's history, in western terms, began little more than 200 years ago, period during which it has developed into a significant member of the international community, committed to a democratic political system and a multicultural society. It has also become well-known for its simplicity and beauty, its sense of welcome and the laid-back (« décontracté ») informality of its people.
It is a Dutch ship which made the first authenticated landing in 1606. Another Dutchman, A. Tasman, discovered Tasmania in 1642. It is Captain J. Cook (of the British Royal Navy) who sighted the east coast on April 1770 and claimed possession of what is now Sydney in the name of King George III. After the American War of Independence, Britain looked for a new penal settlement (« colonie de bagnards »). In 1787, a fleet of eleven ships sailed from England under the command of Captain A. Philip. The fleet reached Botany Bay (Sydney) in January 1788 with 736 convicts (« forçats ») among the 1,530 people on board. The first years are reputed to have been harsh and gruesome (« épouvantables ») and marked by a dependence on Britain for supplies.
It was after 1813 that different settlements were established in various parts of the continent from Brisbane to South Australia. In the 1850s, immigration was boosted by the arrival of free settlers seeking a living from the land or wealth from the gold fields.
In 1901, the six colonies, which had gradually developed, joined in a federation of states to become the Commonwealth of Australia. 333,000 Australian soldiers participated in World War I and 59,000 of them were killed. In 1927, Canberra was inaugurated as the federal capital. World War II was to produce a major change in national outlook with Australia moving towards its present position as a middle-level power, in the forefront of social welfare and with an interest in the Asia-Pacific region.

Australia is 14 times as large as France (7,682,300 km²).

Australia (2)

L'Australie (2)

Australia is a multi-cultural society due to the enormous increase in post-war immigration, which has given the country a rich and special identity.

The "Aussies"

Two out of three Australians (or "Aussies") live in major urban areas. Average couples have 2.1 children and 70% own their home. The average Australian life expectancy is 77. About three quarters of Australians are Christians but many other religions are followed and Australia upholds a firm tradition of religious tolerance.

Australians have traditionally enjoyed an affluent (« aisé ») way of life guaranteed by an economy which has recently undergone considerable expansion and diversification, much of it in high technology areas of the tertiary sector. ■

Peter Garrett has been the charismatic lead singer of the pop group Midnight Oil for 25 years.

The first Australians

Australia's population includes about 250,000 – i. e. 1.5% – indigenous Australians made of Aboriginal and Torres Strait Islander people. Of these about 30% live in rural areas. Less than 25% live in urban areas with Western life-styles. The remainder live in outback settlements and continue to maintain significant elements of traditional customs and practices.
Aborigines are represented in parliaments, government and academic institutions and include distinguished sportsmen and women, artists and writers. However, as a group they remain the most disadvantaged of Australian society (they were only recognized as Australian citizens in 1967!), which is all the more unfair since Aborigines are members of the world's oldest living culture. Described as nomadic hunter-gatherers (« chasseurs-cueilleurs »),

Sydney's opera house was built by Jørn Utzon, a Danish architect.

they developed very complex societies and sophisticated systems of beliefs based on oral traditions. In this respect, belief in the Dreamtime (the time of creation) was and still is passed on from one generation to the next to secure the continuity of Aboriginal culture and society. Founded in 1989 the ATSIC (Aboriginal and Torres Strait Islanders Commission) may be regarded as a promising institution in order to promote the development of self-management and self-sufficiency and the recognition of Aboriginal culture as an integral and distinctive part of the Australian cultural life. ■

The changing face of culture

As regards cultural matters, it must be noticed that Australians are increasingly involved (« impliqués ») in environmental issues and nearly half a million people are active in conservation groups. Although the origins of Australian culture are based on a European tradition, there is more awareness and appreciation of Aboriginal culture. This has largely contributed to the emergence of a distinct Australian cultural identity. Australia has become a popular tourist destination due to its wide open spaces, and its magnificent natural landscapes. Australians are great lovers of sports as participants and spectators alike, so there was no better choice than Sydney for the Olympic Games of 2000. Nearly half of the Australian population was registered sports participants, while many more took part in informal sporting activities. ■

A "dandy of the outback", David Gulpilil, Aboriginal actor (Walkabout).

Points clés

New Zealand

La Nouvelle-Zélande

More than just being a microcosm of all the world's attractions, New Zealand is also a land of paradoxes where the Whites praise the All Blacks while the coloured natives, the Maori, venerate Aotearoa, the "land of the long white cloud".

The Maori represent 12.9% of the population. They are shown here wearing their traditional dancing outfits.

Pre-European history

It is generally estimated that the original inhabitants of New Zealand were Polynesians who arrived over 1,000 years ago, possibly around 800 AD or earlier. The abundant food supply enabled them to develop complex and well-structured life-styles in which religion was essential, as well as a highly developed warrior society. ■

European history

Christened in 1642 by A. Tasman, the entire land was claimed for the British Crown in the 1770s by Captain Cook. Under the first settlers, New Zealand became a lawless country, where Maori were the first to suffer. It was not before the beginning of the 19th century that Europeans (*Pakeha* in Maori) started taking possession of the land. In 1838, the lawlessness and the threat of French colonization in the South Island, led the British to seek annexation of New Zealand. It resulted in the Treaty of Waitangi in 1840. Under the terms of this treaty, the Maori chiefs ceded their sovereignty to the Queen of England. Subsequently, a long series of skirmishes (« échauffourées »), battles and disputes led to the Maori losing huge parcels of land. Towards the end of the 19th century, the country went through a phase of sweeping social change that took it to the forefront of the world. Women were given the right to vote in 1893, 25 years before Britain or the USA. ■

20th century history

New Zealand became a dominion in 1907 but it was not before 1947 that it became a fully independent country. It also successively fought for the British in the Anglo-Boer War, and in WWI and WWII in which Kiwi soldiers (i. e. New Zealander soldiers) earned great reputation for skill and bravery. After a few decades during which New Zealand had one of the highest per-capita incomes and a social welfare system envied by many, it went through a depression in the '70s and '80s. Those years saw a resurgence of Maori culture (in 1975, the Treaty of Waitangi was reconsidered and financial reparations were made to a number of Maori tribes). In the '90s, the Kiwis took a strong stand on nuclear issues and became leaders in opposition to nuclear testing in French Polynesia. ■

New Zealand is called Aotearoa *in Maori.*

Kiwi cultural highlights

New Zealand has always been independent and proud of its cultural traditions, characterized mainly by fairness, ruggedness (« rudesse ») and open friendliness). Aware of its small size, world beating achievements, especially in sports, are generously greeted. In this respect, Peter Blake, winner of the last America's Cup and the All Blacks (world-famous rugby team) are among the most popular figures. But New Zealand cinema has recently made a breakthrough with *The Piano* (Jane Campion), *Once Were Warriors* (Lee Tamahori) and *The Lord of the Rings* (Peter Jackson). ■

New Zealand in figures

- Surface area: 168,000 sq km.
- 1,600 km from North to South.
- Population: 3.9 million. 3/4 of the population including 95% of the Maori reside on North Island. 70% of the population live in the 5 major cities:
  – Auckland (1,079,300 inhabitants),
  – Wellington (340,700),
  – Christchurch (340,053)
  – Hamilton (165,500),
  – Dunedin (109,500).
- Capital: Wellington.
- Population density: 14.7 people per sq km.
- Official languages: English and Maori.
- Resources: mostly farming and sheep raising (68 million sheep).

Index → Nouvelle-Zélande

Canada

Le Canada

Canada embraces vast differences within its borders and among its people. This huge territory of Northern America is the biggest country in the world after Russia. It belongs to the Commonwealth. Canada historically owns a British and a French culture: for instance, people in Toronto speak English, whereas one speaks French in Quebec.

The maple tree leaf (here on the national flag) is one of the main Canadian symbols.

Our close cousins

The French navigator Jacques Cartier (1491-1557) established the first French settlement in 1534 but the real colonization was made throughout the 17th century, as Louis XIV developed trade with the Company of India. Quebec and Montreal were established by the French at that time. In the 17th century, a series of treaties established the French and British territories, yet war broke out and lasted for seven years. It was known as the Seven Year's War and ended with the Treaty of Paris in 1763, thanks to which Canada became a British dominion and the province of Quebec was created. The United States tried to conquer Canada in vain during the War of 1812. English-speaking Protestant provinces were thus separated from the French-speaking Catholic ones, which represented about 25% of the population, mainly in Quebec. In 1840, Great Britain made Canada accept the Union Act which set forth the Canadian institutions and dropped French as an official language. The British North America Act of 1867 remains the basic element ruling the institutional life in Canada which became eventually an independent dominion in 1931. In 1982, the Constitution Act ends Canada's status as a colony. Though it remains within the Commonwealth, it has more autonomy with regard to British authority. In 1990, the Meech Lake Agreement which would have guaranteed constitutional protection for the French language and culture in the province of Quebec was not approved. ■

Canada in figures

- Surface area: 9,976,139 sq km.
- 5,500 km from East to West and 4,267 km from North to South.
- Population: 31.5 million inhabitants, 90% of whom live by the boundary with the United States.
- Population density: 3.16 inhabitants per sq km.
- Federal capital: Ottawa (1,063,600 inhabitants).
- Two territories (of North-East and of Yukon) plus ten provinces: Nova Scotia, New Brunswick, British Colombia, Quebec, Ontario, Manitoba, Prince Edward Island, Alberta, Saskatchewan, Newfoundland.
- Official languages: English and French.
- Resources: copper, nickel, lead, zinc, petroleum, natural gas.

The word Canada means "Meeting Place" in Algonquian.

Canadian institutions

Canada is a federal state, divided into 10 provinces. The executive power theoretically belongs to the Governor General representing the British monarch. The Parliament is made of a Senate of 102 members and of a House of Commons made of 295 members elected for 5 years. However the executive power is in the hands of the Prime Minister, who is appointed by the Governor, as leader of the winning majority party. The Prime Minister heads the executive branch of government composed of the Cabinet and the Governor General. Furthermore, each has its own Parliament. Canadian symbols are as diverse as Canada's history. The beaver (« castor ») symbolizes the importance of the fur-trade, the maple tree (« érable ») represents the early settlers and the magnificent forests. The fleur de lis (Quebec's emblem) is symbolic of France, one of the founding countries of Canada. The Union Jack, still prominent in Canada, shows their strong links with the United Kingdom. ■

A typical and very colourful Canadian landscape with a lake and a forest.

Index → Canada

Points clés

USA: Chronology of Major Events

Chronologie de l'histoire américaine

The USA is said to be a young nation but since 1776 it has shared the main events of the world. It has attracted millions of immigrants and has become a powerful leading country.

A new nation

1492: Columbus discovers the New World.
1620: the Pilgrim Fathers (English Puritans) land near Cape Cod (Massachusetts) on a ship called the *Mayflower.* They flee religious persecution.
1773: the Boston Tea Party: the colonists refuse to pay taxes on goods from England.
1775-1783: the War of Independence.
1776: Declaration of Independence of the thirteen states (on July 4th).
1787: the constitution of the USA is written.
1789-1797: Washington is the first president of the United States.
1791: Bill of Rights (ten added amendments to the Constitution) guarantees freedom of speech, of press and of worship («culte»).
1803: Napoléon sells Western Louisiana for $15 million. The US territory is doubled.
1800-1880: major wave of immigrants from Europe: mainly WASPs (White Anglo-Saxon Protestants). Westward expansion (extermination of the Indians).
1819: purchase of Florida from Spain.
1845: annexation of Texas.
1848-1849: gold is found in California: the gold rush begins.

The Civil War and the end of the conquest

1860: Abraham Lincoln is elected president.
1861: the 11 secessionist Southern states organized as the Confederacy secede from the Union: they refuse to abolish slavery. A four-year civil war starts against the Northern states.
1863: Emancipation Act: all slaves are declared free.
1865: North wins the Civil War in Appomattox. 13th Amendment to the Constitution is voted: slavery is abolished. Lincoln is assassinated in Washington DC.

The Boston Tea Party: during the night of December 16, 1773, colonists, disguised as Indians, boarded three ships in Boston harbour and threw into the sea 342 chests of tea to protest against taxes from England.

1865-1877: reconstruction period. The Ku Klux Klan is founded by white Southerners to fight against the Blacks.
1869: the transcontinental railroad is completed.
1876: Sitting Bull defeats General Custer at Little Big Horn.
1880-1924: new immigration wave.
1890: in December, the US army slaughters about 300 Indians at Wounded Knee. Closing of the frontier: the westward conquest is over. ■

Martin Luther King said: "I have a dream that one day this nation will rise up and live out these truths that all men are created equal."

The contemporary period

1917: the US enters World War I. The war is followed by a period of prosperity and by Prohibition.
1929: "Black Thursday" (in October): collapse of the New York stock market («Bourse»). The Great Depression begins.
1933: F. D. Roosevelt president. His New Deal policy tries to restore the economy and to fight unemployment.
1941: Japanese attack on Pearl Harbor: the USA enters World War II.
1944: June 6, D-Day: Allies land in Normandy.
1945: a US plane drops an atomic bomb on Hiroshima and on Nagasaki. Japan surrenders.
'50s: Cold War between the USA and the communist bloc. McCarthyism (1950-1954).
1950-1953: Korean War.
1955-1956: bus boycott in Montgomery.
1961-1973: Vietnam War.
1961: Kennedy president. He is assassinated in Dallas on November 1963.
1963: march on Washington in August. Martin Luther King delivers his famous speech, "I have a dream".
1964: Civil Rights Act abolishes segregation.
1965: Malcolm X is assassinated.
1968: Martin L. King is assassinated in Memphis.
1969: Neil Armstrong walks on the moon.
1974: Watergate scandal: President R. Nixon must resign.
1989: collapse of the Berlin Wall: end of the Cold War.
1991: Gulf War against Iraq.
1992: very violent riots in Los Angeles.
1993 and 1997: Bill Clinton president.
2001: George W. Bush president. • September 11: terrorist attack on the World Trade Center. • Bush declares war against international terrorism. Intervention in Afghanistan.
2003: war against Iraq. ■

Index → États-Unis

Points clés

The Birth of the American Nation

La naissance de la nation américaine

When Christopher Columbus discovered America by mistake in 1492, he little thought that a few centuries later a part of it would become the United States of America, an independent country stretching from the Atlantic Ocean to the Pacific Ocean.

The colonies

In 1492, Christopher Columbus "discovered" a new continent, which was unknown to Europeans: America. Explorers said that the new continent was very fertile and that there was gold. In the 17th century, people started to come and live in the American colonies. Life was very hard and many people died because of wars with the native Indians or because of illness. In 1620, another kind of people started to emigrate to the colonies. The Pilgrim Fathers or the Puritans as they became known thought that Protestantism was not strict enough and came to America to found a new settlement. By the year 1733, England owned 13 colonies on the American coast. ■

Emigrating to America was dangerous. The trip was long and tiring and, in the New World, life was so hard that some colonies disappeared because all the settlers died from starvation («de faim»).

The War of Independence

The colonists had to pay taxes on sugar, coffee, textile, etc. to Britain. But they refused to pay taxes to a government where they had no representatives. In 1773, the situation came to a crisis when American colonists boarded vessels moored in the harbour of Boston and threw the cargoes of tea into the sea, in protest at the imposition of a tax on tea by the British Parliament. Two years after the "Boston Tea Party", the War of Independence started. Fourth of July, Independence Day is celebrated in the USA as the anniversary of the date in 1776, when the American colonies formally declared themselves free from Britain. ■

IN CONGRESS, JULY 4, 1776.

The unanimous Declaration of the thirteen united States of America.

The Declaration of Independence which was issued on July 4, 1776 is the most important document in American history. It founded the new American nation.

Cohabitation between the Indians and colonists was sometimes hard, as white people wanted more and more land in order to extend their territories.

The expansion of the new nation

The American nation started to organize and adopted in 1787 a constitution which gave the United States a federal government. However the new nation soon met with difficulties. More land was needed because the population had grown, so a lot of Americans went West to settle in the uncivilized territories occupied by the Indians. The new government started by making treaties with Indian chiefs. This delayed the problem instead of solving it because Americans kept pushing the "frontier" (the border between civilized and wild territories) further West. Indians often killed the white settlers who intruded on their territories. In 1790, the frontier was officially closed, which meant that the whole American continent was now colonized. ■

Index → États-Unis

Points clés

The Civil War and the Reconstruction

La guerre de Sécession et la Reconstruction

The new nation was scarcely one hundred years old when its unity was threatened by the secession of eleven of its states. The Civil War («la guerre de Sécession») which followed was a great trauma for the young country and for its inhabitants. This crisis marked the coming of age of the country.

The North and the South

In the South, farms were big and farmers needed a lot of hands to farm the land so they used slaves. In the North, farms were smaller and there were more industries. People in the North didn't agree with slavery (« esclavage »). There were free states and slave states. Abolitionists (people who wanted to abolish slavery) helped slaves to go to Northern states where they became free. Since each state could decide whether to accept slavery or not, nobody knew what the new states of the West would choose. In 1860 and 1861, eleven Southern states seceded from the United States and declared that they were the Confederate States of America or the Confederacy. This was the beginning of the bloodiest war of the 19th century. ■

The Southern farmers used Black slaves to cultivate cotton on their farms.

The Civil War (1861-1865)

President Lincoln who had been elected in 1860 was against the secession, he didn't want the Confederacy (« la Confédération ») to become independent. He asked them not to secede (« faire sécession ») but the Confederacy didn't listen to his appeal. War broke out between the Union (Northern states) and the Confederacy (the eleven Southern states). The Union was more powerful, its industry was more developed, it had more weapons and more men. But its task was more difficult; it had to invade the Southern states to avoid secession and this cost many lives. In 1863, at Gettysburg, General Lee (the Confederate commander) was defeated by General Grant. The South never recovered from this heavy defeat and finally surrendered in 1865. The Civil War was a traumatic event for America. ■

The Battle of Gettysburg was the turning point of the Civil War. Lee never recovered from his defeat.

The Reconstruction and the Industrial Revolution

The Thirteenth Amendment to the Constitution abolished slavery in the United States. But Lincoln's assassination in 1865 showed that there was still a lot of hard feelings and that it would not be easy for former enemies to become fellow countrymen again. The victory of the North also meant the triumph of the Northern economic system based on industries rather than agriculture. The Reconstruction coincided with the Industrial Revolution. The first transcontinental railroad was completed in 1869 and soon others followed. In 1876, the Centennial Exhibition in Philadelphia opened. It showed everything that the country had achieved since Independence. This was a time of tremendous growth for the industry. Men like Andrew Carnegie, John D. Rockefeller or other self-made men made a lot of money and built modern America. ■

Rail became the symbol of the Industrial Revolution and its achievements.

The First Half of the 20th Century

La première moitié du xxe siècle

At the beginning of the new century, the USA was the most powerful country in the world. It offered a model of success to the world, based on capitalism. However the Wall Street Crash showed the possibility of a more uncertain future.

The Roaring Twenties (« les Années folles »)

After World War I, the USA was the richest country in the world. Indeed, the European powers suffered heavy losses and owed money to the United States. Its industries were thriving, massively producing consumer goods (« biens de consommation »). Businessmen were becoming heroes and factories were the temples of a new religion: capitalism. This success attracted a lot of poor people who wanted to start a new life in a new continent. But the USA was selfish and didn't want to share its wealth. Protectionist ideas gained ground. This meant closing the borders to new emigrants and not getting involved in European matters. The USA had enough problems to solve. In order to make the country healthier, a law was voted that prohibited the making or selling of alcohol. But people soon started to break the law, and gangs made a lot of money out of bootlegging (« trafic d'alcool »).

Some gangsters such as Al Capone (right) or Frankie Rio became very powerful during the Prohibition thanks to bootlegging.

The Crash and the New Deal

The newly created wealth of capitalism ran out of control in the late '20s. People bought and sold shares (« actions ») making more and more money. All this speculation ran wild and panic seized shareholders who sold massively. This led to the Wall Street Crash in 1929: banks, people and industries went bankrupt. This was the end of the prosperity of the '20s and made people uncertain about the future. Roosevelt led the fight against the depression with his "New Deal". He set up agencies to help create jobs because he thought the economy would improve only if people had jobs and money. ■

The atomic bomb on Hiroshima destroyed the city completely, and killed over 72,000 people.

World War II

At the beginning of World War II, the United States' policy was isolationism. In the '30s, the country had adopted laws that said that the country should not intervene in European matters. First the USA stayed out of the conflict and only gave weapons which would be paid for by the Allies after the war. But on December 7, 1941, Japanese planes bombed the American navy's base in the Pacific Ocean. After the Pearl Harbor attack, the United States entered World War II and joined the Allies. From then on, the country's economy centered on the war effort. Women built planes and tanks in factories while men were sent to fight in Europe and in the Pacific. Japan refused to surrender even when Germany did. On August 6, 1945 an American plane dropped the world's first atomic bomb on Hiroshima and 3 days later another one was dropped on Nagasaki. This ended WWII. ■

Index → États-Unis

Points clés

The USA since 1945

Les États-Unis depuis 1945

After World War II, the United States was the most powerful country in the world following the Soviet Union. In the following decades, both fought to impose their models on the rest of the world. In the '90s, the US won.

The Cold War

The USA and the Soviet Union were the two winners of WWII. They had opposed economic systems and ideals and each tried to have more influence and power. The "Cold War" was waged on various grounds. The war in Korea (1950-1953) was one of its manifestations since it opposed communist North Korea to pro-American South Korea. The war was also fought on home ground when McCarthy launched his communist witch-hunt. Both countries were in close competition over spacecraft. The Russian Sputnik was the first spacecraft to be launched into orbit. This period was very tense and on several occasions, the two countries almost declared war on each other. ■

The Vietnam War was a nightmare where thousands of young Americans died.

War in Vietnam

One of the most tragic consequences of the Cold War was the war in Vietnam which opposed the North led by the communist Ho Chi Minh and the South which was protected by the Americans who entered the conflict in 1964. The Vietnam War was one of ambushes, guerilla attacks led by the Vietcong who would turn into quiet villagers after each attack. This is one of the reasons why it lasted so long and killed so many people. People in the US grew dissatisfied and they organized demonstrations to stop the war. The problem for the government was: how to end the war without the country looking as if it had been beaten? Finally American troops left Vietnam in 1973 and the war ended in 1975. The Vietnam War was a tremendous shock for America, as 58,000 soldiers died there and 300,000 were wounded. ■

The triumph of the American model?

In 1969, millions of people all over the world watched the first man land on the moon. He was American.

The '60s and the '70s were a period of doubt and uncertainty for the United States which went through various crises: the assassination of President Kennedy in 1963, the Vietnam War and Watergate (a scandal which obliged President Nixon to resign in 1974). Despite all these crises, the American model still seemed to be successful.

The US was the richest country in the world, it was the economic world leader and its prosperity seemed to be better shared among people. After the end of the Cold War, and with the downfall of communism, the USA had no more threatening rivals. The '80s and the '90s have been the decades for the triumph of the American cultural model.

Since the attack on the Twin Towers in New York on September 11, 2001 the American model has been put to the test by the emergence of international terrorism. ■

Hamburgers are eaten all over the world. The "junk-food" culture has even reached ex-communist countries such as Russia.

Points clés

Demography and Economy in the USA

Démographie et économie aux États-Unis

The United States of America is a very large and very powerful country inhabited by a multicultural population which is the result of various immigration waves. Even though the economic situation is stable and has even improved recently, stark inequalities remain. Wealth is not shared equally by all.

The United States is often compared to a melting pot (« un creuset d'intégration ») because its population is the result of various immigration waves.

The people

According to the 1996 census (« recensement »), the total population of the United States of America is 290 million. The total superficy of the country being 9,372,615 square kilometers (« km^2 »), the average population density is 29.9 inhabitants per square kilometer but some regions are more populated than others.

79.7% of the population lives in urban areas. The largest cities in the USA are New York (8,008,300 inhabitants), Los Angeles (3,695,000), and Chicago (2,895,000). Over 45 million people live in the Megalopolis stretching from Boston to Washington. The population of the country is multicultural.

80% of the population is white, including 11% Hispanic, 14% Afro-American, 5% Asian, and 0,8% Native American (Indian). The Hispanic and the Asian communities are growing fast through new immigration or high birth rates. About 25% of the population growth in America is due to immigration. ■

Social realities

Even if the standard of living has risen for everybody over the past few decades, a lot of inequalities remain. There are 35 million poor people in the United States. Generally speaking, the minority groups are less wealthy than the white population. Among the African American community, unemployment is twice as high as it is among the Whites and over 30% of the black population lives under poverty level. These social inequalities can also be seen in cities, where inner cities (« centre-villes ») are deserted by the white population which moves to safe suburbs. Inner cities are becoming ghettos inhabited by poor, unemployed immigrants while white, wealthy people live in "gated cities" (« banlieues forteresses »), i. e. suburbs watched by private surveillance companies. ■

The economy

The Gross Domestic Product or GDP (« PIB ») of the USA is 7,476 billion (« milliards ») dollars. 72 % of GDP is made by the tertiary sector (that is the service sector). There are 135.2 million people working in the USA. 2.8% work in the primary sector, 23.9% work in the secondary sector, and 73.3% work in the tertiary sector, these people are called white-collar workers. The unemployment rate in the USA is 6%. In the past, the North-East was the most dynamic region in the country. It was called the Manufacturing Belt because it produced most of the goods. After the '70s, the North-East lost its dynamism and became known as the Rust Belt (« région rouillée »). The South and the West (called the Sun Belt because of their climates) became very dynamic. They are now the new heart of the country but the North-East is still the place where all the decisions are made. The Midwest suffers the most. ■

West of the country, the Sun Belt is one of the major centers of the American economy. Los Angeles with its 3.7 million inhabitants plays a key role in this development.

Politics in the USA

La vie politique américaine

American democracy is based on the 1787 Constitution to which amendments were progressively added. US politics is based upon federalism. A central government rules over states which have their own elected governments.

The political parties

There are two main political parties in the United States: the Democratic Party and the Republican Party. The Republican Party, whose emblem is an elephant, is in favour of economic liberalism and minimal state intervention. It is more conservative and is sometimes called the Grand Old Party (GOP). The Democratic Party, whose emblem is a donkey (« âne »), is in favour of more state intervention and is more left wing. But the difference between the two parties is sometimes not very clear. Unions in the US are very different from what they are in Europe. American unions aren't political forces, they are negociators but do not have any political aims. The main central union is the AFL-CIO. ■

The political institutions

The United States has had a constitution since 1787. Each branch of government can limit the power of the others thanks to the system of checks and balances (« freins et contrepoids »). The executive branch (the president and his advisors) has the power to carry out the laws. The president is elected for a four-year term and cannot be re-elected more than once since 1960. The president and his vice-president are not elected directly by the people but by an electoral college of 538 members who are elected by the people. When he is elected, the president solemnly swears on the Bible that he will defend the Constitution. He appoints the secretaries of his Cabinet. His official residence is the White House in Washington. The legislative branch, known as Congress, passes the laws. Directly elected by the people, it is composed of the Senate (100 senators elected for a six-year term, 2 for each state) and of the House of the Representatives (435 members, elected for a two-year term) which

During party conventions, each party designates its "presidential ticket", that is its candidate and its vice-president.

sit in the Capitol in Washington. The judicial branch interprets the laws. It is represented by the Supreme Court (9 members who are all appointed for life terms by the president with the consent of the Senate). Congress cannot overthrow the government because the régime is a presidential one and not a parliamentary one. Yet it can impeach (« destituer ») the president if it considers that he has violated the Constitution. Impeachment is initiated by the majority of the House of the Representatives but has to be voted by 2/3 of the senators. The president cannot dissolve Congress but he has the power to veto a bill Congress wants to pass, if he doesn't agree with it. ■

Capitol Hill, where Congress sits, is the center of legislative power.

Federalism

The USA is a federation of 50 states. Each state reproduces the political structure of the country, which means that each state has a constitution and the three branches of government are represented by a government, a legislature and courts. Each state has its own laws, its own taxes, its own capital. The governor, the Senate and the House of Representatives of the state are elected directly by the people. Laws can be very different from one state to the next. For example, the death penalty exists in certain states, and not in others. Sometimes the two levels of American democracy clash. For example, the conflict between a centralized government and local governments resulted in the Civil War. However federal law is above the laws of states and if a decision is made in Washington, the states have to implement (« appliquer ») it. ■

Index → États-Unis

Points clés

The American Society

La société américaine

American society is full of contradictions. It is a complex mixture of liberalism and idealism which makes it very different from France. The decentralized educational system and the importance of religion in society or the absence of any compulsory social security system are characteristics of American society.

Education

In the United States, education is not centralized. Decisions on education are made locally. The quality of education may vary a lot according to how much money it gets from the local authorities. Very few children go to nursery school (« école maternelle ») because it is private and expensive. After elementary school pupils go to junior high school (« collège »), then to senior high school (« lycée »). When they are 17, they take their High School Diploma (an easy exam), then go to college (« établissement d'enseignement supérieur ») or university if they are accepted and if they can afford it. The tuition fees of the best private universities are exorbitant (Yale, Harvard, Stanford) but even public ones are very expensive (UCLA, Berkeley). ■

For Graduation Day (« jour de la remise des diplômes »), there is a real ceremony where students wear a gown and a hat.

Religion

Religion is very important in the USA. The first Europeans to settle colonies in America were often Puritans, therefore Puritanism left its mark on the country. For example, when the president of the United States takes power, he has to take an oath on the Bible (« prêter serment sur la Bible »). As the phrase goes, the United States is "one nation under God". Yet there is no established Church as there is in England. Instead, there are various denominations, with Protestants being the most important. The Baptist, the Presbyterian or the Episcopal Churches are all part of the Protestant Churches. The second most important Church is Roman Catholic. The Catholics are mostly Irish or Spanish immigrants. ■

Presidents have to swear on the Bible that they "will faithfully execute the office of president of the United States".

Social protection

There is no compulsory, general social security system in the United States as there is in France for example. Nevertheless in 1935, the Social Security Act was voted. It provided benefits for the aged, disabled people and the unemployed. In 1965, another program of social security was adopted. The Welfare helps people with very little or no money thanks to various measures or institutions. For example, Medicaid enables poor people to have free medical treatment. Food stamps are given to the destitute (« les indigents »). Companies also have their own system of social security for their employees. However only big firms can insure their staff and small companies often don't because of the cost. Consequently, a lot of people have private insurances. All this creates a two-tier social security system (« système de protection sociale à deux vitesses ») where only people working in big companies or with enough money to pay for an insurance can have access to medical treatment because otherwise it is too expensive. Today 45 million people (i. e. 15.8% of the population) have no social security whatsoever. ■

A lot of poor, homeless people are left without any other means to survive than to beg.

Points clés

Cultural Life in the USA

La vie culturelle des États-Unis

Though the United States is a young country compared to Europe, the New World has been able to set many trends (« tendances ») in the domain of artistic creation, as far as painting, music or cinema are concerned. Many American artists are now famous throughout the world.

Painting

It was in the 20th century that American painting became very specific:

- The Ash-Can School (« école de la Poubelle ») through Robert Henri ironically portrayed the transformation of industrial America.
- Edward Hopper (1882-1967) was the leader of the "precisionist" school with very powerful paintings depicting loneliness (« solitude »).
- Jackson Pollock invented Action Painting in the late '40s by dripping (« faire goutter ») paint over canvas (« toile »).
- In the '60s, Andy Warhol's Pop Art integrated objects from modern everyday life (bottles, cans, famous personalities) into collages or silk-screen (« sérigraphie ») works.
- Hyperrealism (R. Artschwagen) had the same subject matters as Pop Art but his work was close to photographical rendition.
- Minimalism (Frank Stella) renewed with abstraction but looked for the simplicity of geometrical shapes.
- Op Art (Kenneth Noland) used optical illusions to suggest movement.
- Since the '70s, murals (« murs peints ») have represented an increasing part in art creation. They started in ghettoes. Though very prosaic and naïve at the beginning, they helped to integrate art into life and life into art. ■

Edward Hopper's Cape Cod Morning *depicts isolation, melancholy and loneliness.*

Jimi Hendrix (1942-1970) was a real genius and innovator on the rock guitar. He died of a drug overdose at the height of his fame.

Music

At the origin of jazz, there was blues, the lament of black people in front of their condition (Muddy Waters) and negro spirituals (its religious counterpart). Jazz (John Coltrane, Miles Davis) was syncopated and based on collective improvisation. It evolved into many directions : be-bop, free jazz or soul music.

• White music developed from traditional folk music (Pete Seeger) into country and western (Hank Williams). Portraying every day life in the Middle West and the South, it had a tendency to be more conservative than folk.

• The advent of rock and roll in the '50s (Elvis Presley) marked a synthesis of these two genres. Borrowing from black rhythm and blues and adapting it to a white audience it became a social symbol of liberation. In the '60s and '70s it evolved into pop music (Beach Boys), psychedelic music (Grateful Dead), sharing the values of the hippie counter culture (Doors, Jimi Hendrix), mixing jazz, soul or country elements in an effort to create progressive music (Frank Zappa).

• Today, after grunge, by mixing with other alternative genres and mingling with the most dynamic parts of the music culture, rock proves that it is still alive. ■

Cinema

Hollywood transformed an art into an industry. In 1915, Universal City was the first studio to be built. After World War I, companies welcomed European directors or actors emigrating for political reasons (Garbo, Von Stroheim). The '30s and '40s were a golden age for superproductions with the birth of the star system, the domination of five big studios (Warner, MGM, 20th Century Fox, Loew's and RKO) and big epics *(Gone With The Wind)* going side by side with innovative films *(Citizen Kane)*. In the '50s antitrust laws, the advent of television and McCarthyism marked a low decline of the studios. In the '60s and '70s, they produced creative films to fight television and video. They hired independent underground directors (Arthur Penn) who began to question their history *(Little Big Man)* or introduce new aesthetics *(Easy Rider)*. The '80s and '90s were marked by big chain-produced blockbusters, horror sequels and remakes. Today, american cinema is at the crossroads between commercial logic and criticism of its way of life. ■

Index → États-Unis

Points clés

Immigration to the United States

L'immigration aux États-Unis

They came from everywhere throughout Europe and other parts of the world. They came because they were hungry, poor or without a future. They came for adventure or for opportunity. They immigrated to the USA to make their dream come true: it was the largest movement of human beings in history.

Ellis Island immigration station: the gateway to America.

The melting-pot

Millions of people came to America, mostly between 1860 and 1910. It was a steady flow (« afflux ») of poor and uneducated people from Europe arriving by boat, hoping for a new life of freedom and prosperity. New York City was the port of entry preferred by shipping lines for discharging the immigrant cargoes (« chargement »). From 1890 to 1954, immigrants had to go through Ellis Island, the first immigration station, a mile from the tip of Manhattan (upper NY bay), a tiny island next to the Statue of Liberty. ■

Ellis Island

There, it was a traumatic and frightening experience for most newcomers. Inspectors (with interpreters) looked for signs of sickness or infirmity (chalk marks on people's right shoulder: E for eyes, H for heart, X for mental disorder), then they were questioned concerning their nationality, occupation, final destination, marital status, etc. Their names were always a problem: different languages, difficult sounds and many left the island with new or abbreviated names. Other inspectors had to verify 29 items of information in about 2 minutes. Most passed the test (2% were sent back) and were given the landing card which allowed them to exchange their money or gold or silver, to buy railroad tickets or ferry passes. Between 1921 and 1929, the flow of immigrants was severely restricted by a series of quota laws: the maximum number of all admissions to the USA was reduced to only 150,000 people annually. Ellis Island became a museum in 1990. ■

Immigration today

Nowadays, 90% of immigrants come from developing countries; these newcomers are not welcomed by the Americans. The 1986 Act provided amnesty to undocumented (« sans papiers ») foreign workers who had entered the US before 1982. But it failed to stem (« contenir ») the flow of Mexicans who represent the largest group into the US. Whatever the difficulties, they do get across and between 8 and 12 million illegal aliens are living in the US. Nowadays, Asians and immigrants from the former Soviet Union surpass all other countries for refugee admission. ■

Most immigrants came to America in search of a better life, free from religious persecution, political oppression and economic hardship.

Landmarks

1620	The Pilgrim Fathers arrived on the *Mayflower.*
1634	Lord Baltimore founded Maryland.
1681	Pennsylvania founded by W. Penn.
1685	Group of Huguenots from France in South Carolina.
1718	Beginning of large-scale Scotch-Irish immigration.
1776	2.5 million immigrants in the 13 colonies.
1815-1860	First great wave of immigration, mostly from Ireland, Germany, Austria, Scandinavia.
1870-1920	Second wave: 20 million newcomers from Southern, Central and Eastern Europe and from Japan and China.
1914-1918	End of mass-migration to the US.
1921	Quota system restricts immigration.
1933	Arrival of German Jewish refugees.
1945-1960	Puerto Rican immigration.
1960	Asian immigration; boat people.
1965	Immigration Act opened up large scale immigration from the Third World.
1968	New Immigration Law.
1986	Immigration Reform and Control Act.

Index → États-Unis • immigration

Points clés

The Black Minority in the USA (1)

La minorité noire aux États-Unis (1)

A lot of black people living in Africa were bought from their families to be shipped to the new continent. Thanks to the Civil War, slavery was abolished and black people were allowed to vote but equal rights were still a problem.

Slavery

In between 1518 and 1865, it is thought that 15 million people were shipped across the Atlantic in very cruel ways. Many died on the journey. They were auctioned («vendus aux enchères») like animals. The Black Ivory Trade (« le trafic de bois d'ébène ») provided landowners with "hands" (« ouvriers ») that could work on their plantations. The Northern states abolished slavery in 1804, so a lot of slaves tried to run away and go to free-soil states (« États libres »). Former slaves even organized escape routes to help runaway slaves. Some white Americans like William Lloyd Garrison or Harriet Beecher Stowe (who wrote *Uncle Tom's Cabin*, a novel where the life of slaves is depicted) were abolitionists and denounced slavery. ■

The Civil War

On April 12, 1861 the Civil War broke out. It opposed the Northern states and the Southern states which had seceded (« faire sécession ») from the Union. The conflict was economic and cultural. The economy of the South was based on agriculture; cotton, rice and tobacco which were grown on plantations needed a lot of workers and slaves were cheap. The North was much more industrialized and didn't need slaves. In 1865, the North won and imposed its model on the South. Slavery was abolished and Blacks were gradually given equal rights. But the reconciliation of the country was no easy matter as President Lincoln's murder, in 1865, showed. ■

Slaves' children were their masters' property. They worked on the plantation or could be sold to another plantation.

Points clés

In 1872, for the presidential election, Blacks had the right to vote. But a lot of them were forced to vote for President Grant.

In the Civil War, a lot of black men served in the army like this federal soldier.

Equal rights?

In 1863, slavery was officially abolished by Lincoln. In 1865, the 13th Amendment to the Constitution made all slaves free. In 1868, former slaves became American citizens thanks to the 14th Amendment to the Constitution. At last in 1870, they obtained the same voting rights as the Whites. Even though they were officially equal, the reality was different. The Southern states passed laws that kept Blacks in an inferior position depriving them of their rights (« les privant de leurs droits »). These Black Codes, as they were called, prevented them from voting. Then all Southern states enforced strict racial separation, or segregation. Whites and Blacks were "separate but equal". Terrorist groups such as the Ku Klux Klan killed any black person who didn't respect segregation. In the North, even if legal segregation didn't exist, there was some kind of racial discrimination. ■

Index → États-Unis • minorité

The Black Minority in the USA (2)

La minorité noire aux États-Unis (2)

In the first part of the 20th century, segregation of black people in the United States was legal. But after the war, a wide movement demanding equal rights put an end to segregation. But today the black community still has many problems to solve.

Segregation

At the end of the 19th century and the beginning of the 20th century, segregation was the rule in America. The Pessy v. Fergusson decision by the Supreme Court in 1896 had made segregation legal. Blacks and whites could not use the same facilities, but had to be separated. Blacks and whites were supposedly "separate but equal". This was evident in Southern states where black people had to sit at the back of buses, had special seats in theaters and had to go to special schools. But during World War II, black men had been allowed to fight alongside white soldiers. They proved that they could be as courageous as any white man and people began to see them in a more favourable light. ■

Civil Rights movement

In 1954, a new decision of the Supreme Court put an end to school segregation. The Brown v. Board of Education of Topeka decision was the first step towards desegregation. But even if segregation in schools was made illegal by that decision, racism remained. In 1955, a black woman, Rosa Parks, launched the Civil Rights movement when she was sent to jail because she had refused to give up her seat to a white person in a bus. Martin Luther King, who was a black minister (« pasteur »), led a campaign for equal rights urging black people to boycott buses. From then on he became the leader of a non-violent movement based on civil desobedience. In 1963, a huge demonstration was organized in Washington where he pronounced his famous "I have a dream" speech. The 1964 Civil Rights Act and the 1965 Voting Rights Act banned discrimination at long last. ■

The Ku Klux Klan is a terrorist, racist group which lynched many people at the beginning of the century.

Louis Farrakhan advocates the separation of black and white people.

Angela Davis (born in 1944) was a political activist for black rights, prominent in the student movement of the '60s. She is now a professor of philosophy in California.

After the Civil Rights movement

Changing the law and changing mentalities is not as easy as one may think. The black Americans were less successful economically speaking, they had housing and educational problems. Some blacks found Martin Luther King's passive resistance too mild. The Black Power movement advocated more violent methods. Among this movement were various groups such as the Black Panthers or the Black Muslims whose leader was Malcolm X. Violence started to flare up with riots in several cities and the assassination of Martin Luther King in 1968. In the '70s and the '80s, a new kind of approach was adopted. Blacks used voting rather than violence as a way to improve their conditions. New laws were implemented to that effect. "Affirmative Action" as it is known (« discrimination positive ») became the rule. This means that actions were taken to reduce discrepancies (« différences ») between white and black people. "Busing" was one of these measures. It was a system which tried to desegregate (« supprimer la ségrégation raciale ») schools by "busing" black pupils to white areas. In the '90s, new measures were introduced to improve the situation of the blacks who are now called Afro-American citizens. The new black political leaders are Jesse Jackson or the more radical Louis Farrakhan.

Index → États-Unis • minorité

Points clés

The American Indians

Les Indiens d'Amérique

Today, there are about 1.9 million Native Americans, which is probably more than when the first Europeans arrived in the New World. They have succeeded in retaining their identity and occupy a paramount place in the global awareness of the planet.

The Apache chief Geronimo fought against White people.

The myth of the Indian death

Indians generally described America as a sort of Eden where human beings and other creatures lived in symbiosis with Nature. Indian cultures most often reflected the environment in which they were shaped. The social organization of many Indians was based upon family and clan units. The clans were sometimes named after animals known as totems which were regarded as their spiritual guardians. The life of almost all Indian societies was coloured by faith in supernatural forces that were believed to link human beings to all other things. Therefore, the colonization of North America may be considered as a very early ecological disaster and an ethnocide in that it tore off the natural tissue which united the natives and their surroundings. The white settlement mainly resulted in the destruction of cultures, rites, customs and ways of life and the imposition of a new social organization. Indians were even not always recognized as true human beings! Years after years, they were refused consideration and autonomy and were the victims of treaties and traitors, pent-up (« refoulés ») in reservations, exterminated and engaged on what seemed an everlasting "Trail of Tears". The Whites also brought with them terrible plagues (« fléaux ») Indians could never recover from: greed, violence, epidemics, alcoholism, etc. You could write a lenghty list, of all the wrongs the Indians would be entitled to avenge. Moreover, the most vivid image of Indians has generally been that of a vanishing race. In that respect, western films excelled in featuring Native Americans as noble savages (or feathered idiots) or blood-thirsty obstacles to progress. Since at the end of the 19th century there were no more than 250,000 Indians alive, the myth of the Indian death had nearly turned into reality. ■

The Indians today

About 62% of the Indians in the USA live in large cities or rural areas. The remainder live on 300 reservations scattered in 27 states (mainly West of the Mississippi River).

- Rate of unemployment: around 45% (about 8 times the average rate).
- Average income of the Indian family: $ 2,000 to 2,500 (far lower than the poverty line).
- Infant mortality: up to 100 deaths for 1,000 births. In the '70s one Indian kid out of six was to die before the age of fifteen.
- Indian life expectancy: under 65 years (48 years in some reservations).
- Rate of suicide extremely high among Indian youths: around 20 for 100,000 people.
- One Indian out of four is alcoholic (one woman out of eight). About 80% of the Indians are affected by this means of alienation.
- In the very heart of affluent America, many Indians suffer from diseases more commonly encountered in the Third World: rate of tuberculosis 9 times higher than the national rate.
- To be noticed: Indians (especially the Inuits in Alaska) are more and more poisoned by chemical pollution. ■

A traditional Native American festival organized in Florida.

Landmarks

-40,000
to 10,000 years BC: migration from Asia to America.

1605
The Spaniards settle in the region of Santa Fe. The Indians adopt the horse.

1634
First treaty between the Indians and the British.

1819
Creation of the Bureau of Indian Affairs.

1830-1838
Indian Removal Act. Indians are deported West of the Mississippi River: Trail of Tears.

1860-1875
Massacres of buffaloes.

1876
Battle of Little Big Horn (defeat and death of Gal Custer).

1890
Massacre of Wounded Knee. Murder of Sitting Bull. End of Indian Wars.

1924
Indian Citizenship Act.

1951-1953
Policy of "termination".

1968
Birth of the American Indian Movement.

1973
"Second Battle of Wounded Knee".

Index → minorité

Points clés

McCarthyism
Le maccarthysme

This period of anti-communism took place during the Cold War in the United States under the impulse of Senator McCarthy who thought the communists were plotting against the federal government. An incredible wave of fear of communist subversion spread over the States and affected almost everyone for a decade.

"McCarthyites" demonstrate to show their support of Senator McCarthy.

A peculiar senator

In February 1950, Joseph McCarthy (1908-1957), senator of Wisconsin, began a campaign to reveal a so-called communist plot within the State Department. From then on, a real psychosis gripped the United States. McCarthy slowly became a kind of national hero thanks to whom all the "Reds" were to be hunted, just like the Puritan trials for witchcraft which had taken place in 1692 in Massachusetts.
From 1950 to 1954, the media, the federal administration, even Hollywood and the army were submitted to this general climate of suspicion. ■

The red witch hunt

This paranoia spread among various groups of American society, against the liberals accused of preparing the triumph of communism. The Rosenberg affair was one of a series of Cold War cases which demonstrated the anti-communist fervour permeating the American political system. Julius and Ethel Rosenberg were accused of espionage for the USSR. Despite a world-wide campaign and their claim for innocence, they were executed in 1953. A period of inquisition followed. People were blackmailed (« soumis au chantage ») into keeping their jobs if they denounced their friends and neighbours. Federal employees were submitted to a control of loyalty. Witch hunt (« chasse aux sorcières ») spread into Hollywood Studios. Witch hunting became an intellectual totalitarism which banned some people by blacklisting them. ■

Truman's reaction

McCarthy even put Truman's loyalty into question. Yet the President of the United States tried to remain unbiased (« impartial ») facing this fear of communism outside and inside the States. He tried in vain to abolish the McCarran Act voted in 1950, which forced all communists to be registered. Again in 1952 the McCarran-Walter Act forbade any person thought to be a member of a communist party to enter the States. In a nutshell (« en un mot »), McCarthy's attacks against the democrat administration that he accused of corruption and betrayal contributed a lot to their defeat during the presidential election of 1952 which brought a Republican to the White House, namely General "Ike" Eisenhower. ■

McCarthy is shown going out of the House committee on Un-American Activities where he conducted merciless hearings on supposed communists or communist sympathizers mainly in the administration and the entertainment business.

The end of hunting

President Eisenhower took a moderate position and tried to bring back "normal" relationships with Russia after Stalin's death in 1953. He put an end to the witch hunt. Furthermore McCarthy certainly made a mistake when he accused the army. He was blamed by the Senate for unlawful actions. The media pulled him down. He then sank into alcoholism and died two years later, in 1957 at the age of 49.

However a large number of lives were deeply damaged, and even American democracy and the spirit of freedom were questioned by this huge psychological and political crisis. ■

Loathing the witch hunt, Charlie Chaplin settled in Switzerland. He shot A King in New York *to denounce McCarthyism.*

Points clés

Founding Myths of the United States

Les mythes fondateurs des États-Unis

The myth of the Frontier ("Go west, young man, go west!") and the American Dream (belief in a land of unlimited opportunities) have helped the making of a typical American hero: the self-made man.

The Frontier

The colonization of the United States started on the eastern coast, with the first settlers (Jamestown, 1607), then there was an endless movement westward each time new settlers (« colons ») arrived.
The conquest ended when the Pacific coast was reached and land acquired and occupied by Americans: in 1890 the Census Report declared that the Frontier was closed.
The Frontier, throughout this period, was the line separating the limits of settlement from the wilderness (« étendue sauvage ») areas.
So, there was a succession of frontiers which were irregular and different:

- in the 17th century, trappers and traders moved and worked along the Frontier;
- in the 18th and 19th centuries, farmers looked for good land;
- in the 19th century, three main events pushed people to go west, in great numbers:
- the discovery of gold known as the Gold Rush (« la ruée vers l'or ») started in 1848 in California;
- the Homestead Act (1862) that granted (« accorder ») people free land (160 acres) to those who could farm them;
- the transcontinental railroad (completed in 1869) that helped settlers move west.

The conquest of the West ended when the Pacific coast was reached in 1890.

This image of the westward moving Frontier meant mobility, discovery, area of opportunity, dangers (unknown lands, Indian tribes), violence, need for expansion; a writer such as Mark Twain helped develop these images in his novels *(The Adventures of Tom Sawyer)*. In 1961, J.F. Kennedy named his program "the New Frontier"; it consisted in putting an end to racial discrimination, in giving federal aids; it meant the conquest of space too. ■

The American Dream

Baptist R. Conwell delivered his sermon "Acres of Diamonds" more than 3,000 times across the USA (between 1865 and 1914): "Any American could achieve success… I say you ought to get rich, and it's your duty to get rich… it is your Christian and godly duty to do so." It was a religious obligation. The dream to raise oneself through work and education is what is known as the American Dream. It means to reach a better social and financial position and that dream still attracts immigrants; it's called upward mobility too. It requires courage and determination because life is a hard struggle (« combat ») but success will be the reward (« récompense »). Those who won't succeed will be considered responsible for their own failure (« échec »). Nevertheless, between 1870 and 1920, the upward movement was slow but steady (« régulier »). The expansion of the late 19th and early 20th century offered broad opportunities for occupational mobility, so a white male had good chances to have a higher-status job than his father had. Some had fewer opportunities for success; a lot were eluded, the Blacks, the Indians, the Mexicans for example. ■

The self-made man

One of the most popular American beliefs is that you can start very poor and grow up in a higher social class. During the second half of the 19th century, businessmen are believed to have frequently gone from "rags to riches" (« de la misère à la richesse »), to have built up huge fortunes through hard work and harsh (« dure ») competition: these new ambitious entrepreneurs were called "self-made men"; they became kings or "tycoons" (« rois », « magnats ») such as John. D. Rockefeller, who became a millionaire thanks to oil (« pétrole »), or Henry Ford, the pioneer of the car industry who invented the Model T. Andrew Carnegie, a poor Scottish immigrant, became a powerful steel magnate (« roi de l'acier »). In 1911, he set up a foundation: he donated his money to education, research and art institutions. He founded public libraries throughout the United States. ■

Andrew Carnegie, symbol of the self-made man, was also a philanthropist.

Index → États-Unis

Great Figures of American History (1)

Les personnages clés de l'histoire américaine (1)

The United States of America has given birth to world-famous characters (politicians, artists, industrialists) who paved the way for making America the most powerful nation in the world.

George Washington (1732-1799)

Commander in chief of the Continental army, George Washington led the fight against the British during the American Revolution and became a national hero after the independence of the United States. He was later elected first President of the United States of America in 1789 and won a second term in 1792. His integrity and his sense of justice made him a great leader, and he was rightly known as the "father of his country". When he was President in 1789, a Bank of the United States was created and a postal system started. Moreover, he set up the Cabinet system as we know it nowadays. During his second term, he opposed the development of political parties in vain. His birthday (celebrated on the third Monday of February) is a national holiday and his picture is on every one-dollar bill. ■

George Washington signed the American Constitution on September 17,1787.

Abraham Lincoln (1809-1865)

Born into a humble family, Lincoln became a successful lawyer. He was a powerful speaker against slavery. In his famous speech "House divided" in 1858, he explained that the USA couldn't go on being half slave and half free. In 1856, he joined the Republican Party and in 1860 he was elected President of the USA. The four-year Civil War started in 1861, just after Lincoln's inauguration. In 1863, he freed the slaves and he decided to accept blacks in the army. He was assassinated by John Booth in 1865. Lincoln saved the Union and changed the racial future of the USA. His picture is on five-dollar notes. ■

Sitting Bull (1831-1890)

Sitting Bull was a Sioux chief who actively defended his homeland against white intrusion. In the 1880s, he led the Sioux on the war path. In 1876, at Little Big Horn, Sitting Bull annihilated white troops led by General Custer who wanted to lead them into a reservation. He fled to Canada but he and his tribe finally surrendered to the US army in 1881. Sitting Bull was killed in 1890. ■

Franklin D. Roosevelt (1882-1945)

He was the only President of the USA to be elected four times. His first New Deal policy (in 1933) consisted in trying "to give a job to everybody" through programs of public works and interventionist measures. He was then accused of too much taxation and government regulations by the conservatives. His second New Deal aimed at reforming the economy and at setting up America's welfare system (Social Security Act). He died of illness in 1945. ■

Franklin D. Roosevelt is known as the father of the New Deal.

Edward Hopper (1882-1967)

A leader of the American realist school, he started to study art in New York then in Paris where he discovered Cézanne, Degas, etc. Back to the USA, he won fame with his highly subjective works: solitude, silence, empty rooms and lonely people who seem lost or bored and are unable to communicate. Light and shadow make the atmosphere dramatic. His works include *Chop Suey* (1929), *Room in NY* (1932), *Summertime* (1943) and *People in the Sun* (1960). ■

Sitting Bull, the great Sioux chief.

John Ford (1895-1973)

He gave up his studies quite young, sold shoes then became a cow-boy and went to Hollywood in 1913. There he started a fabulous career as a film-director. He made 130 movies until 1964. Landscapes, such as great plains and deserts, are always an important element in his films. His heroes, who are either individuals or a group of people (Indians, Mormons, passengers in stagecoach) are in search of a promised land, on a long voyage home. His films include *The Grapes of Wrath* (1940), *Rio Grande* (1950), *The Last Hurrah* (1958), *The Man Who Shot Liberty Valance* (1962). ■

Great Figures of American History (2)

Les personnages clés de l'histoire américaine (2)

In the 20th century, the United States of America has given birth to a lot of world-famous people; political men, film-makers, artists, writers, painters... They have all contributed in their way to make the United States a powerful nation.

Ernest Hemingway (1899-1961)

After World War I, Ernest Hemingway worked as a journalist then settled in Paris in the '20s and wrote his first stories as a novelist. Back to the USA he wrote *The Sun Also Rises* (1926), *Men Without Women* (1927) and *A Farewell to Arms* (1929). He travelled a lot (in Africa, Spain, Cuba). He took part in the Spanish Civil War (1936). *Whom the Bell Tolls* (1940) is his most intimate novel in which he unveils his doubts about love, courage and death. He lived in Cuba until 1960. In 1952, he wrote *The Old Man and the Sea*. In 1954, he was awarded the Nobel Prize for Literature. Considered as the leader of the "lost generation", he committed suicide in 1961. ■

John Steinbeck (1902-1968)

He was born in California, had various jobs (labourer, fruitpicker, reporter). He published his first novels at the end of the 20's, for example *Cup of Gold* (1929). He became famous with *Tortilla Flat* (1935) and *Of Mice and Men* (1937). He was a war correspondent in 1943 for *The New York Time*. He wrote *The Grapes of Wrath* (1939), *Cannery Row* (1945), *East of Eden* (1952) and was awarded the Nobel Prize for Literature in 1962. ■

John Fitzgerald Kennedy (1917-1963)

Born in Massachusetts in 1917, Democrat senator in 1952, he became the first Catholic President of the USA in 1960. He worked for new social legislation and he named his ambitious home policy « the New Frontier », inspiring hope among the young and the Blacks. He was assassinated in Dallas, Texas, in November 1963. ■

John Fitzgerald Kennedy was the youngest president of the USA ever been elected.

Andy Warhol was a Pop Art artist, a film-maker and a leader of counter culture.

Marilyn Monroe (1926-1962)

Symbol of the eternal woman, her real name was Norma Jean Baker. She started her life in foster homes. She became a model and signed her first contract in 1946. Either regarded as a dumb blonde or as a gifted actress, she played in famous movies: *The Seven Years Itch* (1955), *Bus Stop* (1956), *Some Like it Hot* (1959), *Let's Make Love* (1960), *The Misfits* (1960). Her death in August 1962, due to an overdose of pills, was considered a suicide. ■

Martin Luther King (1929-1968)

Black Baptist Minister and Civil Rights leader. In the '50s he tried to convince the Black community to resist segregation by peaceful means (boycotts, sit-ins, arches, speeches…). He delivered one of his most famous speeches in Washington DC, in August 1963, "I have a dream", in which he described his dreams of justice, equality and racial integration. He was awarded the Nobel Peace Prize in 1964. In April 1968, he was assassinated in Memphis, Tennessee. ■

Andy Warhol (1930-1987)

He lived in New York and became a designer then the most representative artist of Pop Art (a realistic style which uses banal objects and techniques derived from advertising and popular culture). He used mass reproduction methods and made unlimited copies of his works. His main works: *Marilyn Monroe* (1962), *Brillo Boxes* (1964), *Four Campbell's Soup Cans* (1965). ■

Marilyn Monroe became famous in 1952 thanks to Monkey Business *(in French:* Chérie, je me sens rajeunir*), a movie directed by Howard Hawks.*

Index → États-Unis

Points clés

The Renaissance

La Renaissance

In Great Britain, the Renaissance coincided with the reigns of Elizabeth I and James I. It was characterized by a strong spiritual revival, especially in poetry, but also in science. Besides, going to the theatre was for many people the only entertainment they had, so it was a very popular kind of art at a time when books were expensive.

Love in poetry

Edmund Spenser (1552-1599) is the greatest poet of the Elizabethan period, especially because he managed to revive (« faire renaître ») the English language of Chaucer, a 14th century poet, hence the importance of archaisms and old spellings in his poetry. His major achievement is a great poem in six books (though he meant to write twelve, corresponding to twelve virtues), *The Faerie Queene* (1590-1596). This long allegory combines the Italian epic of the Renaissance with English folklore, such as the legends of King Arthur. Later on, John Donne (1572-1631), a poet and a clergyman, represented in the following century the "Metaphysical Poets", that is to say he was a psychologist and a moralist. He enjoyed subtle, ambiguous and refined (« raffiné ») language. His love poems mix together the spiritual and the physical; his religious poems, *The Divine Poems,* express a very much refined, though sometimes a bit obscure, thought. His poetry is in a nutshell a poetry of wit (« d'esprit ») in which you can find abrupt shifts of tone, from the formal to the intimate, from the outspoken to the reticent, the solemn to the playful... The ardent *Holy Sonnets* (1611) he wrote when his wife died marked him as the first of the great introspective poets. ■

John Donne was the first and the greatest "Metaphysical Poet" of the early 17th century.

Shakespeare was an actor as well as a writer. Many of his plays were produced at the Globe Theatre.

A universal man

William Shakespeare (1564-1616) represented a new generation of theatre and is also one of the major English writers. He is considered as one of the greatest playwrights (« dramaturge ») in the world. Between 1590 and 1613 he wrote more than thirty-five major plays. He wrote a number of historical dramas (« pièces »), such as *Henry V*, a series of Roman plays like *Julius Caesar* in 1599 and such masterpieces as *Romeo and Juliet* (1595), in which he puts on stage an incredible game of love and death around the sad fate (« destin ») of two young lovers. He shows in this drama how well he masters the dramatic language, but also how he mixes together sadness and comedy. His other major dramas are *Hamlet* (1601), *Othello* (1604), *King Lear* (1605) or *Macbeth* (1606). In *Hamlet,* he combines a political and a philosophical drama as well as a reflection on theatre itself. At the end of his life, he wrote a number of "Last Plays". One of these, *The Tempest* (1611), a lyrical and philosophical fairy tale which opposes an airy spirit (Ariel) to a savage slave (Caliban), is mastered by the magic of Prospero. Shakespeare was an outstanding (« remarquable ») poet as portrayed in his 154 sonnets, probably written in the 1590s. They are addressed partly to a fair young man, partly to a dark lady, and deal with the themes of friendship, love, time and morality. They seem to recall (« rappeler ») a personal and painful experience of passion and jealousy. They show more originality and depth than most of the sonnets in vogue at the time. The magic of his words even gave birth to a few legends and mysteries about the man himself. ■

Index → littérature anglaise

Points clés

The Golden Age of the English Novel

L'âge d'or du roman anglais

The growing success of the genre of the novel in the 18th century was first given an impulse by Defoe. Yet the development of a middle-class, the tremendous upsurge of reading, the creation of a real industry in the edition of books and the growing importance of women in literature account for the large number of novels written at that time.

Through Robinson Crusoe on his island, full of ardour and courage and who has become a real myth, Daniel Defoe wants to show that man can apprehend the world, even fight with it and finally conquer.

The picaresque novel

Though he was a prolific journalist, Daniel Defoe (1660-1731) remains famous as the author of *The Life and Adventures of Robinson Crusoe* (1719) in which he describes a man struggling («luttant») to master Nature on his own, yet always certain of a possible divine intervention or at least support. Defoe's style and fiction are full of realistic and colourful details, using simple and plain language creating an illusion of authenticity. He aims at creating true-to-life and vivid pictures. *The Fortunes and Misfortunes of Moll Flanders* (1722), the adventures of a London prostitute, is regarded as one of the best examples of the picaresque novel which generally consists in a series of incidents or episodes in the life of the principal character arranged in chronological order. This genre was very popular in England in the 18th century. ■

Sense and sensibility

Jane Austen depicted the life of the upper middle-class.

Popular tales of romances and terror were even ridiculed by a famous author, namely Jane Austen (1775-1817) in *Northanger Abbey* (1818). On the whole, Austen's universe is one of a rural middle-class, a gentry she describes artfully in a style full of balance. Her novels are novels of manners, i.e. they closely observe the manners of its characters. This restrained social milieu is the background of a subtle comedy in which she studies human nature with lucidity and sometimes irony. As Virginia Woolf said about J. Austen, "never did any novelist make more use of an impeccable sense of human values". Her major novels are *Sense and Sensibility* (1811), *Pride and Prejudice* (1813), *Emma* (1815) and *Persuasion* (1818). In *Mansfield Park* (1814), she shows a domestic fiction with an ironic perspective. The small events of life are studied with a binary rhythm opposing arrogance to honesty, dissipation to prudence, worldliness to moral seriousness. The form is perfect, the dialogues are witty (« pleins d'esprit »), and Austen has remained as a subtle satirist interested in manners in so far as they reflect morals. ■

Frankenstein, *written when Mary Shelley was only 19, became an immediate, lasting success.*

The Gothic novel

Another myth was created thanks to Mary Shelley Wollstonecraft (1797-1851), though her name is not so notorious. Apart from the fact that her parents were famous writers and that she was Percy Shelley's wife, she wrote when she was only nineteen a tremendous story: *Frankenstein*. She also wrote two books more politically engaged, and yet *Frankenstein* remains a masterpiece, and a wonderful Gothic novel. It is the story of a nameless monster created by the scientist Dr Frankenstein. Because of his physical ugliness and his moral wretchedness (« misère »), the monster follows his creator around the world to avenge himself. Odd as it may seem, readers eventually called it by the name of its creator, erasing even the creator of the book itself. All the elements of the Gothic are gathered here: a gloomy atmosphere, incredible events verging on (« côtoyant ») the horror story. The genre became quite popular afterwards. ■

Points clés

The Romantic Period

La période romantique

At the beginning of the 19th century, a wave of rebellion against classicism occured in England. Two generations of poets revealed their deepest thoughts on love, poetry and the nature of man.

Keats's search for beauty

Like his friend Byron, with whom he travelled through Europe, John Keats (1795-1821) is a Romantic poet, all the more so as his own life was a tragedy: he was an orphan, had to earn a living and died of tuberculosis at the age of 26. He is often considered as the most sensuous of the Romantic poets, rejecting reason and didacticism. In his poems he tried hard to open his mind and soul to sensations, doubts and mysteries to find beauty, for he considered that "a thing of beauty is a joy forever". Beauty is in Keats's poetry a source of truth and happiness, and on the other hand the only way of reaching joy and brotherhood (« fraternité ») and of fighting the evils of his time. All his famous *Odes* (1820) deal with the relationship between time and beauty, just like his wonderful poem of *la Belle Dame sans merci* (1818), inspired by an old French medieval poem. ■

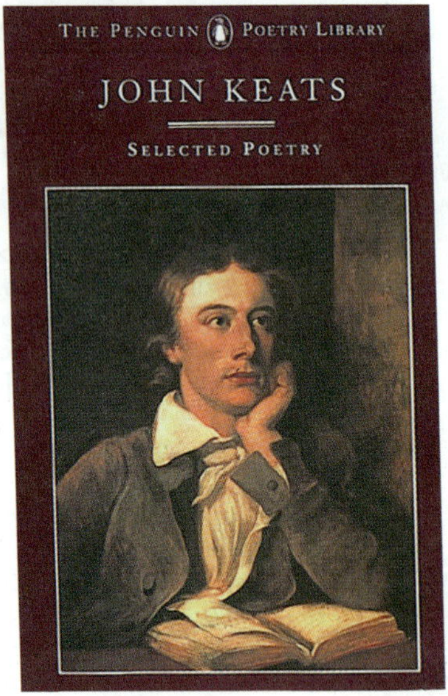

Keats is one of the predominant figures of Romanticism.

Byron's passion

George Gordon (1788-1824), known as Lord Byron, was one of the most important and versatile writers of the Romantic period. The publication in 1812 of *Childe Harold's Pilgrimage,* a poem narrating travels in Europe, brought him fame. Its hero was the first example of the Byronic hero, the young man of stormy emotions, who shuns humanity. His epic masterpiece *Don Juan* is a satire on English society. In 1815, he married Anna Isabella Milbanke with whom he had a daughter. Rumours about his incestuous relationship with his by-sister and doubts about his sanity led to his being ostracized by society. Deeply embittered, Byron left England in 1816 and never returned. At the end of his life he became involved in the independence of Greece. ■

Shelley's lyrism

P. B. Shelley is considered to be the greatest poet of the English language. He was also a most influential leader of the Romantic movement.

Percy Bysshe Shelley (1792-1822) was little appreciated because he was a revolutionary and a true scholar. After the collapse of his first marriage in 1814, he eloped abroad with Mary Wollstonecraft (the author of *Frankenstein*), marrying her after his wife had drowned herself. Shelley's favourite theme is the place of humanity in the universe, with undertones of social criticism. As he grew older he realized that political action was insufficient and that selfishness could be overcome through imagination. He was not seduced by nature because he thought that she betrayed those that loved her. In his *Ode to the West Wind* (1819), he sees himself as the prophet of the rising wind which announces the destruction of the old world and the reconstruction of a new order. *The Ode* is based on a cluster of words: wind, breath, spirit are the three different meanings of the Latin word *spiritus.* He heralds the arrival of dawn spring of revolution as the awakening of the Earth and mankind. In his masterpiece, a lyrical drama called *Prometheus Unbound* (1819), his hopes and optimism are brought to a climax. Shelley's lyrical powers and his originality have earned him a high place among the Romantic poets. ■

J. M. W. Turner (1775-1851), an English painter, illustrated one of Byron's poem, Childe Harold's Pilgrimage, *in 1832.*

Points clés

Literature of the Victorian Era

La littérature de l'ère victorienne

From 1837 to 1901, Queen Victoria ruled over the British Empire, the first power in the world. It was also a time of deep mutations in the intellectual, philosophical and religious fields. This influenced the novelists a great deal, who either identified themselves with or criticized the contradictions of their time.

The social novel

The Victorian age was marked by major novelists such as William Thackeray (1811-1863; *Vanity Fair,* 1847-1848) and Thomas Hardy (1840-1928; *Tess of the d'Urbervilles*, 1891; *Jude the Obscure,* 1896). However Charles Dickens (1812-1870) is probably the most popular of the Victorian writers. The grotesque and eccentric figures in his novels are wonderful and show a deep social awareness. The reader is shown the most miserable aspect of London where poverty, injustice and cruelty are brought to a climax. Children are the victims of the failure of the Victorian system: oppressed childhood is a recurrent theme, partly because of Dickens's own life. Actually, at the age of 12, he was forced to work in a factory because his father was emprisoned for debt. Yet he always appeals to individual goodwill and humanity. His books are numerous and almost all of them are well-known, like *Oliver Twist* (1838-1839), *David Copperfield* (1849-1850), *Bleak House* (1852-1853) or *Great Expectations* (1860-1861). His novels were published in episodes in newspapers, which created a close relationship with his public and made him widely popular. ■

Because Dickens's novels were serialized, he was known to change a novel's ending to meet his readers' expectations.

L. Carroll is renowned for his fantasy Alice's Adventures in Wonderland.

Women writers

Morals and good manners were nothing to play with at that time. The Brontë sisters first published their novels using pen names. When their identities were revealed, critics were outraged that women should be the authors of such passionate novels. Charlotte's *Jane Eyre* was published in 1847 and Emily's *Wuthering Heights* was published later in the same year. Critics were shocked by their unashamed acceptance of women's passions, unhappiness, frustrations and anger. *Jane Eyre* indeed violates the conventions of the courtship plot (« l'action de faire la cour ») and the restrictive moralism of Victorian fiction. Like her heroine, Charlotte was a small, plain (« sans beauté ») woman, independent and passionate in spirit. She had little interest in the life of "angel in the house" to which Victorian women were expected to aspire. After gaining world-wide fame, Charlotte died of tuberculosis at the age of 39. She was the oldest survivor of her family. ■

Fantasy and absurdity

At the end of the 19th century several writers approached their work in a very different manner. Humour and nonsense verse was adopted especially in children's literature. Edward Lear (1812-1888) and Lewis Carroll (1832-1898) are the most well-known authors of this genre. Lewis Carroll, a mathematics professor in Oxford, wrote mainly for children and his most well-known works were *Alice's Adventures in Wonderland* (1865) and *Through the Looking Glass* (1872). In his book, he epitomizes (« incarne ») the genre of the "nonsense", which upsets the reader for it is both absurd and logical. Behind a naive outlook and puerile games, cruelty is hidden. Alice brings the good manners and correct behaviour she has learned at home into the strange world she visits. But she faces a world of apparently unpredictable events and beings. Carroll's plays on words and riddles (« énigmes ») influenced a lot the 20th century literature. ■

English Literature up to 1945

La littérature anglaise jusqu'en 1945

The main literary movement Britain knew during this time was the Bloomsbury Group. This literary trend was made up of writers sharing a sense of being at the frontiers of a new kind of fiction and aiming at showing how the mind works. All of the writers of our century have been somehow influenced by this technique, even if they do not share the same point of view on the world.

The Bloomsbury Group

The technique of the "stream of consciousness", for which the members of the Bloomsbury Group are famous, makes it quite difficult for the reader to follow, since all the traditional indicators, like the notion of time or even the plot are absent. Such authors as Virginia Woolf (1882-1941) refused the Victorian aspects of writing. The traditional plot disappears for an analysis of the inner being. This is the "stream of consciousness" (« courant de conscience »), namely long passages of introspection, what she called "an unbroken flow of thought and awareness in the making mind". It is the case for example in *To the Lighthouse* (1927), in which the tone is one of meditation with apparently no logical flow. There is no real action but a series of contrasts between the interior and exterior. Life, time and death are the predominant themes in Woolf's books, as in *Mrs Dalloway.* The "stream of consciousness" technique she embodies with all the writers belonging to the Bloomsbury Group is an interior monologue in which the contents of consciousness are recorded as facts; they are obscure and ambiguous.
The narrator knows nothing of the character, so that we enter the consciousness of all the characters we meet. There are thus series of shifts (« changements ») in the view points and in time and space also. On the whole, it is a multipersonal and subjective method of writing. ■

A portrait of Virginia Woolf.

Different points of view

Joseph Conrad was born in 1857 in Poland and is now a famous British writer. Though he lived in France, he chose to write in English. His writings are a close parallel to his uprooted and difficult life. His novels show his deep pessimism and painful experiences. *Lord Jim* (1900) is fascinating in the way the hero is portrayed. *Nostromo* (1904) exemplifies the problem of politics and man's fate. Conrad was very much attracted by the world of the sea, as he was himself a sailor. Though his language is far from perfect, its very harshness and sometimes awkwardness (« maladresse ») is wonderful. He died in 1924 in Kent.

• Edward Morgan Forster (1879-1970) advocated liberal ideas and was influenced by the Bloomsbury Group. Unlike Woolf, he wrote realistic novels, in which he expresses a conflict between two worlds. He criticized the customs and social class barriers of English society such as in *Howards End* (1910). In *A Room with a View* (1908), England is opposed to Italy. His last and most famous novel, *A Passage to India* (1924), analyses the racial, cultural and religious differences between two communities.

E. M. Forster's fiction explores the attitude creating barriers between people.

• David Herbert Lawrence (1885-1930) represents another aspect of literature at the turn of the century. The idea that the modern individual life gets lost in a mechanic and artificial social world is a recurrent theme in his novels. Images of nature and symbolic representations of animals in *The Plumed Serpent* (1926) especially come as a contrast to that "cog-wheel world" (« monde en roue dentée ») of modern civilization he despised. *Women In Love* (1920), *Sons and Lovers* (1912) and *Lady Chatterley's Lover* (1928) celebrate emotions and sexual relationships as the only source of vitality capable of redeeming man. All this duality between mind and body, society and nature, man and woman makes his style sometimes heavy. ■

Women in Love, *one of David Herbert Lawrence's main novels, explores the sexual and psychological relationships between men and women. It was published in the United States in 1920 and then in London in 1921.*

Points clés

Contemporary British Literature

La littérature britannique contemporaine

Literature has known great modifications for a few decades, since the media are now quite numerous and much different. The apparition of paperbacks and the cinematographic adaptations of novels may decide upon the success of an author or a book. Yet the following names are very likely to become, among a few other ones, tomorrow's classical references.

William Golding

William Golding (1911-1993) began his literary career with *Lord of the Flies* (1954), a fable on the fragile separation between civilization and the wild thanks to which he won immediate critical acclaim. This powerful narrative relates the story of a group of English schoolboys stranded (« échoués ») on a desert island following a plane crash and who resort to savagery. The harsh brutality of man is the underlying theme of the novel. In the trilogy *Rites of Passages* (1980), he describes the journey of a group of immigrants leaving for Australia and who discover chaos threatening their ethics. He was awarded the Nobel Prize for Literature in 1983. His characters are always put in extreme situations where morals and education collapse, where regression and savagery are threatening. Golding seems to be fascinated by evil. Many of his works address the problem of the Original Sin. *The Spire* (1964) concerns a dean (« doyen d'une cathédrale ») who is gripped by an obsession that he has been chosen by God to build a huge spire in his cathedral. Golding, who was knighted (« fait chevalier ») in 1988, is on the whole a profoundly religious writer. ■

William Golding's literary career explores moral dilemmas and man's reaction when placed in extreme situations.

David Lodge

Let us mention one of Britain's most brilliant and successful novelists today: David Lodge, who was born in London in 1935. He used to teach at the university of Birmingham but is now a Fellow (« membre ») of the Royal Society of Literature. His most famous novels include *The Picturegoers* (1960), *Changing Places* (1975) or *Nice Work* which was shortlisted (« sélectionné ») for the Booker Prize. He is considered one of the foremost novelists and literary critics of the post-war generation, because he manages to write in an elegant, witty (« plein d'esprit ») style. In *Out of the Shelter* (1970), he relates the story of an English boy, Timothy, and his initiation to life in wartime London and Heidelberg. He published *Therapy* (1996), *Thinks...* (2001), *Consciousness and the Novel* (2002) in which he explores the representation of human consciousness in fiction. ■

David Lodge will remain as one of today's major writers.

Allan Sillitoe

Alan Sillitoe (born in 1928) belongs to a generation of British novelists who wrote from the standpoint of the lower middle-class in the industrial regions of the Midlands and the North that were hard hit by an economic depression after World War II. His most famous novel is *Saturday Night and Saturday Morning* (1958), which portrays an anarchic lathe operator (« opérateur sur tour ») in a Nottingham factory and shows how he becomes integrated in society once his wild oats have been sown (« jeté sa gourme »). Thanks to the popular language and the happy evocation of family life in the working-class milieu, the novel was immediately considered a masterpiece of the working-class novel. Allan Sillitoe appeared to be the leader of the "Angry Young Men" Movement, a group of writers in the '50s who expressed their revolt against the strictness of upper middle-class England. ■

Points clés

British Detective Fiction

Le roman policier anglais

Born in the 19th century, detective fiction reached its peak in Great Britain between the two World Wars. Nowadays, detective fiction has become more diversified and still has a lot of fans.

The origins

Although it is impossible to deny the influence of the Gothic novel and of the American writer Edgar Allen Poe, the detective novel was born in England in the mid-19th century. *The Woman in White* (1860) and *The Moonstone* (1869) by Wilkie Collins, in which the hero is a Scotland Yard detective, marked the birth of a new genre: the detective story, whose undisputed master remains Sir Conan Doyle. Sherlock Holmes, Sir Arthur Conan Doyle's detective famous for his infallible logic and scientific knowledge, arrived on the mystery scene in 1887 in *A Study in Scarlet*. Sherlock Holmes, assisted by his faithful friend, Doctor Watson, appeared in numerous novels such as *The Hound of the Baskervilles* (1902), *The Valley of Fear* (1915), *The Return of Sherlock Holmes* (1927). ■

The golden age: 1920-1940

In the '20s the detective story became very popular even in the poshest (« chic ») circles of the English capital. It followed very definite rules: the scene was set in a closed space (a train, a manor…). There was a murder, a restricted number of people, a detective – often amateur – leading the inquest, and the final unveiling (« solution ») of the enigma. Agatha Christie, the queen of the genre, wrote more than eighty novels. *The Mysterious Affair at Styles* (1920) introduced the Belgian detective Hercule Poirot with his luxuriant moustaches and his "grey matter" (his brain). Miss Marple, a spinster (« vieille fille »), appeared later in *The Affair Prothero.* Owing to the success of *The Murder of Roger Ackroyd*, A. Christie became famous all over the world. Her plots are artfully conducted – with false clues (« indices ») and false leads (« pistes ») until the final outcome.
Two other writers dominated that period: G. K. Chesterton *(The Innocence of Father Brown)* and Dorothy Sayers *(Unnatural Death)*. Chesterton's hero Father Brown is a detective priest. Dorothy Sayers is well-known for the imaginative way in which her victims are murdered. The three writers founded the Detection Club in 1929 to defend the genre. ■

Dame Agatha Christie was an extremely prolific author.

Sherlock Holmes appeared in 68 stories narrated by his faithful friend Doctor Watson. Conan Doyle once tried to kill off his character in The Memoirs of Sherlock Holmes *(1894). This caused such disappointment among readers, that the author was forced to bring Sherlock Holmes back to life for further adventures.*

Detective fiction today

There are now ethnological, psychological, historical or literary detective novels.
P. D. James' fiction focuses more on characterization and atmosphere than on criminal investigation. Her attractive detective, Commander Dalgliesh (who also publishes poetry), often investigates in a closed community: a hospital *(Shroud for a Nightingale)*, a house for the disabled *(The Black Tower)*, a forensic laboratory *(Death of an Expert Witness)*, or a nuclear power station *(Devices and Desires)*.
Ruth Rendell has written a series of great novels featuring Detective Inspector Reg Wexford and his colleague Mike Burren. You should try *From Doom to Death, Some Lie and Some Die, The Veiled One, Simisola…*
Quite a few recent mystery books are based on history.
Robert Van Gulik's novels *(The Chinese Bell, The Chinese Lake Murders)* take place in ancient China. Gulik has based his major character Judge Dee on a magistrate of the T'ang dynasty who was renowned to be a solver of enigmas.
Ellis Peters: his series character is a 12th century warrior-monk (« moine guerrier ») detective called Brother Cadfaël. Why not read *The Virgin in the Ice, The Devil's Novice* or *Dead Man's Ransom?*
Lindsey Davis's hero, Marcus Didius Falco, investigates in ancient Rome in the 1st century AD *(Silver Pigs, Venus in Copper)*.
Most mystery books are captivating and hard to put down. Why not try to read them in English! ■

P. D. James is very popular in Great Britain at the moment.

Points clés

British Fantasy and Science-Fiction

Le roman anglais fantastique et de science-fiction

The irrational is very appealing to the Anglo-Saxon mind, that's why whether it is based on the "non-realistic" (the fantastic, horror or fantasy) or on a scientific approach (science-fiction), it has always represented an important current in British literature.

Dracula **by Bram Stoker has inspired numerous films and sequels.**

The origins

We can go as far back as 1516 with Thomas More's *Utopia* to trace a work related to this genre. Christopher Marlowe's *Tragical History of Dr Faustus* (1589) and Swift's *Gulliver's Travels* (1726) are a satirical "anti-utopian" picture of society of the time. ■

The golden age: 18th and 19th centuries

The advent of the Industrial Revolution saw an expansion of literature relying on the "imaginary" as a way of questioning the values of this new industrialized society.
It branched off into two different parts:

- Literature based on science.

Mary Shelley's *Frankenstein* (1818) mixed scientific discovery with the myth of Prometheus (the man who stole fire from the Gods), whereas Robert Louis Stevenson explored the ambiguity of the human psyche in *Dr Jekyll and Mr Hyde* (1886). This genre also made social commentaries (William Morris's *Utopian News From Nowhere* in 1891) and it covered works based on scientific principles with H.G. Wells novels like *The Time Machine* (1895), *The Invisible Man* (1897) or *The War of the Worlds* (1898).

- Literature based on the irrational.

Close to the Romantic school, it is a way of criticizing materialistic society by dealing with the fantastic or by escaping from reality. The Gothic novel was made famous by Ann Radcliffe (*The Mysteries of Udolpho* in 1794), Mathurin (*Melmoth* in 1820) and Matthew Lewis (*The Monk* in 1796).

Lewis Carroll wrote *Alice's Adventures In Wonderland* (1865), which can be seen as a fairy tale but also as an exploration of the unconscious.
Directly inspired by the Gothic novel, Sheridan Le Fanu and Bram Stoker are the two main representatives of the horror novel with *Carmilla* (1872) and *Dracula* (1897).
Last but not least, Oscar Wilde's *Picture of Dorian Gray* (1890) can be seen as a masterpiece as it mixes elements belonging to all these different genres. ■

1984 is a terrifying picture of life under the surveillance of "Big Brother".

The modern age: 20th century

The beginning of this century, marked by pessimism, saw a decline of literature based on the supernatural which was replaced by works exploring socio-political issues (« sujets »). Most of them were dark "anti-utopian novels".

- Aldous Huxley's *Brave New World* (1932) is a warning against technology.
- George Orwell wrote *Animal Farm* in 1945 and *1984* in 1949. The first novel, a very strong caricature presented as a fable, is a criticism of human nature, whereas the second one is a severe indictment (« accusation ») of dictatorship. The second half of the century was characterized by an important expansion of all the genres belonging to this alternative literature.
- Michael Moorcock wrote entertaining novels such as *The Final Programme* and he was at the origin of the New Wave which in the '60s revealed writers like James Ballard *(Crash)* or John Brunner *(Stand On Zanzibar)*. Ever since, quality has been on the wane (« en déclin »), relying mainly on horror or "gore" (« sanglant ») formulas. The most original author is Clive Barker (born in 1952) who, throughout his books *(Books of Blood, Weave World, The Great and Secret Show, Imajica)*, has created a mythical world mixing elements of fantasy, fairy tale, science fiction and horror. This fusion has blurred the frontiers of all these genres. It is a sign that this literature is still alive and hasn't stopped evolving. ■

Frankenstein *by Mary Shelley is the tale of a subhuman nameless monster, assembled from parts of human corpses, who ultimately destroys its creator, Doctor Frankenstein.*

Index → littérature anglaise

Points clés

Irish Literature: Humour and Satire

La littérature irlandaise : humour et satire

Irish and English literatures are interwoven («entremêlées») because of Ireland's political status. Yet Irish authors cast on the society to which they belonged a critical and cunning appreciation that pervades or even dominates their work. These masters of satire used the English language in an utmost skilful manner, whether in novels, pamphlets or theatre dramas.

Jonathan Swift: wondering about "that animal called man"

One of the greatest satirists of the English literature was actually an Irish vicar (1667-1745), born and died in Dublin. From 1711 to 1714, he wrote a number of political pamphlets *(The Conduct of the Allies, Some Advice Humbly Offer'd to the Members of the October Club)* and said he "hate[d] and detest[ed] that animal called man, though [he] heartily love[d] John, Peter, Thomas, etc." The point is that he showed strong personal and sometimes contradictory feelings in his life and his work as well. After getting involved in politics in Britain and Ireland, he wrote in his remote («isolé») vicarage («presbytère») his most famous book set in an imaginary universe he preferred to the real world. *Gulliver's Travels* (1726) tells the adventures of a navy surgeon («chirurgien de la marine») in fantasy countries: Lilliput is inhabited by tiny men, Brobdingnag is a world of giants. The last part tackles («aborde») his life in the land of the Houyhnhnms, these horse-looking beings mastering ape-like («simiesques») men called the Yahoos. Behind the humorous and romanesque adventures of his hero Gulliver, *Gulliver's Travels* is in fact a bold («audacieuse») satire on his contemporaries and on mankind in general. ■

One of the major scenes imagined by Jonathan Swift from his greatest work Gulliver's Travels, *a powerful satire on man and human institutions.*

Oscar Wilde was a brilliant novelist, playwright, poet and critic. He was famous for his witty satires and epigrams on Victorian society.

George Bernard Shaw: wit and satire

George Bernard Shaw (1856-1950) remains as one of the major Irish authors: first he wrote more than forty plays; but beyond the brilliant dialogues in his plays, he tried to study the conflict between a cynical reason and romantic illusions. His genius was to make people laugh and, through comedy, make them aware of a number of things. He always questioned the accepted values of his time. This may be the reason why he was deeply involved in social and political matters; he became notorious for his anti-war speeches in 1914 and 1939. In his plays, he attacked hypocrisy, snobbery and all kinds of social flaws. His characters are full of vitality and frankness, irony and optimism, as he was himself to a certain extent. His best-known plays are *Caesar and Cleopatra* (1901), *Man and Superman* (1903), *Pygmalion* (1913) and *Saint Joan* (1925). ■

Oscar Wilde: humour and elegance

The Victorian age had its social critics. Yet Oscar Wilde (1854-1900) created mocking images of society, pointing out through parody and irony, an art in which he was really brilliant, the absurdities of Victorian conventions. His one novel, *The Portrait of Dorian Gray* (1891), influenced by the "art-for-art's-sake" movement, brought him fame. What mattered was art and sensibility rather than morality and duty. Wilde's most distinctive and engaging plays are comedies such as *An Ideal Husband* (1895) and *The Importance of Being Earnest* (1895). However his flamboyant and hedonistic life-style and his homosexuality were not appreciated. More than the writer, the man himself shocked and fascinated people. ■

Index → littérature irlandaise

Points clés

Irish Literature: New Dimensions

La littérature irlandaise : de nouvelles dimensions

Another aspect of Irish literature is this series of writers of mammoth and world-wide importance who transformed the very act and art of writing. Joyce particularly expanded fiction-writing into new directions and dimensions. The political involvement of some of these authors may also account for their incredible richness of ideas and feelings.

William Butler Yeats's Irish ways

William Butler Yeats (1865-1939) is the major figure of the Anglo-Irish revival in poetry and literature at the turn of the century. Though he wrote quite a number of plays, such as *The Countess Cathleen* (1892) or *The Hour Glass and Other Plays* (1903), it is through his poems that Yeats's reputation principally lies. These poems are among the greatest in the English language and were collected in such volumes as *Crossways* (1889). When he was young, he was influenced by spiritualism and Oriental philosophy, Irish mythology and nationalistic literature. Although nominally a member of the Irish Republican Brotherhood and active in celebrating the centenary of the 1798 rising, Yeats increasingly concentrated his efforts on literature. His major achievement lies in the powerful symbolism of his later poetry. He displays a real passion concerning languages and rhythms. He received the Nobel Prize for Literature in 1923 and with Shaw and Russell he founded the Irish Academy of Letters in 1932. ■

Yeats turned from post-Romanticism to modern experiments in poetry.

James Joyce: the revelation

James Joyce's (1882-1941) masterpiece is undoubtedly *Ulysse* which was written like an epic. Man is shown in his dual aspect of hero and coward. The book is the narration of a single day, June 16, 1904, when Joyce met Nora. The book consists of three parts divided into 18 episodes: the Iliad, the Odyssey and Nostos. The structure is very strict, with a number of echoes, analogies and correspondences. The characters, Stephen Dedalus, Leopold Bloom and Molly Bloom, are archetypes. The forty-page long monologue of Molly Bloom remains extremely famous. The technique used by Joyce is the "stream of consciousness" in which the reader is inside the shiftings of the character's mind. Joyce wanted to show the paradoxes of man's loneliness and sociability in 20th-century Dublin. The main difference with Woolf's technique is that in Joyce's novel the unity is fragmented and creates a kaleidoscopic effect, whereas Woolf finds unity in the fragments. He also gave beyond the concrete study of Dublin he makes in *Dubliners* (1914) a vision of man's fate, a powerful reflexion on life and death. ■

Points clés

Joyce wrote stories to ironically mirror Dublin itself which he called "the centre of Irish paralysis". He was a very controversial figure and his work still arouses passions and debates.

Samuel Beckett's existential absurdity

Samuel Beckett (1906-1989) is often said to be Joyce's heir. He successfully tackled novels, theatre plays, poetry, even radio and cinema. His novels are plotless, his characters are anti-heroes caught in existential absurdity. Comic effects are achieved with puns, twisted clichés and parodies. *Waiting for Godot,* a play he wrote in 1953, shows two clownish tramps who keep quarrelling while they wait for someone who will never come but represents the only hope they have. These characters with no history exchange words with apparently no meaning. Yet they somehow manage to survive. Beckett is an author who is really hard to "make friends with", yet one somehow discovers that behind a stern, severe, sombre language, humour, even if desperate, has a part, and an extraordinary vitality often rises. ■

Index → littérature irlandaise

African English-Speaking Literature

La littérature africaine anglophone

Writing in English in African countries is necessarily linked with political and sociological issues. That is why the most famous authors like Wole Soyinka have been men of action inspired by the confrontation between African traditions and creeds and all the elements brought along with colonization. This literature is nevertheless part of the magical mystery of Africa.

André Brink

South-African white authors have known world-wide fame, but black authors, such as Alex La Guma or Peter Abrahams, are also well-known. André Brink, born in 1935, writes his many plays in Afrikaans and his novels are generally published both in Afrikaans and in English. They have encountered trouble with the censor (« censure ») in South Africa for their open attacks on Apartheid. Brink himself views Afrikaner society as being in a state of apocalyptic danger, a fear which he courageously confronts in his novels. Two of his most effective books are the powerful *A Chain of Voices* (1982), its multiple narratives dealing with a historical slave rebellion on an Afrikaner farm in the Cape in 1825, and *States of Emergency* (1988), its background being the "deranged year" of 1985 when rebellion flared throughout South Africa. Last but not least, *A Dry White Season* (1980) was successfully adapted for the cinema. ■

In South Africa, racial discrimination has conditioned literature which today stands at a decisive turning point.

John Maxwell Coetzee

On the other hand, John Maxwell Coetzee, born in 1940 in Cape Town, writes more austere novels exploring the Afrikaner mind in an oblique, stylistically very innovative way which is probably as apocalyptic as Brink. His famous book *Waiting*

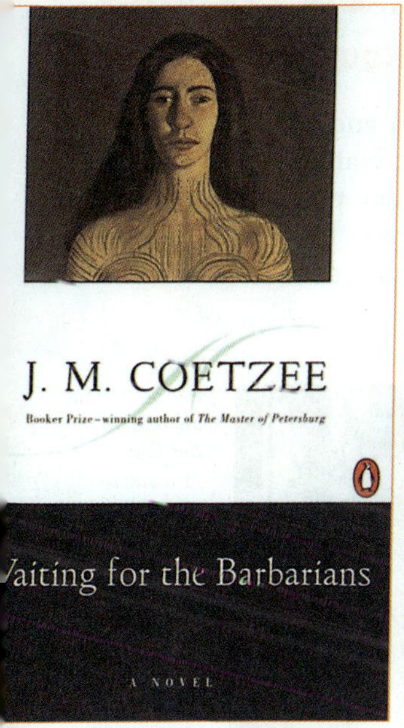

Coetzee depicts the dreadful events that have taken place in his country in stories imbued with weighing symbols and mastered emotions.

for the Barbarians (1980) is set in a desolate mythical country. It is narrated by a magistrate who faces crucial decisions when the inquisitorial Colonel Joll warns him against a "barbarian" invasion. In 2003, he won the Nobel Prize for Literature.
In this post-apartheid period, writers are not necessarily politically engaged but have to find new sources of inspiration. ■

Wole Soyinka and Doris Lessing

Wole Soyinka, born in 1934, is an extraordinary Nigerian dramatist, poet and novelist. The Yoruba mythology and religious rituals are powerful undercurrents of poetic symbolism in his drama, particularly in *The Road* (1965) and *Death and the King's Horseman* (1975), a tragedy which focuses on Elesin, who, after the death of his master the King of Oyo, is prevented from committing ritual suicide by the colonial District Officer, a disastrous humiliation for both himself and his society. The situation is ultimately redeemed («sauvée») by the courageous self-sacrifice of his son. The play fuses both ancient Greek and Yoruba concepts of tragedy. The use of traditional symbols transformed by a modernist sensibility is particularly evident in one of his two novels *The Interpreter* (1965). His books of poetry include *Mandela's Earth* (1989). He was awarded the Nobel Prize for Literature in 1986.
Let's also mention Doris Lessing, born in Persia of British parents, who moved to a farm in Southern Rhodesia when she was five. By the time she was thirty, this surprising woman had become a political activist, had married twice, had borne several children and had written her first novel, *The Grass is Singing*. In her early writings, she described the stifling and claustrophobic effects of colonial life in what was then Rhodesia. Some critics think that the books by the white South-African novelist Nadine Gordimer can be compared to Lessing's work in so far as they deal with the corrosive effects of racism on the lives of all. ■

Wole Soyinka became the first African black writer to win the Nobel Prize for Literature.

Points clés

Novels from Australia/New Zealand

Le roman en Australie et en Nouvelle-Zélande

The British started to settle in Australia in 1788 and, at first, surviving was more important than reading. Yet Nature, with its wonderful sights, colours, wild life in a sparsely populated country and the passionate assertion of democratic liberty furnished material for true Australian and New Zealander literatures, whether in fiction, drama or poetry.

Australian authors

Many contemporary Australian writers explore the historical origins of Australia as a metaphor for the human search for truth. Modern works based on the theme of exploration and discovery recreate a past which might serve as grounds for belief in the future.

Patrick White became the first Australian to win a Nobel Prize for Literature in 1973. In 1982, he took part in an anti-nuclear demonstration in Australia.

Patrick White (1912-1990) was the major figure among contemporary novelists. In a tribute to him, *The Times* wrote: "He did more than any other writer to put Australian literature on the international map." In *The Tree of Man* (1954), he takes up the theme of pioneering and surviving in the face of natural disasters. Its chief protagonists create order out of the chaos, their story is the myth of creation reenacted in the hinterland (« arrière-pays ») of Sydney. *Voss* (1957) revives the theme of exploring the Australian outback, the "bush", which becomes a kind of mental trip. The actual scenery takes on an allegorical meaning. He was awarded the Nobel Prize for Literature in 1973. Martin Boyd's major novel – *Lucinda Brayford* – spans a long period of Australian life, set in the mid-19th century to the end of World War II. Social history, cultural differences and economic fluctuations are acutely observed. But the centre of his fiction is the definition of individuality. Like White, he examines both the clash between and the merging (« émergence ») of European and Australian consciousness. White directly experienced this discrimination as he said that he had "suffered through being considered an Englishman in Australia and an Australian in England". Judith Wright as poet, writer and critic, shows a deeply felt attachment to the land and a growing anger at mankind's exploitative abuse of both the land and the Aborigines. This is shown in her novel *The Cry for the Dead* (1981) describing the tragic impact of white colonisation on the Aboriginal people. She wrote once: "We are beginning to write, no longer as transplanted Europeans, nor as rootless men who reject the past and put their hopes only in the future, but as men with a present to be lived in and a past to nourish us."

Peter Carey (born in 1943) writes short stories and novels. He was awarded the Booker Prize for *Oscar and Lucinda* (1988). Most of his works are fables in which the surreal or fantastic and the real are brought together.

Colleen McCullough (born in 1937) is the author of popular novels such as *The Thorn Birds* (1977) which became a record-breaking bestseller.

Arthur W. Upfield (1890-1964) was the author of popular crime fiction featuring the part-Aboriginal detective, Bony. His first novel *The House of Cane* was published in 1928.

Literature from New Zealand

New Zealand's authors are slowly beginning to become known. Katherine Mansfield Beauchamp (1888-1923) is considered one of the great masters of the short story form. Born in New Zealand, she came to London in 1903 to complete her education. She returned briefly to New Zealand, but went back to London in 1908. She began to write short stories in 1909. Her husband was an editor of several literary journals in which he published his wife's stories. In January 1923, Beauchamp died of tuberculosis in a sanatorium in Fontainebleau. After her death, her final collections of stories were published, including the well-known *Dove's Nest and Other Stories* (1923). In Mansfield's short fiction, the plot is slight, the events are presented through the sensibility of the central character. As a whole, her short stories mainly deal with the texture of everyday life. She also uses shifting time and flashbacks and multiple points of view.

Alan Duff's *Once Were Warriors* (1990) is one of the most talked-about books recently published in New Zealand. His novel is a frank and uncompromising portrayal of Maoris in New Zealand's society.

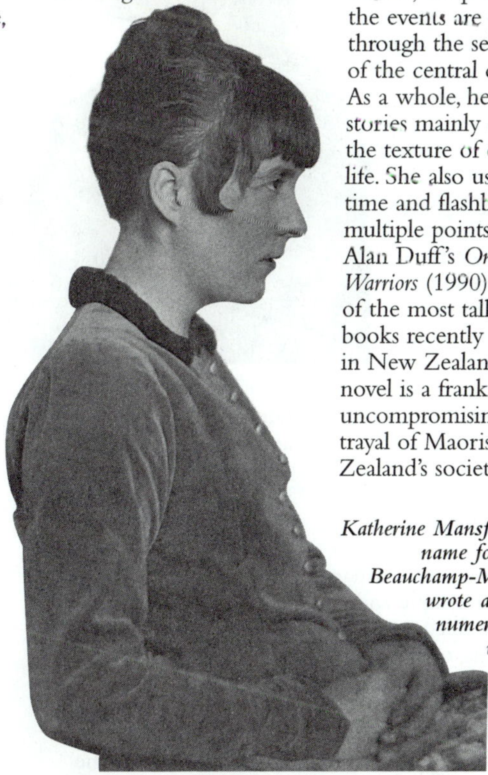

Katherine Mansfield (a pen name for Kathleen Beauchamp-Murry) also wrote a diary and numerous letters, which were published after her death.

Points clés

Birth of a National Literature in the USA

Naissance d'une littérature nationale aux États-Unis

Though American literature has long been considered as a mere part of English literature, as soon as colonization began, a new literature was born in the United States. Until the end of the 17th century, it belonged mainly to Puritan preachers who had a decisive influence over the creation of the American conscience.

Birth of a nation

In 1620, the Pilgrim Fathers, who were the pioneers of British colonization in North America, sailed aboard the *Mayflower* and founded a settlement at New Plymouth, Massachusetts. The expedition was initiated by a group of English Puritans fleeing religious persecution. William Bradford (1590-1657) is one of the main writers of that time and he was also the leader of the Plymouth colony until his death. His courage, wisdom and piety served as an example for all his companions. His writings epitomize (« incarnent ») the Puritan ideal of the simple and plain style, filled with the deep feeling of religious dedication.
Later on, Benjamin Franklin (1706-1790) symbolized the century during which philosophy and politics were intimately mixed to create a sort of secular humanism. His writings are varied (essays, letters, speeches, satirical works) but his masterpiece is undoubtedly his *Autobiography* (1792), in which he showed how he was concerned with the common benefits of mankind. Franklin stands as the perfect representation of the tolerant, reasonable, scientific, intellectual of the 18th century. It was a time when people believed in science and inquiry (« recherche ») and also when men's ideals were becoming more social. Thus literature was mainly connected to religion during the colonial period of the 17th century and to politics during the federal age of the following century because of the tremendous impact of the Revolutionary War. As far as literature was concerned, books were brought to America from the old Continent, so that American writers were few. Then a totally opposite way of thought developed in the 18th century as a rebellion against Puritanism. ■

B. Franklin was a philosopher, a scientist and an inventor.

The federal era

The political events were a major source of inspiration and a tremendous way of expression for many writers and thinkers of the 17th and 18th centuries. At the turn of the century, thanks to the discovery of new lands in Western territories, a new American reality was born and is to be found in the books written by George Washington (1732-1799) or James Hector St John de Crèvecœur (1735-1813), whose *Letters from an American Farmer* (1782) are one of the earliest interpretations of American society and became famous all over Europe.

On the other hand, James Fenimore Cooper (1789-1851), with *The Last of the Mohicans* (1826), was regarded as the first great writer and was very popular during his lifetime. He wrote a number of adventure novels about the Frontier in which he showed such ideas as the destruction of the Prairie, the intrusion of the white man upon Indian lands and such social and moral problems that made Balzac himself say that Cooper was born between a wild and a civilized world. He also wrote political pamphlets since he was politically engaged as a federalist who defended a hierarchical society. ■

English-native American relations in the 17th and 18th centuries were marked by a series of wars won by the English. The Indians had the choice between submitting to English sovereignty or moving out beyond the frontier.

Pilgrims going to Church *by George Henry Boughton (1833-1905).*

Index → littérature américaine

Points clés

American Fiction in the 19th Century

Le roman américain au XIXe siècle

The 19th century was in the old as well as in the new continent a period of deep transformations within the social pattern. Writers were consequently the witnesses of these changes and their books echo the main problem human beings are confronted with, namely the search for one's identity and one's place in a changing world.

The Puritan legacy

Puritanism prevailed over the first steps of American literature. As a consequence, Nathaniel Hawthorne (1804-1864) was still influenced by Puritanism. Yet he attacked intolerance and fanaticism in his books. He saw men as a mixture of good and evil, of sin and guilt, as beings forever torn apart between these two extremes. His characters display an inner moral conflict which isolates them and slowly brings them to death. *The Scarlet Letter* (1850), a sombre tale of adultery in Puritan Boston, exemplifies Hawthorne's concerns. Before that book, he had written a very interesting tale called *Young Goodman Brown* (1846). ■

Life on the Mississippi *(1883) is an autobiographical account of Mark Twain's experiences as a river pilot.*

The travelling spirit

Later on, the Secession War, the discovery of Western territories and then the huge metamorphosis of industrialization were a great source of inspiration for Mark Twain (1835-1910). *The Adventures of Tom Sawyer* (1876) and *The Adventures of Huckleberry Finn* (1884), his best works, are characterized by irreverent humour and biting social satire. He hated hypocrisy and oppression. Ernest Hemingway once wrote that all modern American literature came from one book, *Huckleberry Finn*. Mark Twain showed in his own life and in his books a deep taste for adventure and travelling as well as his interest in social problems and strong ideas. Indeed Twain recalls his own past in Missouri before the Civil War. ■

Henry James wrote psychologically complex works.

Europe and America

A whole series of writers were influenced by the European literature. For them, aestheticism prevailed over social matters. Henry James (1843-1916) was a master of the novella and an innovator in fiction who broke the contrasts between America and Europe. *Daisy Miller* brought him fame in 1878. Then, he wrote *Portrait of a Lady* (1891) and *The Wings of the Dove* (1902). *The Turn of the Screw* (1898) showed how well he could master his art. It is a masterpiece of psychological horror with Gothic devices and narrative realism. He also showed how important for him the theme of the corruption of being was. A novel was for him an aesthetically harmonious unit, in which the character is what he called the "centre of consciousness" who reflects life. ■

A new genre: the detective novel

Edgar Allan Poe (1809-1849) stands apart in American literature. A poet and a literary critic, he was also the first master of the short story form. The influence of Romanticism is unquestionable in his works. Most of his tales, such as *The Murders in the Rue Morgue* (1841), belong to the Gothic tradition and its usual components: abandoned houses, supernatural occurrences, corpses, nightmares, etc. Yet the characters' awareness give a further dimension to the panic that take possession of their minds when they are confronted with the sinister manifestation of death. Edgar Allan Poe believed in "analytic imagination". According to him, literary composition should obey very strict standards. It must be a methodical process in order to reach a maximum aesthetic effect. This earned Poe the name of "father of the detective story". ■

The Raven, *the famous poem written by Edgar Allan Poe (illustration by Gustave Doré, 1883).*

Points clés

Three Masters of American Poetry

Trois maîtres de la poésie américaine

Poetry is probably not so famous as fiction in American literature, and yet it is rich and important. Throughout the centuries some poets have expressed strong and personal ideas. The following authors belong to the "happy few" masters of American poetry who gained world-wide fame.

The cosmic poet

Odd as it may seem, Walt Whitman (1819-1892) devoted his life to a single work, *Leaves of Grass,* which he continually revised and expanded. It is meant to reflect the great diversity of the American nation and people. Whitman's childhood was quite unhappy. He had to work very early and then managed to write a few articles in papers. *Leaves of Grass,* a volume of poetry, first appeared in 1855. He spent hours exploring New York and had a passion for opera which can be felt in the rhythms and patterns of his poetry. Between 1855 and 1892, he published many versions of his poem, each volume offering revisions of earlier poems and fresh masterpieces such as the wonderful *Song of Myself* (1855). The core of his work is the democratic paradox: man's double allegiance to the individual self and to the collective body of the nation. For him, the poet must be a prophet and a teacher, a moralist and a spiritual leader. His style is based on rhythm, repetition and psalmodic parallels. Whitman and his writings were the subjects of much controversy in his life time, but now he is considered America's greatest poet. ■

Walt Whitman certainly had a major influence on American thought and literature.

Thomas Stearns Eliot was a famous poet, literary critic and dramatist.

A woman in poetry

Though Emily Dickinson (1830-1886) was a recluse who spent her whole life in the quiet obscurity of a small New England town, she is now considered a master of short lyric verse. She began writing in the 1850s. The range of experience and intensity of feeling expressed in her poetry seem paradoxical in a person whose reclusion grew such that she often hid at the first sign of visitors. Her poetry looks as if it were determined by the scale of her own world: there are swift flashes glimpsed from the window, timeless moments of observation of tiny, familiar creatures… She seems to be very sensitive to changing moods, like an approaching storm, a subtle slant (« rai ») of light, a ripple (« ondulation ») in the grass are magnified to express vast ideas on love, death and immortality. When she died in 1886, she left a legacy of nearly 1,800 untitled poems she had resisted publishing. Her complete works appeared in 1955. ■

Disillusion

T. S. Eliot (1888-1965) born in St Louis, Missouri, became a British citizen at the age of 39. He was already in his lifetime seen as a model in poetry. He received the Nobel Prize in 1948. He voiced the aesthetic and moral questions of his age, that is a generation exposed to war, Depression and a general breakdown of traditional values. While still an obscure clerk, he published several volumes of poetry including his masterpiece, *The Waste Land* (1922), a satire of man's inability to cope with his condition. Most critics see the culmination of his poetry in *The Four Quartets* (1943). These meditative poems merge (« mélangent ») many themes like history, war, religion. T. S. Eliot was also a dramatist. In 1935 he wrote a long verse play, *Murder in the Cathedral,* based on the 12th-century assassination of Saint Thomas Becket. His work was dominated by his concern with the interaction between past and present, between literary tradition and the individual. ■

Index → littérature américaine

Contemporary American Theatre

Le théâtre américain contemporain

During the 1929 crisis, dramatists got politically involved so that theatre became a real weapon. The dreadful events that occurred in the first half of our century were a great source of inspiration for writers and playwrights. In the '60s the European theatre of the Absurd influenced them a lot.

The turning point

Eugene O'Neill (1888-1953) was an important and prolific playwright. He had theatre in his blood. The American novelist Sinclair Lewis said O'Neill turned American drama into something "magnificent and often quite horrible a thing akin to a tornado". His plays are quite realistic and yet there are a lot of expressionistic devices, such as interior monologues and sounds – for instance *Strange Interlude* (1928). His masterpiece, considered to be *Long Day's Journey into Night* (1956), is a semi-autobiographical tragedy portraying destructive inter-family relationships. O'Neill was awarded the Nobel Prize for Literature in 1936. Both O'Neill and Arthur Miller were influenced by Henrik Ibsen (1828-1906). Miller was born in 1915. In his plays, the hero, a common and plain man, tries to assert his own identity. Thus Miller was very much concerned about the notion of collective responsibility such as in *All my Sons* (1947), *Death of a Salesman* (1949, Pulitzer Prize) or *The Crucible* (1953). In 1955, he wrote *A View from a Bridge* in which he tackled the problem of illegal immigration and honour. ■

Eugene O'Neill's life is indissociable from the theatre world he was born in, raised in and devoted to throughout his career.

Contemporary plays

After 1945, two well-known and very dissimilar playwrights wrote their masterpieces: Tennessee Williams and Edward Albee. Tennessee Williams (1911-1983) first achieved success as a dramatist with *The Glass Menagerie* in 1944, but his next play was even more successful: *A Streetcar Named Desire* (1947) was set in a New Orleans slum and brought into violent contrast a neurotic woman's dream world and the animalistic realism of her brother-in-law. William's plays reveal the darkest side of life in strange settings, but his characters live by experiencing a full emotional involvement in life despite the violence they encounter. His plays can be said to have set American theatre free from many of its conventions. They were not written for the sake of sensationalism but aimed at showing chaos to teach us dignity and decency. In 1954, Williams wrote another masterpiece: *Cat on a Hot Tin Roof.* All three of these plays contain poetic dialogues, highly original characters and are set largely in the American South. A lot of T. William's plays have been adapted for the cinema by famous directors: *Baby Doll* (1956), *Suddenly Last Summer* (1959)…

A Streetcar Named Desire *was successfully filmed in 1952 starring Marlon Brando and Vivien Leigh.*

Edward Albee, born in 1928, is one of the prominent names of American drama in the second part of our century. His experiments with new dramatic forms have made him the most international successful playwright since Williams. He condemns the "substitution of artificial for real values in our society" as well as its "complacency, cruelty, emasculation and vacuity". In his best-known play, *Who's Afraid of Virginia Woolf?* (1962), he uses a corrosive language, rituals and music to deal with such problems as social climbing, sexual impotence and the power of illusion. ■

T. Williams and E. O'Neill took part in the theatre renewal in Broadway.

Points clés

Classical Authors of the 20th Century

Les classiques du xxe siècle

American literature was actually recognized by Europe after the World War I, thanks especially to cinema and the values it displayed. However, the famous "American way of life" contributed a lot to making people aware of American literature as genuine.

The "lost generation"

The reaction against 19th century Romanticism, already being felt at the turn of the century, was given great impetus by the scaring experiences of World War I. The horrors and brutality of the war had a lasting impact on American writers. The fiction of the 20th century emerged from World War I on a realistic and anti-Romantic path and it was seldom strayed since. A whole generation of writers, the "lost generation", looked beyond the Ocean to find hope or despair. Francis Scott Fitzgerald (1896-1940), Ernest Hemingway (1899-1961) and John Dos Passos (1896-1970) gave the American novel new dimensions and had a real importance over Europe because of the universe they depict.

In the '30s, many writers became involved in the struggle for social justice. John Steinbeck (1902-1968), for instance, tried to make people become conscious of the problems of their society. His sympathy goes out to the poor, the losers, the victims of the Depression (*The Grapes of Wrath,* 1939). The subject of *Of Mice and Men* (1937) is the friendship between two ranch-hands, George and Lennie, who dream of owning a little farm in the West. Henry Miller (1891-1980) tried to depict helpless beings in a universe mastered by money, work and a day-to-day search for happiness and to show how mankind could find a deep religious thought

Hemingway wrote A Farewell to Arms *(1929) and* The Old Man and the Sea *(1952).*

John Steinbeck, Nobel laureate, describes the struggle of people who depend on the soil for their livelihood.

thanks to love and adventure (*Tropic of Cancer*, 1934, *Tropic of Capricorn*, 1939).
William Faulkner (1897-1962) wrote novels and stories set in a fictional county called Yoknapatawpha. He is well-known for his vivid picture of a decadent South that he thought had never recovered from the guilt of slavery and the trauma of the Civil War. He was awarded the Nobel Prize for Literature in 1949 and published such wonderful texts as *The Sound and The Fury* (1929) or *Requiem for a Nun* (1951). ■

Post-war novelists

After World War II, a number of young writers appeared and sometimes were uneasy to classify as each one was unique.
Norman Mailer belongs to the prominent names of these solitary writers. Born in 1923 in New Jersey, he is today something of a public figure, both philosopher, journalist and writer. He is often seen as a sort of reporter of modern culture, interested in social and political problems and in trying to shake people out of their complacency. He sees man's life as an existential search for identity in an absurd and violent world. His first novel, *The Naked and the Dead* (1948), is a masterpiece inspired by World War II. *The Armies of the Night* was awarded the Pulitzer Prize in 1968.
On the other hand, the novelist Jack Kerouac (1922-1969) or the poet and spokesman (« porte-parole ») of the hippies Allen Ginsberg (1926-1997) represent a group of authors whose books show the essential values of a human life which would have been morally regenerated, though Ginsberg's spiritual quest was much stimulated by drugs, insanity and homosexuality. On the whole, this diversity of tempers and tendencies in the States today epitomizes (« résume ») the chances, disorders and dramas of our civilization. ■

In The Great Gatsby *(1925) and* Tender Is the Night *(1934), F. S. Fitzgerald chronicles the glitter and excess of American society in the '20s.*

Points clés

Black American Authors

Les auteurs noirs américains

The States before 1929 thought it was the most advanced civilization. Yet prosperity and consumption estranged some people from society. Black artists expressed their deferred hopes in the Harlem Renaissance, a literary movement looking back to Africa to assert their identity while attacking the values and prejudices of white America.

The ghetto

Richard Wright (1908-1960) was born on a plantation in Mississippi. This self-educated man first wrote articles as a journalist and then turned to literature. All his stories and novels tell of the desperate fight for survival and recognition of the African Americans before 1939. *Native Son* (1940) and *Black Boy* (1945) are now known all over the world. His favourite theme is the uprooting of Blacks from rural America and their nightmarish "underground" life in the Northern cities. He shows their moral, intellectual and psychological alienation in the ghetto, with violence as the only outfit. *Black Boy,* largely autobiographical, describes the miserable and brutal background of his youth and his struggle to read and write in a society that would not recognize his talents. *Native Son* is the story of Bigger Thomas who lives in the slums of Chicago. He is led to commit a murder because of the overwhelming pressures of society. The way Wright expresses his hero's thoughts and feelings makes the reader understand his harsh experience. ■

Richard Wright was one of the first American black authors to protest against discrimination.

Invisible men...

Many of the novels written in the '50s and '60s show maladjusted heroes caught between different cultures and searching their own identity. Like Richard Wright, James Baldwin (1924-1987) expressed such feelings in his work. He was born in Harlem and in 1944 met Wright who encouraged him to write. He published essays, such as *The Fire Next Time* (1963) and novels, like *Go Tell It on the Mountain*

Harlem is home to a predominantly black population.

(1953). Confronted with racial humiliations in the squalid (« sordide ») environment where he was brought up, he put his experiences into an impassioned and angry plea for equality and dignity. In his novels and essays, he depicts the place of the Black man in American society, the ghetto life with its frustrations and longings, the situation of the Black intellectuals and artists as well as the problem of interracial love and homosexuality, for example in *Giovanni's Room* (1956). He once wrote that the purpose of the artist was to "make the world a more human dwelling place". The necessity for Whites and Blacks to live together is his major message, something he was often criticized for.

Ralph Ellison (1914-1994) was born in Oklahoma City. In 1937, he met Langston Hughes and Richard Wright who became his mentors. He started writing short stories, essays and reviews for several magazines. His major book, *Invisible Man* (1952), received the National Book Award in 1953. The main theme he develops in his work is man's search for identity. *Invisible Man* for instance is a partly autobiographical novel relating a journey from invisibility to vision and freedom. The nameless hero, a Southern Black boy, struggles to make a living. Though he ends up hibernating in a cellar, the final message is one of hope, love and forgiveness. Ralph Ellison brilliantly uses many stylistic devices such as the Harlem language, many puns (« jeux de mots ») and ironic remarks; he also uses black folklore and the rhythms of jazz and blues to convey the movement of the scenes he depicts. ■

James Baldwin pleaded for equality and dignity.

Points clés

American Detective Fiction

Le roman policier américain

It is generally agreed that the creator of the genre is Edgar Allan Poe (1809-1849) with his short story *The Murders in the Rue Morgue,* which gathers all the elements of the detective story. It then branched off into two main directions: the classical detective story and "hard-boiled" detective fiction.

The detective story

S. S.Van Dine published novels from 1927 to 1939 (for example, *The Twenty Rules of the Detective Story* in 1929), featuring a sophisticated detective, Philo Vance. American detective fiction reached its peak in the '30s and '40s with Ellery Queen, a pen name for two cousins. They were so popular that in 1941 they started *The Ellery Queen Mystery Magazine,* which still publishes detective fiction. ■

James Ellroy has chosen to depict what he thinks is the real face of America, the face of crime. L. A. Confidential *is set in Los Angeles in the 50's. It deals with a horrific mass murder.*

"Hard-boiled" detective fiction

In the mid-'20s, a new form of mystery emerged, rivalling with the detective story: "hard-boiled" fiction (« le roman noir »). It depicted the gruesome reality of American city life: crime, violence, corruption and vice. A new race of detectives, the "hard-boiled" private-eye, who is tough, unscrupulous and sometimes even violent, fought the underworld (« la pègre »). The undisputed masters of the genre are Samuel Dashiell Hammett (1894-1961) and Raymond Thornton Chandler (1888-1959). Dashiell Hammett's detective, Sam Spade, is a tough guy who prefers action to thinking. Here are some of Hammett's most famous novels: *The Maltese Falcon* (1930), *The Glass Key* (1931) and *The Thin Man* (1934). Raymond Chandler's hero, Philip Marlowe, is endowed with a generous heart, an insight into the human soul as well as a very strong sense of honour. Chandler's work, noted for its realism, includes *The Big Sleep* (1939), *Farewell, my Lovely* (1940) and *The Lady in the Lake* (1943). Their main successors are :

- Ross McDonald: *The Moving Target* (1949), *The Drowning Pool* (1950) and *The Galton Case* (1959).
- Mickey Spillane: *I the Jury* (1947).
- Ed McBain: *Cop Hater* (1959) and *Killer's Wedge* (1959).
- Chester Himes: *All Shot Up* (1960) and *Plan B* (1968). ■

Edgar Allan Poe is generally regarded as the creator of detective fiction.

Patricia Cornwell's mysteries are well-plotted and gripping. In Post-Mortem, *forensic pathologist (« médecin légiste ») Kay Scarpetta tracks down a maniac who attacks young women.*

The thriller

The thriller stages characters who are tracked down. The story is seen from the victim's point of view and the reader shares his terror and anguish.

- William Irish (*The Bride Wore Black*, 1940) is the king of suspense.
- Patricia Highsmith's psychological thrillers describe with detachment the awakening of culpability in an ordinary man, Ripley, who has become a criminal (*Strangers on a Train,* 1950).
- Mary Higgins Clark is called "the terror fairy" (*A Cry in the Night,* 1982; *We'll meet again,* 1999; *The Second Time Around,* 2003). ■

Recent crime fiction

Here are a few guaranteed good reads in recent American crime fiction:

- James Ellroy's books are violent and powerful. He is one of the greatest writers of contemporary crime fiction thanks to *The Black Dahlia* (1987), *L.A. Confidential* (1990), *White Jazz* (1991) or *American Tabloid* (1995).
- Patricia Cornwell created Dr Kay Scarpetta, a chief medical examiner, who tracks down serial killers: *Post-Mortem (*1990), *Cause of Death* (1996), *Blow Fly* (2003).
- Scott Turrow is the best-selling author of *Presumed Innocent* (1987) and *the Burden of Proof* (1990).
- Sue Grafton's Californian detective, Kinsey Millhone, is the star of the famous alphabet novels. *B for Burglar* (1985), *I for Innocence* (1992), *Q is for Quarry* (2003).
- Donna Tart has notably written *The Secret History* (1992). This is a brilliant literary crime story which takes place in an elite American college.
- Elizabeth George's plots are set in England. She has chosen quite an original detective: an English Lord! She has written *A Great Deliverance* (1988), *Missing Joseph* (1992) and *A Place of Hidding* (2003). ■

Index → littérature américaine

Points clés

American Fantasy and Science-Fiction

Le roman américain fantastique et de science-fiction

If American fantasy and science-fiction were originally influenced by the British, U S writers were quickly able to develop their own characteristics based on materialism and science and, finally, became the leaders of a genre which remains more popular than ever.

The origins

Though elements belonging to the fantastic can be found in authors like Washington Irving (1783-1859) or Nathaniel Hawthorne (1804-1864), the two main precursors were Edgar Allan Poe (1809-1849) famous for his short stories, for example *The Fall of the House of Usher,* and H.P. Lovecraft (1890-1937) who, with titles like *Dagon,* created a frightening universe inspired by his nightmares. ■

Isaac Asimov also wrote **I, Robot** *(1950) and* **The Naked Sun** *(1957).*

The golden age: 1920-1970

With materialism, science-fiction took over the irrational story and became the leading genre from the '20s (with the apparition of "pulp" magazines like John Campbell's *Astounding Stories*) up to the '60s. Though they overlap (« se chevauchent »), we can make a distinction between several tendencies.

• The "hard science" school: '30s-mid-'50s. This name was given by John Campbell. This tendency gave priority to scientific thought process (« raisonnement »). It consisted mainly of epic "space operas" and was generally conservative. Its main authors are Jack Williamson *(Legion of Space)* or Leigh Brackett.

• The age of asterpieces: mid-'40s-early '60s. This period saw the appearance of four giants of science-fiction who gave the genre a different tone. Alfred Van Vogt is famous for his *$\bar{A}$ Saga* (1945), his complex writing technique and the philosophical outlook of his works. Isaac Asimov (1920-1992) was a famous scientist. His *Foundation Trilogy* (1951-1953) is filled with psychological and socio-economical reflexions on the evolution of society. Robert Heinlein's *Stranger in a Strange Land* (1961) became a reference book for the hippie generation. Ray Bradbury's *Martian Chronicles* (1950) is a poetical and anti-racist book.

• Science-fiction as protest: '60s-'70s. After the Cold War and thanks to the counter-culture, the genre started criticizing the American Dream. Philip K. Dick (1928-1982) questions reality

Dune *was successfully adapted for the cinema by David Lynch in 1984.*

and imagines a world where the Allies have lost World War II *(Ubik, The Man in the High Castle).*
Philip José Farmer's *Lovers* (1952) has anti-puritan sexual connotations.
Frank Herbert's *Dune* (1965) is a visionary and humanitarian epic saga.
Robert Sheckley's *Dimension of Miracles* (1968) is a Swiftian ironical tale.
Norman Spinrad's *Bug Jack Barron* (1969) is a severe indictment of the power of television.
Ursula Le Guin's *Left Hand of Darkness* (1969) brings a feminine touch to a chauvinist genre. ■

From '70s to nowadays

Public taste has turned towards more individual matters. Personal anguish has replaced questions about society.

• A modernized fantastic.
Stephen King (born in 1947) is behind the rebirth of the fantastic genre to which he gave a horror tone with *The Shining, Salem, Carrie, It…*
Peter Straub (born in 1943) adds a psychological dimension to his stories (*Koko, Mystery* or *The Throat*).
Ann Rice's *Interview with a Vampire* gives the myth an implicit sexual tonality.
• A literature of the extreme.
This evolution will cause alternative literature to become even more avant-garde. On the science-fiction field, "cyberpunk" mixes futuristic imagery, computing and virtual reality (Ian Gibson's *Neuromancian,* 1984).
As far as the fantastic is concerned, Poppy Z. Brite (born in 1967) mixes explicit sexuality, "rock and roll attitude" and very realistic horror *(Lost Souls).*
By exploring these new territories, American parallel fiction continues to be a window open onto our future. ■

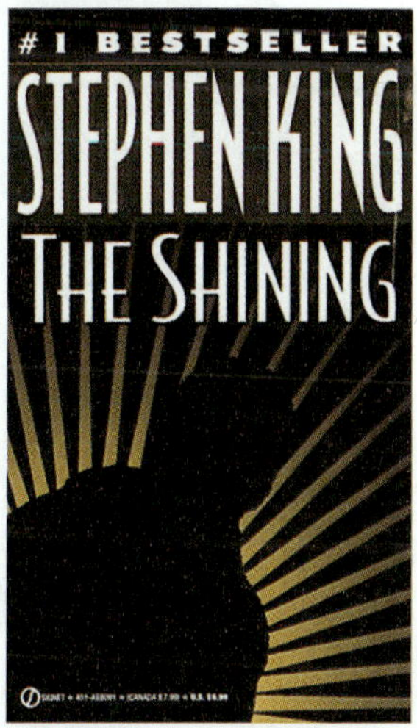

Stephen King is the most famous author of horror and fantasy tales at the moment.

FICHES PRATIQUES

Pour se documenter

Un guide pour s'entraîner à l'anglais, lire la presse, regarder la télévision et des vidéos, faire des voyages...

L'épreuve de langue vivante 1 (LV1) au baccalauréat est une épreuve écrite pour tous les candidats des séries générales (L, ES, S). En langue vivante 2 (LV2), c'est une épreuve orale en ES, mais écrite en L et S. Dans les séries technologiques (STI toutes spécialités, STL toutes spécialités, SMS et STT dans les spécialités informatique et gestion et comptabilité et gestion), l'épreuve est également écrite.

Les épreuves écrites

Ces épreuves varient selon la série.

• Série L : épreuve de 3 heures, coefficient 4. LV1 : compréhension de l'écrit, expression, compétence linguistique (14 points) + traduction (6 points).

L'épreuve portera sur un ou deux textes extraits d'une œuvre littéraire (roman, essai, poème, nouvelle…) ou de la presse écrite. Si l'on vous propose deux textes, ceux-ci se complèteront ou s'opposeront. La longueur totale n'excédera pas 60 lignes et des notes de vocabulaire pourront vous aider. Cette épreuve consistera en un commentaire à partir d'une série de questions souvent pointues et d'une discussion portant sur le ou les textes. La compétence linguistique et l'analyse de la langue s'intégreront à cette étude sous forme d'analyse de formes grammaticales, d'organisation du discours, de repérages de procédés rhétoriques, mais elles pourront aussi prendre la forme de reformulation, de transposition… Enfin, une version, de 10 lignes au maximum, complétera l'épreuve en série L. Le candidat devra montrer qu'il a compris le texte, qu'il est apte à le traduire dans un français cohérent tout en respectant le niveau de langue.

• Série ES et S : épreuve de 3 heures, coefficient 3. LV1 : compréhension de l'écrit et compétence linguistique (10 points) + expression écrite (10 points). L'épreuve portera sur un seul texte extrait d'une œuvre littéraire ou de la presse écrite. Ce texte pourra être le même qu'en série L. L'épreuve consistera en trois parties bien distinctes :

• la compréhension de l'écrit avec une série de questions sur le sens littéral du texte et sur sa signification profonde ;

• la compétence linguistique avec des exercices variés de types reformulation, transformation, transposition, ou une traduction de 5 lignes maximum ;

• l'expression personnelle par laquelle vous montrerez que vous êtes capable de défendre un point de vue, d'exprimer un jugement, de raconter une histoire sous la forme d'un

Le passage d'une épreuve orale du baccalauréat.

essai, d'un dialogue, etc. En général, environ 300 mots seront demandés. Parfois, quelques phrases de thème pourront vous être proposées.

• Séries technologiques SMS, STL, STI, STT : épreuve de 2 heures, coefficient 2.
LV1 : compréhension de l'écrit (10 points), expression écrite (10 points).
L'épreuve portera sur un seul texte, extrait d'une œuvre littéraire ou de la presse écrite, qui n'excédera pas 30 lignes. Quelques mots de vocabulaire pourront être ajoutés. L'épreuve consistera en une série de questions permettant d'évaluer la compréhension littérale du texte et en un exercice d'expression personnelle d'une longueur de 100 mots environ, permettant de juger la capacité à répondre d'une façon personnelle à des questions simples portant sur le texte.

• Série L, LV2 : épreuve de 3 heures, coefficient 4. Compréhension de l'écrit et traduction (10 points), expression écrite (7 points). C'est le même type d'épreuve que celle des séries S et ES en LV1, avec un texte de 30 à 50 lignes.

Récapitulatif

	L-LV1	L-LV2	ES/S	STT
Compréhension de l'écrit	7	7	6	12
Compétence linguistique		3	4	
Expression écrite	7	10	10	8
Traduction	6			
Durée de l'épreuve	3 h	3 h	3 h	2 h
Coefficient	4	4	3	2

Les épreuves orales

Là aussi, le type d'épreuve dépend de la série.

• Série L, LV1 renforcée : durée 20 min (+ 20 min de préparation), coefficient : 4. L'épreuve est en deux parties :
• interrogation sur l'un des dix textes présentés par le candidat ou sur un extrait de cent pages d'une œuvre littéraire. Il s'agira de présenter l'œuvre, de montrer qu'on l'a lue et comprise, que l'on possède des connaissances culturelles et/ou de civilisation ;
• entretien à partir d'un document inconnu (écrit/enregistré/photo, etc).

• Série ES, LV1 renforcée : durée 20 minutes (+ 20 min de préparation), coefficient 2. L'épreuve se présente en deux parties :
• interrogation sur l'un des quinze textes présentés par le candidat ;
• entretien à partir d'un document inconnu ou entretien « libre » sur le texte de la première partie.

• Série ES, LV2 : interrogation sur l'un des textes présentés par le candidat. Le coefficient est de 5.

• Série STT LV1 : durée 20 min (+ 20 min de préparation), coefficient 3. L'épreuve se déroule en deux parties :
• interrogation sur l'un des dix textes présentés par le candidat ;
• entretien « libre » sur le texte.

• Série STT LV2 (pour toutes les spécialités) : caractéristiques identiques à celles de la série STT LV1, mais le coefficient est de 2.

Lire et comprendre un texte

La première activité du candidat au baccalauréat sera de lire efficacement le texte proposé (c'est-à-dire le comprendre). Elle est essentielle pour la suite de l'épreuve (répondre aux questions, faire certains exercices liés au texte, etc.). Elle requiert une grande concentration.

L'approche du texte

Un entraînement régulier à la lecture de textes anglais et au repérage des éléments porteurs de sens est la meilleure préparation à la compréhension écrite. Anticipez en lisant le titre du texte et de l'ouvrage dont il est extrait, le nom de l'auteur, la date de publication : tous ces éléments peuvent être des indices pour une meilleure compréhension. Notez le genre du texte : article de presse, extrait de roman, d'une pièce de théâtre, etc. Lisez le texte en entier et attentivement pour comprendre le sens général. Ne vous attardez pas sur les mots inconnus (il y en aura toujours), mais posez-vous des questions simples telles que : où ? quand ? qui ? quoi ? Prenez ensuite connaissance des questions sur le texte. Elles peuvent aider à sa compréhension et orienteront la seconde lecture.

Lire régulièrement en anglais est le meilleur entraînement qui soit à l'épreuve du baccalauréat.

Comment lire un texte ?

Lisez le texte une seconde fois en entier, surlignez de différentes couleurs les personnages (pour noter leurs relations), les lieux et les mots de liaison qui indiquent les articulations et les enchaînements d'idées (conséquence, but, comparaison, cause, etc.). Notez les temps des verbes pour mettre en lumière la chronologie des événements. Annotez le texte si cela peut vous aider à en clarifier le sens. Étudiez l'organisation des paragraphes s'il y a lieu. Les mots inconnus ne doivent pas empêcher la compréhension globale du texte. Il faut essayer

de cerner, de deviner le sens de chacun en utilisant déduction et logique.

- Quelle est sa place dans la phrase ? A-t-il celle d'un nom, d'un adjectif, d'un verbe ?
- Quels mots l'entourent ? Il faut alors prendre en compte le contexte.
- Comment est-il formé ? (Comprend-il un suffixe, un préfixe ? Est-ce un mot composé ?)
- Dans le cas d'un mot ou d'une expression composé, le dernier élément est habituellement le plus important (c'est donc celui que l'on traduit en premier en français).

➡ *Home-made cake.* Gâteau fait maison.

- Essayez de rapprocher le mot inconnu d'un mot de la même famille, d'un mot dérivé ayant une racine connue.
- Pensez peut-être à un mot français ou latin approchant, mais attention aux faux amis !

➡ *Actually.* Vraiment/ en fait.

➡ *Library.* Bibliothèque.

➡ *To support.* Soutenir.

- N'oubliez pas que les questions posées sur le texte peuvent aider à comprendre certains mots. L'essentiel est d'avoir une image claire et cohérente du texte.

Les types de questions

Abordez enfin les questions et commencez par répondre à celles qui ne posent pas de problème. N'hésitez pas à relire le texte ou certains de ses passages une troisième fois si vous en ressentez la nécessité. Les premières questions sont souvent assez simples et factuelles.

➡ *"Where and when does the scene take place? Specify the country, place ... and justify by quoting from the text."*

➡ *"Who are the main characters?"*

➡ *"Give James's and Margaret's full names."*

➡ *"What were the respective occupations of the following characters."*

Continuez les exercices de compréhension dans l'ordre et répondez à toutes les questions. Respectez scrupuleusement les consignes que l'on vous donne. Vous rencontrerez différents types de questions.

- *Right or wrong/true or false,* avec ou sans justification. Si l'on vous demande de justifier votre réponse *("Justify by quoting")*, il vous faudra citer le texte *("Quote the text")*, c'est-à-dire reprendre fidèlement un morceau de phrase en indiquant la ligne où il figure. On pourra également vous demander de faire une phrase avec vos propres mots *("Express in your own words")*.
- Un QCM (questionnaire à choix multiple) qui peut porter sur les personnages, les lieux, les dates ou les points de vue (qu'il s'agisse de ceux des personnages ou du narrateur).
- Trouver des synonymes ou des contraires *("Find the equivalent or the opposite of...")* de certaines expressions idiomatiques du texte.
- Trouver à quoi se réfèrent certains mots *("What do the following words refer to?")*.
- Version : traduire *("Translate into French")* quelques lignes du texte. Il s'agit d'un exercice de français et le mot à mot est à éviter.
- Thème : traduire du français en anglais *("Translate into English")* quelques phrases en rapport avec le texte.
- Questions sur le ton ou l'atmosphère du texte : à faire en dernier lorsque le texte, grâce aux autres questions, aura été « décortiqué » et compris.

Les exercices les plus courants au baccalauréat

Les cinq ou six exercices proposés en compétence linguistique sont variés mais contraignants. Ils portent sur plusieurs points de grammaire et permettent de juger de l'acquisition de la syntaxe de base. Dans cette épreuve de LV1 de trois heures, 40 à 50 minutes devraient suffire à la compétence linguistique. Les consignes peuvent être en anglais ou en français le jour de l'examen. Les fréquences sont données ici à titre indicatif, elles peuvent varier d'une année à l'autre.

Les QCM

Les questionnaires à choix multiple concernent :
- les prépositions ;
- les adverbes ;
- les conjonctions ;
- les postpositions ou particules adverbiales ;
- les temps des verbes avec des marqueurs tels que *ago, since, for, when, if...* ;
- les constructions verbales ;
- la prononciation de mots, de consonnes ou de syllables.

Fréquence moyenne.
Voici quelques exemples d'intitulés :

➥ « À chaque phrase correspond une explication. Entourez la lettre pour chaque explication choisie. »

➥ « Entourez *a, b* ou *c* pour obtenir une phrase correcte. »

➥ *"Choose/tick the correct/the right answer."*

Les exercices lacunaires

Remplissez avec des mots ou des expressions des blancs *("blanks")* dans une phrase en vous conformant aux consignes données.
Type d'exercice très fréquent.
Exemples d'intitulés :

➥ *"Fill in the blanks with the words from the list below."*

➥ *"Fill in the gaps with the appropriate link-words."*

"Matching"

Ce type d'exercice repose sur la cohérence grammaticale et du sens. Il faut donc veiller à ce que les divers éléments que l'on demande d'associer soient compatibles.
Type d'exercice peu fréquent.
Exemples d'intitulés :

➥ *« Reliez les propositions suivantes à l'aide des mots de liaison [...] de façon à obtenir des phrases cohérentes. »*

➥ *« Construisez cinq phrases cohérentes en utilisant pour chaque phrase un élément de chacune des trois colonnes. »*

Savoir sur quel type d'exercice vous pouvez tomber vous permettra de mieux vous préparer.

Les exercices les plus courants au baccalauréat

Reformulation/ réécriture

On pourra vous poser différents types de questions :

- passer du style direct au style indirect (ou inversement) ;
- passer de la forme active à la forme passive (ou inversement) ;
- reformuler une phrase à partir d'une amorce ;
- raccorder deux morceaux de phrases avec un mot de liaison.

Très grande fréquence.
Exemples d'intitulés :

➥ *"Rephrase these sentences using the prompts."*

➥ *"Using the starters, rephrase the following sentences and phrases."*

➥ *"Rewrite the passage into reported speech."*

Thème/version

En ES et S, il vous sera souvent proposé soit un court passage du texte à traduire en français (version), soit quelques phrases à traduire en anglais (thème). En série L, il s'agira d'une version obligatoire n'excédant pas 10 lignes.
Exemples d'intitulés :

➥ *"Translate the following sentences into French/into English."*

Les dérivations

À partir d'un mot parfois tiré du texte, il s'agit de trouver un autre mot de la même famille, ayant la même racine (c'est-à-dire un mot dérivé).
Exemples d'intitulés :

➥ *"Fill in the following grid (noun/adjective/verb)."*

➥ *"Use the root-words in capitals to form words that fit the blanks."*

➥ « Complétez les phrases suivantes à l'aide de l'adjectif de nationalité correspondant au nom de pays donné entre parenthèses. »

Les exercices notionnels

Dans une situation donnée, le locuteur doit exprimer un point de vue précis (obligation/conseil/probabilité/interdit/condition/habitude/etc.)
Exemples d'intitulés :

➥ *"In the following grid, what is expressed by each phrase or sentence? Tick the right box: constat d'obligation/devoir moral/plan préétabli."*

➥ « Comment diriez-vous à quelqu'un qu'il est interdit de fumer dans un endroit public (proposez deux manières différentes de l'exprimer) ? »

Les exercices portant sur l'accent tonique ou sur la prononciation

Dans ce type d'exercice, il s'agit, dans la majorité des cas, d'indiquer quelle est la syllabe ou la voyelle qui est accentuée à l'oral dans tel ou tel mot.
On pourra alors vous demander de souligner cette voyelle accentuée, de l'entourer d'un trait ou encore de la distinguer par tout autre moyen spécifié dans les consignes que l'on vous donnera à cet effet.
On pourra également vous interroger sur la prononciation d'une lettre, d'une syllabe ou encore d'un mot entier. Mais ce type d'exercice est assez peu fréquemment proposé.
Exemples d'intitulés :

➥ *"All the following words from the text correspond to a different sound. Write each word under the appropriate sign and example."*

➥ « Regroupez dans le tableau ci-dessous les termes suivants empruntés au texte selon qu'ils sont accentués sur la première, la deuxième ou la troisième syllabe. »

Les pièges à déjouer au baccalauréat

Il faut bien lire les intitulés d'exercices pour comprendre ce que l'on vous demande. Mais leur terminologie peut poser problème. Voici quelques conseils pour déjouer ces pièges ainsi qu'une liste des termes les plus employés.

Quelques recommandations

Commencez par les exercices qui vous sont familiers. N'hésitez pas à rédiger certaines phrases au brouillon. Pensez à des constructions ou à des phrases types que vous avez apprises par cœur qui peuvent vous servir de modèle.

• QCM. Avant de choisir la réponse, veillez :
1) aux accords ;
2) à la concordance des temps (un indice dans la phrase permet souvent de trouver la réponse) ;
3) à la construction d'expressions apprises par cœur afin de créer des automatismes.
En cas d'hésitation entre les différentes solutions, procédez par élimination, mais donnez toujours une réponse.

• Exercices lacunaires. Considérez le contexte avant de faire un choix. Lisez bien l'intitulé de l'exercice (si les mots d'une liste sont à utiliser une seule fois, rayez-les au fur et à mesure).

• *Matching.* Le sens et la grammaire étant liés dans ce type d'exercice, faites attention aux constructions qui semblent proches *(➥ I used to ≠ to be used to).*

• Reformulation/réécriture. Veillez bien aux changements grammaticaux consécutifs au nouveau point de vue adopté dans l'amorce proposée.

• Remise dans l'ordre. Repérez ce qui constitue l'ossature de la phrase (verbe/sujet/adjectif), puis placez les prépositions, les adverbes, les adjectifs en veillant à leur place. Ou bien repérez les mots qui peuvent « marcher ensemble » (nom + adjectif ou verbe + postposition ou préposition + compléments, etc.), puis assemblez-les en groupes. Ne négligez jamais la ponctuation.

• Dérivations. Pour être à l'aise dans ce genre d'exercice, vous devrez tout au long de l'année vous familiariser avec la morphologie des mots (suffixes, préfixes…) et leur sens. Ainsi, les préfixes *in/ir/un/dis* expriment un contraire.

• Exercices notionnels. Si plusieurs solutions semblent possibles, tenez compte du contexte et de la situation envisagée : quel point de vue est adopté ? Attention au niveau de langue.

• Thème/version. En général, les phrases à traduire comportent des structures grammaticales courantes.

Les pièges à déjouer au baccalauréat

1) Version : lisez bien le texte anglais pour en saisir le sens général.
2) Évitez la transcription pure et simple d'une langue à l'autre, mais restez fidèle au texte de départ.
3) Respectez le niveau de langue. Pensez notamment à la traduction de *you* (tu ou vous ?) et au style (narratif, direct…). Ne laissez pas de blancs ni de mots en français (pour le thème).

• Accent tonique et prononciation.
Il n'y a pas véritablement de règle pour indiquer la place de l'accent tonique dans les mots, mais voici quelques généralités :
• les mots d'une syllabe sont accentués (sauf les articles, conjonctions, prépositions, etc.) ;
• les mots de deux syllabes sont en général accentués sur la première,
➥ *Driver. English ;*
mais sur la seconde si la première est un préfixe.
➥ *Inside. Forgive ;*
• les mots de trois syllabes sont en général accentués sur la première.
➥ *Difficult. Animal.*
Il y a beaucoup d'exceptions en anglais, il faut donc apprendre le mot à la fois avec son accentuation et sa prononciation. ■

Petit lexique pour la compétence linguistique

• *to account for*	expliquer, justifier
• *brackets*	parenthèses
• *a chart*	un tableau
• *to choose*	choisir
• *to circle*	entourer
• *comparative form*	le comparatif
• *to complete*	compléter
• *compound adjectives/ compound nouns*	adjectifs composés/ noms composés
• *to connect*	lier, relier
• *derived from*	dérivé de
• *direct speech*	discours direct
• *to fill in the blanks*	remplir/compléter les blancs
• *a grid*	une grille
• *indirect or reported speech*	discours indirect
• *to justify (by quoting)*	justifier (en citant)
• *a key-word*	un mot clé
• *to link*	lier/relier
• *to name*	nommer/citer
• *to pick out (words, phrases)*	relever, (des mots, des propositions)
• *to point out (four elements…)*	indiquer (quatre éléments…)
• *prompts*	amorces
• *to put in order*	mettre dans l'ordre
• *to quote*	citer
• *to reorder*	remettre dans l'ordre
• *to rephrase*	reformuler
• *to replace (the words by…)*	remplacer (les mots par…)
• *to rewrite*	réécrire
• *a root-word*	un mot racine
• *a sentence*	une phrase
• *starters*	amorces
• *to stress*	accentuer
• *to tick*	cocher
• *to translate*	traduire
• *to turn into*	transformer
• *to underline*	souligner

Conseils pour l'épreuve d'expression écrite (1)

En prenant connaissance du sujet de l'essai en expression écrite, il faut repérer le type de texte que l'on demande de rédiger – lettre, commentaire, dialogue, page de journal intime, etc. – afin d'adapter la forme et le style de la réponse. Voici quelques pistes pour organiser et lier les idées, argumenter et discuter les opinions.

Présenter un sujet, un problème, une idée

Ces expressions vous permettront d'introduire le sujet :

➡ *People often say that/it has often been said that.* On dit souvent que.

➡ *It cannot be denied that.* On ne peut nier que.

➡ *[...] is a burning issue.* [...] est une question d'actualité brûlante.

➡ *[...] is a much debated problem.* [...] est un problème très controversé.

➡ *It is a well-known fact that...* C'est un fait reconnu que...

➡ *The first question that arises is.* La première question qui se pose est.

Organiser et hiérarchiser les idées

Pour ce faire, il faut :

• Faire un plan.

➡ *To begin with/first/firstly/first of all/in the first place/to start with.* Pour commencer.

➡ *In the second place, secondly, then, next.* Deuxièmement.

➡ *Thirdly, in the third place.* Troisièmement.

➡ *Lastly, finally, eventually, in the end.* Finalement.

➡ *To conclude, in conclusion.* Pour conclure.

• Présenter son point de vue, donner son opinion.

➡ *It seems to me that.* Il me semble que.

➡ *What I think is that.* Je pense que.

➡ *Personally, I believe that.* Personnellement, je crois que.

➡ *As far as I am concerned.* En ce qui me concerne.

➡ *In my opinion, to my mind.* À mon avis.

➡ *I have the feeling that.* J'ai le sentiment que.

Apprendre à aborder un sujet, à organiser ses idées et à les argumenter vous aidera également à vous exprimer à l'oral.

Conseils pour l'épreuve d'expression écrite (1)

• Donner des exemples.
➥ *For instance, for example.* Par exemple.
➥ *Namely, that is to say.* À savoir.
➥ *What I mean is that.* Ce que je veux dire c'est que.
➥ *Such as.* Tel que. *Like.* Comme.
➥ *Particularly.* Particulièrement.

• Ajouter des idées pour ou contre.
➥ *Moreover, besides, furthermore.* En outre, de plus, par ailleurs.
➥ *Or else.* Ou alors.
➥ *On top of that.* En plus de cela.
➥ *And yet.* Et pourtant.
➥ *However.* Cependant.
➥ *Despite.* En dépit de.
➥ *On the contrary.* Au contraire.

Argumenter

Vous pourrez exprimer :

• L'accord.
➥ *I (fully) agree with.* Je suis (entièrement) d'accord.
➥ *It's true to say.* Il est juste de dire.
➥ *One must admit that.* Il faut admettre que.
➥ *I'm of the same opinion as.* Je suis du même avis que.

• Le désaccord.
➥ *I disagree with, I don't agree with, I disapprove of.* Je ne suis pas d'accord.
➥ *I can't help* + verbe en *-ing.* Je ne peux pas m'empêcher de.
➥ *I'm strongly opposed to.* Je suis fermement opposé à.
➥ *I have a different opinion.* Je suis d'un avis différent.
➥ *It would be wrong to say that.* Il serait faux de dire que.
➥ *There is no point in* + verbe en *-ing.* Cela ne sert à rien de.

• Le doute.
➥ *It's hard to believe.* C'est difficile à croire.
➥ *I wonder whether.* Je me demande si.
➥ *It is one thing to… it is another to…* C'est une chose de… c'en est une autre de…
➥ *In any case, anyway.* De toute façon.

• La comparaison.
➥ *By comparison (with), in comparison (with).* Par comparaison avec.
➥ Toutes les formes de comparatifs : *more than, less than, as… as, the same as,* etc. Plus que, moins que, autant que, le même que.
➥ *Similarly.* De la même façon.

• Le but.
➥ *To want somebody to* + infinitif. Vouloir que quelqu'un fasse quelque chose.
➥ *I would like him to* + infinitif. J'aimerais qu'il.
➥ *To aim at* + verbe en *-ing.* Viser, aspirer à.
➥ *To intend to, to plan to.* Avoir l'intention de, projeter de.
➥ *The goal, the aim, the purpose.* Le but.
➥ *With a view to* + verbe en *-ing.* En vue de.

• La conséquence.
➥ *Therefore, consequently, as a result.* Donc, par conséquent.
➥ *So, thus.* Donc, ainsi.

• Le fait de résumer.
➥ *Generally speaking.* D'une manière générale.
➥ *In a nutshell.* En un mot.
➥ *In a word, in other words.* En un mot, en d'autres termes.
➥ *In brief, in short.* En bref.

Conseils pour l'épreuve d'expression écrite (2)

Une fois le plan, les idées et les arguments trouvés, la phase finale de l'expression écrite consiste à bien rédiger, ce qui s'applique aussi bien aux idées qu'à la présentation, puis à la relecture.

La rédaction

Faites un brouillon succinct, un plan détaillé et, dans la marge, notez une liste de mots et d'expressions qu'il faudrait employer dans le développement.

- Faites des paragraphes et allez à la ligne pour chaque nouvelle idée à développer.
- N'oubliez pas les mots de liaison, qui seront utiles pour enchaîner les arguments et pour articuler les paragraphes.
- Évitez les répétitions ainsi que le mot à mot calqué sur le français.
- Variez le vocabulaire, cherchez des tournures idiomatiques.

- Si vous devez rédiger un dialogue.
- Le style demandé ici est un style oral, parlé. Il faut donc utiliser les formes contractées des verbes (*we'd, you're,* etc.).
- Faites des phrases courtes avec un vocabulaire approprié à l'oral (*I mean, you know,* etc.).
- Présentez le dialogue clairement : allez à la ligne pour chaque nouvelle réplique, ponctuez efficacement.

Quel que ce soit le type d'exercice, soignez-en la rédaction et la présentation.

- Exemple de sujet : *"Barry and Peter meet again twenty years later. Imagine their conversation."* Barry et Peter se revoient au bout de vingt ans. Imaginez leur conversation.

- Si vous devez rédiger une lettre *(a letter)*.
- Ce type de sujet est en relation directe avec le texte de l'épreuve.
- Respectez la présentation spécifique d'une lettre : utilisez les formules d'introduction et de conclusion habituelles, indiquez la date et n'oubliez pas de signer.
- Début de lettre :

➡ *Dear Sir/Dear Madam.* Monsieur/Madame (si on ne connaît pas les gens).

➡ *Dear Mr Smith/Dear Mrs Brown.* Monsieur Smith/Madame Brown (si on connaît leur nom).

- *Dear John/Dear Jane, My dear.../My darling...* Cher John/Chère Jane, Ma(mon) cher(chère).../Ma(mon) chéri(e)... (pour des familiers).
- Fin de lettre.

➡ *Yours sincerely.* Salutations respectueuses. (si on ne connaît pas les gens).

- *Love from, Love to all.* Bises de, bises à tous ou affectueusement (pour des amis et des parents).
- Exemple de sujet :

➡ *"George writes to his mother to tell her about his new life..."* « George écrit à sa mère pour lui raconter sa nouvelle vie... »

- Si vous devez rédiger une page de journal intime *(a diary, a journal)*.

Conseils pour l'épreuve d'expression écrite (2)

• Ce type de sujet est en relation directe avec le texte de l'épreuve.
• Écrivez à la première personne du singulier *(I)*. Prenez en compte la personnalité de celui ou de celle qui parle, ses sentiments (doutes, espoirs, etc.).
• Exemple de sujet :
➥ ***"Back home on the same evening, Benny writes in her diary about the letter she received..."***
« De retour chez elle le soir même, Benny parle de la lettre qu'elle a reçue dans son journal intime… »

• Si vous devez rédiger un essai sur une question de société ou un fait de civilisation.
• Il faut ici analyser le sujet, donner son opinion, puis justifier ses arguments en défendant un point de vue personnel.
• La conclusion devra se construire en deux temps : faire la synthèse du développement et ouvrir sur d'autres idées.
• Exemple de sujet :
➥ ***"Is a coherent environmental policy still compatible with a consumer society?"***
« Est-ce qu'une politique écologique cohérente est encore compatible avec une société de consommation ? »

La présentation

Un texte bien présenté est un texte facile à lire. Quelques conseils :
• rendez une copie propre sans ratures gênantes pour la lecture, sans trop de blanc correcteur ! ;
• une couleur d'encre traditionnelle (bleue ou noire) ajoute à la lisibilité ; évitez les encres trop claires (rose, turquoise…) ;
• n'écrivez jamais au crayon à papier sur la copie ;
• la ponctuation est nécessaire dans tout texte. Elle permet :
– de marquer les intonations (dialogue) ;
– de séparer les phrases (;) ;
– d'expliquer (–) ou (:) ;
– d'interroger (?), etc ;
• corrigez les fautes d'orthographe.

La relecture

Il faut relire sa rédaction en tenant compte du contenu (fidélité au sujet, logique des arguments) et de la forme. Il faut se garder au moins dix minutes pour cela. Respecter la dernière consigne : comptez le nombre de mots utilisés et indiquez- le à la fin. En général, il est demandé environ 300 mots et une réponse trop longue ou trop courte est sanctionnée.

Précisions de vocabulaire

• Pour éviter la répétition du verbe *to say,* voici quelques synonymes :
• *to describe, to depict.* Décrire.
• *to argue, to state, to assert.* Déclarer.
• *to relate, to narrate.* Raconter.
• *to explain, to account for.* Expliquer.
• *to approve of* ≠ *to disapprove of.* Approuver ≠ désapprouver.
• *to denounce, to criticize, to object to.* Dénoncer, critiquer.
• *to suggest.* Suggérer.
• *to argue in favour of* ≠ *against.* Argumenter en faveur de ≠ contre.

• Pour éviter d'utiliser le verbe *to speak* pour dire « le texte, le livre parle de… », vous pouvez employer les expressions :
• *the text deals with...*
• *the book is about...*

• Pour éviter de trop utiliser l'adjectif *important,* ayez recours à :
• *major,*
• *considerable,*
• *substantial.*
Et à la place de *problem :*
• *issue,*
• *question.*

La traduction d'un texte n'est pas un exercice mineur que l'on peut faire en vitesse, au dernier moment et sans entraînement préalable. Au contraire, elle demande de la rigueur, de la concentration et la maîtrise de techniques précises. Elle permettra au correcteur d'évaluer votre connaissance de la langue française en version et de la langue anglaise en thème.

Les notions de base

Avant toute chose, il faut lire (à la fois en anglais et en français) et s'entraîner à traduire. Il faut notamment se replonger régulièrement dans les bons auteurs. Faites également feu de tout bois en essayant de traduire au pied levé un petit texte de quelque nature que ce soit. Ainsi, avez-vous déjà essayé de traduire les slogans publicitaires que vous voyez tout autour de vous ? Cet exercice n'est pas si facile que ça !
Afin de travailler seul, entraînez-vous avec des annales du baccalauréat où une correction et des explications sont proposées. Mais traduisez avant de regarder la traduction ou le commentaire. Servez-vous-en dans un second temps seulement afin d'améliorer votre traduction.
La faute majeure à éviter, celle qui coûte « le plus cher » le jour de l'examen, est indéniablement le contresens. Derrière lui arrivent en rangs serrés les faux sens, les traductions obscures ou maladroites, les erreurs de temps et de syntaxe, les maladresses de style, les erreurs de niveau de langue et n'oublions pas, bien sûr, les fautes d'orthographe.

Maintenant que nous savons ce qu'il ne faut pas faire, attachons-nous à découvrir ce qu'il faut faire pour réaliser une bonne traduction.

Les techniques de la traduction

Les repérages dans le texte

Enfonçons une porte ouverte : lisez et relisez le texte. Imprégnez-vous de l'atmosphère, du rythme, des images, des idées, même si le texte n'est pas d'un genre très littéraire. En traduisant, vous allez recréer le texte. Aidez-vous des multiples indices qui vous sont donnés : nom de l'auteur, de l'œuvre, date de publication, noms de lieux mentionnés dans le texte, dates, etc. Qui sont les personnages ? Qui parle ? Est-ce une narration à la première ou à la troisième personne ? Quel est le ton du texte ? Pour vaincre vos difficultés, utilisez tous les outils dont vous disposez chez vous pour vous entraîner (grammaire, dictionnaire, dictionnaire des synonymes...). Maintenant, plutôt que de faire une liste des mots inconnus, penchez-vous plutôt sur ceux que vous connaissez, les mots transparents, les faux amis déjà rencontrés. Regardez ensuite les mots de liaison qui annoncent les mouvements du texte. Attention aussi aux prépositions, adverbes, préfixes et suffixes et autres dérivations qui partent certainement d'un mot connu.

Il vous reste encore à repérer les verbes, leur temps et leur aspect, à faire attention aux modaux et à la concordance des temps. Pour finir, balayez encore une fois le texte, repérez les tournures idiomatiques et les expressions imagées souvent difficiles à rendre. Écrivez un premier jet en bon français et pas trop lentement. Lisez-le dans son ensemble, puis reprenez-le phrase par phrase, comme si vous étiez déjà un correcteur (soyez impitoyables !). Quand tout cela est terminé, vérifiez que le résultat soit clair et cohérent. Il doit se suffire à lui-même : pas de « notes du traducteur », pas de parenthèses contenant une traduction « de rechange » ou une explication. Pas de blancs non plus : là où vous ne comprenez pas, mettez quelque chose qui s'insère harmonieusement dans la suite des idées, c'est-à-dire qui soit en accord avec le contexte et ne soit pas un pléonasme. Une bonne traduction contiendra pratiquement autant de mots en anglais qu'en français. Enfin, n'ayez pas peur d'élaguer les lourdeurs de style.

Les différents types de traduction

- La traduction littérale fait passer sans changement le texte d'une langue à l'autre.
  ➥ *He drove for two hours.* Il conduisit pendant deux heures.

- La transposition permet de traduire un mot anglais par un mot français d'une autre nature grammaticale.
  ➥ *I was not taught to fear snakes.* Personne ne m'a enseigné la peur des serpents (passage du passif à l'actif et du verbe en nom).

- La modulation permet de changer de point de vue. À utiliser pour éviter les lourdeurs de texte, les redites ou les imprécisions.
  ➥ *He was still outside.* Il était sur le point de rentrer.

- L'équivalence consiste à trouver l'idiome correspondant dans la langue traduite.
  ➥ *To have bats in the belfroy.* Avoir une araignée au plafond.

- L'étoffement vise à rendre plus explicite une tournure très concise dans le texte à traduire.
  ➥ *He told her he was the one.* Il lui dit que c'était bien lui qui avait fait cela.

Le dictionnaire bilingue ou unilingue

Avant tout, rappelons que l'usage du dictionnaire et des traducteurs électroniques est interdit le jour du baccalauréat. Cela étant, il est nécessaire de savoir se servir de cet outil très utile mais parfois difficile à manier, qu'il soit bilingue (anglais-français/français-anglais) ou a fortiori unilingue (tout en anglais).

Quand utiliser un dictionnaire ?

Un dictionnaire est un outil efficace et pratique, certes, mais à vous d'utiliser intelligemment les données qu'il vous fournit, au risque de traduire sans vous en rendre compte : *« I am well »* par « Je suis puits ». Impossible ? À voir… Dans le but d'optimiser vos recherches dans un dictionnaire, il faut savoir parcourir une rubrique, c'est-à-dire connaître et déchiffrer les abréviations qui s'y trouvent afin de découvrir l'information que vous recherchez et uniquement celle-ci. Lorsque vous devez faire un exercice de traduction, le premier réflexe consiste souvent à consulter un dictionnaire bilingue, sans même chercher au préalable à trouver la racine du mot qui pose problème ou à déduire son sens d'après le contexte. Or cette stratégie est mauvaise. En effet, la meilleure façon d'utiliser un dictionnaire consiste à n'y avoir recours qu'avec modération. Essayez plutôt de consulter un dictionnaire unilingue, c'est-à-dire écrit tout en anglais. Pourquoi ? Il est, surtout dans le cadre de la version, largement aussi intéressant, puisqu'il vous donne l'explication du mot recherché et ses différents sens. Comme c'est à vous de trouver la traduction qui convient dans le contexte, votre démarche sera plus active, donc plus rentable pour l'avenir. De plus, vous aurez lu de l'anglais que vous aurez compris. C'est pourquoi, si vous rencontrez à nouveau ce mot, vous vous en souviendrez plus facilement.

Même si consulter un dictionnaire unilingue vous paraît un peu difficile, c'est un exercice très profitable pour améliorer votre compréhension de l'anglais ainsi que pour mémoriser du vocabulaire.

Le dictionnaire bilingue ou unilingue

Comment s'en servir ?

Il faut faire un peu de grammaire pour savoir ce que l'on cherche vraiment, notamment quelle est la nature du mot (substantif, verbe, adjectif, adverbe...). Fait-il partie d'une expression particulière ? Est-il donné dans son sens le plus courant ou dans un contexte particulier ? Comment se construit l'expression dans l'autre langue ? Attention, par exemple, aux pronoms réfléchis donnés sous la forme *oneself* en anglais. Attention, également, aux prépositions et locutions adverbiales qui modifient le sens d'un verbe. Consultez, par exemple, la rubrique *get* dans n'importe quel dictionnaire bilingue, vous serez surpris par sa longueur. Il est également important de bien lire tous les exemples afin de découvrir les différents sens d'un mot selon le contexte, les emplois les plus usuels et ceux qui sont plus rares. N'oubliez pas, lorsque vous avez trouvé ce que vous cherchiez, d'aller faire un tour dans la seconde partie du dictionnaire bilingue, afin de vérifier si le sens donné est cohérent dans le contexte. Il ne faut pas croire qu'il existe une correspondance parfaite entre les deux langues. Cela vaut particulièrement pour les expressions idiomatiques, les proverbes, les dictons. Si un anglais vous dit qu'il est *in the pink,* il ne se prend pas pour « la panthère rose ». Il vous annonce simplement qu'il « se porte » à ravir. Mais qu'en pense votre dictionnaire de poche ?

Quel dictionnaire choisir ?

Ni trop gros, ni trop petit, ni trop simple, ni trop compliqué, adaptez votre dictionnaire à vos besoins actuels... et futurs, car c'est un investissement qui sera rentabilisé au fil des années. Évitez les dictionnaires lilliputiens, le rapport qualité/prix joue rarement en leur faveur. Sachez aussi que les CDI et bibliothèques publiques possèdent bien souvent des dictionnaires. Il existe en fait quatre sortes de dictionnaires :

- Les bilingues (français-anglais/anglais-français) : *Robert & Collins, Hachette/Oxford, Harrap's, Larousse...*

- Les unilingues (tout anglais) : *Oxford Advanced Learners, Collins Cobuild, Longman Dictionary, English Dictionary* de Larousse, *Cambridge International Dictionary of English...*

- Les dictionnaires spécialisés dans un certain type de vocabulaire. Selon les éditeurs, ils concernent le management, les médias, l'informatique, le domaine médical et scientifique, l'économie, l'étymologie, etc.

- Les dictionnaires de poche, à utiliser uniquement en appoint ou en voyage.

Certains logiciels permettent également d'intégrer un dictionnaire dans votre ordinateur (par exemple Franklin ou Larousse).

Enfin, sachez qu'un dictionnaire des synonymes est parfois fort utile en traduction : *New Collins Thesaurus, Harrap's Chambers Combined Dictionary and Thesaurus, Dictionnaire des Synonymes* (Larousse)...

La civilisation anglo-saxonne par le cinéma

Le cinéma est un témoin plus ou moins fidèle des événements historiques, mais il est toujours le reflet de la vie sociale et culturelle de son pays. Il est donc un moyen intéressant et, surtout, divertissant d'appréhender la civilisation tout en améliorant sa connaissance de la langue.

La Grande-Bretagne

Les films *Henry V* (1985) de Kenneth Branagh et *Richard III* (1995) de Richard Loncraine vous plongeront dans l'Angleterre du XVe siècle. *A Man for All Season* (1966) de Fred Zinnemann traite des démêlés de Henry VIII avec Thomas More à propos de son divorce avec Catherine d'Aragon, tandis que *Cromwell (*1970) de Ken Hughes relate les exploits du révolutionnaire puritain. Enfin, *The Madness of King George* (1994) de Nicholas Hytner évoque les folies de George III.
L'histoire de l'Écosse nous est contée à travers quelques films, dont *Braveheart* de Mel Gibson (1995), épopée se déroulant à la fin du XIIIe siècle. *Mary, Queen of Scots* (1971) de Charles Jarrot traite du destin de Mary Stuart et Elizabeth I. Enfin, *Rob Roy* de Michael Caton-Jones (1994) nous montre les rivalités entre clans dans les Highlands en 1713.

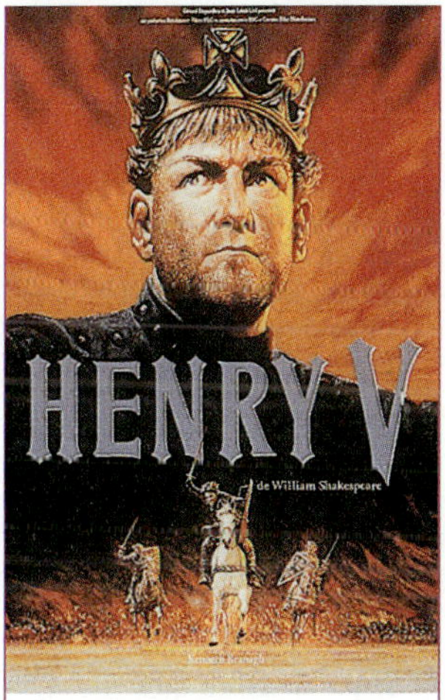

Henry V, *l'un des chefs-d'œuvre du cinéaste Kenneth Branagh, d'après la pièce de William Shakespeare.*

Les problèmes sociaux et économiques, à commencer par la jeunesse et son mal de vivre, ont toujours été une source d'inspiration pour le cinéma anglais. *Hope and Glory* (1987) de John Boorman raconte les péripéties d'un enfant à Londres pendant la Seconde Guerre mondiale. *If* (1969) de Lindsay Anderson est l'histoire d'une révolte dans une ***public school*** à la fin des années 1960. *Family Life* (1971) de Ken Loach, *The Loneliness of a Long Distant Runner* (1962) de Tony Richardson et *Scum* (1979) d'Alan Clarke sont des perles rares. Plus récemment, des comédies grinçantes comme *Raining Stones* (1993), *Sweet Sixteen* (2002) de Ken Loach, *Brassed off* (1996, dont le titre français est *Les Virtuoses*) de Mark Herman et *The Full Monty* (1997) de Peter Cattaneo ou *Billy Elliott* (2000) de Stephen Daldry nous décrivent la crise sociale que traverse l'Angleterre. Enfin, *Trainspotting* (1995) de Dany Boyle est une comédie audacieuse sur la vie de jeunes drogués à Édimbourg.

La civilisation anglo-saxonne par le cinéma

L'Irlande

Le cinéma irlandais est jeune d'une vingtaine d'années seulement. La production nationale est donc encore assez réduite. Il traite essentiellement des transformations de la société irlandaise et surtout des troubles qui ont agité le pays depuis trente ans. Deux cinéastes irlandais, Neil Jordan (*The Crying Game,* 1993 ; *Michael Collins,* 1996 – film historique qui retrace la vie d'un des artisans de l'indépendance de l'Irlande) et Jim Sheridan (*The Field,* 1990 ; *In the Name of the Father,* 1994 – célèbre procès d'Irlandais injustement accusés de terrorisme par les Anglais ; *The Boxer*, 1997, *In America*, 2002) traitent à travers leurs films du problème irlandais et du terrorisme.
Citons également des comédies, qui gardent en toile de fond la peinture sociale.
The Commitments (1991) d'Alan Parker conte l'histoire de jeunes Irlandais qui montent un groupe de musique soul à Dublin. *The Snapper* (1993) de Stephen Frears est une comédie sur une famille ouvrière de Dublin.

La Nouvelle-Zélande

En marge des grandes productions de Jane Campion et Peter Jackson, quelques films portent sur le drame social et culturel des Maoris : citons le fabuleux *Once Were Warriors* (1993, *L'Âme des guerriers* en français) de Lee Tamahori ; *What Becomes Of The Broken Hearted ?* (1999) de Ian Mune, qui en prolonge l'histoire ; *Whale Rider* (2002) de Niki Caro.

L'Afrique du Sud

Trois films anti apartheid vous aideront à mieux comprendre le pas de géant qu'a franchi l'Afrique du Sud : *Cry Freedom* (1987) de Richard Attenborough conte l'amitié entre un jounaliste blanc et un militant noir ; *A Dry White Season* (1989) de Euzhan Palcy relate un soulèvement de jeunes à Soweto en 1976 ; *A World Apart* (1988) de Chris Menges est l'histoire de la première femme journaliste blanche a être emprisonnée.
Guettez leur passage à la télévision ou achetez-les en DVD !

L'Australie

The Last Wave (1977) de Peter Weir offre une superbe fable sur des aborigènes soupçonnés de meurtre. Plus récemment, *Rabbit Proof Fence* (2002) retrace l'histoire vraie de trois petites filles aborigènes arrachées de force à leurs parents, qui parcourent l'Australie à pied pour les retrouver.

L'Inde

Le très beau film de James Ivory *Heat and Dust* (1982) dépeint la vie coloniale dorée que menaient les Anglais dans les années 1920. Le film *Gandhi* (1982) de Richard Attenborough retrace le parcours d'une des plus grandes figures de l'histoire indienne et rappelle comment le pays a gagné son indépendance après deux siècles de domination britannique.
Enfin, *Lagaan* de Ashutosh Gowariker (2001) raconte l'histoire d'un village du cœur de l'Inde en 1893 qui se lève contre l'injustice dont il est frappé et va défier la puissance britannique, pacifiquement, sur son propre terrain : celui du cricket.

La civilisation américaine par le cinéma

Le cinéma représente un moyen efficace et abordable pour se familiariser avec la civilisation américaine.

L'histoire des États-Unis

La découverte de l'Amérique par Colomb nous est contée dans *1492 : Conquest of Paradise* (1992) de Ridley Scott. *The Crucible* (1996) de Nicholas Hytner, adapté de la pièce de Arthur Miller sur l'hystérie collective qui eut lieu à Salem en 1692, et *The Scarlet Letter* (1995) de Roland Joffé d'après Nathaniel Hawthorne vous feront mieux comprendre la vie et la mentalité des colons puritains du XVIIe siècle, dont l'influence se fait encore sentir sur l'Amérique. La guerre d'Indépendance (1775-1783) est dépeinte dans *Revolution* (1986) de Hugh Hudson et dans *The Patriot* (1999) de Roland Emmerich, tandis que la guerre de Sécession (1861-1865) sert de toile de fond à *Gone With the Wind* de Victor Fleming (1939l) et à *Glory* (1989) de Edward Zwick, qui relate l'histoire d'un bataillon de soldats noirs prêts à se battre pour leur liberté. Dans *Gangs of New York* (2002), Martin Scorsese revisite le passé notoire de la ville de New York. La Première Guerre mondiale a inspiré à Dalton Trumbo un superbe film pacifiste, *Johnny Got His Gun* (1971). La vie d'Al Capone et la Prohibition (1919-1933) sont narrées dans *Scarface* de Howard Hawks (1932) et *The Untouchables* (1987) de Brian De Palma. *The Grapes of Wrath* (1940) de John Ford, *Of Mice and Men* (1992) de Gary Sinise et *They Shoot Horses, Don't They?* (1969) de Sidney Pollack sont des chefs-d'œuvre qui se déroulent durant la Grande Dépression (1929-1933). De tous les films tournés sur la Seconde Guerre mondiale, retenons *Saving Private Ryan* (1998) de Steven Spielberg, l'histoire du débarquement de Normandie en 1944, *Thin Red* (1998) de Terence Malik et *Catch 22* (1970) de Michael Nichols, comédie satirique sur la guerre qui rappelle *M*A*S*H* (1970) de Robert Altman, dont l'histoire, elle, a pour cadre la guerre de Corée (1950-1953). Oliver Stone reprend l'enquête sur l'assassinat de John Kennedy dans *JFK* (1991). Il aura fallu dix ans pour que le cinéma aborde la guerre du Viêtnam dans quatre films magistraux : *The Deer Hunter* (1978) de Michael Cimino, *Platoon* (1986) d'Oliver Stone, *Full Metal Jacket* (1987) de Stanley Kubrick et *Born on the 4th of July* (1989) d'Oliver Stone. Vous saurez tout sur le président Richard Nixon en regardant le film éponyme d'Oliver Stone (1995) et sur le scandale du Watergate avec *All the President's Men* d'Alan J. Pakula (1976). *Primary Colors* (1997) de Mike Nichols évoque la personnalité et la campagne électorale de Bill Clinton.

Dances With Wolves *donne une image des Indiens différente de celle des westerns.*

La civilisation américaine par le cinéma

Thèmes divers de civilisation

Tous les grands thèmes de la civilisation américaine ont été traités au cinéma, à commencer par celui des minorités. Après des années de westerns hantés d'Indiens scalpeurs de Blancs, Kevin Costner dans *Dances With Wolves* (1990) brosse un tableau émouvant de leur philosophie pacifiste. Vous voulez vous documenter sur la communauté noire et ses difficultés ? *Amistad* de Steven Spielberg (1997) vous apprendra comment les esclaves étaient « importés » d'Afrique et traités aux États-Unis. *The Color Purple* (1985) du même réalisateur nous conte la vie d'une femme noire en Géorgie au début du XXe siècle. La lutte pour les droits civiques est superbement décrite dans *Mississippi Burning* (1989) de Alan Parker, qui relate l'enquête sur le meurtre de Freedom Riders assassinés par le Ku Klux Klan en Alabama en 1964 ainsi que dans le film de Spike Lee, *Malcolm X* (1992), qui narre la vie du célèbre leader noir. Il faut attendre 1967 avec *Guess Who's Coming to Dinner* de Stanley Kramer et *In the Heat of the Night* de Norman Jewison pour que le cinéma aborde enfin le problème du racisme au quotidien. Des metteurs en scène noirs, comme Spike Lee avec *Do the Right Thing* (1989) et *Clockers* (1995), John Singleton avec *Boyz N the Hood* (1991) et les frères Hughes avec *Menace II Society* (1993) ont dépeint la vie dans les ghettos des grandes villes. Quelques films sur l'immigration méritent d'être vus, comme *America, America* (1963) de Elia Kazan qui décrit les espoirs et les désillusions d'un jeune émigré grec qui arrive à Ellis Island et *Far and Away* (1992) de Ron Howard. Robert De Niro, quant à lui, nous fait revivre la vie des émigrés italiens dans les années 1950 avec *A Bronx Tale* (1993) et James Gray, celle d'un jeune émigré russe aux prises avec la mafia dans *Little Odessa* (1995). D'autres thèmes importants sont traités dans les film américain. Citons le syndicalisme et les luttes sociales avec *On the Waterfront* (1954) de Elia Kazan, *F.I.S.T.* (1978) de Norman Jewison, *Norma Rae* (1979) de Martin Ritt, *Hoffa* (1992) de Danny DeVito. Le maccarthysme sert de cadre à *The Front* (1976) de Martin Ritt avec Woody Allen et de *Guilty by Suspicion* (1990) de Irvin Winkler. Le thème de la mafia est abordé dans *The Godfather I, II, III* (1972, 1974 et 1990) de Francis Ford Coppola, dans *Goodfellas* (1990), *Casino* (1995), tous deux de Martin Scorsese, et dans *Donnie Brasco* (1997) de Mike Newell. Les mouvements de jeunes ont également fait l'objet de films inoubliables, comme *The Wild One* (1953) de Laslo Benedek sur les gangs de rockers dans les années 1950, le désormais devenu culte *Easy Rider* (1968) de Dennis Hoper, road movie désabusé à travers l'Amérique baba-cool ou encore *Hair* (1979) de Milos Forman sur le mouvement hippie dans les années 1970. De grands noms de la musique ont inspiré Hollywood. Citons Charlie Parker avec *Bird* (1988) de Clint Eastwood, Elvis Presley avec *Elvis the Movie* (1979) de John Carpenter et Jim Morrison avec *The Doors* (1991) de Oliver Stone.

Des pistes pour la lecture individuelle : sélection anglo-saxonne

Voici quelques pistes de lecture pour vos années de seconde, première et terminale. Les manuels d'anglais proposent également des extraits d'œuvres qu'il ne faut pas hésiter à lire dans le texte, car la lecture individuelle est un moyen essentiel de progrès dans la langue ainsi qu'un moment de plaisir. Les listes suivantes ne sont pas exhaustives.

Que lire en seconde ?

Comme cette année est la dernière à ne pas comporter d'examen terminal, profitez-en pour vous faire plaisir en lisant. Vous connaissez depuis la troisième des auteurs comme Jerome K. Jerome *(Three Men in a Boat)* ou Roald Dahl *(Boy)*. Cela étant, lisez ou relisez des grands classiques qu'il vous faut connaître, tels que Shakespeare (toutes ses pièces sont extraordinaires, bien sûr, mais commencez-donc par *Hamlet, Romeo and Juliet, King Lear* et *Othello*), mais aussi Charles Dickens *(David Copperfield)*, George Orwell *(The Animal Farm, Nineteen Eighty-Four)*, Charlotte Brontë *(Jane Eyre)* ou encore Thomas Hardy *(Tess of the D'Urbervilles)*. Lisez des romans policiers comme ceux du célèbre Sir Arthur Conan Doyle et plongez-vous dans le texte original d'un Agatha Christie ! N'hésitez pas à feuilleter des poèmes de Dylan Thomas, T. S. Eliot, W. H. Auden, et découvrez l'œuvre d'Oscar Wilde (*Lord Arthur Savile's Crime and Other Stories,* des nouvelles ou du théâtre comme *The Importance of Being Earnest*) ou encore une pièce de l'Irlandais G. B. Shaw, *Pygmalion*. N'hésitez pas à établir un système de fiches de lecture qui vous permettra de retrouver facilement les principaux personnages, les idées fortes et quelques citations d'une œuvre. Cette tâche parfois fastidieuse s'avère particulièrement utile à moyen et long terme. Bien sûr, elle est quasiment indispensable si vous pensez vous orienter vers des études littéraires et/ou linguistiques.

Que lire en première ?

Pour en finir avec les classiques, lisez encore *Sense and Sensibility* de la *"so British"* Jane Austen, ainsi que *Barry Lyndon* de W. M. Thackeray (magistralement adapté au cinéma, comme bien d'autres classiques de la littérature anglaise et anglo-saxonne) et au moins une partie des *Gulliver's Travels* de Jonathan Swift. Attaquez-vous, d'autre part, à des œuvres plus complexes mais ô combien intéressantes comme celles d'E. M. Forster *(A Room with a View)* ou de W. Somerset Maugham *(Husbands and Wives)*. En ce qui concerne le théâtre, familiarisez-vous avec l'œuvre de Samuel Beckett *(Waiting for Godot)* et Harold Pinter *(The Caretaker)*. Songez également à Graham

Des pistes pour la lecture individuelle : sélection anglo-saxonne

Greene *(The Third Man, The Power and the Glory)* et à Aldous Huxley *(A Brave New World)*. Découvrez éventuellement tout ou partie d'autres auteurs célèbres tels que le Britannique Joseph Conrad *(Heart of Darkness)* ou encore l'Irlandais James Joyce *(Dubliners)*, qui, à vos yeux, présentera peut-être davantage d'intérêt lorsque vous serez en terminale.

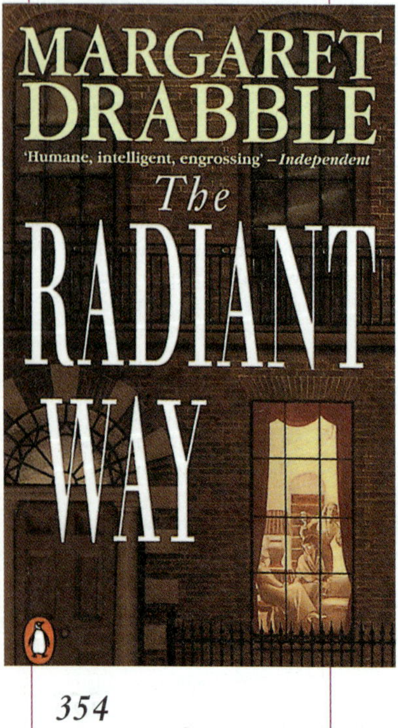

Margaret Drabble (née en 1939 à Sheffield) dénonce dans ses livres la vanité humaine, le poids de la hiérarchie et le pouvoir de l'argent.

Que lire en terminale ?

Concentrez-vous sur des auteurs susceptibles de « tomber » le jour J. Vous serez ainsi habitué à leur style et à leur vocabulaire, ce qui vous permettra de mieux comprendre les mécanismes du texte, si un extrait tombe à l'examen. Vous pouvez trouver bon nombre de références d'œuvres et d'auteurs en feuilletant les annales du bac des années précédentes, ce qui vous donnera déjà une idée. Mais le meilleur conseil reste : « Lisez de tout ! » Parcourez, par exemple, des livres signés de ce grand clown triste qu'était Evelyn Waugh *(Decline and Fall)* ou bien J. Archer, J. Braine, Joyce Cary…
La Grande-Bretagne nous offre également d'étonnantes femmes écrivains comme Monica Dickens, Margaret Drabble *(The Radiant Way)*, Katherine Mansfield *(The Garden Party)*. Pensez aussi à Brian Moore pour l'Irlande *(Lies of Silence)* et même Roddy Doyle, très en vue en ce moment. N'oubliez pas les classiques de demain que sont Ken Follett ainsi que David Lodge *(Out of the Shelter, Changing Places)*.
Pour les amateurs éclairés de littérature parfois surnommés ***« bookworms »***, allez-donc faire un tour du côté du CDI de votre établissement où sont certainement affichées les pièces de théâtre d'auteurs anglais.
Oscar Wilde et William Shakespeare sont très souvent joués et voir une pièce reste l'approche la plus authentique, même si elle n'est pas jouée dans la langue originale. Fiez-vous à votre instinct et allez fouiner dans les librairies, jetez un coup d'œil sur les nouveautés anglo-saxonnes, lisez en quantité et bien sûr en qualité !

Des pistes pour la lecture individuelle : sélection et librairies

La logique de lecture est toujours la même : il vaut mieux commencer par des œuvres « faciles » d'accès, des auteurs qui vous plaisent ainsi que des classiques ; dans un second temps, lisez des auteurs plus difficiles et, surtout, susceptibles de tomber le jour du baccalauréat.

En seconde

Quand vous aurez lu *The Scarlet Letter* de Nathaniel Hawthorne, plongez-vous dans l'œuvre sombre de Edgar Allan Poe (ses nombreuses nouvelles peuvent toutes être lues, et même ses poèmes, comme *The Raven*). N'oubliez pas, selon vos goûts, des auteurs tels que Francis Scott Fitzgerald *(The Great Gatsby)*, Ernest Hemingway *(The Old Man and the Sea)*, William Faulkner *(The Sound and the Fury)*, ou encore Sinclair Lewis *(Babbitt)*.

En première

Lisez donc des romans de Mark Twain *(The Adventures of Huckleberry Finn)*, de Richard Wright, romancier afro-américain incontournable *(Black Boy)*, et de John Steinbeck *(Of Mice and Men)*, mais aussi des auteurs de romans policiers comme Dashiell Hammett *(The Maltese Falcon)* ou de science-fiction comme Ray Bradbury *(The Martian Chronicles, Farhenheit 451)*. Pensez à découvrir le texte à l'origine de films célèbres comme *A Streetcar Named Desire* de Tennessee Williams.

En terminale

Découvrez donc les romans policiers, les écrivains d'origine afro-américaine et juive, lisez absolument Jack Kerouac *(On the Road)*, Norman Mailer *(The Executioner's Song)*, Bernard Malamud *(The Fixer)*, mais aussi Arthur Miller *(Death of a Salesman)*, Carson McCullers *(The Ballad of the Sad Café)*, Nabokov *(Lolita)* et offrez-vous un moment de bonheur avec un poème de Walt Whitman ou, dans un genre très différent, de E. E. Cummings. Pour le théâtre, il serait bon d'avoir lu une pièce de Eugene O'Neill comme *Mourning Becomes Electra*, mais elles sont plus difficiles d'accès. Mais ne vous découragez pas, il vaut mieux savourer un extrait d'œuvre plutôt que de lire tout le livre la tête ailleurs. N'hésitez pas à lire l'ouvrage dont est tiré un texte de votre manuel qui vous a plu. Songez aussi aux adaptations cinématographiques en ayant une vision critique du passage du texte au film.

Situé près de l'Opéra, Brentano's est une librairie américaine qui vend aussi des quotidiens et des magazines.

Des pistes pour la lecture individuelle: sélection et librairies

Adresses de librairies anglo-saxonnes

Paris

• Attica,
64, rue de la Folie-Méricourt, 75011.
Tél. : 01 48 06 17 00.

• Brentano's,
37, avenue de l'Opéra, 75002.
Tél. : 01 42 61 52 50.
(Librairie américaine.)

• Galignani,
224, rue de Rivoli, 75001.
Tél. : 01 42 60 76 07.

• Gibert,
4, place Saint-Michel, 75006.
Tél. : 01 56 81 22 22.

• Nouveau Quartier Latin,
78, boulevard Saint-Michel, 75005.
Tél. : 01 43 26 42 70.

• Shakespeare and Company,
37, rue de la Bûcherie, 75005.
Tél. : 01 43 26 96 50.
Internet : http://www.shakespeareco.org

• The Abbey Bookshop,
29, rue de la Parcheminerie, 75005.
Tél. : 01 46 33 16 24.
(Librairie canadienne.)

• W. H. Smith,
248, rue de Rivoli, 75001.
Tél. : 01 44 77 88 99.
Internet : http://www.whsmith.fr
(Bonne adresse pour les magazines, les méthodes et les vidéos non sous-titrées.)

Province

Toutes les librairies anglo-saxonnes ne sont pas répertoriées ici. Mais dans chaque ville universitaire, il en existe au moins une. Certaines proposent un service de vente par correspondance.

Aix-en-Provence

• Paradox,
15, rue du 4-Septembre, 13100.
Tél. : 04 42 26 47 99.

Annecy

• Decitre,
19, rue Sommeiller, 74000.
Tél. : 04 50 33 00 00.

Bordeaux

• Bradley's Bookshop,
8, cours d'Albret, 33000.
Tél. : 05 56 52 10 57.

• Mollat,
15, rue Vital-Carles, 33000.
Tél. : 05 56 56 40 40.

Clermont-Ferrand

• Les Volcans,
80, boulevard Gergovia, 63000.
Tél. : 04 73 43 66 75.

Dijon

• Librairie de l'Université,
17, rue de la Liberté, 21000.
Tél. : 03 80 44 95 44.

• Gibert,
22, rue des Forges, 21000.
Tél. : 03 80 44 12 55.

Lyon

• Camugli,
6, rue de la Charité, 69002.
Tél. : 04 78 42 65 50.

• Comptoir international du Livre,
10, avenue Menival, 69005.
Tél. : 04 78 25 71 73.

• Eton, 1, rue Plat, 69002.
Tél. : 04 78 92 92 36.

• Decitre,
29, place Bellecour, 69002.
Tél. : 04 72 40 59 71.

Marseille

• Maurel,
95, rue Lodi, 13006.
Tél. : 04 91 42 63 44.

Mulhouse

• The Bookworm,
3, rue de Pâques, 67000.
Tél. : 03 88 32 26 99.

Nancy

• Hall du Livre,
38 rue St-Dizier, 54000.
Tél. : 03 83 35 53 01.

Nantes

• Librairie Durance,
cours des 50-Otages, 44000.
Tél. : 02 40 48 72 45.

Poitiers

• Librairie de l'Université,
70, rue Gambetta, 86000.
Tél. : 05 49 41 02 05.

Rennes

• Book in Poche,
19, rue du Maréchal-Joffre, 35000.
Tél. : 02 99 79 00 16.

• Le Failler,
8, rue Saint-Georges, 35000.
Tél. : 02 99 87 87 87.

Strasbourg

• Librairie des Facultés,
12, rue de Rome, 67000.
Tél. : 03 88 60 80 35.

Les adaptations d'œuvres littéraires au cinéma

Vous n'avez pas le temps de lire ? Ayez recours aux adaptations filmées ! À part quelques exceptions mentionnées ci-dessous, tous les films cités sont disponibles en vidéo en VO sous-titrée.

Les œuvres littéraires anglaises

Parmi les nombreuses adaptations des pièces de Shakespeare, citons : *Othello* (1952) d'Orson Welles, *Julius Caesar* (1953) de Joseph Mankiewicz, *Richard III* (1955) de Richard Loncraine, *Henry V* (1985), *Much Ado About Nothing* (1993) et *Hamlet* (1997) de Kenneth Branagh et le très moderne *Romeo and Juliet* (1996) de Baz Luhrmann. En visionnant *Moll Flanders* (1996), tiré du roman de Daniel Defoe, et *Tom Jones* (1963) de Tony Richardson d'après Henry Fielding vous aurez une idée du roman picaresque, genre prisé au XVIIIe siècle.

Les femmes écrivains du XIXe siècle sont très à la mode en ce moment ! Citons Jane Austen avec *Emma* (1996) de D. H. Laurence, *Pride and Prejudice* (1996) de Simon Langton et *Sense and Sensibility* (1995) d'Ang Lee. N'oublions pas les sœurs Brontë avec *Jane Eyre* écrit par Charlotte et réalisé en 1943 par Robert Stevenson et *Wuthering Heights*, écrit

***L'affiche originale du chef-d'œuvre d'Elia Kazan :* A Streetcar Named Desire.**

par Emily et tourné en 1939 par William Wyler. Abordez le roman social avec les adaptations de Thomas Hardy : *Jude* (1996) de Michael Winterbottom et *Tess* (1979) de Roman Polanski. Ne manquez pas *Barry Lyndon* (1973) de Stanley Kubrick d'après W. M. Thackeray. Vous avez envie d'aventure ? Savourez *The Man Who Would Be King* (1975) de John Huston d'après Rudyard Kipling, ou *The War of the Worlds* (1953) de Byron Haskin d'après H.G. Wells. *Mary Shelley's Frankenstein* (1994) de Kenneth Branagh est de loin l'adaptation la plus fidèle au roman. *The Picture of Dorian Gray* (1945) d'Albert Lewin et *The Importance of Being Earnest* (1952, Pal) d'Anthony Asquith illustrent la richesse de l'œuvre d'Oscar Wilde. *Orlando* (1993) de Sally Potter d'après Virginia Woolf vous fera découvrir le « courant de conscience ». E.M. Forster a passionné le cinéaste James Ivory qui a adapté *A Room With a View* (1985), *Maurice* (1987) et *Howards End* (1992). Vous voulez vous distraire ? Regardez *Rebecca* (1940) d'Alfred Hitchcock d'après Daphné du Maurier ou *The Third Man* (1949) de Carol Reed d'après Graham Greene. Pour les amateurs de sensations fortes, essayez *A Clockwork Orange* (1971) de Stanley Kubrick d'après Anthony Burgess, ou *Dracula* (1992) de Francis Ford Coppola.

Les adaptations d'œuvres littéraires au cinéma

Les œuvres littéraires américaines

Si *Les Amants du Nouveau Monde* (1995) de Roland Joffé ne sont qu'une adaptation lointaine de *The Scarlet Letter* de Nathaniel Hawthorne, le *Moby Dick* de John Huston (1956) d'après le roman d'Hermann Melville mérite d'être vu. Saviez-vous que le film de Francis Ford Coppola *Apocalypse Now* (1979) est une version audacieuse du roman de Joseph Conrad *Heart of Darkness* ? Henry James est de loin l'auteur du XIXe siècle le plus adapté au cinéma. James Ivory a porté à l'écran *The Europeans* en 1979 et *The Bostonians* en 1984. Du même auteur, on peut découvrir *The Turn of the Screw* (1992) de Rusty Lemorande, *A Portrait of a Lady* (1996) de Jane Campion et *The Wings of the Dove* (1997) de Iain Softley. Quant à Roger Corman, il nous a donné deux bonnes versions de nouvelles d'Edgar Poe : *The Fall of the House of Usher* en 1960 et *The Mask of the Red Death* en 1964. Parmi la multitude de romans américains du XXe siècle adaptés au cinéma, citons quelques classiques : *The Great Gatsby* (1974) de Jack Clayton d'après Scott Fitzgerald, *East of Eden* (1955) de Elia Kazan d'après John Steinbeck, *A Place in the Sun* (1951) de George Stevens d'après Theodore Dreiser. *Sanctuary* de William Faulkner est adapté en 1961 par Tony Richardson. Le fabuleux *Lolita* de Vladimir Nabokov est mis en scène en 1961 par Stanley Kubrick et *Sophie's Choice* de William Styron est réalisé par Alan Pakula en 1982. *A Farewell to Arms* (1932) de Franck Borzage et *For Whom the Bell Tolls* (1943) de Sam Wood sont de très belles versions des romans de Ernest Hemingway. Pratiquement toutes les pièces de Tennessee Williams ont donné lieu à des films inoubliables comme *A Streetcar Named Desire* (1951) de Elia Kazan, *Cat on a Hot Tin Roof* (1958) de Richard Brooks, *Suddenly Last Summer* (1959) de Joseph Mankiewicz. Les amateurs de thrillers se régaleront avec *The Maltese Falcon* de Dashiell Hammett réalisé par John Huston en 1942, *The Big Sleep* de Howard Hawks (1946) ou *Farewell My Lovely* de Dick Richards (1975), tous deux d'après Raymond Chandler, *Strangers on a Train* de Patricia Highsmith adapté par Alfred Hitchcock en 1951 ou encore *L.A. Confidential* de James Ellroy filmé par Curtis Hanson en 1997. Quasiment tous les romans de Stephen King ont fait l'objet d'adaptations cinématographiques, avec plus ou moins de succès ; seuls *Shining* (Stanley Kubrick, 1980) et *Carrie* (Brian De Palma, 1976) tirent en effet leur épingle du jeu. Dans le même registre, *Interview With a Vampire,* le roman d'Anne Rice (Neil Jordan, 1994) vaut le détour. Enfin, *2001: A Space Odyssey* (1968) de Stanley Kubrick d'après Arthur Clarke, *Blade Runner* (1982) de Ridley Scott, *Minority Report* (2002) de Steven Spielberg d'après Philip K. Dick et *Dune* (1984) d'après Franck Herbert et réalisé par David Lynch sont des versions de romans de science-fiction très réussies. Si vous voulez avoir une idée du nouveau roman américain, regardez *Brooklyn Boogie* et *Smoke* réalisés par Wayne Wang (1995) d'après Paul Auster, *The Hours* (2003) de Stephen Daldry d'après Michael Cunningham, ou *The Human Stain* (2003) de Robert Benton d'après Philip Roth.

La bande dessinée anglophone

La bande dessinée moderne n'est peut-être pas tout à fait une invention anglaise ou américaine, mais force est de constater que ses héros les plus représentatifs ont toujours quelque oncle d'Amérique ou cousin britannique, voire désormais sud-africain ou néo-zélandais.

La bande dessinée : un média à part entière

La bande dessinée est un moyen de communication visuel d'une importance incontestable. D'un point de vue objectif, sa fonction est le divertissement. C'est une alternative à l'information, au débat ou à la publicité, une dimension complémentaire à la vocation de la presse. La plupart les bandes dessinées n'aspirent pas à une quelconque haute destinée et s'apparentent à un autre genre très prisé dans les pays anglophones : les chroniques quotidiennes *(columns)*.

Renseignements pratiques

Librairie américaine et française Brentano's, 37, avenue de l'Opéra, 75002 Paris.
Tél. : 01 42 61 52 50.

Librairie W. H. Smith, 248, rue de Rivoli 75001 Paris.
Tél. : 01 44 77 88 99.

Rappelons à cet égard quelques-uns de ses modes de fonctionnement :

- un ensemble bien rodé de genres, de situations et de gags ;
- une distribution de personnages pittoresques ou franchement excentriques ;
- un héros principal flanqué d'un ou plusieurs faire-valoir ;
- le transfert de problèmes sociaux, politiques ou sentimentaux dans un monde parallèle souvent dominé par l'anthropomorphisme.

L'art de la bande dessinée consiste en fait à coller aux tendances de son époque pour en donner une version déformée et dérisoire. Il en résulte une espèce de connivence entre l'auteur et ses lecteurs qui peuvent s'identifier à leur héros favori ou rivaliser avec lui en acceptant ainsi les critiques implicites le plus souvent teintées d'humour.

Il y a bien d'autres bandes dessinées anglophones que Snoopy. Découvrez-les donc !

Les « comics »

Il s'agit en fait soit de :

- *comic-strips* (ou *strip-cartoons*), série de 4 vignettes noir et blanc publiées tous les jours ;
- *Sunday Colour Supplements,* séries de 8 à 12 vignettes en couleurs et grand format publiées chaque dimanche ;
- *comics,* équivalents de nos « illustrés », peuplés surtout de « superhéros » ;
- de rééditions de titres underground des années 1960 ou 1970.

Snoopy, de Schulz © United Media, dist. par Dargaud.

La bande dessinée anglophone

La bande dessinée britannique

Son âge d'or peut sembler quelque peu révolu mais la bande dessinée britannique, comme sa consœur américaine, a su, de pure distraction, passer par des phases successivement intellectuelles, contestataires, politiques ou engagées. Si l'on se penche sur les trois dernières décennies, il est facile de vérifier qu'elle s'est fait le miroir des grandes mutations de son temps. Si besoin était, les titres suivants pourraient en apporter de fort divertissantes preuves :

- *Andy Capp* de R. Smythe. Héros emblématique de la classe ouvrière du nord de l'Angleterre, célèbre pour sa casquette, sa démarche à angle droit et ses excès de boisson et de langage, il a longtemps représenté un anachronisme attachant, car son style n'a pas changé depuis les années 1950 ;
- *Bristow* de F. Dickens. Irremplaçable témoin d'une Angleterre surannée et nostalgique ;
- *Posy* de P. Simonds. Pour le regard décapant d'une femme sur la société britannique ;
- *The Collected Blurtings* de G. Baxter. Ou le retour à la tradition dans la veine inimitable du non-sens.

La bande dessinée de l'hémisphère Sud

Une nouvelle venue en provenance d'Afrique du Sud :

- *Madam & Eve* de S. Francis, H. Dugmore et Rico. Ces trois auteurs apportent une note épicée, ironique et très rafraîchissante à la description du régime de l'après-apartheid ;
- *Footrot Flats* de M. Ball. Pour les amateurs d'humour « bouseux », des albums dont les principaux personnages sont des fermiers mal dégrossis, des chiens tourmentés et des ovins vindicatifs, tous originaires de Nouvelle-Zélande.

La bande dessinée outre-Atlantique

Cent millions d'Américains lisent chaque jour une bande dessinée parmi 250 titres diffusés par les syndicats spécialisés (les agences qui diffusent des bandes dessinées dans les journaux au profit de leur auteur).
En outre, 160 de ces titres agrémentent les suppléments en couleurs des journaux du dimanche. Dans leur désir de toucher un lectorat de masse, les bandes dessinées échappent à toute barrière sociale, même si leur principale référence reste la classe moyenne. Les divagations les plus débridées sont donc enracinées dans un « environnement américain normal ». Pour s'en convaincre, on lira particulièrement :

- *Peanuts* de C. Schulz. Charlie Brown et Snoopy apportent toujours de précieuses réponses aux préoccupations métaphysiques de l'Amérique au quotidien ;
- *Doonesbury* de G. B. Trudeau. Nés dans les années 1960, ses héros vieillissent avec leurs lecteurs au rythme des avatars du monde sociopolitique américain ;
- *The Fusco Brothers* de J. C. Duffy. Galerie pittoresque d'« Américains profonds » qui ne laisseront pas indifférents les amateurs d'humour décalé ;
- *Shoe* de J. McNelly. Spécialement intéressant pour sa réflexion au jour le jour sur le monde des médias et ses coulisses.

Enfin, les auteurs de *Calvin & Hobbes, Bloom County* et the *Farside* ont interrompu leurs séries mais de nombreux albums restent disponibles.

L'anglais par la télévision et la vidéo pédagogique

Une langue étant avant tout « orale », il est intéressant de la saisir dans toute sa spontanéité, ce que permettent, plus que l'écrit, la télévision et la vidéo. Ne serait-ce qu'au niveau de l'accoutumance sonore, ces deux outils permettent d'emmagasiner inconsciemment prononciation et tournures idiomatiques.

La télévision constitue un support intéressant pour s'habituer à la pratique orale de l'anglais. Citons notamment l'émission *Victor* diffusée sur France 5 qui propose des cours pour différents niveaux. Mais c'est surtout la fréquentation régulière d'émissions et programmes en anglais qui permet de faire de réels progrès. Regarder ou enregistrer des films en version originale en tentant de faire abstraction des sous-titres est un bon exercice. Regarder les chaînes anglaises et américaines est aussi un bon moyen de se familiariser avec la langue. Un abonnement au câble ou au satellite permet d'avoir accès à un large choix de chaînes diffusées dans leur version originale sans sous-titre, ce qui est idéal. Les différents opérateurs du câble et du satellite proposent chacun des « bouquets » qui offrent notamment la possibilité de suivre ***CNN***, la grande chaîne d'information permanente américaine, ainsi que les programmes de la BBC britannique destinés à l'étranger (***BBC World*** et ***BBC Prime***). La fréquentation de ces chaînes vous permettra de bénéficier d'informations dont la qualité n'est plus à prouver et d'entendre un anglais spontané et de bon niveau. Spécialisées dans l'actualité internationale, elles diffusent aussi de nombreuses séries, des films, des débats et des reportages. Cela vous sera très utile pour vous immerger dans ces deux civilisations et pour comprendre le point de vue de chacun des deux pays sur le monde. Citons également de nombreuses chaînes accessibles par le câble ou le satellite : ***Euronews, NBC, Bloomberg*** (à vocation économique), ***BBC News TV, BBC Entertainment Channel, Eurosport, Business Channel*** et ***Science-Fiction Channel, CNBC Europe, Sky News*** et ***Cartoon Network***. N'oubliez pas non plus les chaînes musicales de langue anglaise qui peuvent également vous être proposées (***MTV Europe, VH1***).

Voici l'une des nombreuses méthodes de langue vidéo commercialisées en France.

L'anglais par la télévision et la vidéo pédagogique

La vidéo à vocation pédagogique

Proposées par de nombreux éditeurs, ce sont des méthodes de travail, ou des documents authentiques accompagnés de conseils et de fiches de travail. Elles permettent d'étudier chez soi de façon plus vivante, car, outre la cassette vidéo, elles proposent un manuel, un cahier d'activités et, parfois, une cassette audio.

• Chez Nathan :
• ***Old Mother Witch*** (Speakeasy publications) : sur les célébrations d'Halloween aux Etats-Unis (28 min.).
• ***Mad for Ads*** (Speakeasy publications) : une sélection de 31 films publicitaires (35 min.).
• ***Amazing Stories*** (Speakeasy publications) : trois histoires courtes écrites par des adolescents pour des adolescents (32 min.).
• ***Century of London*** (Speakeasy publications) : un documentaire sur l'histoire de Londres au XXe siècle (56 min.).
• ***Greyhound: One-Way Ticket*** (Speakeasy publications) : le rêve américain entre documentaire sociologique et road movie (50 min.).
• ***I'm British But...*** (Speakeasy publications) : un documentaire sur le statut d'immigré dans la société britannique (30 min.).
• ***Vidéo Dossiers*** (Speakeasy publications) : une série consacrée à des aspects culturels de la société britannique, *Sport in Britain*, *The Cinema* (30 min. chacun).

• Aux éditions Side (regroupement de plusieurs éditeurs) :
• ***Streamline English Video.*** Consolidation grammaticale ;
• ***Mystery Tour.*** Histoire policière. Très bon livret d'accompagnement et guide vidéo donnant de judicieux conseils pour tirer le meilleur parti des deux supports ;
• ***Prime Time.*** 50 minutes de document sur l'Angleterre culturelle des années 1990 ;

• Chez Oxford University Press : la série ***Central News*** (4 cassettes) avec grammaire, exercices, compréhension, phonétique, prononciation et vocabulaire.

• Chez Cambridge University Press :
• ***Professional Presentation*** et ***International Business*** (dans la série ***Business English***) : scénarisation de sujets professionnels ;
• La série ***General Courses, True to Life*** (***Intermediate*** et ***Upper Intermediate Level***).

Adresses utiles

• Les éditeurs :

• Nathan
9, rue Méchain,
75014 Paris
(tél. : 01 53 10 41 20).

• Side
80, rue des Meuniers,
92220 Bagneux
(tél. : 01 45 36 92 22).

• Location ou vente de cassettes en version originale (outre les Fnac et les Virgin) :

• Librairie W. H. Smith
248, rue de Rivoli,
75001 Paris
(tél. : 01 44 77 88 99).

• Librairie Attica
64, rue de la Folie-Méricourt, 75011 Paris
(tél. : 01 49 29 27 27).

• British Council
9-11, rue de Constantine,
75007 Paris
(tél. : 01 49 55 73 00).

• Nouveau Quartier Latin,
78, bd Saint-Michel,
75006 Paris
(tél. : 01 43 26 42 70).

• ADAV
41, rue des Envierges,
75020 Paris
(tél. : 01 43 49 10 02).

La presse anglo-américaine

La lecture de la presse est indispensable, que ce soit d'un point de vue purement linguistique (grammaire, vocabulaire, tournures idiomatiques), pour parfaire la nécessaire actualisation de ses connaissances du monde anglo-saxon, ou tout simplement pour son propre plaisir.

La presse généraliste

En Angleterre, on lit surtout la presse quotidienne, en particulier nationale. Évitez les tabloïds, car ces journaux, dont le format est la moitié du format habituel, constituent la presse à scandales. En revanche, les quotidiens de qualité ne manquent pas. Sur un axe gauche-droite on trouve : *The Guardian, The Independent, The Times* et *The Daily Telegraph.* Si vous avez peu de temps, achetez un ***Sunday paper*** (journal du dimanche) et son supplément très fourni : *The Independent on Sunday, The Observer, The Sunday Times* et *The Sunday Telegraph. The Economist* est un mensuel qui, malgré son nom, ne traite pas seulement d'économie. Plus à gauche, un hebdomadaire de qualité, *The New Statesman.*

Il est difficile et onéreux de se procurer des quotidiens américains de qualité (type *New York Times* ou *Washington Post*). Une solution consiste à acheter l'*International Herald Tribune* publié en Europe et recoupant les principaux articles de la presse dite sérieuse. Les hebdomadaires incontournables sont *Newsweek* et *Time,* ce dernier étant légèrement plus à droite. Un troisième, *The U.S. News & World Report,* est plus conservateur. Les deux premiers proposent des abonnements très avantageux pour les jeunes.

La presse gratuite

Ce sont des revues en anglais qui s'adressent aux Anglo-Saxons vivant à Paris. On y trouve quelques rares articles et surtout beaucoup de petites annonces pour les anglophones à Paris. Citons *FUSAC, Voice* et *The Parisian*. Elles sont disponibles dans les bibliothèques municipales et les bars ou restaurants anglo-saxons de la capitale.

Aux États-Unis et en Grande-Bretagne, vous trouverez fréquemment des journaux en vente dans des distributeurs et non pas uniquement dans des kiosques. Il est à noter que ce phénomène commence à faire son apparition en France.

La presse anglo-américaine

La presse spécialisée

Les mensuels britanniques *Loaded* ou *The Face* sont orientés vers la jeunesse branchée. Ils traitent de sujets culturels divers : mode, musique, cinéma, style de vie, problèmes de société. En ce qui concerne le cinéma, vous avez le choix entre plusieurs mensuels anglais (*Empire, Neon, Film, Film Review*) ou américains (*Premiere*).
Il existe aussi des mensuels anglais (*Cult TV* ou *Cult Times*) consacrés aux séries cultes qui passent à la télévision : *The X-Files, Friends, The Prisoner,* etc. La presse musicale est sans aucun doute la plus prolifique. Les hebdomadaires anglais *Melody Maker* et *New Musical Express,* à tendances très insulaires, ont un langage souvent typé et difficile à saisir. Il est donc préférable de lire des mensuels : Q traite de rock plutôt généraliste, *Mixmag, Select* et *Muzik* sont orientés vers le trip-hop, la techno et la dance, *Vox* louche du côté du rock alternatif, *Mojo* réalise d'excellents dossiers sur le rock des années 1960 et 1970, *Uncut,* enfin, s'intéresse à la fois au cinéma et à la musique en mettant l'accent sur la petite histoire.
La presse américaine est surtout connue pour *Rolling Stone* qui, en plus de la musique, est ouvert sur le cinéma et la culture jeune. *Spin, Ray Gun* ou *Alternative Press* (tous trois mensuels) ont une approche moins académique et parlent de sujets plus controversés ou de groupes plus marginaux.

Où les trouver ?

- Chaque grande gare SNCF (à Paris et en province) diffuse certains titres de la presse internationale.
- Les kiosques des quartiers touristiques ou étudiants (à Paris : le Quartier latin, les Champs-Élysées, les Halles ; en province : les abords des facultés).
- La librairie W.H. Smith (248, rue de Rivoli, 75001 Paris, tél. : 01 44 77 88 99) vend tous les magazines cités et bien d'autres encore.
- Notez que vous avez toujours la solution de vous abonner directement à tous ces magazines.

La presse à vocation pédagogique

Il s'agit essentiellement de revues proposant des articles de la presse anglo-américaine et dans lesquels les mots ou expressions posant problème sont traduits. On en recense deux au niveau lycée : *Vocable* et *Today,* qui proposent également des fiches de grammaire et des extraits d'œuvres littéraires anglo-saxonnes. Ces deux titres sont disponibles dans tous les kiosques. *Speakeasy,* publié par les éditions Nathan, est, lui, directement lié à la pédagogie puisqu'il est conçu en fonction des impératifs scolaires (articles fondés sur la grammaire…). Si le cœur (ou plutôt la raison) vous en dit, vous pouvez lire, dans l'optique du bac, des revues plus spécifiques. Le *Financial Times (*quotidien britannique) ainsi que le *Wall Street Journal, Business Week* et *Fortune* (américains) sont de très sérieux journaux d'économie. *Nature, Scientific American* et le *National Geographic* sont des revues de vulgarisation scientifique très accessibles et de qualité.
La *New York Times Review of Books* et le *Times Literary Supplement* font le point chaque semaine sur les nouvelles parutions en matière de livres.

Le CD-ROM : un support d'entraînement personnalisé

Le CD-ROM, est un instrument attrayant permettant de se cultiver. Il propose également différents sens et niveaux de lecture, selon ce que souhaite son utilisateur. C'est ce que l'on appelle l'interactivité.

Une base de références quasiment illimitée

Le produit phare est l'encyclopédie qui permet de répertorier images, textes et sons et de passer instantanément, par le biais de liens hypertextes, d'une biographie de Martin Luther King au document filmé où on l'entend faire son célèbre discours *I Have a dream.*

- D'un prix accessible, citons l'encyclopédie *Encarta* éditée par Microsoft et publiée chaque année. Bien que centrée sur la civilisation et la vie américaines, elle offre une profusion de données qui peuvent être réactualisées chaque mois sur le site Internet de l'éditeur (encarta.eng.msn.com). Prévoyez quatre mégas plus un méga supplémentaire par mois.

- Une autre encyclopédie américaine, la *Grolier*, offre à peu près les mêmes caractéristiques.

- Le nec plus ultra est l'*Encyclopedia Britannica*, l'équivalent anglais de notre *Encyclopædia Universalis*.

Renseignements pratiques

Où les trouver ? À Paris mais aussi en province.

- Dans toutes les Fnac et les magasins Virgin.
- Dans les librairies spécialisées dans la littérature et la pédagogie anglophones (voir page 356), comme :
  - Nouveau Quartier Latin
    78, boulevard Saint-Michel, 75006 Paris.
    Tél. : 01 43 29 07 41,
    Tél. : 01 44 77 88 99.

En plus des encyclopédies rédigées en anglais, il existe des CD-ROM spécialement conçus pour apprendre cette langue, par exemple Dites-le en anglais, *édité par TLC-Edusoft.*

Le CD-ROM : un support d'entraînement personnalisé

Une méthode d'apprentissage de la langue

Le CD-ROM est aussi un outil indispensable donnant la possibilité d'avoir un véritable laboratoire de langue chez soi, et même un professeur sur mesure apte à détecter et à corriger vos fautes tout en vous les expliquant : il vous permet ainsi d'aller à votre propre rythme.

Les meilleures méthodes combinent vocabulaire, prononciation, compréhension écrite et orale, ainsi que cours et exercices de grammaire. Elles comportent un logiciel de reconnaissance vocale qui vous permettra d'enregistrer votre voix et de la comparer avec celle d'anglophones. Parmi la profusion de CD-ROM qui sont édités, citons les plus adaptés à vos besoins:

- *L'Anglais d'aujourd'hui en 90 leçons* (Studio Multimédia/Livre de poche) ;
- *Instants English* [Niveaux 2 et 3] (Inter Media Langue) ;
- *Dites-le en anglais* (TLC-Edusoft) ;
- *L'Anglais par la pratique* (TLC-Edusoft), qui se rapproche avant tout d'un laboratoire de langue ;
- *Talk To Me* [Niveaux 2 et 3] (Auralog).

Pour un apprentissage très professionnel des langues étrangères plaçant l'élève dans de véritables situations de communication :

- *Quick English* (Softissimo) fonctionne sur le même registre, tout comme *L'Anglais au quotidien* de TLC-Edusoft ;
- Terminons enfin par *English* + [Niveaux 3 et 4] (Emme Interactive). Méthode à la fois complète et ludique (un jeu d'aventure complète l'apprentissage et vous permet de mettre en pratique vos connaissances). L'interface est très agréable et véritablement interactive (dictionnaire, commentaires audio, photos et animations vidéo). Ajoutons que le jeu, à travers une enquête, donne la posssibilité de découvrir la civilisation des pays anglophones et d'obtenir un ensemble efficace assurant des dizaines d'heures d'apprentissage.

Pour parfaire son vocabulaire

Aussi complète soit-elle, une méthode de langue ne l'est jamais totalement si elle n'est pas accompagnée d'au moins un dictionnaire. En voici une sélection succincte.

- Dictionnaires bilingues :
- *Collins French Dictionary* (Softissimo) ;
- *Dictionnaire Hachette-Oxford Bilingue* (Hachette) ;
- Dictionnaire unilingue : le *Longman Interactive English Dictionary* regroupe dans un seul et unique volume :
  – le *Longman Dictionary of English Language and Culture ;*
  – le *Longman Pronunciation Dictionary ;*
  – le *Longman Dictionary of Common Errors ;*
  – la *Longman English Grammar* !

Ce dictionnaire comprend en tout 80 000 mots et expressions (dont 15 000 entrées culturelles), plus de 50 000 mots prononcés ainsi que de nombreuses séquences vidéo permettant de tout savoir sur un mot (prononciation, sens, usage, erreurs, connotations culturelles...).

L'anglais sur Internet

Ce que les encyclopédistes du XVIIIe siècle voulaient faire, Internet est sans doute en train de le réaliser ; à savoir réunir et transmettre la somme des connaissances de l'humanité. Internet est à la fois un outil de communication inégalé et une banque d'informations inépuisable. Vous pouvez télécharger et imprimer n'importe quel document trouvé sur Internet.

Les outils nécessaires

Pour avoir accès à Internet, il faut un ordinateur, un modem d'au moins 28 800 bps (c'est-à-dire bauds par seconde, l'unité de débit) et un fournisseur d'accès. Aux États-Unis, comme en Grande-Bretagne, les plus utilisés sont America On Line (AOL) ou Compuserve. En France, les principaux fournisseurs d'accès sont Club-Internet, Free, Infonie et Wanadoo. Ces fournisseurs proposent des abonnements en connexion illimitée. Pour « naviguer » sur le Web, il faut également un « browser » (navigateur) qui permet de circuler dans les pages d'un site ou d'un site à l'autre. Les deux principaux navigateurs sont Netscape Navigator et Internet Explorer, les deux concurrents. C'est pourquoi certains sites ne sont accessibles qu'avec l'un d'entre eux ! L'idéal est donc de posséder les deux.

Aujourd'hui, tous les groupes de musique et les chanteurs ont un site sur Internet qui leur est consacré, comme ici les Beatles.

Chercher une information

La richesse du Web rend les informations difficiles à trouver. C'est pourquoi des moteurs de recherche aident à sélectionner les sites qui vous intéressent. Les principaux sont :

- yahoo.com
- lycos.com
- excite.com
- hotbot.com
- google.com
- altavista.com
- go.com

Un moteur de recherche s'apparente à une recherche documentaire. On entre des mots clés et on utilise des liens comme ***and*** (et), ***or*** (ou), ***except*** (sauf)…

Les moteurs de recherche les plus perfectionnés :

- font une recherche par phrase complète ;
- combinent plusieurs moteurs ;
- font des recherches plus poussées (Internet Sleuth – le limier ! – : isleuth.com).

L'anglais sur Internet

Quelques sites

Tous vos hobbies ont des sites qui leur sont dédiés. Vous pourrez y discuter ou échanger des informations, le tout en anglais ! En voici quelques-uns (tous sont précédés du sigle : http://www.) :

- Les universités
- de Stanford (stanford.edu/) ;
- de Cambridge (cam.ac.uk) ;
- de Berkeley (berkeley.edu/) ;
- de Columbia (columbia.edu/) ;
- de Harvard (harvard.edu/).
- Une encyclopédie gratuite : cs.uh.edu/~clifton/micro.a.html
- Un répertoire de dictionnaires bilingues : yourdictionnary.com
- La bibliothèque du Congrès des États-Unis : lcweb.loc.gov/
- dir.yahoo.com/Education recense les sites consacrés à l'apprentissage de l'anglais !
- club-internet.fr/vocable est le site du magazine *Vocable*.
- Tout média américain a un site comme : nytimes.com (le site du *New York Times*), usatoday.com (le site du quotidien *Usa Today*) et cnn.com (celui de la chaîne de télévision CNN).

Des abréviations indiquent le domaine de chaque forum

- alt = alternatif.
- biz = affaires.
- comp = informatique.
- misc = autres sujets.
- news = nouvelles générales.
- rec = loisirs.
- sci = sciences.
- soc = problèmes sociaux.
- talk = débats.

S'abonner à des newsgroups

Situés à mi-chemin entre la recherche d'information et la communication, ces forums de discussion permettent de lire ou de laisser des messages et des articles ainsi que de rechercher des renseignements.
Il suffit de s'y abonner une fois que l'on se trouve sur le Web en cliquant sur la page Newsgroup. Chaque domaine (voir encadré ci-dessus) est subdivisé en arborescences. Ainsi, à l'intérieur du domaine alt (alternatif), vous trouverez des sous-groupes sur la musique, le cinéma, la littérature, le sport, les animaux, etc.
Un outil de recherche vous permet de trouver les newsgroups qui vous intéressent le plus. Il s'agit de sunsite.unc.edu/usenet-i/.

Un moyen de communication unique

La majorité des sites étant en anglais, l'utilité d'Internet dans l'apprentissage de cette langue n'est pas à démontrer ! De plus, la possibilité d'échanger, pour le prix d'une communication locale et presque instantanément, des informations via les newsgroups ou du courrier par votre e-mail permet de trouver des correspondants vivant dans tous les pays de langue anglaise. C'est une richesse de communication que vous pourrez même entretenir en direct par le biais des IRC *(Internet Relay Chat)*, ces modules qui, une fois téléchargés, permettent de dialoguer en temps réel avec des internautes du monde entier.
Internet semble être aujourd'hui le moyen le plus motivant et le plus direct de peaufiner sa compréhension et son expression écrite en anglais.

L'anglais par la musique

S'il est une langue qui, par la musique, permet de joindre l'utile à l'agréable, c'est bien l'anglais. L'éventail qui va d'Elvis Presley à U2 ou Prodigy permet de satisfaire tous les goûts. Il suffit simplement de s'employer à adjoindre un peu d'attention et de méthode à un exercice qui reste néanmoins essentiellement ludique.

Comment choisir ?

D'abord ses disques préférés ou la radio, bien sûr, mais il ne faut pas non plus négliger l'apport visuel que procurent les « clips ». On peut en enregistrer sur M6, mais également sur les chaînes du câble et du satellite : MCM et MTV (cette dernière présente l'avantage d'être totalement anglophone).

Comment écouter ?

Si, aujourd'hui, les paroles des chansons sont incluses dans le livret de la plupart des disques, cela ne doit pas être un frein à une écoute « aveugle » qui, elle seule, permet de retenir phrasé, intonation, accent et prononciation. À cet égard – et dans l'optique de l'examen –, privilégiez les chanteurs anglais « traditionnels » (comme les Beatles) qui ont une diction, sinon très pure, du moins plus acceptable par un jury d'oral ! Cette écoute n'a pas vocation à faire saisir l'intégralité des paroles, de même qu'un texte entendu peut être compris même si on ne perçoit pas tout ce qui est dit. Il s'agit avant tout d'un exercice de compréhension orale dans lequel la restitution joue un rôle secondaire. C'est l'écoute répétée qui va permettre par la suite d'intégrer inconsciemment (et de reproduire) certaines expressions toutes faites, des tournures idiomatiques ou des structures grammaticales. Voici quelques exemples pris au hasard dans des morceaux « pop/rock ». La rythmique lancinante du *High Time We Went* de Joe Cocker devrait vous faire rapidement comprendre que l'expression ***It's high time*** est suivi du prétérit modal. Prêtez l'oreille au refrain du titre de Midnight Oil, *Beds are Burning :*

How can we dance
When the earth is [turning
How can we sleep
While beds are burning?

Vous enregistrerez sans doute la construction particulière des verbes modaux à la forme interrogative ainsi que l'emploi de la forme en *-ing.*
Les titres des chansons, en eux-mêmes, peuvent fournir des exemples de modèles grammaticaux qu'il est bon de mémoriser afin

David Bowie lors de son 50e anniversaire en 1997.

de pouvoir les utiliser. *Have You Ever Seen The Rain ?* de Creedence Clearwater Revival vous renseignera sur l'utilisation du ***present perfect*** avec ***ever.***
Wish You Were Here des Pink Floyd vous fera travailler la construction ***to wish*** + prétérit modal pour exprimer le souhait.
If God Will Send His Angels de U2 illustrera le sens modal de ***will*** pour marquer la volonté, tout comme *Won't Get Fooled Again* des Who marque le refus.
Boys Keep Swinging de David Bowie vous indiquera qu'il faut utiliser la forme en ***-ing*** après le verbe ***to keep.***
Grâce à *Let It Be* des Beatles, vous ne ferez plus de fautes dans la construction de ***to let*** + base verbale.
A contrario de l'exemple précédent, *I Want You To Want Me,* de Cheap Trick, vous rappellera que, derrière ***to want,*** on doit utiliser la proposition infinitive.
Chacun peut donc ainsi se faire un répertoire de points de grammaire avec des extraits de ses chansons préférées auxquels il pourra se référer lors des exercices imposés en cours.
Il sera néanmoins nécessaire de maintenir une distance critique par rapport à ce que l'on peut entendre. En effet, on rencontre souvent dans la chanson anglo-saxonne des expressions d'un style très peu académique qu'il convient de discerner afin de ne pas reproduire ces fautes lexicales ou grammaticales. Cela est valable, en particulier, aujourd'hui pour certains titres rap, jusqu'à ce que, bien sûr, l'usage veuille que ***gangsta*** puisse par exemple se substituer à ***gangster,*** etc.
Si les Doors pouvaient se permettre d'intituler une de leurs chansons *Love Me Two Times,* évitez de reproduire cet américanisme et remplacez-le dans la mesure du possible par ***twice.*** C'est ce que fait d'ailleurs le groupe puisqu'une des lignes du refrain est bien : ***Love me twice today. Wanna, gotta*** et ***gonna*** sont des variantes argotiques de ***want to, got to*** et ***going to*** et sont difficilement acceptables dans un devoir écrit, surtout quand il est sanctionné par un examen.
À exclure absolument : ***ain't*** (pour ***isn't*** ou ***haven't***), ainsi que les doubles négatives du type *Don't Come Around Here No More* de Tom Petty.
La chanson constitue donc un outil précieux pour se familiariser avec l'anglais, mais aussi pour apprendre à connaître les variantes de cette langue, notamment dans le style parlé.
Pour finir, voici une petite devinette : retranscrivez en anglais classique le titre de cette chanson des Walker Brothers *The Sun Ain't Gonna Shine Anymore.*

Réponse : *The Sun Isn't Going to Shine Anymore.*

Où se procurer des « lyrics » ?

Si vous cherchez les paroles ou les partitions de vos artistes favoris, allez dans les magasins d'instruments de musique, les Fnac ou les Virgin.
Enfin, si vous êtes abonné à Internet, il faut absolument consulter le site : www.ubl.com
Il vous suffit d'y inscrire le nom de votre groupe préféré et vous aurez une liste exhaustive de tous les sites qui leur sont consacrés, ainsi que ceux où vous trouverez leurs paroles.
Bonne écoute, et n'oubliez pas que, comme le disent les Rolling Stones, ***"It's only rock and roll (but I like it!)".***

Séjours, travail et échanges à l'étranger

Découvrir un pays étranger, des traditions, vivre des cultures différentes..., autant d'attraits pour les jeunes. Communiquer, maîtriser des langues étrangères et, plus tard, acquérir une expérience professionnelle..., autant de nécessités également.

Un nouveau pays, c'est l'assurance de la découverte.

Les séjours

Il existe plusieurs types de séjours linguistiques (entre 2 et 8 semaines) à effectuer pendant les vacances :
• séjour en famille sans cours (« bain linguistique ») ;
• séjour en famille avec cours individuels ou collectifs, en *college* ou sur un campus.

Diverses institutions organisent ces séjours. On vous renseignera :
• au British Council, Education information service, 9-11, rue de Constantine, 75007 Paris (tél. : 01 49 55 73 00) ;
• à l'Office de tourisme de Grande-Bretagne, 22, avenue Franklin-Roosevelt, BP 154, 75363 Paris Cedex 08 (tél. : 08 25 83 82 81).

Si vous souhaitez passer l'été avec de jeunes Américains, faites un ***Summer camp*** aux États-Unis. Renseignements à la Commission franco-américaine d'échanges universitaires et culturels 9, rue Chardin, 75016 Paris (tél. : 01 44 14 53 60).

Le travail

Pour effectuer un stage dans une entreprise à l'étranger, les démarches sont complexes mais ne doivent pas décourager. Il faut avoir au moins 18 ans et une bonne connaissance de la langue. Dans les pays de l'Union européenne, un stage est plus facile à trouver et les formalités sont plus simples. Pour toute recherche (visa, recherches d'entreprises, etc.), des organismes proposent documentation et aide.

• Conseils : bien préparer son CV ainsi qu'une lettre de motivation et s'y prendre plusieurs mois à l'avance.

• Adresses utiles :
• Exchange Visitors International Programs 1, place de l'Odéon, 75005 Paris (tél. : 01 44 41 74 74) ;
• Centre d'information internationale, 25, rue Jaboulay, 69007 Lyon (tél. : 04 72 73 24 95) ;
• Centre de commerce et d'industrie de Paris, Euro Info Centre, 27, avenue de Friedland, 75008 Paris (tél. : 01 55 65 73 13).

• Consulter le programme Leonardo et les stages proposés par la Commission européenne, secrétariat général – bureau des stages, rue de la Loi 200, B-1049, Bruxelles (tél. : 00(32-2)299 08 56 23 39).

• Internet :
• www.ccip.fr (Chambre de commerce et d'industrie de Paris)
• www.europa.eu.int (Commission européenne)
• www.eurostage.org (programme Leonardo)

Séjours, travail et échanges à l'étranger

Le travail au pair

Souvent, seules les jeunes filles de 18 à 26 ans peuvent poser leur candidature. En échange de quelques heures de travail (ménage, garde d'enfants), l'étudiante est logée dans une famille. De nombreux organismes proposent (avec frais d'inscription) des places de jeunes au pair à l'étranger. La liste est disponible au CIDJ (Centre d'information et de documentation jeunesse), 101, quai Branly, 75 740 Paris Cedex 15.

• Dans l'Union européenne, aucun permis préalable n'est exigé. Les conditions sont :
• une connaissance suffisante de la langue du pays choisi est conseillée et l'étudiante devra suivre des cours d'anglais (à ses frais) ;
• 5 à 6 h de travail par jour ;
• une rémunération de 150 à 250 euros par mois.

• Aux États-Unis, en revanche, les conditions sont strictes :
• 45 heures de travail par semaine, un jour et demi de repos par semaine ;
• 100 dollars par semaine ;
• nécessité d'un visa J-1 (formulaire IAP 66) ;
• il faut parler couramment anglais, avoir si possible un diplôme de soins aux enfants, un permis de conduire international, de bonnes qualités morales. Enfin, il faut être non-fumeur.

• Organismes désignés par les services officiels américains :
• Au Pair/Homestay-USA, représenté par Experiment 89, rue de Turbigo, 75003 Paris ;
• Au Pair Care, ACTE international, 10, square Adanson, 75005 Paris ;
• Au Pair in America 24, montée du Gourgillon, 69005 Lyon.

Les échanges

Pour avoir un correspondant ***(a penfriend)***, adressez-vous à IYS (International Youth Service), PB 125, FIN-20101 Turku, Finlande.

• En ce qui concerne les échanges entre étudiants à l'université, ils ne sont possibles que si l'université ou l'école supérieure a passé un accord avec un établissement étranger. Vous pourrez alors passer un ou deux semestres à l'étranger, dès la deuxième année d'étude (avec un TOEFL de niveau supérieur, soit 550 points au moins). Mais les places sont limitées. Renseignez-vous très tôt dans votre établissement.

• Il existe aussi des programmes d'échanges dans le cadre de l' UE (Erasmus, Lingua…) avec des possibilités d'études, de stages ou d'emploi.

Bibliographie

• *Jobs et stages autour du monde,* Paris, Dakota, 2002.

• Olivier Rollot, *Comment étudier à l'étranger,* Paris, L'Étudiant, 2003.

• Olivier Rollot, *Partir travailler à l'étranger,* Paris, L'Étudiant, 2003.

• Sources Europe, Centre d'information sur l'Europe, socle de la Grande Arche, 92054 Paris-La Défense. Internet : www.info-europe.fr

• Procurez-vous la carte d'identité internationale au Crous (à Paris ou en Province) ou à l'OTU 39, avenue Georges-Bernanos, 75005 Paris.

Les examens anglais ou américains organisés en France

Il est possible d'obtenir en France des diplômes sanctionnant une compétence en langue étrangère. Divers organismes se chargent de l'organisation de ces examens. Une préparation spécifique préalable est nécessaire ; à noter que l'inscription à ces examens est payante.

Les certificats européens de langues

Ils sont ouverts à tous et homologués dans 12 pays européens. Ces diplômes s'adressent à ceux qui se tournent vers des emplois exigeant la pratique d'une langue étrangère (tourisme, affaires, information, etc.).

- Certificat européen d'anglais des affaires.
- Certificat européen d'anglais pour l'hôtellerie et la restauration.
- Certificat européen d'anglais pour les professions techniques.

Si vous souhaitez poursuivre vos études (ou une partie de vos études) dans une université américaine, il vous faudra passer l'examen du TOEFL, grâce auquel on jugera de votre niveau en anglais.

Les diplômes de l'université de Cambridge

La préparation à ces diplômes est organisée dans 70 pays (tous niveaux de langue confondus). Souvent considérés comme une garantie par les entreprises (hôtellerie, services, tourisme, communication, édition, etc.), ils attestent une bonne maîtrise de la langue anglaise.

- *First certificate in English* (niveau lycée).
- *Certificate in advanced English* (plus adapté aux entreprises).
- *Certificate of proficiency in English.*
- *Diploma of English studies.*

Le TOEFL et le TOEIC

Le *TOEFL (Test of English as a Foreign Language)* est un test officiel d'évaluation linguistique grâce auquel un étudiant peut situer son niveau d'anglais dans une échelle donnée. Il est exigé à l'entrée des universités américaines

Les examens anglais ou américains organisés en France

et canadiennes. Il est également demandé en Grande-Bretagne et en Australie pour une inscription universitaire. Enfin, il peut servir d'évaluation pour des recrutements. Le *TWE (Test of Written English)* et le *TSE (Test of Spoken English)* sont parfois demandés. Ces examens sont ouverts, sans condition d'âge, à tous ceux dont l'anglais n'est pas la langue maternelle.

Le *TOEIC (Test of English for International Communication)* a été créé pour tester le niveau d'anglais général dans un cadre professionnel. Il est déjà adopté par de grandes entreprises et de grandes écoles (par exemple, HEC, l'Insa de Lyon,...).

Les diplômes des chambres de commerce étrangères

Ces diplômes attestent une très bonne pratique de la langue des affaires et du commerce. Ils sont par conséquent fort appréciés et réputés dans les secteurs scientifiques et techniques ainsi qu'en gestion, en finances, dans le commerce ou le tourisme. Ils sont ouverts à tous (étudiants des universités, des grandes écoles, écoles de commerce, des IUT, etc., ou salariés), sans limite d'âge.

• Chambre de commerce et d'industrie franco-britannique (FBCCI) : pour s'inscrire à l'un des quatre examens proposés, il faut avoir plus de 17 ans, être titulaire du baccalauréat et ne pas être de langue maternelle anglaise. Cette chambre de commerce délivre :

• *Diploma in Business English* (examen le plus apprécié des quatre, à la fois par les étudiants et les entreprises) ;

• *Diploma in Advanced Business English ;*

• *Diploma in English for Travel and Tourism ;*

• *Diploma in English for Transport and Logistic.*

La FBCCI organise des cours à la préparation des examens dans son centre de formation (pour tout renseignement, appelez le 01 53 30 81 30).

• La Chambre de commerce américaine organise, avec l'École supérieure de commerce de Paris, un examen commercial d'anglais : *American communication skills Certificate* (une seule session par an, en mai). Pour s'inscrire, il faut être majeur.

Adresses et renseignements

• Certificats européens de langue : AGERCEL, 3, allée Martin Luther King, 76620 Le Havre (tél. : 02 35 54 05 97).

• Diplômes de l'université de Cambridge : Institut britannique, 11, rue de Constantine, 75340 Paris Cedex 07 (tél. : 01 44 11 73 73).

• TOEFL : Commission franco-américaine d'échanges universitaires, 9, rue Chardin, 75016 Paris (tél. : 01 44 14 53 60).

• TOEIC : 66, avenue des Champs-Elysées, 75008 Paris. (tél. : 01 40 74 05 21).

• Chambre de commerce et d'industrie franco-britannique (FBCCI) : 31, rue Boissy d'Anglas, 75008 Paris (tél. : 01 53 30 81 30).

• Chambre de commerce franco-américaine : 262, rue du Faubourg Saint-Honoré, 75008 Paris, (tél. : 01 53 89 11 00).

• Centre d'information sur les chambres de commerce étrangères : 147, rue Jules-Guesde, 92309 Levallois-Perret (tél. : 01 42 70 49 11).

Quelques adresses utiles

Que vous souhaitiez partir dans un pays anglophone pour y passer des vacances, étudier ou travailler ou que vous recherchiez un texte dans le cadre scolaire ou une bande dessinée écrite en anglais, ces quelques adresses vous seront utiles.

Grande-Bretagne

Ambassade : 35, rue du Faubourg Saint-Honoré, 75008 Paris (tél. : 01 44 51 31 00). www.amb-grandebretagne.fr

- Consulats :
- 16, rue d'Anjou, 75008 Paris (tél. : 01 44 51 31 02) ;
- 24, rue de Childebert, 69002 Lyon (tél : 04 72 77 81 70) ;
- 24, avenue du Prado, 13006 Marseille (tél. : 04 91 15 72 10).
- Chambre de commerce et de l'industrie franco-britannique : 31, rue Boissy d'Anglas, 75008 Paris (tél. : 01 53 30 81 30).
- British Council : 9, rue de Constantine, 75007 Paris (tél. : 08 92 68 44 14). www.britishcouncil.org/france.htm
- Bibliothèques : British Council et bibliothèques universitaires.
- Restaurants : vous trouverez leur liste dans *Pariscope* et *l'Officiel des spectacles*.

Le British Council abrite, entre autres, une imposante bibliothèque.

États-Unis

Ambassade : 2, avenue Gabriel, 75008 Paris (tél. : 01 43 12 22 22 ou 01 43 12 48 66). Posez donc vos questions sur le site de l'ambassade (www.amb-usa.fr), qui fait office de centre de documentation. On vous y répondra en 24 heures.

- Consulat : 12, boulevard Paul-Paytral, 13286 Marseille Cedex 6 (tél. : 04 91 54 92 00).
- The Visit USA Committee France : 2, avenue Gabriel, 75008 Paris (tél. : 01 43 12 22 14). www.visitusafrance.com
- Commission franco-américaine (échanges universitaires) : 9, rue Chardin, 75016 Paris (tél. : 01 44 14 53 60).
- Chambre de commerce franco-américaine : 262, rue du Faubourg Saint-Honoré, 75008 Paris (tél. : 01 53 89 11 00).
- Associations :
- France-États-Unis 39, boulevard Suchet, 75016 Paris (tél. : 01 45 27 80 86) ;
- France-Amérique 9, avenue Franklin-Roosevelt, 75008 Paris (tél. : 01 43 59 51 00) ;
- Bibliothèque : American Library, 10, rue du Général-Camou, 75007 Paris (tél. : 01 53 59 12 60).

Quelques adresses utiles

Canada

Ambassade :
35, avenue Montaigne,
75008 Paris
(tél. : 01 44 43 29 00).

- Consulats :
- 35, avenue Montaigne, 75008 Paris (tél. : 01 44 43 29 00) ;
- 21, rue Bourgelat, 69002 Lyon (tél. : 04 72 77 64 07).
- Délégation générale du Québec : 66, rue Pergolèse, 75116 Paris (tél. : 01 40 67 85 00). www.mri.gouv.qc.ca/paris
- Services culturels : 5, rue de Constantine, 75007 Paris (tél. : 01 44 43 21 99).
- Association nationale France-Canada : 5, rue de Constantine, 75007 Paris (tél. : 01 45 55 83 65).
- Chambre de commerce France-Canada : 9-11, avenue Franklin-Roosevelt, 75008 Paris (tél. : 01 43 59 32 38).
- Office franco-québecois pour la jeunesse : 11, passage de l'Aqueduc, 93200 Saint-Denis (tél. : 01 49 33 28 50). www.ofqj.org
- Librairie canadienne :
- The Abbey Bookshop, 29, rue de la Parcheminerie, 75005 Paris (tél. : 01 46 33 16 24) ;
- Librairie du Québec : 30, rue Gay-Lussac, 75005 Paris (tél. : 01 43 54 49 02).

Irlande

Ambassade :
4, rue Rude, 75116 Paris
(tél. : 01 44 17 67 00).

- Office du tourisme : 33, rue Miromesnil, 75008 Paris (tél. : 01 70 20 00 20).

Afrique du Sud

Ambassade :
59, quai d'Orsay,
75007 Paris
(tél. : 01 53 59 23 23).

- Office du tourisme : 61, rue La Boétie, 75008 Paris (tél. : 01 45 61 01 97).

Nouvelle-Zélande

Ambassade et consulat :
7 ter, rue Léonard-de-Vinci, 75116 Paris
(tél. : 01 45 00 43 43).
www.nzambassy.com

Australie

Ambassade :
4, rue Jean-Rey,
75724 Paris Cedex 15
(tél. : 01 40 59 33 00)
www.aussie.net.au

Le British Council

Le British Council est un organisme britannique qui vise à promouvoir la coopération entre la Grande-Bretagne et les pays du reste du monde, que ce soit dans le domaine culturel, scientifique ou technique. À Paris, son rôle consiste aussi bien à instituer des échanges éducatifs et culturels entre la France et le Royaume-Uni qu'à former des professeurs ou à organiser des manifestations culturelles dans les pays en voie de développement. En outre, le British Council dispose d'un fonds d'ouvrages impressionnant (40 000 ouvrages sont ainsi réunis à Paris) et propose de nombreux enseignements.

- 9-11, rue de Constantine, 75007 Paris (tél. : 08 92 68 44 14, Minitel : 3615 BRITISH).
- Internet : www.britishcouncil.org/france/

Les métiers liés à l'anglais

De nos jours, la pratique d'une langue aussi répandue que l'anglais ouvre très largement l'éventail des possibilités d'emploi. Mais attention, il convient avant tout de faire le point sur vos compétences et de trouver le métier qui correspondrait à vos goûts.

L'enseignement

Si vous souhaitez devenir professeur en collège, au lycée ou à l'université, il vous faudra subir un recrutement par voie de concours. Pour passer celui du Capes, il vous faudra justifier d'un niveau bac + 3, pour celui de l'agrégation, bac + 4. Pour tout renseignement, adressez-vous à l'académie de votre région.

Si votre niveau de langue est très bon, pourquoi ne pas devenir interprète ?

L'interprétariat et la traduction

Dans ce secteur d'activité, les débouchés sont limités et le niveau requis élevé. Vous pourrez devenir interprète commercial ou de conférences ou bien traducteur. Il vous faudra disposer d'une très bonne maîtrise de plusieurs langues, d'une bonne technique de la traduction et de connaissances précises dans certains domaines, qui vous permettront de vous spécialiser. Certaines écoles forment à ces métiers :

- l'Isit (Institut supérieur d'interprétariat et de traduction), Institut catholique de Paris, 21, rue d'Assas, 75720 Paris Cedex 06 (tél. : 01 42 22 33 16) ;
- l'Esit (École supérieure d'interprétariat et de traduction), centre universitaire Dauphine-Paris III, place du Maréchal-de-Lattre-de-Tassigny, 75 116 Paris (tél. : 01 44 05 42 05) ;
- l'ITI (Institut de traduction et d'interprétariat), université Strasbourg II, UFR de langues et de sciences humaines appliquées, 22, rue Descartes, 67084 Strasbourg Cedex (tél. : 03 88 41 74 80).

Enfin, si vous appréciez le tourisme, vous pourrez devenir guide-interprète pour les visites commentées de musées, de monuments historiques, etc. Pour ce faire, il faut obtenir un BTS tourisme, option accueil (niveau bac + 2). Il est possible de bénéficier d'une bourse d'études allouée par l'Union européenne en vue d'un séjour d'un an à l'étranger, avant de tenter l'examen à l'une des grandes écoles d'interprétariat. Pour tout renseignement, adressez-vous au CNOUS 66, quai d'Orsay, 75007 Paris (tél. : 01 44 18 53 00).

Les métiers liés à l'anglais

L'hôtellerie et le tourisme

Il existe différentes filières de formation dans ce domaine, qui nécessitent dans tous les cas un bon contact avec le public et un grand dynamisme :

- BTS tourisme (niveau bac + 2) ;
- BTS hôtellerie-restauration, option mercatique et gestion hôtelière ;
- ESTHUA. École supérieure du tourisme et de l'hôtellerie de l'université d'Angers, 7, allée F. Mitterrand, BP 40455, 49004 Angers, (tél. : 02 41 96 21 39). Cette école prépare à tous les diplômes d'études supérieures liés à l'hôtellerie et au tourisme.

Le journalisme

Il faut avant tout savoir que les grands reporters qui voyagent de par le monde ne sont pas nombreux dans la profession. En plus de la connaissance de l'anglais, voire d'autres langues étrangères, on vous demandera une culture générale très étoffée ainsi que la maîtrise des techniques d'écriture journalistique. Il existe différentes écoles de formation à ce métier, notamment :

- le Centre de formation des journalistes, 33, rue du Louvre, 75002 Paris (tél. : 01 43 36 84 23) ;
- l'École supérieure de journalisme, 50, rue Gauthier-de-Châtillon, 59000 Lille (tél. : 03 20 30 44 00).

La fonction publique

Certains ministères et services publics peuvent proposer des postes basés à l'étranger qui sont tous soumis à concours. Ceux-ci supposent une bonne formation ainsi qu'une expérience professionnelle préalable.

- Ministère des Affaires étrangères, 21 bis, rue La Pérouse, 75016 Paris (tél. : 01 43 17 66 99).
- Ministère de la Coopération et de la Francophonie, 20, rue Monsieur, 75007 Paris (tél. : 01 53 69 30 00).
- Ministère de l'Économie, des Finances et de l'Industrie, 139, rue de Bercy, 75012 Paris (tél. : 01 40 04 04 04).

Le commerce international

Ces carrières, généralement de haut niveau, nécessitent à la fois une formation théorique (en école) et pratique (notamment grâce à des séjours à l'étranger). Vous pourrez acquérir une formation universitaire par l'intermédiaire d'une licence ou d'une maîtrise de droit européen ou international, par exemple, ou bien de langues étrangères appliquées option affaires et commerce.
De même, plusieurs DESS (diplômes d'études supérieures spécialisées) ou DEA (diplômes d'études approfondies) ont des options européennes ou internationales.
Certains lycées de grandes villes proposent également des BTS de commerce international ou de bureautique et secrétariat trilingue.
Si vous êtes intéressé par toutes ces carrières, n'hésitez pas à consulter les chambres de commerce qui sont à même de vous renseigner.
Vous pouvez également lire la revue *Les Métiers du commerce international* (collection « L'Étudiant pratique »).

DICO

Pour enrichir
son vocabulaire

Des groupements thématiques de vocabulaire, une liste de verbes irréguliers et de faux amis.

ADVERTISING/LA PUBLICITÉ

• Verbes et expressions verbales

to advertise ['ædvətaɪz]: *faire de la publicité*
it is widely advertised ['ædvətaɪzd] [waɪdlɪ]: *cela fait l'objet d'une publicité à grande échelle*
to appeal [ə'pi:l] to: *jouer sur, faire appel à*
to ban [bæn]/censor an ad ['sensəʳ] [æd]: *interdire une publicité*
to be aimed at [eɪmd]: *viser, s'adresser à*
to brainwash people [breɪnwɒʃ] [pi:pl]: *intoxiquer les gens*
to coin a catchphrase [kɔɪn] [kætʃfreɪz]: *forger un slogan accrocheur*
to compete (with) [kəm'pi:t]: *concurrencer*
to entice people into buying [ɪn'taɪs] [pi:pl] [baɪɪŋ]: *pousser les gens à acheter*
to fool [fu:l]: *tromper*
to launch a new product [lɔ:ntʃ] ['prɒdʌkt]: *lancer un nouveau produit*
it pays to advertise [peɪz] ['ædvətaɪz]: *la publicité paie*
to persuade [pə'sweɪd]: *persuader*
to place an ad [pleɪs] [æd]: *passer une annonce*
to seduce [sɪ'dju:s]: *séduire*
to trick [trɪk]: *piéger, rouler (familier)*
I've seen that product advertised on television [si:n] ['prɒdʌkt] ['ædvətaɪzd] ['telɪ,vɪʒən]: *j'ai vu une publicité pour ce produit à la télévision*

• Noms

advertiser ['ædvətaɪzəʳ]: *annonceur*
advertising ['ædvətaɪzɪŋ]: *la publicité*
advertisement [əd'vɜ:tɪsmənt]/ advert (G. B.)/ad [əd'vɜ:t] [æd]: *pub(licité), annonce*
agency ['eɪdʒənsɪ]: *agence*
association of ideas [ə,səʊsɪ'eɪʃən] [aɪ'dɪəz]: *association d'idées*
bill [bɪl]: *affiche*
brand (name) [brænd] [neɪm]: *marque*
campaign [kæm'peɪn]: *campagne*
commercial [kə'mɜ:ʃəl]: *publicité télévisée*
commercial break [kə'mɜ:ʃəl] [breɪk]: *pause publicitaire*
competition [,kɒmpɪ'tɪʃən]: *la concurrence*
competitor [kəm'petɪtəʳ]: *concurrent*
consumer [kən'sju:məʳ]: *consommateur*
endorsement [ɪn'dɔ:smənt]: *l'appui, la garantie d'une célébrité*
leaflet [lɪ:flet]: *prospectus*
logo ['ləʊgəʊ]: *logo*
market research ['mɑ:kɪt] [rɪ'sɜ:tʃ]: *étude de marché*
publicity agency [pʌb'lɪsɪtɪ] ['eɪdʒənsɪ]: *agence de publicité*
publicity agent [pʌb'lɪsɪtɪ] ['eɪdʒənt]: *publicitaire*
publicity [pʌb'lɪsɪtɪ] for: *publicité pour*
poster ['pəʊstəʳ]: *affiche*
pun [pʌn]: *jeu de mots*
scientific authority [saɪəntɪfɪk] [ɔ:'θɒrɪtɪ]: *l'autorité de la science*
slogan ['sləʊgən]: *slogan*
stereotype ['stɪərɪəʊtaɪp]: *stéréotype*

techniques [tek'niːks]: *les techniques*
trademark [treɪdmɑːk]: *marque*

• Adjectifs

advertising ['ædvətaɪzɪŋ]: *publicitaire, de publicité*
comparative [kəm'pærətɪv]: *comparatif*
misleading [ˌmɪs'liːdɪŋ]: *trompeur*
persuasive [pə'sweɪzɪv]: *persuasif*

CINEMA AND TELEVISION/ LE CINÉMA ET LA TÉLÉVISION

• Verbes et expressions verbales

to act [ækt]: *jouer*
to blow up [bləʊ]: *agrandir*
to broadcast ['brɔːdkɑːst]: *diffuser*
to censor ['sensəʳ]: *censurer*
to co-star ['kəʊstɑːʳ]: *partager la vedette*
to direct [dɪ'rekt]: *diriger*
to distribute [dɪs'trɪbjuːt]: *distribuer*
to feature ['fiːtjəʳ]: *figurer dans*
to film well [fɪlm] [wel]: *être photogénique*
to go to the pictures ['pɪktʃəʳz]/ the cinema/the movies (US) ['sɪnəmə] ['muːvɪz]: *aller au cinéma*
to impersonate [im'pɜːsəneit]: *incarner au cinéma*
to perform [pə'fɔːm]: *jouer*
to release a film [rɪ'liːs] [fɪlm]: *sortir un film*
to screen a novel [skriːn] ['nɒvəl]: *porter un roman à l'écran*
to shoot a film [ʃuːt] [fɪlm]: *tourner un film*
to show only at [ʃəʊ]: *jouer en exclusivité*
to star in [stɑːʳ]: *être la vedette de*
to subtitle ['sʌbˌtaɪtl]: *sous-titrer*
to switch [swɪtʃ] on/to turn on television [tɜːn] ['telɪˌvɪʒən]: *allumer la télévision*
to watch a film [wɒtʃ] [fɪlm]: *regarder un film*
to watch television [wɒtʃ] ['telɪˌvɪʒən]: *regarder la télévision*

cinema and television

• Noms

actor ['æktəʳ]: *acteur*
adventure film [əd'ventʃəʳ] [fɪlm]: *film d'aventures*
announcer [ə'naʊnsəʳ]/anchorman ['æŋkəʳmæn]: *présentateur*
audience rating ['ɔːdɪəns][reɪtɪŋ]: *audimat*
award [ə'wɔːd]: *récompense*
blockbuster [blɒkbʌstəʳ]: *superproduction*
blow up [bləʊ]: *agrandissement*
box office hit [bɒks] ['ɒfɪs] [hɪt]: *film à grand succès*
box office takings ['bɒksɒfis] ['teɪkɪŋz]: *recettes*
cable television ['keɪbl] ['telɪˌvɪʒən]: *la télévision par câble*
camcorder ['kæmˌkɔːdə]: *Caméscope*
cartoon [kɑːtuːn]: *dessin animé*
the cast [kɑːst]: *la distribution*
cinema (GB) ['sɪnəmə]: *cinéma (le lieu)*
censorship ['sensəʃip]: *censure*
close-up [kləʊsʌp]: *gros plan*
commercial break [kə'mɜːʃəl] [breɪk]: *page de publicité*
cops and robbers series [kɒps] ['rɒbəʳz] ['sɪərɪz]: *série policière*
couch potato (US) [kaʊtʃ] [pə'teɪtəʊ]: *abruti de télévision*
the credits ['kredɪts]: *générique*
current affair ['kʌrənt] [ə'fɜəʳ]: *l'actualité*
decoder ['diːkəʊdəʳ]: *décodeur*
detective [dɪ'tektɪv]/gangster film ['gæŋstəʳ] [fɪlm]: *film policier*
documentary film [ˌdɒkjʊ'mentərɪ] [fɪlm]: *documentaire*
editing ['edɪtɪŋ]: *le montage*
editor ['editəʳ]: *monteur*
epic ['epɪk]: *film à grand spectacle*
extra ['ekstrə]: *figurant*
feature ['fiːtjəʳ]: *film principal*
film attendance [fɪlm] [ə'tendəns]: *la fréquentation des salles de cinéma*
film director [fɪlm] [dɪ'rektəʳ]: *réalisateur*
film society [fɪlm] [sə'saɪətɪ]: *ciné-club*
flop [flɒp]: *bide*
freeze frame [frɪːz] [freɪm]: *arrêt sur image*
hero ['hɪərəʊ]: *héros*
high angle shot [haɪ] ['æŋgl] [ʃɒt]: *prise en plongée*
hit [hɪt]: *succès*
horror film ['hɒrəʳ] [fɪlm]: *film d'horreur*
light entertainment [laɪt] [ˌentə'teɪnmənt]: *les variétés*
on location [ləʊ'keɪʃən]: *en extérieurs*
lousy film [laʊzɪ] [fɪlm]: *navet*
low angle shot [ləʊ] ['æŋgl] [ʃɒt]: *prise en contre-plongée*
low budget film [ləʊ] ['bʌdʒɪt] [fɪlm]: *film à petit budget*
the majors ['meɪdʒəz]: *grands studios*
movie-goer ['muːvɪgəʊəʳ]: *cinéphile*
movie theater (US) ['muːvɪ] ['θɪətəʳ]: *cinéma (le lieu)*
musical ['mjuːzɪkəl]: *comédie musicale*
the news [njuːz]: *journal télévisé*
news bulletin [njuːz] ['bʊlɪtɪn]: *bulletin d'actualités*
newscaster [njuːzkɑːstəʳ]/ newsreader [njuːzrɪːdəʳ]: *présentateur (informations)*
pan shot [pæn] [ʃɒt]: *plan panoramique*

part [pɑːt]: *rôle*
performance [pə'fɔːməns]: *séance*
premiere ['premɪɜr]: *première*
presenter ['prezntəʳ]/
introducer [ˌɪntrə'djuːsəʳ]:
présentateur (de spectacles)
prime time [praɪm] [taɪm]:
l'heure de grande écoute
producer [prə'djuːsəʳ]: *producteur*
props [prɒps]: *les accessoires*
the public ['pʌblɪk]/the audience
['ɔːdɪəns]: *le public*
release [rɪ'liːs]: *sortie*
remake [riːmeɪk]: *nouvelle version*
remote control [rɪ'məʊt] [kən'trəʊl]:
télécommande
report [rɪ'pɔːt]: *reportage*
rerun [rɪrʌn]: *rediffusion*
satellite ['sætəlaɪt]: *satellite*
satellite dish [dɪʃ] ['sætəlaɪt]:
antenne parabolique
screen [skriːn]: *écran*
screenplay [skriːnpleɪ]: *scénario*
screen-writer [skriːn'raɪtəʳ]: *scénariste*
serial ['sɪərɪəl]: *feuilleton*
a series ['sɪərɪz]: *une série*
short (feature) [ʃɔːt] ['fiːtʃəʳ]:
court-métrage
shot [ʃɒt]: *prise de vues/plan américain*
silent film ['saɪlənt] [fɪlm]: *film muet*
sitcom [sɪtkɒm]: *feuilleton comique*
soap (opera) [səʊp] ['ɒpərə]:
feuilleton mélodramatique
sound track [saʊnd] [træk]: *bande-son*
space opera [speɪs] ['ɒpərə]: *space opéra*

CLOTHING/ LES VÊTEMENTS

• Verbes et expressions verbales

to be dolled up [dɒld]: *être en grand tralala*
to be a dress affair [dres] [ə'fɛəʳ]: *être à une soirée où il faudra bien s'habiller*
to be in fashion ['fæʃən]: *être à la mode*
to brush [brʌʃ]: *brosser*
to button ['bʌtn]: *boutonner*
to crumple ['krʌmpl]: *(se) froisser*
to dress [dres]: *s'habiller*
to dress [dres] up: *bien s'habiller*
to dry [draɪ]: *sécher*
to dye [daɪ]: *teindre*
to fit [fɪt]: *bien aller*
to fold [fəʊld]: *plier*
to go out of fashion [gəʊ] ['fæʃən]:
passer de mode
to grow out of one's clothes [grəʊ]
[kləʊðz]: *avoir ses vêtements devenus trop courts pour soi*
to have a suit made [hæv] [suːt] [meɪd]:
se faire faire un costume
to have style [hæv] [staɪl]: *avoir du chic*
to iron ['aɪən]: *repasser*
to keep out the cold [kiːp] [kəʊld]:
tenir au chaud
to lack taste [læk] [teɪst]: *manquer de goût*
to lengthen ['leŋ(k)θən]: *rallonger*
to make to order [meɪk] ['ɔːdəʳ]:
faire sur mesure
to make up [meik]: *se maquiller*
to match [matʃ]: *assortir*
to mend [mend]: *repriser*
to model [mɒdl]: *présenter des modèles*
to put on [pʌt]: *mettre*

clothing

to sew [səʊ]: *coudre*
to shine [ʃaɪn]: *cirer*
to shorten ['ʃɔːtn]: *raccourcir*
to shrink [ʃrɪnk]: *rétrécir*
to slip on [slɪp]: *mettre, enfiler*
to stand the wear and tear [stænd] [wɛəʳ] [tɛəʳ]: *résister à l'usure*
to strip off [strɪp]: *se déshabiller complètement*
to take off [teɪk]: *enlever*
to tear [tɛəʳ]: *se déchirer*
to try on [traɪ]: *essayer*
to unbutton ['ʌnbʌtn]: *déboutonner*
to undress [ʌn'dres]: *se déshabiller*
to unzip ['ʌn'zɪp]: *défaire la fermeture à glissière*
to wear [wɛəʳ]: *porter*
to wrinkle ['rɪŋkl]: *faire un pli*
to zip [zɪp]: *fermer la fermeture à glissière*

• Noms

accessory [æk'sesərɪ]: *accessoire*
apron ['eɪprən]: *tablier*
attire [ə'taiəʳ]: *parure*
bathing suit ['beɪðɪŋ] [suːt]: *costume de bain*
belt [belt]: *ceinture*
blouse [blaʊz]: *corsage*
boot [buːt]: *botte*
bow [bəʊ]: *nœud papillon*
bra [brɑː]: *soutien-gorge*
bracelet ['breɪslɪt]: *bracelet*
braces ['breɪsɪz]: *bretelles*
brief ['briːf]: *slip*
button ['bʌtn]: *bouton*
buttonhole ['bʌtnhəʊl]: *boutonnière*
cap [kæp]: *casquette*
cloak ['kləʊk]: *manteau*
clog [klɒg]: *sabot*
cloth [klɒθ]: *étoffe*
clothing ['kləʊðɪŋ]: *vêtements*
collar ['kɒləʳ]: *col*
cotton ['kɒtn]: *coton*
craze [kreɪz]: *engouement*
cuff-link [kʌflɪŋk]: *bouton de manchette*
dress [dres]: *robe*
dressing-gown ['dresɪŋgaʊn]: *robe de chambre*
earrings ['iərɪŋz]: *boucles d'oreilles*
fashion ['fæʃən]: *mode*
fly [flaɪ]: *braguette*
footgear ['fʊtgɪəʳ]: *la chaussure (en général)*
fur [fɜːʳ]: *fourrure*
glove [glʌv]: *gant*
gold [gəʊld]: *or*
handkerchief ['hæŋkətʃɪf]: *mouchoir*
hanger [ˍhæŋgəʳ]: *cintre*
hat [hæt]: *chapeau*
hem [hem]: *ourlet*
hood [hʊd]: *cagoule*
iron ['aɪən]: *fer à repasser*
jacket ['dʒækɪt]: *veste*
jeans [dʒiːnz]: *jean(s)*
jewel ['dʒuːəl]: *bijou*
knitwear ['nɪtwɛəʳ]: *tricot*
lace [leis]: *dentelle*
lapel [lə'pel]: *revers*
launderette [ˌlɔːndə'ret]: *blanchisserie*
leather ['leðəʳ]: *cuir*
lining ['laɪnɪŋ]: *doublure*
material [mə'tɪərɪəl]: *tissu*
model ['mɒdl]: *mannequin*
muffler ['mʌfləʳ]: *cache-nez*

necklace ['neklis]: *collier*
needle ['niːdl]: *aiguille*
nightdress ['naɪtdres]: *chemise de nuit*
ornament ['ɔːnəmənt]: *ornement*
overalls [ˌəʊvər'ɔːlz]: *salopette*
overcoat ['əʊvəkəʊt]: *pardessus*
pants (U S) [pænts]: *pantalon(s)*
pattern [pætən]: *motif*
pin [pɪn]: *épingle*
pressstud [pres] [stʌd]: *bouton pression*
pyjamas [pi'dʒɑːməz]: *pyjama*
raincoat ['reinkəʊt]: *imperméable*
ribbon ['rɪbən]: *ruban*
ring [rɪŋ]: *bague*
satin ['sætɪn]: *satin*
scarf [skɑːf]: *écharpe*
seam [sɪːm]: *couture*
shawl [ʃɔːl]: *châle*
shoe [ʃuː]: *chaussure*
silk [sɪlk]: *soie*
silver ['ilvəʳ]: *argent*
size [saɪz]: *taille*
shirt [ʃɜːt]: *chemise*
skirt [skɜːt]: *jupe*
sleeve [slɪːv]: *manche*
slipper ['slipəʳ]: *pantoufle*
sneakers ['snɪːkəʳz]: *chaussures de sport*
sock [sɒk]: *chaussette*
stain [steɪn]: *tache*
stocking ['stɒkɪŋ]: *bas*
suit [suːt]: *costume*
sweater [swetəʳ]: *chandail*
swimsuit ['swɪmsuːt]: *maillot de bain*
T-shirt [tɪːʃɜːt]: *T-shirt*
thread [θred]: *fil*
tie [taɪ]: *cravate*
tights [taɪts]: *collants*
top hat [tɒp] [hæt]: *chapeau haut de forme*
track suit [træk] [suːt]: *survêtement*
trend [trend]: *tendance*
trousers ['traʊzəʳz]: *pantalon(s)*
umbrella [ʌm'brelə]: *parapluie*
underwear ['ʌndəwɛəʳ]: *sous-vêtements*
velvet ['velvɪt]: *velours*
vest (U S) [vest]: *gilet*
waist ['weɪst]: *taille, ceinture*
waistcoat ['weɪstkəʊt]: *gilet*
walking stick ['wɔːkɪŋ] ['stik]: *canne*
wallet ['wɒlɪt]: *portefeuille*
wool [wʊl]: *laine*

• Adjectifs

baggy ['bægɪ]: *bouffant, ample*
barefoot ['bɛəʳfʊt]: *pieds nus*
brand new [brænd] [njuː]: *flambant neuf*
casual ['kæʒjʊl]: *en tenue décontractée*
cheap [tʃɪːp]: *bon marché*
checked [tʃekt]: *à carreaux*
coarse [kɔːs]: *grossier*
costly ['kɒstlɪ]: *coûteux*
crumpled ['krʌmpld]: *chiffonné*
dirty ['dəːtɪ]: *sale*
double-breasted ['dʌbl'brestɪd]: *croisé*
dressy ['dresɪ]: *élégant*
fashionable ['fæʃnəbl]: *à la mode*
fast color [fɑːst] ['kʌləʳ]: *grand teint*
fine [fain]: *fin*
formal ['fɔːməl]: *de soirée, habillé*
high-heeled [haɪhɪːld]: *à talons hauts*
high-necked (dress) [hainekd]: *(robe) montante*
in rags [rægs]: *en haillons*

limp [limp]: *mou*
loose [luːs]: *ample*
loose-fitting [luːs'fɪtɪŋ]:
flou, qui n'est pas ajusté
low-cut [ləʊkʌt]: *décolleté*
naked ['neɪkɪd]: *nu*
narrow ['nærəʊ]: *étroit*
neat [niːt]: *impeccable*
out of date [deɪt]: *démodé*
pleated ['plɪːtɪd]: *plissé*
posh [pɒʃ]: *chic*
printed ['prɪntɪd]: *imprimé*
ragged ['rægɪd]: *en haillons*
ready-made ['redɪmeɪd]: *prêt-à-porter*
rough [rʌf]: *grossier*
scruffy ['skrʌfɪ]: *négligé*
shabby ['ʃæbɪ]: *râpé*
showy ['ʃəʊɪ]: *voyant*
simple ['simpl]: *simple*
single-breasted ['sɪŋgl'brestɪd]: *droit*
slovenly-looking ['slʌvnlɪ'lʊkiŋ]:
débraillé
smart [smɑːt]: *élégant*
soiled ['sɔild]: *souillé*
stiff [stɪf]: *raide*
striped [straɪpt]: *à rayures*
strong [strɒŋ]: *résistant*
stylish ['stailiʃ]: *élégant*
synthetic [sɪn'θetik]: *synthétique*
tailor-made ['teiləʳmeɪd]: *sur mesure*
tasteful ['teistfʊl]: *de bon goût*
tattered ['tætəd]: *en haillons*
threadbare ['θredbɛəʳ]: *élimé*
tight [tait]: *serré, juste*
topless ['tɒplis]: *aux seins nus*
torn [tɔːn]: *déchiré*
trendy ['trendɪ]: *du dernier cri*
untidy [ʌn'taɪdɪ]: *débraillé*
washable ['wɒʃəbl]: *lavable*
well groomed [wel] ['gruːmd]:
en tenue très soignée
worn-out [wɔːnaʊt]: *usé*
the worse for wear [wɜːs] [wɛəʳ]:
peu présentable

COMMENTING A TEXT/ LE COMMENTAIRE DE TEXTE

• Verbes et expressions verbales

to account for [ə'kaʊnt]: *expliquer*
to account to [ə'kaʊnt]: *se ramener à*
to advocate ['ædvəkit]: *préconiser*
to agree with [ə'griː]: *être d'accord avec*
to aim at [eɪm]: *aspirer à*
to appear [ə'pɪər]: *se manifester*
to approve of [ə'pruːv]: *approuver*
to argue ['ɑːgjuː]: *argumenter*
to assert [ə'səːt]: *affirmer*
to avoid [ə'vɔɪd]: *éviter*
to back [bæk]: *soutenir*
to cause [kɔːz]: *causer*
to characterize ['kæriktəraɪz]: *caractériser*
to clarify ['klærɪfaɪ]: *clarifier*
to conjure up [kən'dʒʊər]: *évoquer*
to consider (+ -ing) [kən'sɪdər]: *envisager*
to contrast with [kən'traːst]: *contraster avec*
to contribute to [kən'trɪbjuːt]: *contribuer à*
to convey the impression that [kən'veɪ]: *donner l'impression de*
to criticize ['krɪtɪsaɪz]: *critiquer*
to deal with [diːl]: *traiter de*
to debate [dɪ'beɪt]: *débattre de*
to denounce [dɪ'naʊns]: *dénoncer*
to depict [dɪ'pɪkt]: *dépeindre*
to disclose [dɪs'kləʊz]: *révéler*
to discuss [dɪs'kʌs]: *discuter*
to dwell [dwel] on: *s'étendre sur*
to elude [ɪ'luːd]: *éluder*
to embody [ɪm'bɒdɪ]: *incarner*
to emphasize ['emfəsaɪz]: *insister sur*
to enhance [ɪn'haːns]: *mettre en évidence*
to enlarge [ɪn'laːdʒ]: *développer*
to entail [ɪn'teil]: *nécessiter*
to expatiate upon [eks'pæʃieit]: *digresser sur*
to express [Ik'spres]: *exprimer*
to focus on ['fəʊkəs]: *se concentrer sur*
to highlight ['haɪlaɪt]: *souligner*
to hint at [hɪnt]: *faire allusion à*
to imply [ɪm'plaɪ]: *impliquer*
to infer from [ɪn'fɜːr]: *déduire de*
to insist on [ɪn'sɪst]: *insister sur*
to justify ['dʒʌstɪfaɪ]: *justifier*
to mean [miːn]: *signifier*
to object to ['ɔbʒɪkt]: *élever une objection à*
to parody ['p ærədɪ]: *parodier*
to pass on [paːs]: *passer à*
to personify [pɜː'sɒnɪfaɪ]: *personnifier*
to point at [pɔɪnt]: *souligner*
to praise [preɪz]: *faire l'éloge de*
to qualify ['kwɒlɪfaɪ]: *nuancer*
to question ['kwestʃən]: *remettre en doute*
to recall [ri'kɔːl]: *faire penser à*
to reconcile ['rekənsaɪl]: *réconcilier*
to regard [rɪ'gaːd]: *considérer*
to remark [riːmaːk]: *remarquer*
to satirize ['sætəraɪz]: *satiriser*
to stand [stænd] for: *représenter*
to state [steɪt]: *mentionner*
to stress [stres]: *accentuer*
to suggest [sə'dʒest]: *suggérer*
to sum up [sʌm]: *résumer*
to symbolize ['sɪmbəlaɪz]: *symboliser*
to tackle ['tækl]: *aborder*
to testify ['testɪfaɪ]: *témoigner*
to verge on [vɜːdʒ]: *friser*

• Noms

account [ə'kaʊnt]: *compte rendu*
aim [eɪm]: *but*
analysis [ə'næləsɪs]: *analyse*
anticlimax [æntɪ'klaɪmæks]: *retombée*

commenting a text

approach [ə'prəʊtʃ]: *approche*
argument ['ɑːgjʊmənt]: *dispute, discussion*
assessment [ə'sesmənt]: *évaluation*
assumption [ə'sʌmpʃən]: *hypothèse*
bias ['baɪəs]: *parti pris*
character ['kærɪktər]: *personnage*
the characterization [k æriɪktə'raɪ'zeɪʃən]: *la peinture des personnages*
cliché ['klɪːʃer]: *cliché*
climax ['klaimæks]: *point culminant*
comparison [kəm'pærɪsn]: *comparaison*
the consideration [kən'sɪdə'reɪʃn]: *l'attention*
contrast [kən'trɑːst]: *contraste*
controversy [ˌkən'trəvəsi]: *controverse*
criticism ['krɪtɪsɪzəm]: *critique*
detail ['diːteɪl]: *détail*
digression [daɪ'greʃən]: *digression*
the direct speech [dɪ'rekt] [spɪːtʃ]: *le discours direct*
disagreement [ˌdisə'griːmənt]: *désaccord*
discrepancy [dɪs'krepənsɪ]: *divergence*
distortion [dɪs'tɔːʃən]: *déformation*
drawback [drɔː'bæk]: *inconvénient*
episode ['epɪsəʊd]: *épisode*
feature ['fɪːtʃər]: *caractéristique*
hint [hɪnt]: *allusion*
the implication of ['ɪmplɪ'keɪʃən]: *la portée de*
the indirect speech ['ɪndɪ'rekt] [spɪːtʃ]: *le discours indirect*
innuendo ['ɪnjʊ'əndəʊ]: *insinuation*
issue ['ɪʃʊː]: *problème*
judgement ['dʒʌdʒmənt]: *jugement*
link [lɪnk]: *lien*
misconception ['mɪskən'sepʃn]: *idée fausse*
moot point [muːt] [pɔɪnt]: *point controversé*
narrative ['nærətɪv]: *récit*
overstatement [əʊvə'steɪtmənt]: *exagération*
parody ['pærədɪ]: *parodie*
part [paːt]: *rôle*
phrase [freɪz]: *expression*
a piece of advice [pɪːs] [əd'vaɪs]: *un conseil*
a piece of news [pɪːs] [njʊz]: *une nouvelle*
plot [plɒt]: *intrigue*
point [pɔɪnt]: *aspect*
praise [preɪz]: *louange*
prejudice ['predʒʊdɪs]: *préjugé*
the pros and cons [prəʊz] [kɒnz]: *le pour et le contre*
quotation [kwəʊ'teɪʃən]: *citation*
relevance ['reləvəns]: *pertinence*
remark [rɪ'mɑːk]: *remarque*
the rendition [ren'dɪʃən]: *le rendu*
satire ['sætaɪər]: *satire*
the setting ['setɪŋ]: *le décor*
stereotype ['stɪərəətaɪp]: *stéréotype*
stockphrase ['stɒkfreɪz]: *expression toute faite*
subject-matter ['sʌbdʒɪkt'mætər]: *contenu*
subplot ['sʌbplɒt]: *intrigue secondaire*
summary ['sʌmərɪ]: *résumé*
symbol ['sɪmbəl]: *symbole*
theme [θiːm]: *thème*
thesis ['θɪːsɪs]: *thèse*
topic ['topɪk]: *sujet*
view [vjʊː]: *façon de penser*

• Adjectifs

acute [ə'kʊːt]: *perspicace*
anecdotal [ænɪkdəʊtəl]: *anecdotique*
arguable ['ɑːgjʊəbl]: *contestable*
bombastic [bɒm'bæstɪk]: *pompeux*
casual ['kæʒjʊl]: *nonchalant*

clearsighted [kliəsaɪtɪd]: *clairvoyant*
clever ['klevər]: *subtil*
committed [kə'mɪtɪd]: *engagé*
commonplace ['kɒmənpleɪs]: *banal*
consistent [kən'sɪstənt]: *cohérent*
contemptuous [kən'temptʊəs]: *méprisant*
contradictory ['kɒntrə'dɪktərɪ]: *contradictoire*
controversial ['kɒntrə'vɜːʃəl]: *controversé*
debatable [dɪ'beɪtəbl]: *discutable*
deceptive [dɪ'septɪv]: *trompeur*
deliberate [dɪ'lɪbərɪt]: *délibéré*
didactic [dɪ'dæktɪk]: *didactique*
disparaging [dɪs'pærɪdʒɪŋ]: *désobligeant*
double-edged ['dʌbledʒd]: *à double tranchant*
down-to-earth [daʊn tʊː ɜːθ]: *réaliste*
dull [dʌl]: *sans originalité*
earnest ['ɜːnɪst]: *sincère*
evocative [ɪ'vɒkətɪv]: *évocateur*
fake [feɪk]: *faux*
false [fɔːls]: *faux*
far-fetched [fɑːrfetʃd]: *tiré par les cheveux*
flimsy ['flɪmzɪ]: *mince*
groundless [grəʊndlɪs]: *sans fondement*
hackneyed ['hæknɪd]: *rebattu*
harsh [hɑːʃ]: *cassant, sévère*
identical [aɪ'dentɪkəl]: *identique*
illusive [ɪ'lʊːsɪv]: *élusif*
illusory [ɪ'lʊːsərɪ]: *illusoire*
implausible [ɪm'plɔːzəbl]: *invraisemblable*
matter-of-fact ['mætər]: *terre-à-terre*
metaphorical ['metə'fɒrɪkəl]: *métaphorique*
non-commital [nɒnkə'mɪtl]: *qui n'engage à rien, évasif*
noticeable ['nəʊtɪsəbl]: *digne d'intérêt*
obvious ['ɒbvɪəs]: *évident*
odd [ɒd]: *étrange*
outspoken [aʊt'spəʊkən]: *direct*
paradoxical [pærə'dɒksɪkəl]: *paradoxal*
patronizing ['pætrənaɪzɪŋ]: *condescendant*
pedestrian [pɪ'destrɪan]: *sans originalité*
pompous ['pɒmpəs]: *grandiloquent*
prosaic [prəʊ'zeɪɪk]: *prosaïque*
provocative [prə'vɒkətɪv]: *provocateur*
questionable ['kwestʃənəbl]: *contestable*
recurrent [rɪ'kʌrənt]: *fréquent*
relevant ['reləvənt]: *pertinent*
scathing ['skeðɪŋ]: *acerbe*
shallow ['ʃæləʊ]: *superficiel*
significant [sɪg'nɪfɪkənt]: *significatif*
similar ['similəʳ]: *similaire*
skilful ['skɪlfʊl]: *habile*
slipshod ['slɪpʃɒd]: *négligé (style)*
sophisticated [sə'fɪstɪkeɪtɪd]: *raffiné*
spurious ['spjʊərɪəs]: *fallacieux*
stilted ['stɪltɪd]: *recherché*
straightforward ['streɪt'fɔːwəd]: *franc*
telling ['telɪŋ]: *révélateur*
trite [traɪt]: *ordinaire*
(un)likely [ʌn'laɪklɪ]: *(in)vraisemblable*
unquestionable [ʌn'kwestʃənəbl]: *indubitable*
well-grounded [wel'graʊndid]: *bien fondé*
witty ['wɪtɪ]: *spirituel*

DISCRIMINATION AND TOLERANCE/ DISCRIMINATION ET TOLÉRANCE

• Verbes et expressions verbales

to abduct [æb'dʌkt]: *enlever*
to advocate racist theories ['ædvəkeit] [reɪsɪst] ['θɪərɪz]: *défendre des théories racistes*
to allow [ə'laʊ]: *permettre*
to approve of [ə'pruːv]: *approuver*
to assert one's identity [ə'sɜːt] [aɪ'dentɪtɪ]: *affirmer son identité*
to avoid [ə'vɔɪd]: *éviter*
to bar [bɑːʳ]: *faire obstacle à*
to battle ['bætl]: *se battre*
to be biased against ['baɪsət] [a'genst]: *avoir des préjugés contre*
to be discriminated against [dɪs'krɪmɪneɪtɪd] [a'genst]: *être victime de discrimination*
to be under the sway of [sweɪ]: *être sous le joug de*
to beat up [biːt]: *tabasser*
to blot out [blɒt]: *exterminer*
to break out [breɪk]: *éclater*
to cast off [kast]: *s'affranchir de*
to claim one's rights [kleɪm] [raɪts]: *revendiquer ses droits*
to close one's borders [kləʊz] ['bɔːdəʳz]: *fermer ses frontières*
to club [klʌb]: *matraquer*
to demonstrate ['demənstreɪt]: *manifester*
to denounce [dɪ'naʊns]: *dénoncer*
to deport [dɪ'pɔːt]: *expulser*
to desecrate a grave ['desɪkreɪt] [greɪv]: *profaner une tombe*
to despise [dɪs'paɪz]: *mépriser*
to discriminate ['dɪskrɪmɪneɪt]: *discriminer*
to disregard ['dɪsrɪ'gaːd]: *faire peu de cas de*
to endure ['ɪndjʊəʳ]: *endurer, supporter*
to endure racial discrimination [ɪn'djʊəʳ] ['reɪʃəl] [dɪs'krɪmɪneɪʃən]: *souffrir de discrimination raciale*
to enslave [in'sleɪv]: *réduire en esclavage*
to exclude [ɪks'kluːd]: *exclure*
to feel ostracized [fiːl] ['ɒstrəsaɪzd]: *se sentir exclu*
to fight [faɪt]: *lutter*
to flee poverty [fliː] ['pɒvətɪ]: *fuir la misère*
to free [friː]: *libérer*
to get accross a border [get] [ə'krɒs] ['bɔːdəʳ]: *franchir une frontière*
to go through hardships [gəʊ] [θruː] [hɑːdʃɪps]: *subir des épreuves*
to harass ['hærəs]: *harceler*
to hate [heɪt]: *haïr*
to jail [dʒeɪl]: *emprisonner*
to keep down [kiːp]: *opprimer*
to leave for goods [liːv] [guːds]: *partir définitivement*
to leave out [liːv]: *exclure*
to march [mɑːtʃ]: *défiler*
to misjudge ['mɪs'dʒʌdʒ]: *se méprendre sur*
to mute [mjuːt]: *réduire au silence*
to ostracize ['ɒstrəsaɪz]: *mettre au ban de*
to outcast ['aʊtkaːst]: *bannir, proscrire*
to outlaw ['aʊtlɔː]: *interdire*
to prosecute ['prɒsɪkjuːt]: *poursuivre en justice*

to put to torture [put] ['tɔːtʃəʳ]: *torturer*
to reject [rɪ'dʒekt]: *rejeter*
to release [rɪ'lɪːs]: *libérer*
to rough up [rʌθ]: *passer à tabac*
to rush to conclusion [rʌʃ] [kən'kluːʒən]:*conclure à la légère*
to scorn ['skɔːn]: *mépriser*
to seek political asylum [sɪːk] ['pəlɪtɪkol] [ə'saɪləm]: *demander l'asile politique*
to segregate ['segrɪgeɪt]: *séparer, isoler*
to send back [send]: *renvoyer, refouler*
to send into exile [send] ['ekzaɪl]: *exiler*
to slaughter ['slɔːtəʳ]: *massacrer*
to snuff out [snʌf]: *réprimer*
to spurn [spɜːn]: *repousser*
to stamp down [stæmp]: *étouffer*
to stir racism [stɜːʳ] [reɪsɪzəm]: *susciter le racisme*
to storm [stɔːm]: *envahir*
to support [sə'pɔːt]: *soutenir*
to suppress [sə'pres]: *supprimer*
to tear down [tɜər]: *démolir*
to tolerate ['tɒləreɪt]: *tolérer*
to try one's luck [traɪ] [lʌk]: *tenter sa chance*
to wipe out [waɪp]: *liquider*
to wreck [rek]: *saccager*

• Noms

abuse [ə'bjuːz]: *violation*
acceptance [ək'septəns]: *acceptation*
alien ['eɪlɪən]: *étranger*
anti-immigrant feeling ['æntɪ'ɪmɪgrənt] [fiːlɪŋ]: *sentiment xénophobe*
anti-Jewish ['æntɪ'dʒuːɪʃ]/anti-Semitic ['æntɪsɪ'mɪtɪk]: *antisémite*
bigotry ['bɪgətrɪ]: *sectarisme*
blood [blʌd]: *le sang*
bondage ['bɒndiʒ]: *esclavage*
brain drain [breɪn] [dreɪn]: *fuite des cerveaux*
censor [sensər]: *censeur*
censorship ['sensərʃɪp]: *censure*
chauvinism ['ʃəʊvɪnɪzəm]: *chauvinisme*
citizenship [cɪtɪzɔnʃɪp]: *citoyenneté*
clemency ['klemənsɪ]: *clémence*
concentration camp [konsən'treɪʃən] [kæmp]: *camp de concentration*
creed [krɪːd]: *croyance*
cruelty ['krʊəltɪ]: *cruauté*
decay [dɪ'keɪ]: *délabrement*
dictator [dɪkteɪtəʳ]: *dictateur*
exclusion [ɪks'kluːʒən]: *exclusion*
fanaticism [fə'nætɪsɪzəm]: *fanatisme*
fanatic [fə'nætɪk]: *fanatique*
flow [fləʊ]: *afflux*
foreigner ['fɒrənəʳ]: *étranger*
freedom ['frɪːdəm]: *liberté*
freedom of expression ['frɪːdəm] [ɪk'spreʃən]: *liberté d'expression*
freedom of the press ['frɪːdəm] [pres]: *liberté de la presse*
freedom of speech ['frɪːdəm] [spɪːtʃ]: *liberté de parole*
freedom of thought ['frɪːdəm] [θɔːt]: *liberté de penser*
freedom of worship ['frɪːdəm] ['wɜːʃɪp]: *liberté de culte*
genocide ['dʒenəʊsaɪd]: *génocide*

discrimination and tolerance

green card (U S) [griːn] [kɑːd]: *carte de séjour*
guest worker [gest] [wɜːkəʳ]: *travailleur immigré*
hardship ['hɑːdʃɪp]: *épreuve*
hate group [heɪt] [gruːp]: *groupuscule raciste*
identity card [aɪ'dəntɪtɪ] [kɑːd]: *carte d'identité*
illegal [ɪ'liːgəl]: *clandestin*
illegal alien [ɪ'liːgəl] ['eɪlɪən]: *immigré clandestin*
immigrant ['ɪmɪgrənt]: *immigré*
the immigration [ˌɪmɪ'greɪʃən]/ race issue [reɪs] ['ɪʃuː]: *le problème de l'immigration*
immigration policy [ˌɪmɪ'greɪʃən] ['pɒlɪsɪ]: *politique de l'immigration*
inequality [ˌɪnɪ'kwɒlɪtɪ]: *inégalité*
iron rule ['aɪən] [ruːl]: *loi d'airain*
jingoism ['dʒɪŋgəʊɪzəm]: *chauvinisme*
language barrier [læŋgwidʒ] ['bærɪər]: *barrière linguistique*
the melting pot [meltɪŋ] [pɒt]: *le creuset (mélange des peuples)*
menial job ['miːnɪəl] [dʒɒb]: *emploi subalterne*
moonligthing [muːnlaɪtɪŋ]: *travail au noir*
national ['næʃənl]: *ressortissant*
naturalized citizen ['nætʃrəlaɪzd] ['sɪtɪzn]: *citoyen naturalisé*
native ['neɪtɪv]: *autochtone*
one-sidedness [wʌn'saɪdɪdnes]: *partialité*
open-mindedness ['əʊpən'maɪndɪdnes]: *ouverture d'esprit*
opponent [ə'pəʊnənt]: *opposant*
oppression [ə'preʃən]: *oppression*
ostracism ['ɒstrəsɪzəm]: *ostracisme*
partisanship ['pɑːtɪ'zænʃɪp]: *partialité*
person's colour ['pɜːsns] ['kʌləʳ]: *la couleur (de peau) d'une personne*
prejudice ['predʒʊdɪs] : *préjugé*
prisoner ['prɪznər]: *prisonnier*
race riot [reɪs] ['raɪət]: *émeute raciale*
racial hatred ['reɪʃəl] ['heɪtrɪd]: *la haine raciale*
racial prejudice ['reɪʃəl] ['predʒʊdɪs]: *les préjugés raciaux*
racialism ['reɪʃəlɪzəm]: *racisme (pratique concrète)*
racism ['reɪsɪzəm]: *racisme (théorie, doctrine)*
racist slur ['reɪsɪst] [slɜːʳ]: *insulte raciale*
residence permit ['rezɪdəns] ['pɜːmɪt]: *carte de séjour*
rights [raɪts]: *les droits*
riot ['raɪət]: *émeute*
scapegoat ['skeɪpgəʊt]: *bouc-émissaire*
segregation [segrɪ'geɪʃən]: *la ségrégation*
self-determination [selfdɪtɜːmɪ'neɪʃən]: *auto détermination*
slave [sleɪv]: *esclave*
slavery ['sleɪvərɪ]: *esclavage*
soil [sɔɪl]: *sol*
stateless person [steɪtlɪs] ['pɜːsn]: *apatride*
stream of immigrants [strɪːm] ['ɪmɪgrənts]: *flot d'immigrants*
strife [straɪf]: *conflit*
sweatshop [swetʃɒp]: *atelier clandestin*
threshold of tolerance ['θreʃhəʊld] ['tɒlərəns]: *seuil de tolérance*
turmoil ['tɜːmɔɪl]: *agitation*

tyranny ['tɪrənɪ]: *tyrannie*
the undocumented [ʌn'dɒkjʊməntɪd]: *les sans-papiers*
uprising ['ʌpraɪzɪŋ]: *soulèvement*
visa requirements ['vɪːzə] [rɪ'kwaɪəʳmənts]: *les conditions nécessaires pour l'obtention d'un visa*
work permit [wɜːk] ['pɜːmɪt]: *permis de travail*
xenophobia [ˌzenə'fəʊbɪə]: *xénophobie*
zealot ['zelət]: *fanatique*

• Adjectifs

affirmative action [ə'fɜːmətɪv] ['ækʃən]: *discrimination positive*
anti-racist ['æntɪ'reɪsɪst]: *anti raciste*
arbitrary ['aːbɪtrarɪ]: *arbitraire*
brainwashed ['breɪnwɔʃd]: *conditionné*
chauvinistic [ˌʃəʊvɪ'nɪstɪk]: *chauvin*
civil (rights) ['sɪvɪl] [raɪts]: *(droits) civiques*
cruel ['krʊəl]: *cruel*
dark-skinned [dɑːk]: *de couleur*
discriminatory [dɪs'krɪmɪnətərɪ]: *discriminatoire*
enslaved ['ɪnsleɪvd]: *asservi*
equal ['ɪːkwəl]: *égal*
exploited [ɪk'splɔɪtɪd]: *exploité*
fanatical [fə'nætɪkəl]: *fanatique*
foreign-born ['fɒrənbɔːn]: *né à l'étranger*
friendly ['frendlɪ]: *amical*
hostile ['hɒstail]: *hostile*
illegal aliens [ɪ'lɪːgəl] ['eilɪənz]: *clandestins*
inferior [ɪn'fɪərɪəʳ]: *inférieur*
integrated ['ɪntɪgreɪtɪd]: *intégré*
intolerant [in'tɒlərənt]: *intolérant*
kind [kaɪnd]: *bon*
lenient ['lɪːnɪənt]: *coulant, indulgent*
lethal ['liːθəl]: *mortel*
male chauvinist [meɪl] [ˌʃaʊvɪ'nɪst]: *phallocrate*
mean [mɪːn]: *méchant*
of mixed blood [mɪxt] [blʌd]: *métis*
moral standards ['mɒrəl] ['stændədz]: *valeurs morales*
multiracial [ˌmʌltɪ'reɪʃəl]: *multiracial*
pitiless ['pɪtɪlɪs]: *sans pitié*
racial [ˌreɪʃəl]: *racial*
racist ['reɪsist]: *raciste*
rampant ['ræmpənt]: *sévissant*
rejected [rɪ'dʒektɪd]: *rejeté*
run [rʌn] down: *délabré*
ruthless ['rʊːθlɪs]: *impitoyable*
scornful ['skɔːnfʊl]: *méprisant*
sectarian [sek'tɛərɪən]: *sectaire*
sham trial [ʃæm] ['traɪəl]: *procès truqué*
social fabric ['səʊʃəl] ['fæbrɪk]: *tissu social*
tolerant ['tɒlərənt]: *tolérant*
totalitarian [ˌtəʊtælɪ'tɛərɪən]: *totalitaire*
tyrannical [tɪ'rænɪkəl]: *tyrannique*
uncompromising [ʌn'kɒmprəmaɪzɪŋ]: *intransigeant*
understanding [ˌʌndə'stændɪŋ]: *compréhensif*
undocumented [ʌn'dɒkjʊmentɪd]: *sans papiers*
unequal [ˌʌn'ɪːkwəl]: *inférieur*
uprooted [ʌp'ruːtɪd]: *déraciné*
vicious ['vɪʃəs]: *méchant*

ECONOMIC LIFE/ LA VIE ÉCONOMIQUE

• Verbes et expressions verbales

to advertise ['ædvətaɪz]: *faire de la publicité*
to axe jobs [æks] [dʒɒbz]: *supprimer des emplois*
to bargain ['bɑːgɪn]: *marchander*
to be in the red [red]: *être à découvert*
to boost the economy [buːst] [ɪ'kɒnəmɪ]: *stimuler l'économie*
to borrow ['bɒrəʊ]: *emprunter*
to break into a market [breɪk] ['mɑːkɪt]: *pénétrer un marché*
to break up [breɪk]: *démanteler*
to browse [braʊz]: *regarder sans acheter*
to buy [baɪ]: *acheter*
to cancel ['kænsəl]: *annuler*
to cash a check [kæʃ] [tʃek]: *encaisser un chèque*
to charge [tʃɑːdʒ]/to make a charge [meɪk]: *faire payer, compter*
to clock in [klɒk]: *pointer*
to close one's market [kləʊz] ['mɑːkɪt]: *fermer son marché*
to collapse [kə'læps]: *s'effondrer*
to collect unemployment benefits [kə'lekt] ['ʌnɪm'plɔɪmənt] ['benɪfɪts]: *toucher l'allocation chômage*
to compensate ['kɒmpənseɪt]: *indemniser*
to compete with [kəm'piːt]: *faire concurrence à*
to corner a market ['kɔːnəʳ] ['mɑːkɪt]: *monopoliser un marché*
to cost [kɒst]: *coûter*
to cut prices [kʌt] ['prɑɪsɪz]: *baisser les prix*
to deliver [dɪ'lɪvəʳ]: *livrer*
to deregulate [dɪ'regjʊleɪt]: *déréglementer*
to discard [dɪs'kɑːd]: *se défaire de*
to discount ['dɪskaʊnt]: *escompter*
to dissolve [dɪ'zɒlv]: *dissoudre*
to dump [dʌmp]: *vendre à perte*
to earn [ɜːn]: *gagner*
to erect trade barriers [ɪ'rekt] [treɪd] ['bærɪərz]: *ériger des barrières douanières*
to export [ɪks'pɔːt]: *exporter*
to file for bankruptcy [faɪl] ['bænkrəptsi]: *déposer le bilan*
to go bankrupt [gəʊ] ['bæŋkrʌpt]: *faire faillite*
to go into debt [gəʊ] [det]: *s'endetter*
to go on strike [gəʊ] [straɪk]: *se mettre en grève*
to go shopping [gəʊ] [ʃɒpɪŋ]: *faire les courses*
to grant a loan [grɑːnt] [ləʊn]: *consentir un prêt*
to import [ɪm'pɔːt]: *importer*
to invest [ɪn'vest]: *placer, investir*
to invoice ['invɔɪs]: *facturer*
to lend [lend]: *prêter*
to lose [luːz]: *perdre*
to manage ['mænɪdʒ]: *gérer*
to market a product ['mɑːkɪt] ['prɒdʌkt]: *lancer un produit*
to merge [mɜːdʒ]: *fusionner*
to moonlight ['muːnlæɪt]: *travailler au noir*
to open an account ['əʊpn] [ə'kaʊnt]: *ouvrir un compte*

to order ['ɔːdəʳ]: *commander*
to owe [əʊ]: *devoir*
to own [əʊn]: *posséder*
to pack [pæk]: *emballer*
to pay for a thing [peɪ] [θɪŋ]: *payer un objet*
to picket ['pɪkɪt]: *faire un piquet de grève*
to probe [prəʊb]: *sonder*
to purchase ['pɜːtʃɪs]: *acheter*
to put the squeeze [put] [skwiːz]: *mettre la pression*
to raise money [reɪz] [mənɪː]: *récolter de l'argent*
to relax quotas [rɪ'læks] ['kwəʊtəz]: *assouplir les quotas*
to remove trade barriers [rɪ'muːv] [treɪd] [bɑːrɪʳz]: *supprimer les barrières douanières*
to restructure [rɪ'strʌktʃəʳ]: *restructurer*
to retrain [rɪː'treɪn]: *se reconvertir*
to revamp [ˌrɪː'væmp]: *rénover*
to save [seɪv]: *mettre de côté, économiser*
to sell [sel]: *vendre*
to sell on credit [sel] ['kredɪt]: *vendre à crédit*
to shirk [ʃɜːk]: *tirer au flanc*
to spend [spend]: *dépenser*
to store [stɔːʳ]: *stocker*
to streamline ['strɪːmlaɪn]: *dégraisser*
to strike oil [straɪk] [ɔɪl]: *trouver le filon*
to suffer a loss ['sʌfər] [lɒs]: *essuyer une perte*
to supply [sə'plaɪ]: *fournir*
to take over [teɪk]: *reprendre (une entreprise)*
to target ['tɑːgɪt]: *cibler*
to trade in [treɪd]/to deal in [dɪːl]: *faire le commerce de*
to transfer [trænsfɜːr]: *muter*
to undercut [ˌʌndə'kʌt]: *brader*
to value ['væljuː]: *estimer*
to walk out [wɔːk]: *débrayer*
to waste [weɪst]: *gaspiller*
to wind up [waɪnd]: *liquider*
to withdraw money [wɪθ'drɔː] [mʌnɪ]: *retirer de l'argent*
to work overtime [wɔːk] ['əʊvətaɪm]: *faire des heures supplémentaires*
to work part time [wɔːk] [puːt] [taɪm]: *travailler à mi-temps*

• **Noms**

account [ə'kaʊnt]: *compte*
accountant [ə'kaʊntənt]: *comptable*
after-sales service ['aftəʳseɪlz] ['sɜːvɪs]: *service après-vente*
the assets ['æsets]: *les avoirs, l'actif*
assistant ['ə'sɪstənt]: *adjoint*
auction ['ɔːkʃən]: *vente aux enchères*
balance ['bæləns]: *équilibre*
balance-sheet ['bælənsʃɪːt]: *bilan*
ban [bæn]: *interdiction*
bank [bæŋk]: *banque*
bankruptcy ['bæŋkrəptsɪ]: *faillite*
bargain ['bɒːgɪn]: *(bonne) affaire*
bill of exchange [bɪl] [ɪks'tʃeɪndʒ]: *lettre de change*
Board of Directors [bɔːd] [dɪ'rektəʳz]: *conseil d'administration*
book-keeping [bukkɪːpɪŋ]: *comptabilité*
branch [brɑːntʃ]: *succursale*

brand [brænd]: *marque*
broker ['brəʊkəʳ]: *courtier*
business concerns [bɪznɪs] [kən'sɜːns]: *les entreprises*
the cash-desk [kæʃdesk]: *la caisse*
cashier [kæ'ʃɪəʳ]: *caissier*
cheque, check (US) [tʃek]: *chèque*
chief-executive officer (CEO) [tʃɪːfɪg'zekjʊtɪv] ['ɒfɪsəʳ]: *P-DG*
claim [kleɪm]: *revendication*
clearance ['klɪərəns]: *soldes, liquidation*
clerk [klɑːk.]: *employé*
commerce and business ['kɒmɜːs] [bɪznɪs]: *le commerce et les affaires*
commodity [kə'mɒdɪtɪ]: *denrée*
company ['kʌmpənɪ]: *compagnie*
compensation [ˌkɒmpən'seɪʃən]: *indemnité*
competition [ˌkɒmpɪ'tɪʃən]: *concurrence*
concern [kən'sɜːn]: *entreprise*
consumer [kən'sjuːməʳ]: *consommateur*
consumer society [kən'sjuːməʳ] [sə'saiəti]:*société de consommation*
contract ['kɒntrækt]: *contrat*
counter [kaʊntəʳ]: *comptoir*
creditor ['kredɪtəʳ]: *créancier*
currency ['kʌrənsɪ]: *une monnaie*
customer ['kʌstəməʳ]: *client*
customs ['kʌstəmz]: *douane*
debenture [dɪ'bentʃəʳ]: *obligation (Bourse)*
debt [det]: *dette*
debtor [detəʳ]: *débiteur*
deficit ['defɪsɪt]: *déficit*
delivery [dɪ'lɪvərɪ]: *livraison*
department [dɪ'pɑːtmənt]: *rayon*
department store [dɪ'pɑːtmənt] [stɔːʳ]: *grand magasin*
depression [dɪ'preʃən]: *crise*
dissmissal [dɪs'mɪsəl]: *licenciement*
display [dɪspleɪ]: *étalage*
draft [drɑːft]: *traite*
employer [ɪm'plɔɪəʳ]: *chef d'entreprise*
errand-boy ['erəndbɔɪ]: *garçon de courses*
escalator ['eskəleɪtəʳ]: *escalier roulant*
executive [ɪg'zɪkjuːtɪv]: *cadre*
fair [fɛəʳ]: *foire*
fee [fɪː]: *droit*
firm [fɜːm]: *firme*
flagship brand ['flægʃɪp] [brænd]: *marque pilote*
flyer ['flaɪəʳ]: *prospectus*
foreign trade ['fɒrən] [treɪd]: *commerce extérieur*
free trade [friː] [treɪd]: *libre-échange*
goods [gʊds]: *marchandises*
growth [grəʊθ]: *croissance*
head [hed]/boss [bɒs] (familiar): *patron*
headhunter [hed'hʌntəʳ]: *chasseur de têtes*
the headquarters [hed'kwɔːtərz]: *le siège*
incentive [in'sentɪv]: *incitation*
income ['ɪnkʌm]: *revenu*
interest ['ɪntrɪst]: *intérêt*
inventory ['ɪnvəntrɪ]: *inventaire*
investment [ɪn'vestmənt]: *placement*
invoice ['ɪnvɔɪs]: *facture*
label (GB) ['leɪbl]/tag (US) [tæg]: *étiquette*
leaflet ['lɪːflɪt]: *prospectus*
lift (GB) [lɪft]/elevator (US) ['elɪveɪtəʳ]: *ascenseur*
loan [ləʊn]: *prêt, emprunt*
loss [lɒs]: *perte*
mailing ['meɪlɪŋ]: *démarchage par la poste*

management ['mænɪdʒmənt]: *encadrement*
Managing Director (GB) ['mænɪdʒɪŋ] [dɪ'rektəʳ]/President (US) ['prezɪdənt]: *directeur général*
manpower ['mænpaʊəʳ]: *main-d'œuvre*
margin ['mɑːdʒɪŋ]: *marge*
market ['mɑːkɪt]: *marché*
market share ['mɑːkɪt] [ʃɛəʳ]: *part de marché*
merchant ['mɜːtʃənt]: *négociant*
merger ['mɜːdʒər]: *fusion*
middleman ['mɪdlmæn]: *intermédiaire*
motor show ['məʊtəʳ] [ʃəʊ]: *salon automobile*
office ['ɒfɪs]: *bureau*
order ['ɔːdəʳ]: *commande*
overdraft ['əʊvədrɑːft]: *découvert*
overmanning [əʊvə'mæniŋ]: *sureffectifs*
the patrons ['peɪtrəns]: *les clients, les habitués*
plant [plɑːnt]: *usine*
price [praɪs]: *prix*
producer [prə'djuːsəʳ]: *producteur*
professional [prə'feʃənl]: *membre d'une profession libérale*
profit ['prɒfɪt]: *bénéfice*
the property ['prɒpətɪ]: *les biens*
purchase ['pɜːtʃɪs]: *achat*
quality circle ['kwɒliti] ['səːkl]: *cercle de qualité*
quota ['kwəʊtə]: *quota*
raider ['reɪdəʳ]: *prédateur*
rate [reɪt]: *taux*
receipt [rɪ'siːt]: *reçu*
résumé ['reizjuːmei]: *C V*
resumption of work [rɪ'zʌmpʃən] [wɜːk]: *reprise du travail*
retailer ['rɪːteɪləʳ]: *détaillant*
rise [raɪz]: *augmentation*
safe [seɪf]: *coffre-fort*
salary ['sælərɪ]: *traitement*
sale [seɪl]: *vente*
salesmanship ['seɪlzˌmænʃɪp]: *sens de la vente*
sample ['sɑmpl]: *échantillon*
the savings ['seɪvɪŋs]: *les économies*
savings-bank ['seɪvɪŋsbæŋk]: *caisse d'épargne*
scab [skæb]: *briseur de grève*
self-service shop [ɛelf'sɜːvɪs] [ʃɒp]: *magasin en libre service*
share (GB) [ʃɛəʳ]/stock (US) [stɒk]: *action*
shareholder [ʃɛəʳ'həʊldəʳ]: *actionnaire*
shift [ʃɪft]: *équipe*
shop (GB) [ʃɒp]/store (US) [stɔːʳ]: *magasin*
shopkeeper [ʃɒpkiːpəʳ]: *petit commerçant*
shoplifting ['ʃɒplɪftɪŋ]: *vol à l'étalage*
shopper ['ʃɒpər]: *acheteur*
shop-window [ʃɒp'wɪndəʊ]: *vitrine*
show [ʃəʊ]: *exposition*
sign-board [saɪnbɔːd]: *enseigne*
slump [slʌmp]: *marasme*
smuggling ['smʌglɪŋ]: *contrebande*
sponsorship ['spɔnsəʃɪp]: *parrainage*
the staff [stɑːf]: *le personnel*
stall [stɔːl]: *étal ; inventaire*
stockbroker ['stɒkbrəʊkəʳ]: *agent de change*
the Stock Exchange [stɒk] [ɪks'tʃeɪndʒ]: *la Bourse (de Londres)*
stress [stres]: *tension, pression*

strike [straɪk]: *grève*
subsidiary [səb'sɪdɪərɪ]: *filiale*
supermarket ['suːpəˌmɑːkɪt]: *supermarché*
supplies [sə'plaɪz]: *stocks, fournitures*
tax-payer [tæks'peɪəʳ]: *contribuable*
throw-away society [θrəʊə'weɪ] [sə'saɪətɪ]: *société de gaspillage*
trader ['treɪdəʳ]: *négociant*
traveller (GB) ['trævləʳ]/ salesman (US) [seɪlsmæn]: *voyageur de commerce*
trend [trend]: *tendance*
trust [trʌst]: *trust, cartel*
turnover [tɜːn'əʊvəʳ]: *chiffre d'affaires*
union ['juːnjən]: *syndicat*
an upstart ['ʌpstɑːt]: *un parvenu*
wage [weɪdʒ]: *salaire*
warehouse ['wɛəhaʊs]: *entrepôt*
wares [wɛəz]: *marchandises*
wholesaler [həʊlseɪləʳ]: *grossiste*
window shopping ['windəʊ] ['ʃɒpɪŋ]: *lèche-vitrine*

• Adjectifs

attested [ə'testɪd]: *certifié*
bonded ['bɒndɪd]: *sous douane*
booming ['buːmɪŋ]: *florissant*
branded (product) ['brændɪd] ['prɒdʌkt]: *de marque (produit)*
brash [bræʃ]: *impétueux*
brisk (market) [brɪsk] [mɑːkɪt]: *actif (marché)*
buoyant (market) ['bɔɪənt] [mɑːkɪt]: *effervescent (marché)*
catchy ['kætʃɪ]: *facile à retenir, accrocheur*
cheap [tʃɪːp]: *bon marché*
competitive [kəm'pɪtɪtɪv]: *concurrentiel*
convertible [kən'vɜːtəbl]: *convertissable*
corporate ['kɔːpərɪt]: *appartenant à une entreprise*
costless ['kɒstlɪs]: *gratuit*
dear [dɪəʳ]: *coûteux*
in dire straights ['daɪəʳ] [streɪts]: *en situation difficile*
dishonored [dɪs'ɒnərd]: *impayé*
disposable [dɪs'pəʊzəbl]: *jetable*
domestic (trade) [də'mestɪk] [treɪd]: *intérieur (commerce)*
due [djuː]: *échu*
engrossing [ɪn'grəʊsɪŋ]: *captivant*
expensive [ɪks'pensɪv]: *cher*
faulty ['fɔːltɪ]: *défectueux*
flawless ['flɔːlɪs]: *sans défaut*
free [frɪː]: *gratuit*
greedy ['griːdɪ]: *cupide*
insolvent [ɪn'sɒlvənt]: *insolvable*
jittery (market) ['dʒɪtərɪ] [mɑːkɪt]: *nerveux (marché)*
lame duck [leɪm] [dʌk]: *entreprise non rentable*
listed ['lɪstɪd]: *admis à la cote*
mutual ['mjuːtʃʊəl]: *réciproque*
obsolete ['ɒbsəlɪːt]: *obsolète, dépassé*
off-peak season [ɒf'pɪːk] ['sɪːzn]: *morte saison*
overdrawn [əʊvə'drɔːn]: *découvert*
overdue draft [ˌəʊv'djuː] [drɑːft]: *traite non honorée*
protectionist [prə'tekʃənɪst]: *protectionniste*
redeemable [rɪ'dɪːməbl]: *remboursable*
redeemed [rɪ'dɪːmd]: *amorti*

registered ['redʒɪstəd]: *nominatif*
(to be) redundant [rɪ'dʌndənt]: *(être) licencié*
refurbished [rɪ'fɜːbɪʃd]: *remis à neuf*
restrictive [rɪ'strɪktɪv]: *restrictif*
risk-taking [rɪsk'teɪkɪŋ]: *audacieux*
risky ['rɪskɪ]: *hasardeux*
safe [seɪf]: *sûr, de tout repos*
saving clause ['seɪvɪŋ] [klɔːz]: *clause restrictive*
slack ['slæk]: *faible, mou (marché)*
sloppy ['slɒpɪ]: *bâclé*
sluggish ['slʌgɪʃ]: *stagnant*
smug [smʌg]: *prétentieux*
steady (market) ['stedɪ] [mɑːkɪt]: *ferme, soutenu (marché)*
swaggering ['swægərɪŋ]: *hâbleur*
top selling [tɒp] ['selɪŋ]: *se vendant bien*
trustworthy [trʌstwɜːθɪ]/reliable [rɪ'laɪəbl]: *sûr, de confiance*
unprecedented growth [ʌn'presɪdəntɪd] [grəʊθ]: *croissance sans précédent*
unrewarding [ʌnrɪ'wɔːdɪŋ]: *ingrat*
worldwide ['wɜːldwaɪd]: *mondial*

EDITION AND JOURNALISM/ L'ÉDITION ET LE JOURNALISME

• Verbes et expressions verbales

to be gagged [gægd]: *être muselé*
to broadcast ['brɔːdkɑːst]: *diffuser*
to censor ['sensəʳ]: *censurer*
to correct the proofs of a book [kə'rekt] [pruːfs] [bʊk]: *corriger les épreuves d'un livre*
to cover an event ['kʌvəʳ] [ɪ'vent]: *couvrir un événement*
to depict [dɪ'pɪkt]: *décrire, raconter*
to editorialize [ˌedɪ'tɔːrɪəlaɪz]: *rédiger un éditorial*
to harvest information ['hɑːvɪst] [ˌɪnfə'meɪʃən]: *recueillir des informations*
to jam [dʒæm]: *brouiller une émission*
to just out [dʒʌst]: *vient de paraître*
to latch onto [lætʃ]: *se brancher sur*
to portray [pɔː'treɪ]: *décrire, raconter*
to print [prɪnt]: *imprimer*
to proofread a book [pruːfrɪːd] [bʊk]: *corriger les épreuves d'un livre*
to publish ['pʌblɪʃ]: *publier*
to review ['rɪvjuː]: *faire la chronique de*
to run a newspaper [rʌn] [njuːzpeɪpəʳ]: *diriger un journal*
to slander ['slɑndəʳ]: *calomnier*
to slate ['sleɪt]: *éreinter*
to trace [treɪs]: *localiser*
to translate [trænz'leɪt]: *traduire*
to tune in [tjuːn]: *se mettre à l'écoute*
to write on [raɪt]: *écrire sur*

• **Noms**

ads [ædz]: *pubs*
agony column ['gənɪ] ['kɒləm]: *courrier du cœur*
announcer [ə'naʊnsəʳ]: *présentateur*
article ['ɑːtɪkl]: *article*
audience share ['ɔːdjəns] [ʃɛəʳ]: *part d'audience*
author ['ɔːθəʳ]: *auteur*
bedside book [bedsaɪd] [bʊk]: *livre de chevet*
bestseller [bestseləʳ]: *livre à succès*
the book [bʊk] trade [treɪd]/ industry ['ɪndəstrɪ]: *l'industrie du livre*
bookshop [bʊkʃɒp]: *librairie*
breach of ethics [briːtʃ] ['eθɪks]: *violation de la déontologie*
caption ['kæpʃən]: *légende*
cartoonist '[kɑːtuːnɪst]: *dessinateur humoristique*
censorship ['sensəʳʃɪp]: *la censure*
character ['kærɪktəʳ]: *personnage*
children's book ['tʃɪldrəns] [bʊk]: *livre pour enfants*
circulation [ˌsɜːkjʊ'leɪʃən]: *tirage*
classified advertisements ['klæsɪfaɪd] [əd'vɜːtɪsmənts]: *les petites annonces*
columnist ['kɒləmnɪst]: *chroniqueur*
comic strip ['kɒmɪk] [strɪp]: *bande dessinée*
cookery book (G B) [kʊkərɪ] [bʊk]/ cookbook (U S) [kʊkbʊk]: *livre de cuisine*
correspondent [ˌkɒrɪs'pɒndənt]: *correspondant*
the cover page ['kʌvəʳ] [peɪdʒ]: *la couverture*
coverage [ˌkʌvərɪdʒ]: *couverture, reportage*
crosswords [krɒswɜːds]: *mots croisés*
daily [deɪlɪ]: *quotidien*
deadline ['dedlaɪn]: *date limite*
detective story [dɪ'tektɪv] ['stɔːrɪ]: *roman policier*
disclaimer [dɪs'kleɪməʳ]: *démenti*
dispatch [dɪs'pætʃ]: *dépêche*
documentary [ˌdɒkjʊ'mentərɪ] : *documentaire*
dummy ['dʌmɪ]: *maquette*
editor ['edɪtəʳ]: *rédacteur en chef*
extract [ɪks'trækt]: *extrait*
fairy tale ['fɛərɪ] [teɪl]: *conte de fées*
feature ['fiːtʃər]: *chronique*
fiction ['fɪkʃən]: *le roman*
film review [fɪlm] [rɪ'vjuː]: *critique de film*
final proof ['faɪnl] [pruːf]: *dernière épreuve*
flyleaf [flaɪliːf]: *page de garde*
the front page [frʌnt] [peɪdʒ]: *la première page*
gallery proof ['gælərɪ] [pruːf]: *première épreuve*
ghost-writer [gəʊstraɪtəʳ]: *nègre*
glossy magazine [glɒsɪ] [ˌmægə'ziːn]: *magazine de luxe*
hardback [hɑːdbæk]: *livre relié, cartonné*
headline [hedlaɪn]: *gros titre*
high circulation [haɪ] ['sɜːkjʊleɪʃən]: *gros tirage*
horoscope ['hɒrəskəʊp]: *horoscope*
journal ['dʒɜːnl]: *revue*

layout [leɪaʊt]: *mise en page, maquette*
leader ['lɪːdəʳ]: *éditorial*
libel ['laɪbəl]: *diffamation*
library ['laɪbrərɪ]: *bibliothèque*
line [laɪn]: *vers*
masterpiece [ˌmɑːstə'pɪːs] : *chef-d'œuvre*
media coverage ['mɪːdɪə] ['kʌvərɪdʒ]: *la couverture médiatique*
monthly [mʌnθlɪ]: *mensuel*
news items [njuːz] ['aɪtəms]: *les faits divers*
news weekly [njuːz] [wɪːklɪ]: *hebdomadaire d'actualité*
novel ['nɒvəl]: *roman*
novel with a purpose ['nɒvəl] ['pɔːpəs]: *roman à thèse*
novelist ['nɒvəlɪst]: *romancier*
nursery rhyme [nɜːsrɪ] [raɪm]: *comptine*
paperback ['peɪpəʳbæk]: *livre de poche*
paragraph ['pærəgrɑːf]: *paragraphe*
picture book ['pɪktʃəʳ] [bʊk]: *livre d'images*
the place [pleɪs]: *le lieu*
play [pleɪ]: *pièce*
playwright [pleɪraɪt]: *dramaturge*
plot [plɒt]: *intrigue*
poem ['pəʊɪm]: *poème*
poet ['pəʊɪt]: *poète*
poetry ['pəʊɪtrɪ]: *la poésie*
pool [puːl]: *équipe*
printer [prɪntəʳ]: *imprimeur*
printing [prɪntɪŋ]: *l'imprimerie*
proof [pruːf]: *épreuve*
proofreader [pruːfrɪːdəʳ]: *correcteur*
publisher ['pʌblɪʃəʳ] : *éditeur*
publishing firm ['pʌblɪʃɪŋ] [fɜːm]: *maison d'édition*
quality paper ['kwɒlɪtɪ] ['peɪpəʳ]: *journal sérieux*
quarterly ['kwɔːtəʳlɪ]: *trimestriel*
rag [ræg]: *feuille de chou*
ratings ['reɪtɪŋz]: *la mesure de l'audience*
reader [riːdəʳ]: *lecteur*
rerun ['rɪːrʌn]: *rediffusion*
review [rɪ'vjuː]: *une critique*
reviewer [rɪ'vjuːəʳ]: *un critique*
scandal sheet ['skndæl] [ʃɪːt]: *journal à scandales*
schoolbook [skuːlbʊk]: *livre de classe*
scoop [skuːp]: *exclusivité*
section ['sekʃən]: *partie, rubrique*
short story [ʃɔːt] ['stɔːrɪ]: *nouvelle*
special reporter ['speʃəl] [rɪ'pɔːtəʳ]: *envoyé spécial*
stanza ['stænzə]: *strophe*
storyteller ['stɔːrɪteləʳ]: *conteur*
subscription [səb'skrɪpʃən]: *abonnement*
survey ['sɜːveɪ]: *enquête*
table of contents ['teɪbl] [kɔn'tents]: *table des matières*
tabloid ['tæblɔɪd]: *journal populaire*
tale [teɪl]: *conte*
textbook [tekstbʊk]: *livre scolaire*
thriller [θrɪləʳ]: *roman policier*
title [taɪtl]: *titre*
topic ['tɒpɪk]: *sujet*
translator [trænz'leɪtəʳ]: *traducteur*
tycoon [taɪ'kuːn]: *magnat de la presse*
viewer ['wjuːəʳ]: *spectateur*
volume ['vɒljuːm]: *tome*
wavelength ['weɪvleŋ(k)θ]: *longueur d'onde*
the weather forecast ['weðəʳ] ['fɔːkɑːst]: *la météo*

weekly [wiːklɪ]: *hebdomadaire*
woman's magazine ['wʊməns] [ˌmægə'ziːn]: *magazine féminin*
writer [raɪtəʳ]: *écrivain*

- **Adjectifs**

classified ['klæsɪfaɪd]: *classé*
committed [kə'mɪtɪd]: *engagé*
highbrow [haɪbraʊ]: *intellectuel*
humourous ['hjuːmərəs]: *humoristique*
ironic [aɪ'rɒnɪk]: *ironique*
live [laɪv]: *en direct*
lowbrow [ləʊbraʊ]: *grand public*
main [meɪn]: *principal (pour les personnages)*
minor [maɪnəʳ]: *secondaire (pour les personnages)*
moving [muːvɪŋ]: *touchant*
running commentary ['rʌnɪŋ] ['kɒməntərɪ]: *reportage*
satirical [sə'tɪrɪkəl]: *satirique*
second-hand ['sekəndhænd]: *d'occasion*
sponsored ['spɒnsəd]: *sponsorisé*
sustaining [səs'teɪnɪŋ]: *non sponsorisé*
syndicated ['sɪndɪkeɪtɪd]: *article vendu à plusieurs journaux*
unbiased [ʌn'baɪəst]/unprejudiced [ʌn'predʒʊdɪst]: *neutre, objectif*
underground ['ʌndəgraʊnd]: *clandestin, alternatif*

GRAMMATICAL VOCABULARY/ VOCABULAIRE GRAMMATICAL

- **Verbes**

to assess [ə'ses]: *faire un bilan*
to conjugate ['kɒndʒʊgeɪt]: *conjuguer*

- **Noms**

adverbe ['ædvɜːb]: *adverbe*
article ['ɑːtɪkl]: *article*
auxiliary [ɔːg'zɪlɪərɪ]: *auxiliaire*
bare infinitive [bɛəʳ] ['ɪnfɪnɪtɪv]: *infinitif sans* to
clause [klɔːz]: *proposition*
comparative [kəm'pærətɪv]: *comparatif*
comparison [kəm'pærɪsn]: *comparaison*
conditional [kən'dɪʃənl]: *conditionnel*
contracted form ['kəntræktɪd] [fɔːm]: *forme contractée*
co-utterer [kəʊ'ʌtərəʳ]: *co-énonciateur*
demonstrative pronoun ['deənstreɪtɪv] ['prəʊnaʊn]: *pronom démonstratif*
determinant [dɪ'tɜːmɪnənt]: *déterminant*
direct speech [dɪ'rekt] [spɪːtʃ]: *discours direct*
function ['fʌŋkʃən]: *fonction*
future ['fjuːtʃəʳ]: *futur*
future perfect ['fjuːtʃəʳ] ['pɜːfikt]: *futur antérieur*
gender ['dʒendəʳ]: *genre*
gerund ['dʒerənd]: *gérondif*
imperative [im'perətiv]: *impératif*
-ing form [ɪng] [fɔːm]: *forme en -ing*
intensification [ɪnˌtensɪfɪ'keɪʃən]: *intensification*

interrogation [ɪnˌterə'geɪʃən]: *interrogation*
link word [lɪŋk] [wɜːd]: *mot de liaison*
modal auxiliary [məʊdl] [ɔːg'ziliəri]: *auxiliaire de mode*
modal preterit [məʊdl] [pretərit]: *prétérit modal*
near future [nɪəʳ] ['fjuːtʃəʳ]: *futur proche*
noun [naʊn]: *nom*
noun phrase [naʊn] [freɪz]: *nom*
object ['ɒbdʒɪkt]: *objet*
past [pɑːst]: *passé*
past participle [pɑːst] ['pɑːtɪsɪpl]: *participe passé*
passive form ['pæsɪv] [fɔːm]: *forme passive*
past continuous [pɑːst] [kən'tinjʊəs]: *présent continu/progressif*
past perfect [pɑːst] ['pɜːfikt]: *plus-que-parfait*
personal pronoun ['pɜːsnl] ['prəʊnaʊn]: *pronom personnel*
phrase [freɪz]: *expression*
pluperfect ['pluɪ'pɜːfikt]: *plus-que-parfait*
possessive pronoun [pə'zesɪv] ['prəʊnaʊn]: *pronom possessif*
present ['preznt]: *présent*
present continuous ['preznt] [kən'tinjʊəs]: *présent continu/progressif*
present perfect ['preznt] ['pɜːfikt]: *present perfect/parfait*
preterite [pretərit]: *prétérit*
quantifier ['kwɒntɪfɪəʳ]: *quantificateur*
reciprocal pronoun [rɪ'sɪprəkəl] [prəʊnaʊn]: *pronom réciproque*
reflexive pronoun [rɪ'fleksɪv] [prəʊnaʊn]: *pronom réfléchi*
relative pronoun ['relətɪv] [prəʊnaʊn]: *pronom réfléchi*
reported speech [ri'pɔːtɪd] [spɪːtʃ]: *discours indirect*
sentence ['sentəns]: *phrase*
speech [spɪːtʃ]: *discours*
subject ['sʌbdʒɪkt]: *sujet*
subjunctive [səb'dʒʌŋktiv]: *subjonctif*
subordinate [sə'bɔːdnɪt]: *subordonnée*
superlative [sʊ'pɜːlətɪv]: *superlatif*
tense [tens]: *temps grammatical*
time marker [taɪm] [mɑːkəʳ]: *marqueur (temporel)*
utterer ['ʌtərəʳ]: *énonciateur*
verb [vɜːb]: *verbe*
verb form [vɜːb] [fɔːm]: *forme verbale*
value ['væljuː]: *valeur*
zero article ['zɪərəʊ] ['ɑːtɪkl]: *l'article zéro*

• Adjectifs

casual ['kæʒʊl]: *familier*
compound ['kɒmpaʊnd]: *composé*
countable ['kaʊntəbl]: *dénombrable*
declarative [dɪ'klrətɪv]: *déclaratif*
definite ['defɪnɪt]: *défini*
elevated ['elɪveɪtɪd]: *soutenu (style)*
formal ['fɔːməl]: *formel*
informal [ɪn'fɔːməl]: *informel*
indefinite [ɪn'defɪnɪt]: *indéfini*
interrogative [ˌɪnte'rɒgetɪv]: *interrogatif*
literally ['lɪtərəlɪ]: *littéralement, mot à mot*
literary ['lɪtərərɪ]: *littéraire*
negative ['negətɪv]: *négatif*
plural ['plʊərəl]: *pluriel*
positive ['pɒzɪtɪv]: *affirmatif*
singular ['sɪŋgjʊləʳ]: *singulier*
uncountable [ʌnkaʊntəbl]: *indénombrable*

HEALTH/ LA SANTÉ

• Verbes et expressions verbales

to abate [ə'beɪt]: *décroître*
to ache [eɪk]: *avoir mal*
to allay [ə'leɪ]: *apaiser*
to amputate ['æmpjuːteɪt]: *amputer*
to be in a coma ['kəʊmə]: *être dans le coma*
to be on the pill [pɪl]: *prendre la pilule*
to be sick [sɪk]: *avoir mal au cœur, vomir*
to bleed [blɪːd]: *saigner*
to break [breɪk]: *se casser*
to burn [bəːn]: *brûler*
to complain [kəm'pleɪn]: *se plaindre*
to cough [kɔːf]: *tousser*
to crack [kræk]: *se fêler*
to cure [kjʊəʳ]: *soigner*
to decimate ['desɪmeɪt]: *décimer*
to deliver [dɪˈlɪvəʳ]: *accoucher*
to develop immunity [di'veləp] [i'mjʊːnɪtɪ]: *s'immuniser*
to diagnose [ˌdaɪəg'nəʊz]: *diagnostiquer*
to die [daɪ] down: *s'éteindre*
to ease [ɪːz]: *atténuer*
to faint [feint]: *s'évanouir*
to groan [grəʊn]: *gémir*
to have an abortion [ə'bɔːʃən]: *avorter*
to heal [hɪːl]: *guérir*
to hurt [həːt]: *faire mal*
to inoculate [i'nɔkjʊleɪt]: *inoculer*
to itch [itʃ]: *démanger*
to look [lʊk] after [ɑːftəʳ]: *soigner*
to maim [meɪm]: *estropier*
to pick up [pɪk]: *se remettre*
to rally ['rælɪ]: *reprendre le dessus*
to shiver ['ʃɪvəʳ]: *trembler*
to smart [smɑːt]: *causer une douleur vive*
to sneeze [snɪːz]: *éternuer*
to soothe [suːð]: *calmer*
to sound ['saʊnd]: *ausculter*
to sprain ['spreɪn]: *se fouler*
to spread [spred]: *se développer*
to squint [skwɪŋt]: *loucher*
to sting [stɪŋ]: *piquer*
to strain [sreɪn]: *se claquer*
to subside ['səbsɪd]: *se calmer*
to swell [swel]: *enfler*
to tend [tend]: *soigner*
to twist [twɪst]: *se tordre*
to worsen ['wəːsn]: *s'aggraver*

• Noms

abortion [ə'bɔːʃən]: *avortement*
aids [eɪdz]: *sida*
anemia [ə'nɪːmɪə]: *anémie*
antibody ['æntɪˌbɔdɪ]: *anticorps*
birth control [bəːθ] [kən'trəʊl]: *contrôle des naissances*
blister ['blɪstəʳ]: *ampoule*
brace [breɪs]: *apparail dentaire*
bronchitis [brəŋ'kaɪtɪs]: *bronchite*
bruise [brʊːz]: *bleu*
cast [kɑːst]: *plâtre*
cholera ['kɔlərə]: *choléra*
cold [kaʊld]: *rhume*
condom ['kɒndəm]: *préservatif*
crutch [krʌtʃ]: *béquille*
diabetes [ˌdaɪə'bɪːtɪːz]: *diabète*
disease [dɪ'zɪːz]: *maladie contagieuse*
disturbance [dɪs'təːbəns]: *trouble*

DNA [diːenei]: *ADN*
dressing [dresɪŋ]: *pansement*
emergency [ɪ'məːdʒənsɪ]: *urgence*
epidemic [epi'demɪk]: *épidémie*
renal failure ['rɪːnl] ['feɪljəʳ]: *insuffisance rénale*
flu [fluː]: *grippe*
food poisoning [fuːd] ['pɔɪznɪŋ]: *intoxication alimentaire*
fracture ['fræktʃəʳ]: *fracture*
gene [dʒɪːn]: *gène*
glaucoma [glɔː'kəʊmə]: *glaucome*
headache ['hedeɪk]: *mal de tête*
heart murmur [hɑːt] ['məːməʳ]: *souffle au cœur*
hemophilia ['hɪːməʊ'fɪlɪə]: *hémophilie*
hepatitis ['hepə'taɪtɪs]: *hépatite*
heredity [hɪ'redɪtɪ]: *hérédité*
high risk [haɪ] [rɪsk]: *à haut risque*
illness ['ɪlnɪs]: *maladie*
improvement [ɪm'pruːvmənt]: *amélioration*
injection [ɪn'dʒekʃən]: *piqûre*
injury ['ɪndʒərɪ]: *blessure*
leprosy ['leprəsɪ]: *lèpre*
measles ['mɪːzlz]: *rougeole*
miscarriage [mɪs'kærɪdʒ]: *fausse couche*
mood disorder [muːd] [dɪs'ɔːdəʳ]: *trouble de l'humeur*
mumps [mʌmps]: *oreillons*
nurse [nəːs]: *infirmière*
outbreak ['aʊtbreɪk]: *manifestation soudaine*
outcome ['aʊtkʌm]: *issue, résultat*
pain [peɪn]: *douleur*
painkiller [peɪn'kɪləʳ]: *analgésique*
parasite ['pærəsaɪt]: *parasite*
physician [fɪ'zɪʃən]: *médecin*
pill [pɪl]: *pilule*
plague [pleɪg]: *peste*
pneumonia [njuː'məʊnjə]: *pneumonie*
prescription [prɪs'krɪpʃən]: *ordonnance*
psychoanalysis [ˌsaɪkəʊə'næləsɪs]: *psychanalyse*
quarantine ['kwɔrəntɪːn]: *quarantaine*
rabies ['reɪbɪz]: *rage*
recovery [ri'kʌvərɪ]: *rétablissement*
relapse [ri'læps]: *rechute*
rheumatism ['ruːmətɪzm]: *rhumatisme*
rickets [rɪ'kɪts]: *rachitisme*
scourge [skəːdʒ]: *fléau*
scratch [skrætʃ]: *égratignure*
scurvy ['skɜːvɪ]: *scorbut*
side effect [saɪd] [ɪ'fekt]: *effet secondaire*
smallpox ['smɔːlpɔks]: *variole*
splinter ['splɪŋtəʳ]: *écharde*
stamina ['stæmɪnə]: *résistance*
stroke [strəʊk]: *attaque*
subconscious ['sʌb'kɔnʃəs]: *inconscient*
surgeon ['səːdʒən]: *chirurgien*
surgery ['səːdʒərɪ]: *chirurgie*
symptom ['sɪmptəm]: *symptôme*
tablet ['tæblɪt]: *comprimé, cachet*
tetanus ['tetənəs]: *tétanos*
tissue ['tɪʃuː]: *tissu*
tonsils ['tɔnsɪlz]: *amygdales*
tracer ['treɪsəʳ]: *marqueur*
tuberculosis [tjuːˌbəkjuː'ləʊsɪs]: *tuberculose*
vaccination booster [ˌvæksɪ'neɪʃən] ['buːstər]: *rappel de vaccination*
vaccine ['væksɪn]: *vaccin*
wart [wɔːt]: *verrue*
weakness ['wɪːknɪs]: *faiblesse*
wound [wuːnd]: *blessure*

X-ray [eksrei]: *radio*

Adjectifs

acute [ə'kjʊt] : *aigu*
agonizing ['ægənaɪzɪŋ]: *déchirant*
color-blind ['kʌlə'blaɪnd]: *daltonien*
contagious [kən'teɪdʒəs]: *contagieux*
critical ['krɪtɪkəl]: *critique*
deep-seated [diːp'siːtɪd]: *profond*
depressed [dɪ'prest]: *abattu*
feverish ['fiːvəriʃ]: *fiévreux*
first-degree [fəːstdɪ'griː]: *au premier degré*
healthy ['helθɪ]: *sain, en bonne santé*
HIV positive [eɪtʃaɪviː] ['pɔzətɪv]: *séropositif*
hereditary [hɪ'redɪtərɪ]: *héréditaire*
immune to [ɪ'mjuːn]: *immunisé contre*
infected [in'fektɪd]: *infecté*
invigorating [in'vɪgəreɪtɪŋ]: *fortifiant*
malignant [mə'lɪgnənt]: *malin*
mild [maɪld]: *bénin*
minor ['maɪnəʳ]: *léger*
painful ['pəɪnfʊl]: *douloureux*
second-degree ['sekəndɪ'griː]: *au premier degré*
sharp [ʃɑːp]: *vif*
shooting ['ʃʊtɪŋ]: *violent*
sick [sɪk]: *malade*
sickly ['sɪklɪ]: *maladif*
sore [sɔːʳ]: *enflammé*
sound [saʊnd]: *sain, robuste*
splitting ['splɪtɪŋ]: *épouvantable*
swollen ['swəʊlən]: *enflé*
throbbing ['θrɔbɪŋ]: *lancinant*
unbearable [ʌn'bɛərəbl]: *insupportable*
unwholesome ['ʌn'həʊlsəm]: *malsain*
venereal [vɪ'nɪərɪəl]: *vénérien*
viral ['vaɪərəl]: *viral*

MONEY/L'ARGENT

• Verbes et expressions verbales

to be cast out from the society [kɑːst] [sə'saɪətɪ]: *être exclu de la société*
to be rolling in money [rəʊlɪŋ] ['mʌnɪ]: *rouler sur l'or, être cousu d'or*
to be up to one's ears in debt [ɪəʳz] [det]: *être criblé de dettes*
to borrow ['bɒrəʊ]: *emprunter*
to climb up the social ladder [klaɪm] ['səʊʃəl] ['lædəʳ]/ to make it to the top [meɪk] [tɒp]: *parvenir en haut de l'échelle sociale*
to earn [ɜːn]/to make money [meɪk] ['mʌnɪ]: *gagner de l'argent*
to go from rags to riches [gəʊ] [rægz] [rɪtʃɪz]: *passer de la misère à la richesse*
to lend [lend]: *prêter*
to live on the margins [lɪv] ['mɑːdʒɪns]/ the fringes of society [frɪndʒɪz] [sə'saɪətɪ]: *vivre en marge de la société*
to make a loan [meɪk] [ləʊn]: *faire un emprunt*
to panhandle (U S) ['pænhændl]/ to beg (G B) [beg]: *mendier*
to save up (U S) [seɪv]: *économiser*
to spend money [spend] ['mʌnɪ.]: *dépenser de l'argent*
to take advantage of [teɪk] [əd'vɑːntɪdʒ]: *profiter de*
to throw away money [θrəʊ] [əweɪ] ['mʌnɪ]: *gaspiller de l'argent*
to waste one's life [weɪst] [laɪf]: *gâcher sa vie*
to work one's way up [wɜːk] [weɪ]: *améliorer sa condition par le travail*

• Noms

affluence ['æflʊəns]: *opulence*
bank [bæŋk]: *banque*
banknote (G B) [bæŋknəʊt]/ bill (U S) [bɪl]: *billet*
beggar [begəʳ]: *mendiant*
busker ['bʌskəʳ]: *chanteur dans les rues*
cash [kæʃ]: *argent liquide*
cash dispenser (G B) [kæʃ] [dɪs'pensəʳ]/ automatic teller (U S) [ˌɔːtə'mætɪk] [teləʳ]: *distributeur d'argent*
change [tʃeɪndʒ]: *de la monnaie*
coin [kɔɪn]: *pièce*
council flats (G B) ['kaʊnsl] [flæts]/ projects (U S) ['prɒdʒekts]: *les cités HLM*
currency ['kʌrənsɪ]: *monnaie étrangère, devise*
drop-out [drɒpaʊt]: *marginal*
fast money [fæst] ['mʌnɪ]: *de l'argent facile*
golden heart restaurant ['gəʊldən] [hɑːt] ['restərɔ̃ːŋ]: *restaurant caritatif (restau du cœur)*
the haves [hævz]/have-nots [hævnɒts]: *les riches/les pauvres*
(high [haɪ]/low) standard of living [ləʊ] ['stændəd] [lɪvɪŋ]: *(haut/bas) niveau de vie*
the homeless [həʊmlɪs]: *les sans-abri*

inner cities [ɪnəʳ] [sɪtiːz]: *les quartiers pauvres des centre-villes*
low income family [ləʊ] ['ɪnkʌm] ['fæmɪlɪz]: *famille à faibles revenus*
the lower class [ləʊə] [klɑːs]: *les classes défavorisées*
major concern ['meɪdʒəʳ] [kən'sɜːn]: *préoccupation*
must [mʌst]: *nécessité*
piggy bank [pɪgɪ] [bæŋk]: *tirelire*
the poor [pʊəʳ]: *les pauvres*
poverty ['pɒvətɪ]: *la pauvreté, l'exclusion*
poverty line ['pɒvətɪ] [laɪn]: *seuil de pauvreté*
the rat race [ræt] [reɪs]: *la course à l'argent*
the rich [rɪtʃ]: *les riches*
rubber check (U S) ['rʌbəʳ] [tʃek]: *chèque sans provision*
safe [seɪf]: *coffre*
savings-bank ['seɪvɪŋsbæŋk]: *caisse d'épargne*
the sharing [ʃɛəʳɪŋ]: *le partage*
shelter ['ʃeltəʳ]: *foyer, centre d'accueil*
soup kitchen [suːp] ['kɪtʃɪn]: *la soupe populaire*
spendthrift [spendθrɪft]: *personne dépensière*
street people [strɪːt] ['piːpl]: *les sans-abri*
tramp [træmp] (GB)/bum [bʌm] (US): *clochard*
the underprivileged ['ʌndəʳ'prɪvɪlɪdʒd]: *les défavorisés*
the underclass ['ʌndəʳklɑːs]: *les exclus*
the underdogs [ʌndəʳdɒg]: *les défavorisés, les opprimés*
wealth [welθ]: *la richesse*
welfare ['welfɛəʳ]: *l'aide sociale*

• Adjectifs

broke [brəʊk]: *fauché*
cheap [tʃɪːp]: *bon marché*
classless (society) [klɑːslɪs] [sə'saɪətɪ]: *(société) sans classe*
expensive [ɪks'pensɪv]: *cher*
extravagant [ɪks'trævəgənt]: *dépensier*
greedy [grɪːdɪ]: *cupide*
penniless [penɪlɪs]: *sans le sou*
thrifty [θrɪftɪ]: *économe*
utopian [juː'təʊpɪən]: *utopique*
wealthy [welθɪ]/rich [rɪtʃ]/well-off [welɒf]: *riche, aisé*

NATURE AND ECOLOGY/ LA NATURE ET L'ÉCOLOGIE

• Verbes et expressions verbales

to breathe ['briːð]: *respirer*
to clog [klɒg]: *s'accumuler*
to conserve energy [kən'sɜːv] ['enədʒɪ]: *économiser l'énergie*
to damage ['dæmɪdʒ]: *abîmer*
to deplete [dɪ'pliːt]: *épuiser*
to destroy [dɪs'trɔɪ]: *détruire*
to discharge [dɪs'tʃɑːdʒ]: *déverser*
to disperse [dɪs'pɜːs]: *disperser*
to dump [dʌmp]: *déverser*
to filter ['fɪltəʳ]: *filtrer*
to get rid of [get] [rɪd]: *se débarrasser*
to jeopardize ['dʒepədaɪz]: *mettre en danger*
to live close to nature [lɪv] [kləʊs] ['neɪtʃəʳ]: *vivre près de la nature*
to pollute [pə'luːt]: *polluer*
to preserve [prɪ'zɜːv]: *protéger*
to pump [pʌmp]: *pomper*
to smudge [smʌdʒ]: *salir*
to sort [sɔːt]: *trier*
to recycle [ˌriː'saɪkl]: *recycler*
to throw away [θrəʊ]: *jeter*
to turn into a desert [tɜːn] ['dezət]: *se désertifier*

• Noms

acid rain ['æsɪd] [reɪn]: *les pluies acides*
agriculture ['ægrɪkʌltʃəʳ]: *l'agriculture*
Amazonia [ˌæma'zəʊnɪə]: *l'Amazonie*
asbestos [æz'bestəs]: *l'amiante*
atmosphere ['ætməsfɪəʳ]: *l'atmosphère*
avalanche ['ævəlɑːnʃ]: *avalanche*
biotope ['baɪətʊp]: *biotope*
blizzard ['blɪzəd]: *tempête de neige*
carbon dioxide ['kɑːbən] [daɪ'ɔksaɪd]: *le gaz carbonique*
carbon monoxide ['kɑːbən] [mɔ'nɔksaɪd]: *l'oxyde de carbone*
casualty ['kæʒʊltɪ]: *victime*
catalytic converter [ˌkætə'lɪtɪk] ['kɒnvɜːtəʳ]: *pot catalytique*
catastrophe [kə'tæstrəfi]: *catastrophe*
chemical ['kemɪkəl]: *produit chimique*
chlorine ['klɔːriːn]: *chlore*
climate ['klaɪmɪt]: *climat*
cloud [klaʊd]: *nuage*
coal [kəʊl]: *charbon*
continent ['kɒntɪnənt]: *continent*
the country(side) ['kʌntrɪsaɪd]: *la campagne*
dam [dæm]: *barrage*
damage ['dæmɪdʒ]: *dégât*
deforestation [diːˌfɒrɪst'eɪʃən]: *déboisement*
desert ['dezət]: *désert*
detergents [dɪ'tɜːdʒənts]: *lessives*
the dog-days [dɒgdeɪz]: *la canicule*
drought [draʊt]: *sécheresse*
dump [dʌmp]: *décharge*
Earth [ɜːθ]: *la Terre*
earthquake [ɜːθkweɪk]: *tremblement de terre*
eco-activist [ɪ'kɒæktɪvɪst]: *militant écologique*
ecology [ɪ'kɒlədʒɪ]: *l'écologie*
elephant ['elɪfənt]: *éléphant*
environmental group [ɪn'vaɪərənməntəl] [gruːp]: *mouvement écologiste*
eruption [ɪ'rʌpʃən]: *éruption*

exhaust fumes [ɪg'zɔːst] [fjuːmz]: *les gaz d'échappement*
fauna ['fɔːnə]: *la faune*
fertilizer ['fɜːtɪlaɪzəʳ]: *engrais*
flood [flʌd]: *inondation*
flora ['flɔːrə]: *la flore*
fresh water [freʃ] ['wɔːtəʳ]: *eau douce*
the fur [fɜːʳ]: *la fourrure*
garbage (U S) ['gɑːbɪdʒ]: *ordures*
gas [gæs]: *l'essence*
glacier ['glæsɪəʳ]: *glacier*
global warming ['gləʊbl] [wɔːmɪŋ]: *le réchauffement de la planète*
the greenhouse effect [griːnhaʊs] [ɪ'fekt]: *l'effet de serre*
green policy [grɪːn] ['pɒlɪsɪ]: *politique écologique*
heat wave [hiːt] [weɪv]: *vague de chaleur*
health hazard [helθ] ['hæzəd]: *risque pour la santé*
hurricane ['hʌrɪkən]: *ouragan*
incineration [ɪnsɪnə'reɪʃən]: *incinération*
industrial waste ['ɪndəstrɪəl] [weɪst]: *les déchets industriels*
industry ['ɪndəstrɪ]: *l'industrie*
the ivory trade ['aɪvərɪ] [treɪd]: *le commerce de l'ivoire*
the jungle ['dʒʌŋgl]: *la jungle*
lake [leɪk]: *lac*
landfill ['lændfɪl]: *décharge*
landscape [lændskeɪp]: *paysage*
landslip [lændslɪp]/land-slide [lændslaɪd]: *glissement de terrain*
lead-free petrol [ledfrɪː] ['petrəl]: *l'essence sans plomb*
leakage ['lɪːkɪdʒ]: *infiltration*
marsh [mɑːʃ]: *marécage*
Mother Nature ['mʌðəʳ] ['neɪtʃəʳ]: *la Mère Nature*
mountain range ['maʊntɪn] [reɪndʒ]: *chaîne de montagne*
nuclear power station ['njuːklɪəʳ] ['paʊəʳ] ['steɪʃən]: *centrale nucléaire*
nuclear reactor ['njuːklɪəʳ] [rɪː'æktəʳ]: *réacteur nucléaire*
nuclear reprocessing plant ['njuːklɪəʳ] [ˌriː'prəʊsesɪŋ] [plɑːnt]: *usine de retraitement des déchets nucléaires*
nuclear test ['njuːklɪəʳ] [test]: *essai nucléaire*
nuclear waste ['njuːklɪəʳ] [weɪst]: *déchets nucléaires*
ocean ['əʊʃən]: *océan*
oil [ɔɪl]: *pétrole*
oil field [ɔɪl] [fɪːld]: *gisement pétrolifère*
oil slick [ɔɪl] [slɪk]: *marée noire*
overpopulation [əʊvəpɒpjʊ'leɪʃən]: *surpopulation*
ozone depletion ['əʊzəʊn] [dɪ'plɪːʃən]: *la diminution de la couche d'ozone*
the ozone layer ['əʊzəʊn] [leɪəʳ]: *la couche d'ozone*
packaging ['pækɪdʒɪŋ]: *conditionnement*
pesticide ['pestɪ'saɪd]: *pesticide*
petrol ['petrəl]: *l'essence*
petroleum [pɪ'trəʊlɪəm]: *le pétrole*
pollution [pə'luːʃən]: *la pollution*
rain [reɪn]: *la pluie*
rainbow ['reɪnbəʊ]: *arc-en-ciel*

rain forest [reɪn] ['fɒrɪst]: *forêt tropicale humide*
raw material [rɔː] [mə'tɪərɪəl]: *matières premières*
refinery [rɪ'faɪnərɪ]: *raffinerie*
renewable energies [rɪ'njuːəbl] ['enədʒɪz]: *les énergies renouvelables*
river ['rɪvə^r]: *rivière, fleuve*
rubbish (G B) ['rʌbɪʃ]: *ordures*
salt water [sɔːlt] ['wɔːtə^r]: *eau salée*
sea [sɪː]: *mer*
seal [sɪːl]: *phoque*
sewage ['sjuːɪdʒ]: *les eaux usées*
smog [smɒg]: *smog*
the soil [sɔɪl]: *le sol*
solar energy ['səʊlə^r] [enədʒɪ]: *l'énergie solaire*
a species ['spiːʃiːz]: *une espèce*
stone [stəʊn]: *la pierre*
storm [stɔːm]: *tempête*
stream [strɪːm]: *cours d'eau*
swamp [swɒmp]: *marais*
the throwaway society [θrəʊə'weɪ] [sə'saətɪ]: *la société de consommation*
tidal power station [taɪdəl] ['paʊə^r] ['steɪʃən]: *usine marémotrice*
traffic jam ['træfɪk] [dʒæm]: *embouteillage*
tusk [tʌsk]: *défense d'éléphant*
typhoon [taɪ'fuːn]: *typhon*
underground aquifer ['ʌndəgraʊnd] ['ækwifər]: *nappe phréatique*
urban evils ['ɜːbən] ['ɪːvls]: *les nuisances urbaines*
volcano [vɒl'keɪnəʊ]: *volcan*

PHYSICAL APPEARANCE/ L'ASPECT PHYSIQUE

• Verbes et expressions verbales

to beckon ['bekən]: *faire signe*
to catch [kætʃ]: *attraper*
to clear one's throat [klə^r] [θrəʊt]: *s'éclaircir la voix*
to clench one's fists [klentʃ] [fɪsts]: *serrer les poings*
to climb [klaɪm]: *grimper*
to clutch [klʌtʃ]: *empoigner*
to cry [kraɪ]: *pleurer*
(to be) dressed in [drest]: *(être) vêtu de*
to get up [get]: *se lever*
to grasp [grɑːsp]: *étreindre*
to hold [həʊld]: *tenir*
to hold up one's head [həʊld] [hed]: *lever la tête*
to jump [dʒʌmp]: *sauter*
to kick [kɪk]: *donner un coup de pied*
to kneel [niːl]: *être à genoux*
to kneel down [niːl]: *s'agenouiller*
to knit one's brow [nɪt] [braʊ]: *froncer les sourcils*
to laugh [lɑːf]: *rire*
to leap [lɪːp]: *bondir*
to lie [laɪ]: *être étendu*
to lie down [laɪ]: *se coucher*
to limp [lɪmp]: *boiter*
to look like [lʊk] [laɪk]: *ressembler à*
to make as if [meɪk]: *faire le geste de*
to make up [meɪk]: *se maquiller*
to prick one's ear [prɪk] [ɪə^r]: *tendre l'oreille*
to pull a long face [pʊl] [lɒŋ] [feɪs]: *faire la tête*

physical appearance

to put on [pʌt]: *mettre*
to rack one's brain [ræk] [breɪn]:
se creuser la cervelle
to retrace one's steps [riː'treis] [steps]:
rebrousser chemin
to scream [skrɪːm]: *hurler*
to seize [sɪːz]: *saisir*
to set eyes on [set] [aɪz]: *jeter les yeux sur*
to shout [ʃaʊt]: *crier*
to slip [slɪp]: *glisser*
to smile [smaɪl]: *sourire*
to stagger ['stægəʳ]: *chanceler*
to steal along [stɪːl]:
avancer à la dérobée
to stretch one's legs [stretʃ] [legs]:
se dégourdir les jambes
to stumble ['stʌmbl]: *trébucher*
to strike [straɪk]: *frapper*
to take [teɪk]: *prendre*
to take off [teɪk]: *enlever*
to take to one's heels [teɪk] [hɪːlz]:
détaler
to wear [wɛəʳ]: *porter*
to weep [wiːp]: *pleurer*

• Noms

beard [biəd]: *barbe*
blood [blʌd]: *sang*
blouse [blaʊz]: *corsage*
chest [tʃest]: *poitrine*
chin [tʃin]: *menton*
complexion [kəm'plekʃən]: *teint*
a crew-cut ['kruːkʌt]: *les cheveux en brosse*
dress [dres]: *robe*
ear [ɪər]: *oreille*
earrings ['ɪərɪŋgz]: *boucles d'oreilles*
eye [aɪ]: *œil*
face [feɪs]: *visage*
features ['fɪːtʃərs]: *traits*
figure ['fɪgər]: *silhouette*
gait [geɪt]: *démarche*
gesture ['dʒestʃər]: *geste*
goatee [gəʊ'tɪː]: *bouc*
hair [hɛər]: *les cheveux*
heart [hɑːt]: *cœur*
high-heeled shoes [haɪhɪːld] [ʃuːz]:
chaussures à talons
jacket ['dʒækɪt]: *veste*
jewels ['dʒuːəlz]: *des bijoux*
look [lʊk]: *mine*
mole [məʊl]: *grain de beauté*
nod [nɒd]: *signe de la tête*
nose [nəʊz]: *nez*
pace [peɪs]: *pas, allure*
pigtails ['pɪgteɪlz]: *couettes*
scar [skɑː]: *cicatrice*
scarf [skɑːf]: *écharpe*
shoe [ʃuː]: *chaussure*
shoulder ['ʃəʊldər]: *épaule*
skin [skɪn]: *peau*
skirt [skəːt]: *jupe*
sleeveless ['slɪːvles]: *sans manches*
sneakers ['snɪːkəʳz]: *chaussures de sport*
step [step]: *pas*
strength [streŋθ]: *force*
sweat [swet]: *sueur*
tank top [tæŋk] [tɔp]: *débardeur*
teenager ['tɪːneɪdʒər]: *adolescent*
tie [taɪ]: *cravate*
tights [taɪts]: *collants*
track suit [træk] [sʊːt]: *survêtement*
waist [weɪst]: *taille, ceinture*

waistcoat ['weɪstkəʊt]: *gilet*
whiskers ['wiskəʳz]: *favoris*
wrinkle ['rɪŋkl]: *ride*

• Adjectifs

able-bodied ['eɪbl'bɒdɪd]: *costaud*
all right [ɔːl] [raɪt]: *pas terrible*
attractive [ə'træktɪv]: *séduisant*
of average build ['æverɪdʒ] [bɪld]: *de carrure moyenne*
of average height ['æverɪdʒ] [haɪt]: *de taille moyenne*
bald [bɔːld]: *chauve*
beautiful ['bjuːtɪfʊl]: *beau*
big [bɪg]: *grand, gros*
blind [blaɪnd]: *aveugle*
blooming ['bluːmɪŋ]: *florissant, fleuri*
broad-shouldered [brɔːd'ʃəʊldəʳd]: *large d'épaules*
bulky ['bʌlkɪ]: *de forte carrure*
casual ['kæʒjʊl]: *en tenue décontractée*
crippled [krɪpld]: *infirme*
curly ['kɜːlɪ]: *bouclé*
cute [kjʊːt]: *mignon*
deaf [def]: *sourd*
dumb [dʌm]: *muet*
elderly ['eldəlɪ]: *d'un certain âge*
fashionable ['fæʃnəbl]: *à la mode*
fat [fæt]: *gras*
forbidding [fə'bɪdɪŋ]: *rébarbatif*
frizzy ['frɪzɪ]: *frisé*
gaunt [gɔːnt]: *décharné*
good-looking [gʊd'lʊkɪŋ]: *bien, pas mal*
handsome ['hænsəm]: *beau*
lame [leɪm]: *boiteux*
lanky ['lænkɪ]: *dégingandé*
lean ['lɪːn]: *maigre*
light [laɪt]: *léger*
lithe [laɪð]: *souple*
lovely ['lʌvlɪ]: *charmante*
middle-aged ['mɪdleɪdzd]: *entre deux âges*
muscular ['mʌskjʊlər]: *musclé*
narrow-shouldered ['nærəʊ'ʃəʊldərd]: *étroit d'épaules*
overweight ['əʊvə'weɪt]: *obèse*
pale ['peɪl]: *pâle*
plain-looking [plein'lʊkɪŋ]: *quelconque*
plum [plʌmp]: *dodu, potelé*
ponytail ['pəʊnɪteɪl]: *queue de cheval*
pretty ['prɪtɪ]: *jolie*
red [red]: *roux*
ruddy ['rʌdɪ]: *vermeil*
scruffy ['skrʌfɪ]: *négligé*
short [ʃɔːt]: *petit*
skinny ['skinɪ]: *malgrelet*
slim [slim]: *mince*
small [smɔːl]: *petit*
smart [smɑːt]: *élégant*
stocky ['stɒkɪ]: *trapu*
stout [staʊt]: *corpulent*
straight [streɪt]: *raide*
strapping ['stræpɪŋ]: *râblé*
tall [tɔːl]: *grand*
tanned [tænd]: *bronzé*
thin [θin]: *maigre*
trendy ['trendɪ]: *branché*
ugly ['ʌglɪ]: *laid*
wan ['wɒn]: *blême*
wavy ['weɪvɪ]: *ondulé*
well-built [welbɪlt]: *costaud*

POLITICAL LIFE/LA VIE POLITIQUE

• Verbes et expressions verbales

to abdicate ['æbdɪkeɪt]: *abdiquer*
to abstain [əb'steɪn]: *s'abstenir*
to achieve a majority [ə'tʃiːv] [mə'dʒɒriti]: *remporter la majorité*
to address [ə'dres]: *prendre la parole*
to appeal [ə'piːl] to: *plaire à*
to appoint [ə'pɔɪnt]: *nommer*
to back down [bæk]: *reculer*
to be reform-minded [riːfɔːm'maindid]: *être réformateur*
to be returned [ri'tɜːnd]: *être élu*
to bring down [brɪŋ]: *faire tomber*
to build an image [bɪld] ['imidʒ]: *fabriquer une image*
to call an early election [kɔːl] ['ɜːlɪ] [i'lekʃən]: *décider une élection anticipée*
to capitalize on [kə'pitəlaɪz]: *tirer profit de*
to carry an election ['kærɪ] [i'lekʃən]: *remporter une élection*
to carry out reforms ['kærɪ] [rɪ'fɔːms]: *appliquer des réformes*
to choose [tʃuːz]: *choisir*
to come to terms with [kʌm] [tɜːmz]: *arriver à un accord avec*
to compromise with ['kɒmprəmaɪz]: *faire un compromis*
to cut across party lines [kʌt] [ə'krɒs] ['paːtɪ] [laɪnz]: *réunir au-delà des partis*
to damage ['dæmɪdʒ]: *nuire*
to deliberate [dɪ'lɪbərɪt]: *délibérer*
to denounce [dɪ'naʊns]: *dénoncer*
to disband [dɪs'bænd]: *dissoudre*
to dismantle [dɪs'mæntl]: *démanteler*
to dissociate from [dɪ'səʊʃɪeɪt]: *se désolidariser de*
to elect [ɪ'lekt]: *élire*
to enter a race ['entə^r] [reɪs]: *se lancer en campagne*
to fall into disfavour [fɔːl] [dɪs'feɪvə^r]: *perdre sa popularité*
to get the better of [get] ['betə^r]: *l'emporter sur*
to go into politics [gəʊ] ['pɔlɪtɪks]: *faire de la politique*
to go sour [gəʊ] ['saʊə^r]: *tourner au vinaigre*
to hold a meeting [həʊld] ['miːtɪŋ]: *tenir une séance*
to hold office [həʊld] ['ɒfɪs]: *être en fonctions*
to hold a seat [həʊld] [siːt]: *détenir un siège*
to hush up [hʌʃ]: *couvrir, faire taire*
to impeach [ɪm'piːtʃ]: *destituer*
to legalize ['liːgəlaɪz]: *légaliser*
to make a statement [meɪk] ['steɪtmənt]: *faire une déclaration*
to match words with deeds [mætʃ] [wɜːdz] [diːdz]: *joindre les gestes à la parole*
to mock [mɒk]: *se moquer de*
to oppose [ə'pəʊz]: *s'opposer à*
to outline ['aʊtlaɪn]: *tracer les grandes lignes*
to pass a bill [paːs] [bɪl]: *voter une loi*
to patch up [pætʃ]: *se raccommoder*
to quarrel ['kwɒrəl]: *se disputer*
to raise money [reɪz] ['mʌnɪ]: *recueillir de l'argent*
to reject [rɪ'dʒekt]: *rejeter*

to repeal [rɪ'piːl]: *abroger*
to resign ['rɪ'zaɪn]: *démissionner*
to return [rɪ'tɜːn]: *élire*
to rule [ruːl]: *diriger*
to run for [rʌn]: *se porter candidat à*
to seat [siːt]: *siéger*
to secure a vote [si'kjʊəʳ] [vəʊt]: *obtenir un vote*
to smear [smɪəʳ]: *salir*
to snatch an election [snætʃ] ['ɪlekʃn]: *arracher une élection*
to split [splɪt]: *se séparer*
to summon [sʌmən]: *convoquer*
to support [sə'pɔːt]: *soutenir*
to take an oath [teɪk] [əʊθ]: *prêter serment*
to take sides with [teɪk] [saɪds]: *prendre part pour*
to swing to the right [swɪŋ] [raɪt]: *virer à droite*
to veto ['viːtəʊ]: *mettre un veto*
to vote [vəʊt]: *voter*
to water ['wɔːtəʳ] down: *édulcorer*
to wield the power [wiːld] ['paʊəʳ]: *détenir le pouvoir*
to win by a landslide [wɪn] ['lændˌslaɪd]: *remporter une victoire écrasante*

• Noms

act of Parliament (G B) [ækt] ['pɑːləmənt]: *loi, décret*
activist ['æktɪvɪst]: *un militant*
the Administration (U S) [ədmɪnɪs'treɪʃən]: *le gouvernement*
advisor [əd'vaɪzəʳ]: *conseiller*
autonomy [ɔː'tɒnəmɪ]: *autonomie*
ballot [bælət]: *vote, scrutin*
baron ['bærən]: *baron*
bill [bɪl]: *projet de loi*
bipartisanship [baɪ'pɑːtɪzənʃɪp]: *bipartisme*
the Board of Trade (U S) [bɔːd] [treɪd]: *le ministère du Commerce*
borough ['bʌrə]: *circonscription urbaine*
the British Isles ['brɪtɪʃ] [aɪls]: *les îles Britanniques*
the Britons ['brɪtəns]: *les Britanniques*
budget ['bʌdʒɪt]: *le budget*
Cabinet ['kæbɪnɪt]: *le Cabinet*
censorship ['sensəʃɪp]: *la censure*
census ['sensəs]: *recensement*
the Chancellor of the Exchequer ['tʃɑːnsələʳ] [ɪks'tʃekəʳ]: *le Chancelier de l'Échiquier (ministre des Finances anglais)*
the Channel ['ʃænl]: *la Manche*
the Channel Islands ['ʃænl] ['aɪlənds]: *les îles Anglo-Normandes*
citizen ['sɪtɪzn]: *citoyen*
civil servant ['sɪvl] ['sɜːvənt]: *fonctionnaire*
the Civil Service ['sɪvl] ['sɜːvɪs]: *l'Administration*
the Colonial Empire [kə'ləʊnɪəl] ['empaɪəʳ]: *l'Empire colonial*
colony [kɒlənɪ]: *colonie*
the Commonwealth [kɒmənwelθ]: *le Commonwealth*
Congress ['kɒŋgres]: *le Congrès*
Congressman ['kɒŋgresmæn]: *membre du Congrès*
the Conservative Party [kən'sɜːvətɪv] ['pɑːtɪ]: *le Parti conservateur*
constituency [kən'stɪtjʊənsɪ]: *circonscription électorale*

constituent [kən'stɪtjʊənt]: *électeur*
convention [kən'venʃən]: *congrès*
coronation [ˌkɒrə'neɪʃən]: *couronnement*
county ['kaʊntɪ]: *comté*
coup [kuː]: *coup d'État*
the Court [kɔːt]: *la cour*
the Crown [kraʊn]: *la Couronne*
curfew ['kɜːfɪuː]: *couvre-feu*
dark horse [dɑːk] [hɔːs]: *outsider*
deal [dɪːl]: *accord*
decree [dɪ'krɪː]: *décret*
demand [dɪ'mɑːnd]: *revendication*
democracy [dɪ'mɒkrəsɪ]: *démocracie*
the Democratic Party [ˌdemə'krætɪk] ['pɑːtɪ]: *le Parti démocratique*
demonstration [demən'streiʃən]: *manifestation*
dialect ['daɪəlekt]: *dialecte*
district ['dɪstrɪkt]: *arrondissement*
dissolution [ˌdisə'luːʃən]: *dissolution*
dominion [də'mɪnɪən]: *dominion*
dove [dʌv]: *colombe*
duke [djuːk]: *duc*
earl [ɜːl]: *comte*
Edinburgh ['edɪnbərə]: *Édimbourg*
Eire ['ɛərə]: *la république d'Irlande*
election ['ɪlekʃn]: *élection*
England ['ɪŋglənd]: *l'Angleterre*
the English ['ɪŋglɪʃ]: *les Anglais*
the executive power [ɪg'zekjʊtɪv] ['paʊəʳ]: *le pouvoir exécutif*
federalism ['fedərəlɪzəm]: *le fédéralisme*
flag [flæg]: *drapeau*
the Foreign Secretary ['fɒrən] ['sekrətrɪ]: *le ministre des Affaires étrangères*
franchise ['fræntʃaɪz]: *droit de vote*
Government Department ['gʌvənmənt] [dɪ'pɑːtmənt]: *ministère*
hardliner [hɑːd'laɪnəʳ]: *dur*
hawk [hɔːk]: *faucon*
head of government [hed] ['gʌvənmənt]: *chef du gouvernement*
head of State [hed] [steɪt]: *chef d'État*
the Home Secretary [həʊm] ['sekrətrɪ]: *le ministre de l'Intérieur*
the House of Commons [haʊs] ['kɒməns]: *la Chambre des Communes*
the House of Lords [haʊs] [lɔːds]: *la Chambre des Lords*
impeachment [ɪm'pɪːtʃmənt]: *destitution*
incumbent [ɪn'kʌmbənt]: *candidat sortant*
Ireland ['aɪələnd]: *l'Irlande*
the Irish ['aɪərɪʃ]: *les Irlandais*
the judicial power [dʒuː'dɪʃəl] ['paʊəʳ]: *le pouvoir judiciaire*
the King [kɪŋ]: *le roi*
the Labour Party ['leɪbəʳ] ['pɑːtɪ]: *le Parti travailliste*
labor ['leɪbəʳ]: *le monde du travail*
language ['læŋgwɪdʒ]: *langue*
leader [lɪːdəʳ]: *le chef d'un parti*
leftist ['leftɪst]: *homme de gauche*
the legislative power ['ledʒɪslətɪv] ['paʊəʳ]: *le pouvoir législatif*
the Liberal Party ['lɪbərəl] ['pɑːtɪ]: *le Parti libéral*
lobby ['lɒbɪ]: *groupe de pression*
the Lord Chancellor (G B) [lɔːd] ['tʃɑːnsələʳ]: *le ministre de la Justice*

London ['lʌndən]: *Londres*
marquess ['mɑːkwɪs]: *un marquis*
mayor [mɛəʳ]: *maire*
Member of Parliament (M P) ['membəʳ] ['pɑːləmənt]: *membre des Communes*
monarch ['mɒnək]: *monarque*
monarchy ['mɒnəkɪ]: *monarchie*
the mother country ['mʌðəʳ] ['kʌntrɪ]: *la mère patrie*
motto ['mɒtəʊ]: *devise*
national anthem ['næʃənl] ['ænθəm]: *hymne national*
the nobility [nəʊ'bɪlɪtɪ]: *la noblesse*
nomination [ˌnɒmɪ'neɪʃən]: *investiture*
The North Sea [nɔːθ] [siː]: *la mer du Nord*
official [ə'fɪʃəl]: *un fonctionnaire*
one-man rule [wʌnmæn] [ruːl]: *pouvoir personnel*
opponent [ə'pəʊnənt]: *opposant*
Parliament ['pɑːləmənt]: *le Parlement*
party ['pɑːtɪ]: *parti*
peer [pɪəʳ]: *pair (à la Chambre des Lords)*
plot [plɒt]: *complot*
pluralism ['plʊrəlɪzəm]: *le pluralisme*
polemics [pɒ'lemɪks]: *la polémique*
policy ['pɒlɪsɪ]: *une politique*
politics ['pɒlɪtɪks]: *la politique (en général)*
politikcking ['pɒlɪtɪkɪŋ]: *politique politicienne*
poll [pəʊl]: *sondage*
polling ['pəʊlɪŋ]: *les élections*
portfolio [pɔːt'fəʊlɪəʊ]: *portefeuille ministériel*
power ['paʊəʳ]: *le pouvoir*
premier ['premɪəʳ]: *Premier ministre*
the Prime Minister [praɪm] ['mɪnɪstəʳ]: *le Premier ministre*
protectorate [prə'tektərɪt]: *protectorat*
the Queen [kwiːn]: *la reine*
record ['rekɔːd]: *bilan*
the red-tape [redteɪp]: *la bureaucratie*
representative [ˌreprɪ'zentətɪv]: *représentant*
the Republican Party [rɪ'pʌblɪkən] ['pɑːtɪ]: *Parti républicain*
reshuffle [ˌriːʃʌfl]: *remaniement*
rightist ['raɪtɪst]: *homme de droite*
Scotland ['skɒtlənd]: *l'Écosse*
the Scots [skɒts]/the Scotch [skɒtʃ]: *les Écossais*
seat [siːt]: *siège*
self-government ['selfgʌvənmənt]: *autonomie*
Senate ['senɪt]: *le Sénat*
setback ['setbæk]: *revers*
settler ['setləʳ]: *colon*
Shadow Cabinet ['ʃædəʊ] ['kæbɪnɪt]: *cabinet fantôme, contre-gouvernement*
shift [ʃɪft]: *changement*
sitting ['sɪtɪŋ]: *séance*
slavery ['sleɪvərɪ]: *esclavage*
snap election [snæp] ['ɪlekʃn]: *élection anticipée*
the Social Democratic Party ['səʊʃəl] [ˌdemə'krætɪk] ['pɑːtɪ]: *Parti social-démocrate*
sovereign ['sɒvrɪn]: *souverain*
the Speaker [spiːkəʳ]: *le président des Communes*
speech [spiːtʃ]: *discours*
Speech from the Throne [spiːtʃ] [θrəʊn]: *discours du trône*
split [splɪt]: *scission*

spokesman ['spəʊksmən]: *porte-parole*
stand [stænd]: *position politique*
statesman ['steɪtsmən]: *homme d'État*
substitute ['sʌbstɪtjuːt]: *suppléant*
the Supreme Court [sʊ'priːm] [kɔːt]: *la Cour suprême*
survey ['sɜːveɪ]: *enquête*
tax [tæks]: *impôt*
taxpayers [tæks'peɪəʳ]: *contribuables*
term [tɜːm]: *mandat*
the Thames [temz]: *la Tamise*
ticket ['tɪkɪt]: *liste de candidats*
Tory ['tɔːrɪ]: *Tory (histoire), conservateur*
town-hall [taʊnhɔːl]: *hôtel de ville*
trade union [treɪd] ['juːnjən]: *syndicat*
the Treasury ['treʒərɪ]: *les Finances*
the United Kingdom [juː'naɪtɪd] ['kɪŋdəm]: *le Royaume-Uni*
tyrant ['taɪrənt]: *tyran*
union ['juːnjn]: *syndicat*
veto ['vɪːtəʊ]: *veto*
vote [vəʊt]: *vote*
viscount [vaɪskaʊnt]: *vicomte*
Wales [weɪlz]: *le pays de Galles*
the Welsh [welʃ]: *les Gallois*
the West Indies [west] ['ɪndɪz]: *les Antilles*
Whig [wɪg]: *Whig (histoire politique)*
the White House [waɪt] [haʊs]: *la Maison Blanche*

• Adjectifs

antagonistic [ænˌtægə'nɪstɪk]: *hostile*
arbitrary ['ɑːbɪtrərɪ]: *arbitraire*
articulate [ɑː'tɪkjʊlɪt]: *s'exprimant bien*
banned [bænd]: *interdit*
barbarous ['bɑːbərəs]: *barbare*
British ['brɪtɪʃ]: *britannique*
communist ['kɒmjʊnɪst]: *communiste*
compassionate [kəm'pæʃənət]: *sensible*
conciliatory [kən'sɪlɪətərɪ]: *conciliant*
conservative [kən'sɜːvətɪv]: *conservateur*
controversial [ˌkɒntrə'vɛːʃəl]: *controversé*
credible ['kredɪbl]: *crédible*
daring ['dɛərɪŋ]: *audacieux*
dedicated ['dedɪkeɪtɪd]: *dévoué*
democrat ['deməkræt]: *démocrate*
democratic [ˌdemə'krætɪk]: *démocratique*
diplomatic [ˌdiplə'mætik]: *diplomatic*
dogged ['dɒgɪd]: *opiniâtre*
domestic [də'mestɪk]: *intérieur*
doublespeaking ['dʌbl'spɪːkɪŋ]: *au double langage*
electoral [ɪ'lektərəl]: *électoral*
eligible ['elɪdʒəbl]: *inscrit*
English ['ɪŋglɪʃ]: *anglais*
experienced [ɪk'spɪərɪənst]: *expérimenté*
federal ['fedərəl]: *fédéral*
flagging ['flægɪŋ]: *en baisse*
flawed [flɔːd]: *entaché d'irrégularités*
forceful ['fɔːsfʊl]: *énergique*
forcible ['fɔːsəbl]: *efficace*
foreign ['fɒrən]: *étranger*
fractious ['frækʃəs]: *hargneux*
handpicked [hænd'pɪkt]: *trié sur le volet*
hard-driving [hɑːd'draɪvɪŋ]: *ambitieux*
hard-headed [hɑːd'heɪdɪd]: *pragmatique, réaliste*
hazy ['heɪzɪ]: *flou*
high ranking ['haɪrænkɪŋ]: *haut placé*
historical [hɪs'tɒrɪkəl]: *historique*
human ['hjuːmən]: *humain*
intricate ['ɪntrikeɪt]: *compliqué*

Irish ['aɪərɪʃ]: *irlandais*
joint [dʒɔɪnt]: *commun*
labour ['leɪbər]: *travailliste*
left-wing [leftwɪŋ]: *de gauche*
legal ['lɪːgəl]: *légal*
legislative ['ledʒɪslətɪv]: *législatif*
liberal ['lɪbərəl]: *libéral*
moderate ['mɒdərɪt]: *modéré*
nationalist ['næʃnəlɪst]: *nationaliste*
parliamentary [ˌpɑːlə'mentərɪ]: *parlementaire*
pending ['pendɪŋ]: *en suspens*
plain speaking [pleɪn] ['spɪːkɪŋ]: *parlant vrai*
political [pə'lɪtɪkəl] : *politique*
popular ['pɒpjʊlə^r]: *populaire*
power-hungry ['paʊwə'hʌŋgrɪ]: *avide de pouvoir*
practiced ['prœktɪsd]: *chevronné*
presidential [prə'zɪdenʃəl]: *présidentiel*
proportional [prə'pɔːʃənl]: *proportionnel*
radical (U S) ['rædikəl]: *extrémiste*
reformer [rɪ'fɔːmər]: *réformateur*
republican [rɪ'pʌblɪkən]: *républicain*
retaliatory [rɪ'tælɪətərɪ]: *de représailles*
rigged [rɪgd]: *truqué*
right-wing [raɪtwɪŋ]: *de droite*
royal ['rɔɪəl]: *royal*
ruling ['ruːlɪŋ]: *exerçant le pouvoir*
Scottish ['skɒtɪʃ]: *écossais*
self-confident [self'kɒnfɪdənt]: *sûr de soi*
self-governing [self'gʌvənɪŋ]: *autonome*
sham [ʃæm]: *truqué*
sly [slaɪ]: *malin, roublard*
socialist ['səʊʃəlɪst]: *socialiste*
strained [streɪnd]: *tendu*
totalitarian [ˌtəʊtælɪ'tɛərɪən]: *totalitaire*
tough [tʌf]: *dur*
tricky ['trɪkɪ]: *délicat, épineux*
trustworthy ['trʌst'wɜːðɪ]: *digne de confiance*
under trusteeship [trʌs'tɪːʃɪp]: *sous mandat*
upright [ʌp'raɪt]: *intègre*
warring ['wɔːrɪŋ]: *rival*
Welsh [welʃ]: *gallois*
wimp [wɪmp]: *mou*

PSYCHOLOGICAL PORTRAIT/ LE PORTRAIT PSYCHOLOGIQUE

• Verbes et expressions verbales

to advise [əd'vaɪz]: *conseiller*
to agree [ə'grɪː]: *être d'accord*
to allow [ə'laʊ]: *permettre*
to apologize [ə'pɒlədʒaɪz]: *faire des excuses*
to argue ['ɑːgjuː]: *discuter*
to be a nuisance ['njuːsns]: *être insupportable*
to be afraid [ə'freɪd]/frightened ['fraɪtnd]: *être effrayé*
to be as good as one's word [gʊd] [wɜːd]: *n'avoir qu'une parole*
to be ashamed [ə'ʃeɪmd]: *avoir honte*
to be content ['kɒntent] with: *se contenter de*
to be easy-going ['ɪːzɪgəʊɪŋ]: *prendre les choses du bon côté*
to be in high [haɪ]/low spirits [ləʊ] [spɪrɪts]: *être en train/ ne pas avoir le moral*
to be out of sorts [sɔːts]: *être de mauvaise humeur*
to be relieved [rɪ'lɪːvd]: *être soulagé*
to be shocked [ʃɒkt]: *être bouleversé*
to be sorry ['sɒrɪ]: *regretter*
to be well-meaning [wel'mɪːnɪŋ]: *être bien intentionné*
to beam [bɪːm]: *rayonner*
to bear malice to sb [bɛəʳ] ['mælɪs]: *vouloir du mal à qqn.*
to behave [bɪ'heɪv]: *se conduire*
to betray [bɪ'treɪ]: *trahir*
to boast [bəʊst]: *se vanter*
to bother ['bɒðəʳ]: *se tracasser*
to burst out laughing [bɜːrst] [lɑːfɪŋ]/ into tears [tɪəz]: *éclater de rire/éclater en sanglots*
to cheat [tʃɪːt]/deceive [d'sɪːv]: *tromper*
to complain [kəm'pleɪn]: *se plaindre*
to convince [kən'vɪns]: *convaincre*
to dare [dɛəʳ]: *oser*
to desire [dɪ'zaɪəʳ]: *désirer*
to despair [dɪs'pɛəʳ]: *désespérer*
to despise [dɪs'paɪz]: *mépriser*
to discuss [dɪs'kʌs]: *discuter*
to dissemble [dɪ'sembl]: *dissimuler, feindre, simuler*
to distrust sb [dɪs'trʌst]: *se méfier de qqn*
to do harm [hɑːm]: *faire du mal, du tort*
to do one's duty ['djuːtɪ]: *faire son devoir*
to doubt [daʊt]: *douter de*
to dread [dred]: *redouter*
to enjoy [ɪn'dʒɔɪ]: *aimer, apprécier, trouver plaisir à*
to enjoy oneself [ɪn'dʒɔɪ]: *s'amuser*
to excite [ɪk'saɪt]: *exciter*
to fancy ['fænsɪ]: *s'imaginer*
to feel bored [fɪːl] [bɔːd]: *s'ennuyer*
to feel like crying [fɪːl] [kraɪjiŋ]: *avoir envie de pleurer*
to find fault with [faɪnd] [fɔːlt]: *trouver à redire à*
to fly into a passion [flaɪ] ['pæʃən]: *être furieux*
to forbid [fə'bɪd]: *interdire*
to forgive [fə'gɪv]: *pardonner*
to get into trouble [get] ['trʌbl]: *s'attirer des ennuis*
to giggle ['gɪgl]: *pouffer de rire*

to go to the bad [gəʊ] [bæd]: *tourner mal*
to grieve [griːv]: *s'affliger*
to grumble ['grʌmbl]: *grogner*
to hate [heɪt]: *haïr*
to hesitate ['hezɪteɪt]: *hésiter*
to hope for the best [həʊp] [best]: *avoir bon espoir*
to imagine ['ɪmædʒɪn]: *imaginer*
to indulge in [ɪn'dʌldʒ]: *s'adonner à*
to keep [kiːp]/to break one's word [breɪk] [wəːd]: *tenir sa parole/manquer à sa parole*
to laugh [lɑːf]/to weep [wiːp] (for joy [dʒɔɪ]): *rire/pleurer (de joie)*
to lie [laɪ]: *mentir*
to lose one's temper [luːz] ['tempəʳ]: *se mettre en colère*
to love [lʌv]: *aimer*
to mean no harm [miːn] [hɑːm]: *ne pas vouloir de mal*
to move [muːv]: *émouvoir*
to persuade [pə'sweɪd]: *persuader*
to ponder over ['pɒndəʳ]: *méditer sur*
to pout [paʊt]: *faire la moue*
to pretend [prɪ'tend]: *faire semblant*
to put up with [pʊt]: *supporter, souffrir*
to question ['kwestʃən]: *mettre en doute*
to reason ['riːzn]: *raisonner*
to rely on [rɪ'laɪ]: *se fier à, compter sur*
to remember [rɪ'membəʳ]: *se rappeler*
to scorn [skɔːn]: *éprouver un profond dédain*
to set an example [set] [ɪg'zɑːmpl]: *donner l'exemple*
to shake [ʃeɪk]/to roar with laughter [rɔːʳ] ['lɑːftəʳ]: *se tordre de rire, rire aux éclats*
to shed tears [ʃed] [tiəz]: *verser des larmes*
to sigh [saɪ]: *soupirer*
to smile [smaɪl]: *sourire*
to sneer [snɪəʳ] at: *se gausser de*
to sob [sɒb]: *sangloter*
to speak the truth [spiːk] [truːθ]: *dire la vérité*
to startle ['stɑːtl]: *effrayer, alarmer*
to sulk [sʌlk]: *bouder*
to surprise [sə'praɪz]: *surprendre*
to tease [tiːz]: *taquiner*
to tell lies [tel] [laɪz]: *dire des mensonges*
to think [θɪŋk]: *penser*
to tremble ['trembl]: *trembler*
to trust [trʌst] sb: *avoir confiance en*
to vex [veks]: *fâcher, contrarier*
to worry ['wʌrɪ]: *s'inquiéter*
to wound [wuːnd]: *blesser*
to wrong [rɒŋ]: *causer du tort*

• Noms

anger ['æŋgəʳ]: *la colère*
anxiety [æŋ'zaɪətɪ]/uneasiness [ʌn'iːzɪnɪs]: *l'inquiétude, l'anxiété*
argument ['ɑːgjʊmənt]: *discussion, argument*
astonishment [ə'stɒnɪʃmənt]: *l'étonnement*
avarice ['ævərɪs]: *l'avarice*
awe [ɔː]: *l'effroi*
behaviour ['bɪheɪvjəʳ]: *conduite*
bliss [blɪs]: *la félicité*
boredom ['bɔːdəm]: *l'ennui*
care [kɛəʳ]: *l'inquiétude, le souci*
certainty ['sɜːtəntɪ]: *certitude*
character ['kærɪktəʳ]: *le caractère*
clarity ['klærɪtɪ]: *la lucidité*
concern [kən'sɜːn]: *le souci, l'anxiété*

conduct ['kɒndʌkt]: *la conduite*
confidence ['kɒnfɪdəns]: *la confiance*
conscience ['kɒnʃəns]: *la conscience morale*
contempt ['kən'tempt]: *le mépris*
courage ['kʌrɪdʒ]: *le courage*
cowardice ['kaʊədɪs]: *la lâcheté*
deception [dɪ'sepʃən]: *la tromperie, la duperie*
defect ['dɪ:fekt]: *le défaut*
dejection [dɪ'dʒekʃən]: *le découragement*
desire [dɪ'zaɪə^r]: *le désir*
despair [dɪs'pɛə^r]: *le désespoir*
despondency [dɪs'pɒndənsɪ]: *l'accablement*
disdain [dɪs'deɪn]: *le dédain*
dislike [dɪs'laɪk]: *l'aversion*
doubt [daʊt]: *le doute*
dream [drɪ:m]: *le rêve*
egoism ['egəʊɪzəm]: *l'égoïsme*
emotion [ɪ'məʊʃən]: *émotion*
envy ['envɪ]: *l'envie*
excitement [ɪk'saɪtmənt]: *l'émoi, l'agitation*
falsehood ['fɔ:lshʊd]: *le faux*
fancy ['fænsɪ]: *l'imagination, la fantaisie*
fear [fɪə^r]: *la peur*
fit of laughter [fɪt] [lɑ:ftə^r]: *fou rire*
foreboding [fɔ:'bəʊdɪŋ]: *le pressentiment*
foresight ['fɔ:saɪt]: *la prévoyance*
forgiveness [fə'gɪvnɪs]: *le pardon*
fright [fraɪt]: *la frayeur*
gaiety ['gɪɪtɪ]: *la gaieté*
gift [gɪft]: *le don*
gluttony ['glʌtənɪ]: *la gloutonnerie*
good and evil [gʊd] ['ɪ:vl]: *le bien et le mal*
greediness ['grɪ:dɪnɪs]: *la gourmandise*
grief [grɪ:f]: *le chagrin, la douleur*
happiness ['hæpɪnɪs]: *le bonheur*
hatred ['heɪtrɪd]: *la haine*
honor ['ɒnə^r]: *l'honneur*
hope [həʊp]: *l'espoir*
humour ['hju:mə^r]: *l'humeur*
hypocrisy [hɪ'pɒkrɪsɪ]: *l'hypocrisie*
hypocrite ['hɪpəkrɪt]: *hypocrite*
idea [aɪ'dɪə]: *l'idée*
idleness ['aɪdlnɪs]: *l'oisiveté*
imagination [ɪˌmædʒɪ'neɪʃən]: *l'imagination*
the intellect ['ɪntɪlekt]/intelligence [ɪn'telɪdʒəns]: *l'intelligence*
jealousy ['dʒeləsɪ]: *la jalousie*
jolly fellow ['dʒɒlɪ] ['feləʊ]: *bon vivant*
joy [dʒɔɪ]: *la joie*
laughter ['lɑ:ftə^r]: *le(s) rire(s)*
laziness ['leɪzɪnɪs]: *la paresse*
liar ['laɪə^r]: *menteur*
logic ['lɒdʒɪk]: *la logique*
love [lʌv]: *l'amour*
malice ['mælɪs]: *la méchanceté*
melancholy ['melənkəlɪ]: *la mélancolie*
the mind [maɪnd]: *l'esprit*
mood [mu:d]: *état d'esprit, disposition*
nightmare ['naɪtˌmɛə^r]: *le cauchemar*
passion ['pæʃən]: *la rage*
patience ['peɪʃəns]: *la patience*
plain dealing [pleɪn] ['dɪ:lɪŋ]: *la sincérité*
pleasure ['pleʒə^r]: *le plaisir*
prejudice ['predʒʊdɪs]: *le préjugé*
pride [praɪd]: *l'orgueil*
principle ['prɪnsəpl]: *principe*
psychology [saɪ'kɒlədʒɪ]: *la psychologie*
quality ['kwɒlɪtɪ]: *qualité*
reason ['rɪ:zn]: *la raison*
remorse [rɪ'mɔ:s]: *le remord*
repentance [rɪ'pentəns]: *le repentir*
revenge [rɪ'vendʒ]: *la vengeance*

sadness ['sædnɪs]: *la tristesse*
scandal ['skændl]: *la médisance*
self-conceit [selfkən'sɪːt]: *la fatuité*
self-control [selfkən'trəʊl]/
self-mastery [self'mɑːstərɪ]:
la maîtrise de soi
selfishness ['selfɪʃnɪs]: *l'égoïsme*
sensibility [ˌsensɪ'bɪlɪtɪ]: *la sensibilité (dans le sens de l'émotivité)*
sensitiviness ['sensɪtɪvnɪs]: *la sensibilité (dans le sens de la susceptibilité)*
shame [ʃeɪm]: *la honte*
shyness [ʃaɪnɪs]: *la timidité*
sin [sɪn]: *le péché*
slander ['slɑːndəʳ]: *la calomnie*
sorrow ['sɒrəʊ]: *la peine, le chagrin*
soul [səʊl]: *âme*
spite [spaɪt]: *la rancune*
surprise [sə'praɪz]: *la surprise*
tears [tiəz]: *les larmes, les pleurs*
temper ['tempəʳ]: *humeur*
terror ['terəʳ]: *la terreur*
thought [θɔːt]: *la pensée*
traitor ['treɪtəʳ]: *traître*
treachery ['tretʃərɪ]: *la trahison, la perfidie*
troubles ['trʌblz]: *les soucis, les ennuis*
trust [trʌst]: *la confiance*
truth [truːθ]: *la vérité*
the unconscious [ʌn'kɒnʃəs]:
l'inconscient
vice [vaɪs]/virtue ['vɜːtjuː]: *vice/vertu*
weariness ['wɪərɪnɪs]: *la lassitude*
will [wɪl]/will-power [wɪl'paʊəʳ]: *la volonté*
wisdom ['wɪzdəm]: *la sagesse*
wish [wɪʃ]: *souhait*
wonder ['wʌndəʳ]: *l'émerveillement*

- **Adjectifs**

absent-minded ['æbsənt'maɪndɪd]:
distrait
aggressive [ə'gresɪv]: *agressif*
amazed [ə'meɪzd]: *stupéfait, ébahi*
ambitious [æm'bɪʃəs]: *ambitieux*
amoral [eɪ'mɒrəl]: *amoral*
angry ['æŋgrɪ]: *en colère*
annoying [ə'nɔɪŋ]: *agaçant*
anxious ['æŋkʃəs]/uneasy [ʌn'ɪːzɪ]:
inquiet, soucieux
apathetic [ˌæpə'θetɪk]: *apathique*
ashamed [ə'ʃeɪmd]: *honteux*
avaricious [ˌævə'rɪʃəs]: *avare*
awful ['ɔːfəl]: *effrayant*
awkward ['ɔːkwəd]: *gauche*
bad-tempered [bæd'tempəd]:
au mauvais caractère
bent [bent]: *malhonnête*
bitter ['bitəʳ]: *amer*
boastful ['bəʊstfʊl]: *vantard*
boring ['bɔːrɪŋ]: *ennuyeux*
bossy ['bɒsɪ]: *autoritaire*
brainless ['breɪnlɪs]: *écervelé*
brave [breɪv]: *courageux*
brilliant ['brɪljənt]: *brillant*
broad-minded [brɔːdmaɪndɪd]: *large d'esprit*
brutal ['bruːtl]: *brutal*
buoyant ['bɔɪənt]: *optimiste*
callous ['kæləs]: *sans cœur*
candid ['kændɪd]: *sincère*
carefree ['kɛəfrɪː]: *insouciant*
careful ['kɜəfʊl]: *attentif, consciencieux*
careless ['kɜəlɪs]: *négligent*
charming [tʃaːmɪŋ]: *charmant*

cheerful ['tʃɪəfʊl]: *gai, de bonne humeur*
clever ['klevəʳ]: *intelligent*
clumsy ['klʌmzɪ]: *maladroit*
cold-blooded [kəʊld'blʌdɪd]: *insensible*
cold-hearted [kəʊld'hɑːtɪd]: *impitoyable*
conceited [kən'sɪːtɪd]: *vaniteux*
condescending [ˌkɒndi'sendɪŋ]: *condescendant*
confident ['kɒnfɪdənt]: *confiant*
courageous [kə'reɪdʒəs]: *courageux*
cowardly ['kaʊədlɪ]: *lâche*
crazy ['kreɪzɪ]: *fou*
cross [krɒs] with: *fâché contre*
cruel ['krʊəl]: *cruel*
cunning ['kʌnɪŋ]: *rusé, fourbe, astucieux*
deceitful [dɪ'sɪːtfʊl]: *trompeur*
defiant [dɪ'faɪənt]: *provocant*
dejected [dɪ'dʒektɪd]: *découragé*
delighted [dɪlaɪtɪd]: *heureux, ravi*
demanding [dɪ'mɑːndɪŋ]: *exigeant*
depressed [di'prest]: *déprimé*
despicable [dɪs'pɪkəbl]: *méprisable*
despising [dɪs'paɪzɪŋ]: *méprisant*
determined [dɪ'tɜːmɪnd]: *déterminé*
disagreeable [ˌdisə'grɪəbl]: *déplaisant*
disappointed [ˌdɪsə'pɔɪntɪd]: *déçu*
discontented [ˌdiskən'tentɪd]: *mécontent*
dishonest [dɪs'ɒnɪst]: *malhonnête*
disobedient [ˌdisə'biːdɪənt]: *désobéissant*
displeased [dɪs'plɪːzd]: *fâché*
disrespectful [ˌdisrɪs'pektfʊl]: *irrespectueux*
dissatisfied ['dɪsˌsætɪs'faɪd]: *mécontent*
distrustful [dis'trʌsfʊl]: *méfiant*
downcast ['daʊnˌkaːst]: *abattu*
dreadful [dredfʊl]: *terrible*
dreary ['drɪərɪ]: *triste, morne*
dull [dʌl]: *ennuyeux*
dumb [dʌm]: *sot*
edgy ['edʒɪ]: *crispé, à cran, énervé*
easy [ɪːzɪ]: *tranquille, rassuré*
egoist ['egəʊɪst]: *égoïste*
enjoyable [ɪn'dʒɔɪəbl]: *agréable, réjouissant*
envious ['enviəs]: *envieux*
feeble ['fɪːbl]: *faible, frêle, piteux*
foolish ['fuːlɪʃ]: *idiot, bête, insensé*
forgetful [fə'getfʊl]: *oublieux, négligent*
frank [fræŋk]: *franc*
friendly ['frendlɪ]: *amical*
frightful ['fraɪtfʊl]: *effrayant*
fun [fʌn]: *amusant*
funny ['fʌnɪ]: *drôle*
fussy ['fʌsɪ]: *tatillon, pointilleux*
gay [geɪ]: *gai, qui aime s'amuser*
generous ['dʒenərəs]: *généreux*
genial ['dʒɪːnɪəl]: *plein d'entrain*
gifted ['gɪftɪd]: *doué*
good-tempered [gʊd'tempəʳd]: *au bon caractère*
greedy [grɪːdɪ]: *gourmand, glouton*
happy ['hɑpɪ]: *heureux*
harsh [hɑːʃ]: *dur, sévère*
helpful ['helpfʊl]: *serviable*
honest ['ɒnɪst]: *honnête*
hopeful [həʊpfʊl]/hopeless [həʊples]: *encourageant/désespéré*
humane [hjuː'meɪn]: *humain*
humble ['hʌmbl]: *humble*
hypocritical [ˌhɪpə'krɪtɪkəl]: *hypocrite*
idealistic [aɪˌdɪə'lɪstɪk]: *idéaliste*
idle ['aɪdl]: *oisif, désœuvré*
industrious [ɪn'dʌstrɪəs]: *travailleur*
intelligent [in'telidʒənt]: *intelligent*

jealous ['dʒeləs]: *jaloux*
kind [kaɪnd]: *bon, aimable*
lively ['laɪvlɪ]: *vivant, éveillé*
logical ['lɒdʒɪkəl]: *logique*
malicious [mə'lɪʃəs]: *méchant*
mean [miːn]: *méchant*
melancholic [ˌmelən'kɒlɪk]: *mélancolique*
merry ['merɪ]: *joyeux*
mild [maɪld]/gentle ['dʒentl]: *doux*
mischievous ['mɪstʃɪvəs]: *malicieux, espiègle*
miserable ['mɪzərəbl]: *malheureux*
modest ['mɒdɪst]: *modeste*
moody ['muːdɪ]: *lunatique*
mournful [mɔːnfʊl]: *lugubre*
narrow-minded ['nærəʊmaɪndɪd]: *étroit d'esprit*
nasty ['nɑːstɪ]: *méchant*
nervous ['nɜːvəs]: *peureux, craintif*
nice [naɪs]: *sympathique*
obedient [ə'biːdɪənt]: *obéissant*
objectionnable [əb'dʒekʃnəbl]: *répréhensible*
optimistic [ˌɒptɪ'mɪstɪk]: *optimiste*
outgoing ['aʊtgəʊiŋ]: *ouvert*
perverse [pə'vɜːs]: *indocile, contrariant*
pessimistic [ˌpesɪ'mɪstɪk]: *pessimiste*
plain [pleɪn]: *franc, sans détours*
pleasant ['pleznt]: *agréable*
pleased [pliːsd]: *satisfait, content*
polite [pə'laɪt]: *poli*
prejudiced ['predʒʊdɪst]: *plein de préjugés*
proud [praʊd]: *orgueilleux, fier*
quick-tempered [kwɪk'tempə'd]: *soupe-au-lait*
quiet ['kwaɪət]: *calme*
realistic [rɪə'lɪstɪk]: *réaliste*
relaxed [rɪ'lækst]: *détendu*
reliable [rɪ'laɪəbl]: *sur qui on peut compter*
restless ['restlɪs]: *agité*
right [raɪt]: *bien, juste*
rude [ruːd]: *grossier*
sad [sæd]: *triste*
self-centered [self'sentərd]: *égocentrique*
self-confident [self'kɒnfɪdənt]: *sûr de soi*
self-conscious [self'kɒnʃəs]: *intimidé, embarrassé*
selfish [selfɪʃ]: *égoïste*
self-possessed [self'pəzest]: *maître de soi*
sensible ['sensəbl]: *sensé*
sensitive ['sensɪtɪv]: *sensible, impressionnable*
serious ['sɪərɪəs]: *sérieux*
shameful [ʃeɪmfʊl]/disgraceful [dɪsgreɪsfʊl]: *honteux, déshonorant*
shameless ['ʃeɪmlɪs]: *effronté, impudent*
sinful [sɪnfʊl]: *coupable*
sly [slaɪ]: *rusé*
smart [smaːt]: *malin, intelligent*
snobbish [snobɪʃ]: *snob*
sociable ['səʊʃəbl]: *sociable*
spiteful [spaɪtfʊl]: *malveillant*
stingy ['stɪndʒɪ]: *avare, pingre*
stubborn ['stʌbən]: *entêté*
stupid ['stjuːpɪd]: *idiot*
tactful ['tæktfʊl]: *plein de tact*
talkative ['tɔːkətɪv]: *bavard*
tidy [taɪdɪ]/untidy [ʌntaɪdɪ]: *soigneux/négligé*
tolerant ['tɒlərənt]: *tolérant*
touchy ['tʌʃi]: *susceptible*
treacherous ['tretʃərəs]: *traître, déloyal*
true [truː]/false [fɔːls]: *vrai/faux*
unbearable [ʌn'bɛərəbl]: *insupportable*
uncommunicative ['ʌnkə'mjuːnɪkətɪv]: *renfermé*
unfeeling [ʌn'fiːlɪŋ]: *insensible*

TECHNOLOGY AND PROGRESS/ LA TECHNOLOGIE ET LE PROGRÈS

• Verbes et expressions verbales

to achieve a lead [ə'tʃɪːv] [lɪːd]:
prendre la tête
to activate ['æktiveɪt]: *actionner*
to alter into ['ɒltəʳ]: *se changer en*
to automate ['ɔːtəmeɪt]: *automatiser*
to be computer-literate
[kəm'pjuːtər'lɪtərɪt]:
savoir se servir d'un ordinateur
to be computer-smart
[kəm'pjuːtərsmɑːt]:
s'y connaître en informatique
to be given off ['gɪvən]: *se dégager (gaz)*
to be in the lead [lɪːd]:
être en pointe, à la tête
to be wired ['waɪəʳd]: *être connecté*
to blast off [blɑːst]: *être mis à feu*
to blow a fuse [bləʊ] [fjuːz]:
faire sauter un fusible
to break new ground [breɪk] [njuː] [graʊnd]: *innover*
to burst [bɜːst]: *éclater*
to computerize [kəm'pjuːtəraɪz]:
informatiser
to cool [kuːl]: *(faire) refroidir*
to crack a code [kræk] [kəʊd]:
trouver la clé d'un code
to crash [kræʃ]: *planter*
to debug [dɪː'bʌg]: *corriger*
to decompose [ˌdɪːkəm'pəʊz]:
décomposer
to delete [di'lɪːt]: *effacer*
to deprive man of his job
[dɪ'praɪv] [mæn] [dʒɒb]:
priver l'homme de son travail
to design a program
[dɪzaɪn] ['prəʊgræm]:
concevoir un programme
to deteriorate [dɪ'tɪərɪəreit]: *se détériorer*
to devise [dɪ'vaɪz]: *inventer*
to dial ['daɪəl]: *composer un numéro*
to diminish [dɪ'mɪnɪʃ]: *diminuer*
to disconnect ['diskə'nekt]: *couper*
to dismantle [dis'mæntl]: *démanteler*
to display [dɪs'pleɪ]: *afficher*
to dissolve [dɪ'zɒlv]: *dissoudre*
to dock with [dɒk]: *s'arrimer à*
to dry up [draɪ]: *s'essouffler*
to expand [ɪk'spænd]: *se dilater*
to fix [fɪks]: *réparer*
to go into orbit ['ɔːbɪt]: *se mettre en orbite*
to hack into a computer
[hæk] [kəm'pjuːtə]:
pénétrer un système par effraction
to hang up [hæŋ]: *raccrocher*
to have a headstart (on) [hæv] [hed'stɑːt]:
avoir une longueur d'avance (sur)
to herald ['herəld]: *annoncer*
to hit the market [hɪt] ['mɑːkɪt]:
arriver sur le marché
to ignite [ɪg'naɪt]: *mettre à feu*
to improve [ɪm'pruːv]: *améliorer*
to keep up with [kɪːp]: *se tenir au courant*
to lag [læg]: *être à la traîne*
to launch [lɔːntʃ]: *lancer*
to lead the way [lɪːd] [weɪ]:
montrer le chemin
to lift off [lɪft]: *décoller*

to load [ləʊd]: *charger*
to make progress [meɪk] ['prəʊgres]: *faire des progrès*
to melt [melt]: *fondre*
to miss the boat [mɪs] [bəʊt]: *rater le coche*
to mix [mɪks]: *mélanger*
to orbit ['ɔːbɪt]: *placer en orbite*
to pave the way [peɪv] [weɪ]: *ouvrir la voie*
to perform a program [pə'fɔːm] ['prəʊgræm]: *exécuter un programme*
to pioneer ['paɪə'nɪəʳ]: *explorer*
to play the sorcerer's apprentice [pleɪ] ['sɔːsərəʳs] [ə'prentɪs]: *jouer les apprentis sorciers*
to plug in [plʌg]: *se brancher*
to process ['prəʊses]: *traiter*
to prove [pruːv]: *prouver*
to put forward a theory [pʊt] ['fɔːwəd] ['θɪərɪ]: *émettre une théorie*
to recover [rɪ'kʌvəʳ]: *récupérer*
to register ['redʒɪstəʳ]: *enregistrer*
to retrieve [rɪ'trɪːv]: *rechercher*
to run a program [rʌn] ['prəʊgr m]: *exécuter*
to save [seɪv]: *sauvegarder*
to scramble ['skræmbl]: *brouiller*
to solder ['səʊldəʳ]: *souder*
to solve [sɒlv]: *résoudre*
to sound [saʊnd]: *sonder*
to state [steɪt]: *poser (une théorie)*
to stir [stɜːʳ]: *agiter*
to switch off [swɪtʃ]: *éteindre*
to switch on [swɪtʃ]: *allumer*
to take apart [teɪk] [ə'pɑːt]: *démonter*
to tamper with data ['tæmpəʳ] ['deɪtə]: *toucher à des données*
to unplug [ʌnplʌg]: *débrancher*
to upgrade [ʌpgreɪd]: *améliorer, mettre à jour*

• Noms

accomplishment [ə'kɔmplɪʃmənt]: *réalisation*
advance [əd'vɑːns]: *progrès*
advent ['ædvənt]: *avènement*
answering machine ['ɑːnsəʳɪŋ] [mə'ʃɪːn]: *répondeur*
assembly line [ə'semblɪ] ['laɪn]: *chaîne de montage*
battery ['bætərɪ]: *batterie*
beam ['bɪːm]: *rayon*
biology [baɪ'əʊ'lɔdʒɪ]: *biologie*
black hole [blæk] [həʊl]: *trou noir*
breakthrough [breɪkθruː]: *percée*
bug [bʌg]: *bogue (erreur de conception dans un programme informatique)*
byte [baɪt]: *octet*
cellular phone ['seljʊləʳ] [fəʊn]: *téléphone portable*
challenge ['tʃælɪndʒ]: *défi*
chemicals ['kemɪkəlz]: *les produits chimiques*
chemistry ['kemɪstrɪ]: *chimie*
chip [tʃɪp]: *puce*
cloning [kləʊnɪŋ]: *le clonage*
computer [kəm'pjuːtəʳ] : *ordinateur*
computer buff [kəm'pjuːtəʳ] [bʌf]/addict ['ædɪkt]: *passionné d'informatique*
computerization [kəm'pjuːtəraɪzeɪʃən]: *traitement informatique*
computer operator [kəm'pjuːtəʳ] ['ɔpəreitəʳ]: *programmeur*
computer science [kəm'pjuːtəʳ] ['saɪəns]: *l'informatique*

technology and progress

computer scientist [kəm'pjuːtəʳ] ['saɪentɪst]: *informaticien*
connection [kə'nekʃən]: *liaison*
cyberattack [saɪbəʳə'tæk]: *le piratage cybernétique*
data file ['deɪtə] [faɪl]: *fichier informatisé*
data processing ['deɪtə] ['prəʊsesɪŋ]: *le traitement des données*
desktop computer [desktɒp] [kəm'pjuːtəʳ]: *ordinateur de bureau*
dish aerial [diʃ] ['ɛəriəl]: *antenne parabolique*
diskette [dɪs'ket]: *disquette*
efficiency [ɪ'fɪʃənsɪ]: *l'efficacité*
e-mail [ɪːmeɪl]: *courrier électronique*
embryo ['embrɪəʊ]: *embryon*
experiment [iks'perimənt]: *expérience*
fax machine [fæks] [mə'ʃɪːn]: *fax*
fiber optics ['faɪbər] ['ɔptɪks]: *fibres optiques*
file [faɪl]: *fichier*
find [faɪnd]: *découverte*
floppy disk [flɒpɪ] [dɪsk]: *disquette*
genetic manipulation [dʒɪ'netɪk] [mə'nɪpjʊ'leɪʃən]: *manipulation génétique*
genetics [dʒɪ'netɪks]: *la génétique*
gravity ['grævɪtɪ]: *gravité*
hacker ['hækəʳ]: *pirate (informatique)*
hard drive [hɑːd] [draiv]: *disque dur*
hardware [hɑːdwɛə]: *matériel*
heat shield [hɪːt] [ɪːld]: *bouclier thermique*
high-techn(ology) [haɪtek'nɒlədʒɪ]: *la technologie de pointe*
home appliance [həʊm] [ə'plaɪəns]: *appareil électroménager*
hotline ['hɔtlaɪn]: *assistance téléphonique*
incentive [ɪn'sentɪv]: *stimulant*
infertility [ˌɪn'fɜː'rtɪlɪtɪ]: *stérilité*
the Internet ['ɪntəʳnet]: *Internet*
inventiveness [ɪn'ventɪvnɪs]: *esprit d'invention*
in vitro fertilization ['vɪtrəʊ] [ˌfɜːtɪlaɪ'zeɪʃən]: *fécondation in vitro*
keyboard [kɪːbɔːd]: *clavier*
knowledge ['nɔlɪdʒ]: *connaissance*
laboratory [lə'bɔrəterɪ]: *laboratoire*
landmark ['lændmɑːk]: *date historique*
laptop ['læptɒp]: *ordinateur portable*
mainframe ['meɪnfreɪn]: *gros ordinateur*
microwave oven ['maɪkrəʊweɪv] ['ʌvn]: *four à micro-ondes*
network ['netwəːk]: *réseau*
party line ['pɑːtɪ] [lain]: *conférence téléphonique*
PC [pɪːsɪː]: *ordinateur individuel*
phenomenon [fɪ'nɔmɪnən]: *phénomène*
physics ['fɪzɪks]: *physique*
power ['paʊəʳ]: *force*
printer [prɪntəʳ]: *imprimante*
probe [prəʊb]: *sonde*
production science [prə'dʌkʃən] ['saɪəns]: *productique*
programming ['prəʊgræmɪŋ]: *programmation*
radiation ['reɪdɪ'eɪʃən]: *radiation*
records ['rekɔːdz]: *archives*
research [rɪ'səːtʃ]: *recherche*
researcher [rɪ'sɜːtʃəʳ]: *chercheur*
retrieval [rɪ'trɪːvəl]: *récupération*
rocket ['rɔkɪt]: *fusée*

scientist ['saıəntıst]: *scientifique*
screen [skrı:n]: *écran*
shuttle ['ʃʌtl]: *navette*
soft-ware ['sɒftwεə]: *logiciel*
space [speıs]: *espace*
spreadsheet ['spredʃı:t]: *tableur*
still [stıl]: *alambic*
surrogate mother ['sʌrəgıt] ['mʌðə^r]: *mère porteuse*
technique [tek'nı:k]: *technique*
telematics [tı'lematıks]: *la télématique*
terminal ['tə:mınl]: *terminal*
test [test]: *essai*
test-tube baby [testju:b] ['beıbı]: *bébé-éprouvette*
toll-free number [təʊlfrı:] ['nʌmbər]: *numéro Vert*
touchdown ['tʌtʃdaʊn]: *atterrissage*
vacuum ['vækjʊəm]: *vide*
video display unit ['vıdıəʊ] [dıs'pleı] ['ju:nıt]: *écran de visualisation*
virus ['vaıərəs]: *virus*
voice recognition [vɔıs] [rekəg'nıʃən]: *reconnaissance vocale*
the Web [web]: *le réseau (Internet)*
word processor [wɜ:d] ['prəʊsesə^r]: *traitement de texte*
workshop ['wə:kʃɔp]: *atelier*
work station [wə:k] ['steiʃən]: *poste de travail*

• **Adjectifs**

acoustic [ə'ku:stık]: *acoustique*
addicted [ə'dıktıd] to: *passionné de*
advanced [əd'vɑ:nst]: *de pointe*
analogic [ə'næləd ʒık]: *analogique*
applied research [a'plaıd] [rı'sə:tʃ]: *recherche appliquée*
aqueous ['eıkwıəs]: *aqueux*
atomic [ə'tɔmık]: *atomique*
basic research ['beısık] [ri'sə:tʃ]: *recherche fondamentale*
cellular ['seljulə^r]: *cellulaire*
collect call [kə'lekt] [kɔ:l]: *appel téléphonique en PCV*
computer-aided [kəm'pju:tər'eıdıd]: *assisté par ordinateur*
continuous [kən'tınjʊəs]: *continu*
cordless ['kɔ:dles]: *sans fil*
creative [kri:'eıtıv]: *créatif*
dark side of the moon [dɑ:k] [saıd] [mu:n]: *face cachée de la Lune*
dense [dens]: *dense*
digital ['dıdʒıtəl]: *numérique*
electrical [ı'lektrıkəl]: *électrique*
electronic mail [ı'lektrɔnık] [meıl]: *courrier électronique*
far-reaching [fɑ:'rı:tʃıŋ]: *considérable*
fast-growing [fɑ:stgrəʊıŋ]: *en pleine croissance*
faulty ['fɔ:ltı]: *défectueux*
flameproof ['fleımpru:f]: *ininflammable*
flammable ['fleımebl]: *inflammable*
flexible ['fleksəbl]: *flexible*
futuristic ['fju:tʃərıstık]: *futuriste*
gaseous ['gæsʃəs]: *gazeux*
genetic engineering [dʒı'ntık] ['endʒı'nıərıŋ]: *génie génétique*
graphic design ['græfık] [dı'zaın]: *dessin industriel*
gravitational pull ['grævı'teıʃənl] [pul]: *force d'attraction*

high technology [haɪ] [tek'nɔlədʒɪ]:
technologie de pointe
highly trained [haɪlɪ] [treɪnd]: *qualifié*
home run [həʊm] [rʌn]: *dirigé de chez soi*
hydraulic [haɪ'drɔːlɪk]: *hydraulique*
ill-informed [ɪlɪn'fɔmd]: *mal renseigné*
inexhaustible [ˌɪnɪg'zɔːstəbl]: *inépuisable*
innovative ['ɪnəʊveɪtɪv]: *innovant, novateur*
irreparable [ɪ'repərəbl]: *irréparable*
lagging ['lægɪŋ]: *à la traîne*
long-distance call [lɔŋ'dɪstəns] [kɔːl]:
appel interurbain
low tech [ləʊ] [tek]: *de faible technicité*
magnetic [mæg'netɪk]: *magnétique*
marooned [mə'ruːnd]: *en perdition*
meterological [ˌmɪːtiərə'lɔdʒɪkəl]:
métérologique
mobile ['məʊbaɪl]: *mobile*
moonshot ['muːnʃət]:
à destination de la Lune
natural ['nætʃrəl]: *naturel*
nuclear ['njuːklɪəʳ]: *nucléaire*
optical ['ɔptɪkəl]: *optique*
outdated ['aʊtdeɪted]: *démodé*
plentiful ['plentɪful]: *abondant*
promising ['prɔmɪsɪŋ]: *prometteur*
radioactive ['reidɪəʊ'æktɪv]: *radioactif*
random access ['rændəm] ['ækses]:
accès aléatoire
renewable [rɪ'njuːəbl]: *renouvelable*
rogue program [rəʊg] ['prəʊgr m]:
programme clandestin
scientific [ˌsaɪən'tɪfɪk]: *scientifique*
shooting star ['ʃuːtɪŋ] [stɑːʳ]:
étoile filante
solar ['səʊləʳ]: *solaire*
straight news [streɪt] [njuːz]:
information pure
stunning ['stʌnɪŋ]: *étonnant*
sweeping ['swɪːpɪŋ]: *considérable*
technical ['teknɪkəl]: *technique*
thermal ['θəːməl]: *thermique*
unleaded [ʌn'ledɪd]: *sans plomb*
unlisted [ʌn'lɪstɪd]: *sur ligne rouge*
user-friendly ['juːzə'frendlɪ]:
facile d'utilisation
user-oriented ['juːzəʳ'ɔːrientɪd]:
grand public
waterproof ['wɔːtəpruːf]: *imperméable*
wired ['waɪəʳd]: *connecté*
wrong [rɔŋ]: *faux*

TRAVELLING AND LEISUIRE/ LES VOYAGES ET LES LOISIRS

• Verbes et expressions verbales

to be a good sailor [gʊd] ['seɪləʳ]: *avoir le pied marin*
to be in time [taɪm]: *être à l'heure*
to be late [leɪt]: *être en retard*
to be seasick [siːsɪk]: *avoir le mal de mer*
to book [bʊk]: *réserver*
to brake [breɪk]: *freiner*
to buy a ticket [baɪ] ['tɪkɪt]: *prendre un billet*
to call at [kɔːl]: *faire escale à*
to come alongside [kʌm] [ə'lɒŋsaɪd]: *accoster*
to drive [draɪv]: *conduire*
to embark [ɪm'bɑːk]: *embarquer (bateau)*
to escape [ɪs'keɪp]: *s'évader*
to flock to the beaches [flɒk] [biːtʃɪz]: *s'agglutiner sur les plages*
to fly [flaɪ]: *prendre l'avion*
to get in/off [get]: *monter/descendre (train)*
to get sunburnt [get] [sʌnbɜːnt]: *prendre des coups de soleil*
to get a suntan [get] [sʌntæn]: *se faire bronzer*
to go ashore [gəʊ] [ə'ʃɔːʳ]: *aller/descendre à terre*
to go boating [gəʊ] [bəʊtɪŋ]: *faire du bateau*
to go for a walk [gəʊ] [wɔːk]/to take a walk [teɪk] [wɔːk]: *faire une promenade (à pied)*
to go for a ride [gəʊ] [raɪd]/to take a ride [teɪk] [raɪd]: *faire une promenade à bicyclette*
to go on a cruise [gəʊ] [kruːz]: *partir en croisière*
to go on foot [gəʊ] [fʊt]: *aller à pied*
to go on holiday (G B) [gəʊ] ['hɒlədɪ]/ on vacation (U S) [və'keɪʃən]: *partir en vacances*
to go on a trip [gəʊ] [trɪp]/a journey ['dʒɜːnɪ]: *partir en voyage*
to go rowing [gəʊ] [rəʊɪŋ]: *faire de l'aviron*
to go sailing [gəʊ] [seɪlɪŋ]: *faire de la voile*
to go scuba diving [gəʊ] ['skuːbə] [daɪvɪŋ]: *faire de la plongée sous-marine*
to go surfing [gəʊ] [sɜːfɪŋ]: *faire du surf*
to go sightseeing [gəʊ] [saɪtsiːɪŋ]/ to see the sights [siː] [saɪts]: *voir les hauts lieux du tourisme*
to go windsurfing [gəʊ] [wɪndsɜːfɪŋ]: *faire de la planche à voile*
to have the time of one's life [hæv] [taɪm][laɪf]: *bien s'amuser*
to hitch-hike [hɪtʃhaɪk]: *faire de l'auto-stop*
to journey ['dʒɜːnɪ]: *voyager*
to leave [liːv]: *partir*
to miss [mɪs]: *manquer*
to pack [pæk]: *préparer ses valises*
to pass through the customs [pɑːs] [θruː] [kʌstəms]: *passer à la douane*
to pull in [pʊl]: *entrer en gare*
to punch [pʌntʃ]: *poinçonner*
to rent a car [rent] [kɑːʳ]: *louer une voiture*
to reserve [rɪ'zɜːv]: *réserver*

to rest [rest]: *se reposer*
to ride (on) a bicycle [raɪd] ['baɪsɪkl]: *aller à bicyclette*
to sail [seɪl]: *appareiller*
to sleep outdoors [slɪːp] [aʊtdɔːz]: *dormir à la belle étoile*
to start [stɑːt]/to set out [set]: *se mettre en route*
to take off [teɪk]/to land [lænd]: *décoller/atterrir*
to travel ['trævl]: *voyager*
to travel on horseback ['trævl] [hɔːsbæk]: *voyager à cheval*
to travel round the world ['trævl] [raʊnd] [wɜːld]: *faire le tour du monde*

- **Noms**

aircraft (inv. pl.) [ɜəʳkrɑːft]/(air)plane [ɜə'pleɪn]: *avion*
air hostess [ɜəʳ] ['həʊstes]: *hôtesse de l'air*
air-liner [ɜə'laɪnəʳ]: *avion de transport*
airport [ɜə'pɔːt]: *aéroport*
backpack [bækpæk]: *sac à dos*
beach holiday [biːtʃ] ['hɒlədɪ]: *séjour balnéaire*
bicycle [baɪsɪkl]/bike [baɪk]: *bicyclette*
the brakes [breɪks]: *les freins*
cabin ['kæbɪn]: *cabine (de bateau)*
campsite [kæmpsaɪt]: *camping*
captain ['kæptɪn]: *commandant (bateau)*
carry-on luggage ['kærɪɒn] ['lʌgɪdʒ]: *les bagages à main*
compartment [kəm'pɑːtmənt]: *compartiment*
conducted ['kɒndʌktɪd]/package tour ['pækɪdʒ] [tʊəʳ]: *voyage organisé*
cycling [saɪklɪŋ]: *le cyclisme, le vélo*
dining-car [daɪnɪŋkɑːʳ]: *wagon-restaurant*
filling-station [fɪlɪŋsteɪʃən]: *station-service*
freight train [freɪt] [treɪn]: *train de marchandises*
full board [fʊl] [bɔːd]: *pension complète*
goods train [gʊds] [treɪn]: *train de marchandises*
guidebook [gaɪdbʊk]: *guide*
the handle-bars ['hændlbaːʳz]: *le guidon*
harbour ['hɑːbəʳ]: *port*
helicopter ['helɪkɒptəʳ]: *hélicoptère*
highway [haɪweɪ]: *route à grande circulation*
the highway code [haɪweɪ] [kəʊd]: *le code de la route*
holiday-maker ['hɒlədɪmeɪkəʳ]: *vacancier*
hotel [həʊ'tel]: *hôtel*
inn [ɪn]: *auberge*
island ['aɪlənd]: *île*
jet (plane) [dʒetpleɪn]: *avion à réaction*
left-luggage office [left'lʌgɪdʒ] ['ɒfɪs]/check-room [tʃekrʊm]: *la consigne*
line [laɪn]: *ligne (de chemin de fer)*
the luggage [lʌgɪdʒ]/baggage (U S) ['bægɪdʒ] : *les bagages*
motor home ['məʊtəʳ] [həʊm]: *camping-car*
motoring ['məʊtərɪŋ]: *l'automobilisme*
motorist ['məʊtərɪst]: *automobiliste*
motorway ['məʊtərweɪ]: *autoroute*
mountain trekking ['maʊntɪn] [trekɪŋ]: *randonnée en montagne*
oneway ticket [wʌnweɪ] [tɪkɪt]: *billet aller*
passenger train ['pæsɪndʒəʳ] [treɪn]: *train de voyageurs*
petrol station ['petrəl] [steɪʃən]: *station-service*

pilot ['paɪlət]: *pilote*
platform ['plætfɔːm]: *quai (train)*
port [pɔːt]: *port*
quay [kɪː]: *quai (bateau)*
railways [reɪlweɪz]: *les chemins de fer*
railway (railroad [reɪlrəʊd] US)
company [reɪlweɪ] ['kʌmpənɪ]:
compagnie de chemins de fer
resort [rɪ'zɔːt]: *station*
seaside resort [siːsaɪd] [rɪ'zɔːt]:
station balnéaire
ski resort [skɪ] [rɪ'zɔːt]: *station de ski*
return ticket [rɪ'tɜːn] [tɪkɪt]
/round trip ticket [raʊnd] [trɪp]
[tɪkɪt]: *billet aller-retour*
route [ruːt]: *itinéraire*
the rule of the road [ruːl] [rəʊd]:
le code de la route
runway [rʌnweɪ]: *piste (avion)*
sightseeing [saɪtsɪːɪŋ]: *le tourisme culturel*
seaside [sɪːsaɪd]: *le bord de mer*
single ticket ['sɪŋgl] [tɪkɪt]: *billet aller*
sleeping bag [sliːpɪŋ] [bæg]: *duvet*
sleeping-car [slɪːpɪŋkɑːʳ]: *wagon-lit*
spare wheel [speəʳ] [wɪːl]: *roue de secours*
station [steɪʃən]: *gare*
suitcase [suːtkeɪs]: *valise*
tan [tæn]: *bronzage*
the taste for adventure [teɪst]
[əd'ventʃəʳ]: *le goût de l'aventure*
ticket [tɪkɪt]: *billet*
tourist ['tʊərɪst]: *touriste*
train [treɪn]: *train*
tyre/tire (U. S.) ['taɪəʳ]: *pneu*

VIOLENCE, CRIME AND JUSTICE/ LA VIOLENCE, LE CRIME ET LA JUSTICE

• Verbes et expressions verbales

to abide by the law [ə'baɪd] [lɔː]:
respecter la loi
to amnesty ['æmnɪstɪ]: *amnistier*
to appeal [ə'pɪːl]: *faire appel*
to arrest [ə'rest]: *arrêter*
to assault [ə'sɔːlt]: *agresser*
to bail out [beɪl]: *mettre en liberté sous caution*
to be addicted to drugs ['ædɪktɪd]
[drʌgs]: *être intoxiqué*
to be caught redhanded
[kɔːt] [redhændɪd]:
être pris la main dans le sac
to be fined [faɪnd]: *recevoir une amende*
to be hooked on drugs [hʊkt] [drʌgs]:
être accro
to be party to a crime ['paːtɪ] [kraɪm]:
participer à un crime
to be sworn in [swɔːn]: *prêter serment*
to be trigger-happy ['trɪgə'hæpɪ]:
avoir la gâchette facile
to beat up [bɪːt]: *passer à tabac*
to blackmail ['blækmeɪl]: *faire du chantage*
to book [bʊk]: *donner un procès verbal*
to bootleg [bʊtleg]:
faire de la contrebande (d'alcool)
to break in [breɪk]: *entrer par effraction*
to break the law [breɪk] [lɔː]:
enfreindre la loi
to bribe [braɪb]: *corrompre, soudoyer*

violence, crime and justice

to bully ['bʊlɪ]: *brutaliser*
to burglarize ['bɜːgləreɪz]: *cambrioler*
to charge (with) [tʃaːdʒ]: *accuser de*
to commit perjury [kə'mɪt] ['pɜːdʒərɪ]: *se parjurer*
to con [kɒn]: *escroquer*
to confess [kən'fes]: *avouer*
to confine [kən'faɪn]: *enfermer*
to connive [kə'naɪv]: *être complice de*
to curb crime [kɜːb] [kraɪm]: *freiner la criminalité*
to decriminalize [diː'krɪmɪnəlaɪz]: *dépénaliser*
to discharge [dɪs'tʃɑːdʒ]: *relaxer*
to disclose [dɪs'kləʊz]: *révéler*
to dismiss a charge [dɪs'mis] [tʃɑːdʒ]: *rendre un non-lieu*
to dodge taxes [dɒdʒ] ['tæksɪz]: *éviter de payer ses impôts*
to draw a gun on [drɔː] [gʌn]: *braquer une arme sur*
to embezzle [im'bezl]: *détourner des fonds*
to enforce the law [ɪn'fɔːs] [lɔː]: *faire respecter la loi*
to fake [feɪk]: *falsifier*
to fight [faɪt]: *se battre*
to forge [fɔːdʒ]: *contrefaire*
to frame [freɪm]: *monter un coup contre*
to gamble ['gæmbl]: *jouer*
to give evidence [giv] ['evidəns]: *faire sa déposition*
to go on a treatment program ['trɪːtmənt] ['prəʊgræm]: *faire une cure de désintoxication*
to grant a pardon [graːnt] ['paːdən]: *grâcier*
to hit [hɪt]: *frapper*
to hold for ransom [həʊld] ['rænsəm]: *détenir en vue d'obtenir une rançon*
to imprison [ɪm'prɪzn]: *emprisonner*
to investigate a crime [ɪn'vestɪgeɪt] [kraɪm]: *enquêter sur un crime*
to legalize ['lɪːgəlaɪz]: *légaliser*
to lock up [lɒk]: *enfermer*
to lodge a complaint [lɒdʒ] [kəm'pleɪnt]: *porter plainte*
to loot [luːt]: *piller*
to mastermind ['maːstərmaɪnd]: *être le cerveau de*
to meet violence with violence [mɪːt] ['vaɪələns]: *répondre à la violence par la violence*
to operate a racket ['ɒpəreɪt] [rækɪt]: *diriger un racket*
to outlaw ['aʊtlɔː]: *proscrire, déclarer hors la loi*
to overrule an objection [ˌəʊvə'ruːl] [ɒ'bdʒɪktən]: *rejeter une objection*
to pardon ['pɑːdn]: *amnistier*
to patrol [pə'trəʊl]: *patrouiller*
to plead [plɪːd]: *plaider*
to plunder ['plʌndəʳ]: *piller*
to press charges [pres] ['tʃaːdʒɪz]: *engager des poursuites*
to prey on [preɪ]: *s'attaquer à*
to pronounce a sentence [prə'naʊns] ['sentens]: *prononcer une condamnation*
to prosecute ['prɒsɪkjuːt]: *poursuivre en justice*
to punish ['pʌnɪʃ]: *punir*
to rape [reɪp]: *violer*
to read sb his rights [rɪːd] [raɪts]: *informer quelqu'un de ses droits*

to receive [ri'sɪːv]: *receler*
to release [rɪ'lɪːs]: *relâcher*
to report missing [rɪ'pɔːt] ['misɪŋ]:
porter disparu
to return a verdict [rɪ'tɜːn] ['vɜːdɪkt]:
rendre un verdict
to reverse a verdict [rɪ'vɜːs] ['vɜːdɪkt]:
infirmer un verdict
to rip off [rɪp]: *escroquer*
to rob sb of sth [rɒb]: *voler*
to sentence ['sentens]: *condamner*
to serve a sentence [sɜːv] ['sentens]:
purger une peine
to serve time [sɜːv] [taɪm]:
purger une peine
to set up rules [set] [ruːls]:
établir des lois
to slaughter ['slɔːtəʳ]: *massacrer*
to smuggle ['smʌgl]: *introduire illégalement*
to squat [skwɒt]: *squattériser*
to stab [stæb]: *poignarder*
to strangle ['stræŋgl]: *étrangler*
to strike back [straɪk] [bæk]: *riposter*
to subpoena [səb'pɪːnə]: *citer à comparaître*
to sustain an objection [səs'teɪn]
[ɒ'bdʒɪktən]: *admettre une objection*
to take [teɪk]/use drugs [juːz] [drʌgs]:
se droguer
to take the law into one's own hands
[teɪk] [lɔː] [hændz]:
se faire justice soi-même
to take sb to court [teɪk] [kɔːt]:
intenter un procès à qqn
to take an oath [teɪk] [əʊθ]: *prêter serment*
to take revenge [teɪk] [rɪ'vendz]:
se venger
to threaten ['θretn]: *menacer*
to track down [træk]: *pourchasser*
to try sb [traɪ]: *juger qqn*

• **Noms**

abuse [ə'bjuːz]: *abus, mauvais traitement*
accomplice [ə'kʌmplɪs]: *complice*
affidavit [ˌæfi'deɪvɪt]: *déclaration sous serment*
alibi ['ælɪbaɪ]: *alibi*
arm [ɑːm]: *arme*
arrest [ə'rest]: *arrestation*
arson ['ɑːsn]: *incendie volontaire*
assassination [əˌsæsɪ'neɪʃən]:
assassinat politique
attorney (US) [ə'tɜːnɪ]: *procureur, avocat*
bail [beɪl]: *caution*
blackmail ['blækmeɪl]: *chantage*
blow [bləʊ]: *coup*
bribery ['braɪbərɪ]: *corruption, subornation*
burglar ['bɜːglə] : *cambrioleur*
burglary ['bɜːglərɪ]/break-in [breɪkɪn]:
cambriolage
capital punishment ['kæpɪtl] ['pʌnɪsmənt]:
la peine de mort
case [keɪs]: *affaire*
case papers [keɪs] ['peɪpəʳz]:
pièces d'un dossier
cell [sel]: *cellule*
child abuse [tʃaɪld] [ə'bjuːz]:
mauvais traitements à enfants
club [klʌb]: *matraque*
cocaine [kə'keɪn]/coke [kəʊk]: *cocaïne*
confinement [kən'faɪnmənt]: *isolement*
contempt of court [kən'tempt] [kɔːt]:
outrage à magistrat
conviction [kən'vɪkʃən]:

jugement, condamnation
court [kɔːt]: *tribunal*
court of inquiry [kɔːt] [in'kwaɪərɪ]: *commission d'enquête*
crime [kraɪm]: *la criminalité*
a crime [kraɪm]: *un délit*
the crime rate [kraɪm] [reɪt]: *le taux de criminalité*
criminal record ['krɪmɪnl] [rɪ'kɔːd]: *casier judiciaire*
culprit ['kʌlprɪt]: *coupable*
custody ['kʌstədɪ]: *détention provisoire*
dealer [diːləʳ]/pusher ['pʊʃəʳ]: *revendeur*
the death penalty [deθ] ['penəltɪ]: *la peine de mort*
death row [deθ] [rəʊ]: *couloir de la mort*
defendant [dɪ'fendənt]: *prévenu*
delinquent [di'liŋkwənt]: *délinquant*
deterrent [dɪ'terənt]: *mesure dissuasive*
drug abuse [drʌg] [ə'bjuːz]: *la toxicomanie*
drug addict [drʌg] ['ædɪkt]: *drogué*
drug clinic [drʌg] ['klɪnɪk]: *centre de désintoxication*
the drug habit [drʌg] ['hæbɪt]: *l'accoutumance à la drogue*
drug lord [drʌg] [lɔːd]/kingpin [kɪŋpɪn]: *gros bonnet de la drogue*
drug smuggling [drʌg] ['smʌglɪŋ]/ trafficking ['træfɪkɪŋ]: *le trafic de drogue*
evidence ['evɪdəns]: *des preuves*
examination [ig,zæmɪ'neiʃən]: *interrogatoire, audition*
exhibit [ɪg'zɪbɪt]: *pièce à conviction*
extradition [,ekstrə'dɪʃən]: *extradition*
dispute [dɪs'pjuːt]: *litige*
felony ['felənɪ]: *forfait*
fine [faɪn]: *amende*
fingerprint ['fiŋgəʳprɪnt]: *empreinte digitale*
forgery ['fɔːdʒərɪ]: *contrefaçon*
fraud [frɔːd]: *fraude*
gang warfare [gæŋ] ['wɔːʳfɛər]: *guerre des gangs*
ghetto ['getəʊ]: *ghetto*
guilt [gɪlt]: *culpabilité*
gun control [gʌn] [kən'trəʊl]: *la limitation des armes à feu*
gun law [gʌn] [lɔː]: *loi sur les armes à feu*
gunshot ['gʌnʃɒt]: *coup de feu*
handcuffs [hændkʌfs]: *menottes*
handgun [hændgʌn]: *pistolet*
hard drugs [hɑːd] [drʌgz]: *drogues dures*
hearing ['hɪərɪŋ]: *audition*
heroin ['herəʊɪn]: *l'héroïne*
hijacker ['haɪdʒækəʳ]: *pirate de l'air*
hooligan ['huːlɪgən]: *voyou*
identikit [ai'dentɪkɪt]: *portrait-robot*
informer [ɪn'fɔːməʳ]: *indicateur*
injection [ɪn'dʒektʃən]: *piqûre*
inmate ['ɪnmeɪt]: *prisonnier*
investigation [ɪn,vestɪ'geɪʃən]: *enquête*
judge [dʒʌdʒ]: *juge*
junkie ['dʒʌŋkɪ]: *camé*
jury ['dʒʊərɪ]: *jury*
Justice ['dʒʌstɪs]: *la justice*
law-abiding citizen [lɔːə'baɪdɪŋ] ['sɪtɪzn]: *bon citoyen*
law and order [lɔː] ['ɔːdəʳ]: *le maintien de l'ordre*
lawyer ['lɔːjəʳ]: *avocat*
liability [,laiə'bɪlɪtɪ]: *responsabilité (légale)*
license ['laɪsəns]: *permis de port d'armes*

lie detector [laɪ] [dɪ'tektəʳ]:
détecteur de mensonges
manslaughter [mæn'slɔːtəʳ]:
homicide involontaire
marijuana [ˌmærɪ'hwɑːnə]:
la marijuana
mayhem ['meɪhem]: *violence*
misconduct of justice [mɪs'kɒndʌkt]
[dʒʌstɪs]: *erreur judiciaire*
mob [mɒb]: *pègre*
mobster ['mɒbstəʳ]: *mafieux*
money embezzlement
['mʌnɪ] [ɪm'bezlmənt]:
détournement de fonds
mugging ['mʌgɪŋ]: *agression*
murder ['mɜːdəʳ]: *meurtre*
murderer ['mɜːdərəʳ]: *meurtrier*
narcotics [nɑː'kɒtɪks]: *les stupéfiants*
needle ['niːdl]/syringe [sɪ'rɪndʒ]: *seringue*
oath [əʊθ]: *serment*
organized crime ['ɔːgənaɪzd] [kraɪm]:
la Mafia
pardon ['pɑːdən]: *grâce*
penalty ['penəltɪ]: *peine*
perjurer ['pɜdʒərəʳ]: *parjure*
petty offender ['petɪ] [ə'fendəʳ]:
petit délinquant
plaintiff ['pleɪntɪf]: *plaignant*
plea bargaining [plɪː] ['baːgənɪŋ]:
négociation de sa peine
pleading ['plɪːdɪŋ]: *plaidoirie*
the police [pə'lɪs]: *la police*
police abuse [pə'lɪs] [ə'bjuːz]:
les bavures policières
police malpractice [pə'lɪs]
[ˌmæl'præktɪs]: *bavure policière*
policeman (G B) [pə'lɪsmæn]/
trooper(U S) [truːpəʳ]: *policier*
police superintendant [pə'lɪs]
['suːpəʳɪntendənt]: *commissaire*
post mortem examination
['pəʊst] ['mɔːtəm]
[ɪgˌzæmɪ'neɪʃən]: *autopsie*
precinct ['preɪːsɪŋkt]: *commissariat*
prison ['prɪzn]: *la prison*
prison guard ['prɪzn] [gɑːd]/warden
['wɔːdn]: *gardien de prison*
the prison overcrowding
['prɪzn] [əʊvə'kraʊdɪŋ]:
la surpopulation pénitencière
prisoner ['prɪznəʳ]: *prisonnier*
probation [prə'beɪʃən]: *liberté surveillée*
procedure [prə'sɪːdʒəʳ]: *procédure*
prosecution [ˌprɒsɪ'kjuːʃən]: *accusation*
proof [pruːf]: *preuve*
rake-off [reɪkɒf]: *dessous-de-table*
rape [reɪp]: *viol*
reprieve [rɪ'prɪːv]: *sursis*
riot ['raɪət]: *émeute*
rip-off [rɪpɒf]: *arnaque*
robbery ['rɒbərɪ]: *vol*
safe [seɪf]: *coffre-fort*
security guard [sɪ'kjʊərɪtɪ] [gɑːd]:
vigile
self-defense [selfdɪ'fens]: *autodéfense*
sentence ['sentəns]: *peine*
serial killer ['sɪərɪəl] [kɪləʳ]: *tueur en série*
shootout [ʃuːtaʊt]: *fusillade*
shoplifting [ʃɒplɪftɪŋ]: *le vol à l'étalage*
sleuth [sluːθ]: *limier*
slot machine [slɒt] [mə'ʃiːn]:
machine à sous

soft drugs [sɒft] [drʌgs]: *drogues douces*
stenographer [ste'nɒgrəfər]: *greffier*
subpoena [səb'piːnə]: *assignation*
swindle ['swɪndl]: *escroquerie*
theft [θeft]: *vol*
thief [θiːf] (pl. thieves [θiːvz]): *voleur*
trafficking ['træfɪkɪŋ]: *le trafic*
trial ['traɪəl]: *procès*
trickster ['trɪkstər]: *escroc*
undercover agent [ˌʌndə'kʌvəʳ] ['eɪdʒənt]: *policier en civil*
underworld ['ʌndəwɜːld]: *milieu*
urban street crime ['ɜːbən] [striːt] [kraɪm]: *la violence urbaine*
vagrancy ['veɪgrənsɪ]: *vagabondage*
weapon ['wepən]: *arme*
witness ['wɪtnɪs]: *témoin*
wrongdoer [rɒŋduːəʳ]: *malfaiteur*

• Adjectifs et expressions

accessory to [æk'sesərɪ]: *impliqué dans*
armoured ['ɑːmərd]: *blindé*
arrest-prone [ə'restprəʊn]: *arrêtant pour un oui ou pour un nom*
battered ['bætərd]: *battu*
binding (decision) ['baɪndɪŋ] [dɪ'sɪʒən]: *obligatoire (décision)*
bullying ['bʊlɪɪŋ]: *brutalisant*
charged with [tʃɑːdʒd]: *accusé de*
clean record [kliːn] [rɪ'kɔːd]: *casier judiciaire vierge*
conditional [kən'dɪʃənl]: *conditionnel*
convicted ['kən'vɪktɪd] of: *inculpé de*
corrupt [kə'rʌpt]: *corrompu*
counterproductive [ˌkaʊntəprə'dʌktɪv]: *inefficace*
criminal ['krɪmɪnl]: *criminel*
crooked ['krʊkɪd]: *malhonnête, corrompu*
deceitful [dɪ'siːtfʊl]: *trompeur*
deterrent effect [dɪ'terənt] [ɪ'fekt]: *effet dissuasif*
disciplinary hearing ['dɪsɪplɪnəri] ['hɪərɪŋ]: *conseil disciplinaire*
dissenting opinion [dɪ'sentɪŋ] [ə'pɪnjən]: *avis minoritaire*
extenuating circumstances [ɪk'stenjʊˌeɪtɪŋ] ['sɜːkəmstənsɪz]: *circonstances atténuantes*
false confession [fɔːls] [kən'feʃən]: *faux aveux*
felonious [fɪ'ləʊnɪəs]: *criminel*
guilty [gɪltɪ]: *coupable*
hung jury [hʌŋ] ['dʒʊərɪ]: *jury dans l'impasse*
in camera [kamirə]: *à huis clos*
inconclusive [ˌɪnkən'kluːsiv]: *non concluant*
ineffective ['ɪnɪ'fektɪv]: *inefficace*
innocent ['ɪnəsnt]: *innocent*
insensitive [ɪn'sensɪtɪv]: *insensible*
judicial [dʒuː'dɪʃəl]: *judiciaire*
law-abiding [lɔːə'baɪdɪŋ]: *respectueux de la loi*
leading question ['liːdɪŋ] ['kwestʃən]: *question tendancieuse*
legal ['liːgəl]: *légal*
lenient ['liːnɪənt]: *laxiste*
long-term [lɒŋtɜːm]: *lourde peine*
merciless ['mɜːsɪlɪs]: *impitoyable*
miscarriage of justice [mɪs'kærɪdʒ] ['dʒʌstɪs]: *erreur judiciaire*
objectionable [əb'dʒekʃnbl]: *contestable*
permissive [pə'mɪsɪv]: *permissif*

perpetual [pə'petjʊəl]: *perpétuel*
persistant offender [pə'sɪstənt] [ə'fendəʳ]: *repris de justice*
respectable [rɪ'spektəbl]: *respectable*
sensitive ['sensɪtɪv]: *chauds (quartiers)*
sentenced to ['sentənsd]: *condamné à*
short-rationed [ʃɔːt'ræʃənd]: *rationné*
short-term sentence [ʃɔːttɜːm] ['sentens]: *peine légère*
trumped-up charge ['trʌmpdʌp] [tʃædʒ]: *accusation fabriquée de toutes pièces*
unanimous [juː'nænɪməs] : *unanime*
unfair ['ʌn'fɛəʳ]: *injuste*
unkindly [ʌn'kaɪndlɪ]: *hostile*
unlawful [ʌn'lɔːfʊl]: *illégal*
vengeful ['vendʒfʊl]: *vindicatif*
wanted ['wɒntɪd]: *recherché*
wrongful ['rɒŋfʊl]: *dommageable*

WAR/LA GUERRE

• Verbes et expressions verbales

to bale out [beɪl]: *sauter en parachute*
to be at war [wɔːʳ]: *être en guerre*
to be on duty ['djuːtɪ]: *être de service*
to blackmail ['blækmeɪl]: *exercer un chantage*
to blow up [bləʊ]: *faire sauter*
to bomb [bɒm]: *bombarder*
to burst [bɜːrst]: *éclater*
to conquer ['kɒŋkəʳ]: *conquérir*
to declare war upon [dɪ'klɛəʳ] [wɔːʳ]: *déclarer la guerre à*
to drill [drɪl]: *exercer, instruire*
to enlist [ɪn'lɪst]: *s'enrôler*
to explode [ɪks'pləʊd]: *exploser*
to fly over [flaɪ] ['əʊvəʳ]: *survoler*
to go on leave [gəʊ] [liːv]: *aller en permission*
to hijack a plane ['haɪdʒæk] [pleɪn]: *détourner un avion*
to invade [ɪn'veɪd]: *envahir*
to join the army [dʒɔɪn] ['ɑːmɪ]: *s'engager*
to keep [kiːp]/stand sentry [stænd] ['sentrɪ]: *être de garde*
to kill [kɪl]: *tuer*
to make war on [meɪk] [wɔːʳ]: *faire la guerre à*
to march past [mɑːtʃ] [pɑːst]: *défiler devant*
to muster ['mʌstəʳ]: *se rassembler*
to plant a bomb [plɑːnt] [bɒm]: *poser une bombe*
to resist [rɪ'zɪst]: *résister*
to review [rɪ'vjuː]: *passer en revue*

to search [sɜːtʃ]: *fouiller*
to shell [ʃel]: *bombarder, canonner*
to shoot down [ʃuːt]: *abattre*
to surrender [sə'rendəʳ]: *se rendre*
to threaten ['θretn]: *menacer*

- **Noms**

the aftermath of war ['ɑːftərmæθ] [wɔːʳ]: *les conséquences de la guerre*
the Air Force [ɛəʳ] [fɔːs]: *l'armée de l'air*
ammunition (sg) [ˌæmjʊ'nɪʃən]: *des munitions*
the Armoured Corps ['ɑːməʳd] [kɔːʳ]: *les blindés*
arms race [ɑːms] [reɪs]: *course aux armements*
the Army ['ɑːmɪ]: *l'armée de terre*
the Artillery [ɑː'tɪlərɪ]: *l'artillerie*
atom bomb ['ætəm] [bɒm]: *bombe atomique*
bacteriological warfare [bækˌtɪərɪə'lɒdʒɪkəl] [wɔːʳfeɪr]: *la guerre biologique*
the barracks ['bærəks]: *la caserne*
battalion [bə'tælɪən]: *bataillon*
battle ['bætl]: *bataille*
blast [blɑːst]: *explosion*
bloodshed [blʌdʃed]: *effusion de sang*
bomb scare [bɒm] [skɛəʳ]: *alerte à la bombe*
bombing [bɒmɪŋ]: *attentat à la bombe*
captain ['kæptɪn]: *capitaine*
casualty ['kæʒjʊltɪ]: *victime (de guerre)*
the Cavalry ['kævəlrɪ]: *la cavalerie*
cease-fire [sɪːs'faɪəʳ]: *cessez-le-feu*
chemical weapon ['kemɪkəl] ['wepən]: *arme chimique*
civilians [sɪ'vɪlɪəns]: *des civils*
colonel ['kɜːnl]: *colonel*
company ['kʌmpənɪ]: *compagnie*
conscientious objector [ˌkɒnʃɪ'enʃəs] [əb'dʒektəʳ]: *objecteur de conscience*
conscription [kən'skrɪpʃən]: *la conscription*
corporal ['kɔːpərəl]: *caporal*
curfew ['kɜːfjuː]: *couvre-feu*
defeat [dɪ'fɪːt]: *défaite*
dictatorship [dɪk'teɪtəʃɪp]: *dictature*
disarmament [dɪs'ɑːməmənt]: *le désarmement*
drill [drɪl]: *l'exercice*
the Engineers [ˌendʒɪ'nɪəʳz]: *le génie*
ex-service man [ɪks'sɜːvɪs] [mæn]: *ancien combattant*
fanaticism [fə'nætɪsɪzəm]: *le fanatisme*
fatigue [fə'tɪːg]: *corvée*
fight [faɪt]: *combat*
firearm ['faɪəʳɑːm]: *arme à feu*
fundamentalism [ˌfʌndə'mentəlɪzəm]: *l'intégrisme*
general ['dʒenərəl]: *général*
genocide ['dʒenəʊsaɪd]: *génocide*
the head-quarters [hed'kwɔːtəʳz]: *le quartier général*
hijacker ['haɪdʒækəʳ]: *pirate de l'air*
hostage ['hɒstɪdʒ]: *otage*
human rights abuses ['hjuːmən] [raɪts] [ə'bjuːzɪz]: *les violations des droits de l'homme*
human rights activist ['hjuːmən] [raɪts] ['æktɪvɪst]: *défenseur des droits de l'homme*

the Infantry ['ɪnfəntrɪ]: *l'infanterie*
infantryman ['ɪnfəntrɪmæn]: *fantassin*
the Intelligence Service [ɪn'telɪdʒens] ['sɜːvɪs]: *le Service des renseignements*
manœuvre [mə'nuːvəʳ]: *manœuvre*
march past [mɑːtʃ] [pɑːst]: *défilé*
the Navy ['neɪvɪ]: *la marine*
non-commissioned officer (NCO) [nɒnkə'mɪʃənd] ['ɒfɪsəʳ]: *sous-officier*
nuclear test ['njuːklɪəʳ] [test]: *essai nucléaire*
the observance of human rights [əb'zɜːvəns] ['hjuːmən] [raɪts]: *le respect des droits de l'homme*
officer ['ɒfɪsəʳ]: *officier*
pacifist ['pæsɪfɪst]/anti-war activist ['æntɪwɔːʳ] ['æktɪvɪst]: *militant pacifiste*
parade [pə'reɪd]: *rassemblement, prise d'armes*
platoon [plə'tuːn]: *section*
poison gas ['pɔɪzn] [gæs]: *gaz toxique*
prisoner of conscience ['prɪznʳ] ['kɒnʃəns]/political prisoner [pə'lɪtɪkəl] ['prɪznʳ]: *prisonnier politique*
private ['praɪvɪt]: *simple soldat*
recruit [rɪ'kruːt]: *recrue*
regiment ['redʒɪmənt]: *régiment*
review [rɪ'vjuː]: *revue*
rifle ['raɪfl]: *fusil*
section ['sekʃən]: *groupe de combat*
sentry ['sentrɪ]: *sentinelle*
sentry-box ['sentrɪbɒks]: *guérite*
sergeant ['sɑːdʒənt]: *sergent*
sergeant-major ['sɑːdʒənt'meɪdʒəʳ]: *adjudant*
slaughter ['slɔːtəʳ]: *massacre*
sniper [snaɪpəʳ]: *tireur isolé*
soldier ['səʊldʒʳ]: *soldat*
squad [skwɒd]: *peloton*
squadron ['skwɒdrən]: *escadron*
struggle ['strʌgl]: *bataille*
terrorist movement ['terərɪst] [muːvmənt]: *organisation terroriste*
the three services [θrɪː] ['sɜːvɪsɪz]: *les trois armées (air, terre, mer)*
torturer ['tɔːtʃərəʳ]: *tortionnaire*
totalitarianism [ˌtəʊtælɪ'tɛərɪənɪzəm]: *le totalitarisme*
the training [treɪnɪŋ]: *l'entraînement*
truce [truːs]: *trêve*
uniform ['juːnɪfɔːm]: *uniforme*
veteran ['vetərən]: *ancien combattant*
victory ['vɪktərɪ]: *la victoire*
volunteer [ˌvɒlən'tɪəʳ]: *volontaire*
(war) cripple [wɔːʳ] ['krɪpl]: *mutilé (de guerre)*
weapon ['wepən]: *arme*

• Adjectifs

cowardly ['kaʊedlɪ]: *lâche*
friendly [frendlɪ]: *amical*
hostile ['hɒstaɪl]: *hostile*
injured ['ɪndʒəd]: *blessé*
safe and sound [seɪf] [saʊnd]: *sain et sauf*
unhurt [ʌnhɜːt]: *indemne*
vanquished ['væŋkwɪʃt]: *vaincu*
victorious [vɪk'tɔːrɪəs]: *victorieux*
wounded ['wuːndɪd]: *blessé*

WORK AND UNEMPLOYEMENT/ LE TRAVAIL ET LE CHÔMAGE

• Verbes et expressions verbales

to apply for a job [ə'plaɪ] [dʒɒb]: *poser sa candidature, postuler un emploi*
to ask for a r(a)ise [ɑːsk] [reɪz]: *demander une augmentation*
to be apprenticed [ə'prentɪsd]: *être mis en apprentissage*
to be business-minded ['bɪznɪsmaɪndɪd]: *avoir l'esprit d'entreprise*
to be made redundant [meɪd] [rɪ'dʌndənt]: *être au chômage économique*
to carry on a trade ['kærɪ] [treɪd]: *exercer un métier*
to discharge [dɪs'tʃɑːdʒ]: *renvoyer*
to dismiss [dɪs'mɪs]: *renvoyer*
to do overtime [duː] ['əʊvətaɪm]: *faire des heures supplémentaires*
to earn a livelihood [ɜːn] ['laɪvlɪhʊd]: *gagner sa vie*
to engage [ɪn'geɪdʒ]: *embaucher*
to enter into partnership ['entəʳ] ['pɑːtnəʃɪp]: *s'associer*
to fail [feɪl]: *échouer*
to fire [faɪəʳ]: *renvoyer*
to go on strike [gəʊ] [straɪk]: *se mettre en grève*
to go through a course [gəʊ] [θruː] [kɔːs]: *faire un stage*
to have a bent for [hæv] [bent]: *avoir des dispositions pour*
to hire ['haɪəʳ]: *engager*
to lay off [leɪ]: *licencier*
to make a fortune [meɪk] ['fɔːtʃən]: *faire fortune*
to make a living [meɪk] [lɪvɪŋ]: *gagner sa vie*
to retire [rɪ'taɪəʳ]: *prendre sa retraite*
to run a business [rʌn] ['bɪznɪs]: *diriger une entreprise*
to set up a business [set] [bɪznɪs]: *monter une affaire*
to set up in business [set] [bɪznɪs]: *entrer dans les affaires*
to succeed (in) [sək'sɪːd]: *réussir (à)*
to thrive [θraɪv]: *prospérer*
to work full-time [wɜːk] [fʊltaɪm]: *travailler à temps plein*
to work one's way up [wɜːk] [weɪ]: *suivre la filière*
to work overtime [wɜːk] ['əʊvətaɪm]: *faire des heures supplémentaires*
to work part-time [wɜːk] ['pɑːttaɪm]: *travailler à temps partiel*

• Noms

ability [ə'bɪlɪtɪ]: *capacité, talent*
blue-collar worker [bluː'kɒləʳ] [wɜːkəʳ]: *ouvrier (col-bleu)*
boss (familier) [bɒs]: *patron*
the building-trades [bɪldɪŋtreɪdz]: *les industries du bâtiment*
business [bɪznɪs]: *les affaires*
career [kə'rɪəʳ]: *carrière*
CEO [sɪːɪːəʊ] (chief executive officer [tʃɪːf] [ɪg'zekjʊtɪv] ['ɒfɪsəʳ]): *P-DG*

civil servant ['sɪvl] ['sɜːvənt]: *fonctionnaire*
classified ads ['klæsɪfaɪd] [æds]:
les petites annonces
clerk [klɑːk]: *employé de bureau*
company ['kʌmpənɪ]/corporation
[ˌkɔːpə'reɪʃən]: *société*
dole [dəʊl]: *indemnité de chômage*
employee [ɪm'plɔɪ'iː]: *employé*
employer [ɪm'plɔɪə^r]: *employeur*
employment [ɪm'plɔɪmənt]: *emploi, place*
engineer [ˌendʒɪ'nɪə^r]: *ingénieur*
factory ['fæktərɪ]: *usine*
factory worker ['fæktərɪ] [wɜːkə^r]: *ouvrier*
the fees [fiːz]: *les honoraires*
industry ['ɪndəstrɪ]: *l'industrie*
intern [ɪn'tɜːn]: *stagiaire*
job [dʒɒb]: *emploi, place*
job cut(back) [dʒɒb] [kʌtbæk]:
suppression d'emploi
job offer [dʒɒb] ['ɒfə^r]: *offre d'emploi*
job opening [dʒɒb] ['əʊpənɪŋ]: *poste vacant*
job prospects [dʒɒb] ['prɒspekts]:
des débouchés
job seeker [dʒɒb] [siːkə^r]:
demandeur d'emploi
job training [dʒɒb] [treɪnɪŋ]: *formation*
knowledge ['nɒlɪdʒ]: *les connaissances*
learning [lɜːnɪŋ]: *le savoir*
manager ['mænɪdʒə^r]: *directeur*
manpower ['mænˌpaʊə^r]: *la main-d'œuvre*
manufacturer [ˌmænjʊ'fæktʃərə^r]: *industriel*
moonlighting [muːnlaɪtɪŋ]: *le travail au noir*
occupation [ˌɒkjʊ'peɪʃən]: *profession*
odd job [ɒd] [dʒɒb]: *petit boulot*
office worker ['ɒfɪs] [wɜːkə^r]:
employé de bureau
the output ['aʊtpʊt]: *la production*
partner ['pɑːtnə^r]: *associé*
pay freeze [peɪ] [friːz]/rise [raɪz]:
blocage/augmentation des salaires
position [pə'zɪʃən]/post [pəʊst]: *poste*
the practice ['præktɪs]: *la clientèle*
professional [prə'feʃənl]:
membre des professions libérales
red tape [red] [teɪp]: *la bureaucratie*
salary ['sælərɪ]: *salaire*
scheme [skiːm]: *projet*
the self-employed [selfɪm'plɔɪd]:
les travailleurs indépendants
temp [temp]: *intérimaire*
(top) executive [tɒp] [ɪg'zekjʊtɪv]:
cadre (supérieur)
trade union [treɪd] ['juːnjən]: *syndicat*
training program [treɪnɪŋ] ['prəʊgræm]:
stage
unemployed man ['ʌnɪm'plɔɪd] [mæn]:
chômeur
unemployment ['ʌnɪm'plɔɪmənt]:
le chômage
wage [weɪdʒ]: *salaire*
wage-earner [weɪdʒɜːnə^r]: *salarié*
white-collar (worker) [waɪt'kɒlə^r]
[wɜːkə^r]: *col-blanc (= employé)*
work [wɜːk]: *le travail*
workaholic [wɜːk'æ'hɒlɪk]/work addict
[wɜːk] ['ædɪkt]: *bourreau de travail*
the working population [wɜːkɪŋ]
[ˌpɒpjʊ'leɪʃən]/the work-force
[wɜːkfɔːs]: *la population active*
Yuppie ['jʌpɪ] (Young Urban Professional
[jʌŋ] ['ɜːbən] [prə'feʃənl]):
jeune cadre dynamique

work and unemployment

• **Adjectifs**

able ['eɪbl]: *capable*
boring ['bɔːrɪŋ]: *ennuyeux*
clever ['klevəʳ]: *intelligent*
competent ['kɒmpɪtənt]: *compétent*
efficient [ɪ'fɪʃənt]: *efficace*
enterprising ['entəpraɪzɪŋ]: *entreprenant*
experienced [ɪks'pɪərɪənst]: *expérimenté*
fit [fɪt]: *capable*
gifted [gɪftɪd]: *doué*
hard-working [haːd'wɜːkɪŋ]: *travailleur*
jobless ['dʒɒblɪs]: *au chômage*
on the dole [dəʊl]: *au chômage*
out of work [wɜːk]: *au chômage*
skilled [skɪld]: *qualifié*
tedious ['tiːdɪəs]: *ennuyeux*
unemployed ['ʌnɪm'plɔɪd]: *au chômage*
unfit [ʌnfɪt]: *incapable*
unskilled [ʌnskɪld]: *non qualifié*

Les faux amis

Les faux amis sont des mots anglais qui ressemblent beaucoup à des mots français, mais qui n'ont pas du tout le même sens. Ainsi, le mot anglais *actual* ressemble au mot français «actuel» mais n'a pas le même sens, puisqu'il signifie «vrai». Inversement, «actuel» ne se dit pas *actual* mais *present* ou *current*. Il faut donc les connaître. Pour vous aider, en voici une liste qui n'est cependant pas exhaustive.

- ability [əbɪlətɪ] → **capacité, compétence**
  habileté → skill [skɪl]

- abuse [ə'bjuːs] → **injurier, maltraiter**
  abuser → to take advantage of [teɪk] [əd'vɑːntɪdʒ]

- to achieve [ə'tʃiːv] → **accomplir, réussir, achever**
  achever → to complete [kəm'pliːt], to finish ['fɪnɪʃ]

- actual [æktʃʊəl] → **vrai**
  actuel → present [preznt], current [kʌrənt]

- actually [æktʃʊəlɪ] → **vraiment, en fait**
  actuellement → now [naʊ], at present [preznt]

- advertisement [ədvɜːtɪsmənt] → **réclame, publicité**
  avertissement → warning [wɔːnɪŋ]

- advice [ədvaɪs] → **conseils**
  avis → opinion [əpɪnjən]

- to advise [əd'vaɪzə] → **conseiller**
  aviser → to inform [ɪn'fɔːm], to notify ['nəʊtɪfaɪn]

- affluence ['æflʊəns] → **prospérité, richesse**
  affluence → large crowd [lɑːdʒ] [kraʊd]

- agenda [ədʒendə] → **ordre du jour**
  agenda → diary [daɪərɪ]

- ancient [eɪnʃənt] → **très vieux, très âgé**
  ancien → former [fɔːmə[r]], old [əʊld]

- to annoy [ə'nɔɪ] → **irriter, contrarier**
  ennuyer → to bore [bɔː[r]], to worry ['wʌrɪ]

- aspect [æspekt] → **côté (d'une question, d'un problème)**
  aspect → appearance [əpɪərəns]

- to assist [əsɪst] → **aider**
  assister à → to attend [ətend]

- assistance [əsɪstəns] → aide
  assistance → audience [ɔːdjəns]

- to attend [ətend] → assister à
  attendre → to wait [weɪt]

- axe [æks] → hache
  axe → axis [æksɪs]

- balance [bæləns] → équilibre
  balance → scales [skeɪls], weighing machine [weɪɪŋ] [mətʃiːn]

- band [bænd] → fanfare, orchestre
  bande → gang [gæŋ], group [gruːp]

- basket [bɑːskɪt] → panier
  basket → basket-ball [bɑːskɪtbɔːl]

- benefit [benɪfɪt] → avantage
  bénéfice → profit [prɒfɪt]

- to bless [bles] → bénir
  blesser → to hurt [hɜːt], to injure ['ɪndʒəʳ]

- blouse [blaʊz] → chemisier
  blouse → overall [əʊvərɔːl]

- capacity [kəpæsɪtɪ] → capacité, compétence
  capacité → ability [əbɪlətɪ]

- car [kɑːʳ] → voiture
  car → coach [kəʊtʃ]

- cave [keɪv] → grotte
  cave → cellar [seləʳ]

- chance [tʃɑːns] → possibilité, hasard
  chance → (piece [piːs] of) luck [lʌk]

- character [kærəktəʳ] → personnage
  caractère → characteristic [kærəktərɪstɪk]

- to charge [tʃɑːdʒ] → accuser
  charger → to load [ləʊd]

- chimney [tʃɪmnɪ] → cheminée (sur le toit)
  cheminée → fireplace [faɪəpleɪs] (foyer, âtre)

- chips [tʃɪps] → pommes frites
  chips → crisps [krɪsps]

- college [kɒlɪdʒ] → faculté, université
  collège → school [skuːl], junior high school (U S) [dʒuːnjəʳ] [haɪ] [skuːl]

- complete [kəmpliːt] → entier
  complet → full [fʊl]

- confident [kɒnfɪdənt] → confiant
  confident → confidant [kɒnfɪdænt]

• confidence [kɒnfɪdəns] → confiance, certitude
confidence → secret ['siːkrɪt]

• confused [kənfjuːzd] → pas clair, embrouillé
confus → embarrassed [əɪmbærəst]

• conscience [kɒnʃens] (intellectuelle et physique) → consciousness [kɒnʃəsnɪs]

• to contemplate [kɒn'templeɪt] → envisager
contempler → to gaze at [geɪz]

• control [kəntrəʊl] → diriger, maîtriser
contrôler → to check [tʃek]

• corpse [kɔːps] → cadavre
corps → body [bɒdɪ]

• course [kɔːs] → stage, série de conférences ou champ de courses
cours → class [klɑːs], lesson [lesn]

• crime [kraɪm] → délit, infraction
crime → murder ['mɜːdə^r], felony ['felənɪ]

• critic [krɪtɪk] → un critique, accusateur
critique (la) → criticism [krɪtɪsɪzm], review [rɪvjuː]

• to cross [krɒs] → traverser
croiser → to pass [pɑːs], to meet [miːt]

• to cry [kraɪ] → pleurer
crier → to shout [ʃaʊt], to scream [skriːm]

• to deceive [dɪsiːv] → tromper
décevoir → to disappoint [disəpɔɪnt]

• deception [dɪsepʃn] → tromperie
déception → disappointment [dɪsəpɔɪntmənt]

• to defend [dɪfend] → défendre contre qq chose ou quelqu'un
défendre (interdire) → to forbid [fəbɪd], to prohibit [prəhɪbɪt]

• definite(ly) [defɪnɪtlɪ] → certain(ement)
définitive(ment) → for ever [fɔː^r] [evə^r], for good [fɔː^r] [gʊd]

• delay [dɪleɪ] → retard
délai → time (limit) [taɪm] [lɪmɪt]

• to deliver [dɪlɪvə^r] → livrer
délivrer → to free [friː], to liberate [lɪbəreɪt]

• to demand [dɪmɑːnd] → exiger
demander → to ask for [ɑːsk]

• director [dɪrektə^r] → metteur en scène

directeur → boss [bɒs]

- distraction [dɪstrækʃn] → fait d'être distrait
  distraction → entertainment [entəteɪnmənt]

- editor [editəʳ] → rédacteur
  éditeur → publisher ['pʌblɪʃəʳ]

- emergency [ɪmɜːdʒənsɪ] → urgence
  émergence → emergence [ɪmɜːdʒəns], appearance [əpɪərəns]

- to envy [envɪ] → envier, convoiter
  avoir envie de → to feel like [fiːl] [laɪk]

- essence [esns] → essence (parfum, bois...), extrait
  essence → petrol [petrəl]

- to evade [ɪveɪd] → éviter, esquiver
  s'évader → to escape [ɪskeɪp]

- eventual(ly) [ɪventʃʊəlɪ] → final(ement)
  éventuel(lement) → perhaps [pəhæps], possibly [pɒsəblɪ]

- evidence [evɪdəns] → preuves, témoignages
  évidence → something obvious [sʌmθɪŋ] [ɒbvɪəs]

- evolution [iːvəluːʃn] → évolution d'une espèce
  évolution → development [dɪveləpmənt]

- experience [ɪkspɪərɪəns] → expérience vécue
  expérience (scientifique) → experiment [ɪksperɪmənt]

- fabric ['fæbrik] → tissu
  fabrique → factory ['fæktərɪ]

- fault [fɔːlt] → défaut
  faute → mistake [mɪsteɪk]

- figure [fɪgəʳ] → chiffre ou silhouette
  figure, visage → face [feɪs]

- file [faɪl] → dossier, fichier
  file → line [laɪn], queue [kjuː]

- front [frʌnt] → front, devant
  front → forehead [fɔːhed]

- to furnish [fɜːnɪʃ] → meubler
  fournir → to supply [səplaɪ]

- gentle [dʒentl] → doux
  gentil → nice [naɪs], kind [kaɪnd]

- habit ['hæbɪt] → habitude
  habit → garment ['gɑːmənt]
- herb [hɜːb] → herbe aromatique
  herbe → grass [grɑːs]

- hazard ['hæzəd] → risque, danger
  hasard → chance [tʃɑːns]

- humane [hjuːmeɪn] → humanitaire
  humain → human [hjuːmən]

- to ignore [ɪgnɔːʳ] → ne pas faire attention à
  ignorer → not to know [nəʊ] (ne pas savoir)

- inconvenient [ɪnkənviːnjənt] → gênant, pas pratique
  inconvénient → disadvantage [dɪsədvɑːntɪdʒ]

- infancy [ɪnfənsɪ] → petite enfance
  enfance → childhood [tʃaɪldhʊd]

- information [ɪnfəmeɪʃn] → renseignements
  information → a piece of information [ˌɪnfə'meɪʃən] [piːs], a piece of news [piːs] [njuːz]

- inhabited [ɪnhæbɪtɪd] → habité
  inhabité → uninhabited [ʌnhæbɪtɪd]

- to injure [ɪndʒəʳ] → blesser
  injurier → to insult [ɪnsʌlt], to abuse [əbjuːz]
- to introduce [ɪntrədjuːs] → présenter
  introduire → to put in [pʊt]

- issue [ɪʃuː] → numéro (d'un magazine), sujet de débat, thème, problème
  issue → exit [eksɪt]

- journey [dʒɜːnɪ] → voyage
  journée → day [deɪ]

- large [lɑːdʒ] → grand
  large → wide [waɪd], broad [brɔːd]

- lecture [lektʃəʳ] → conférence
  lecture → reading [riːdɪŋ]

- library [laɪbrərɪ] → bibliothèque (pièce)
  librairie → bookshop [bʊkʃɒp]

- location [ləʊkeɪʃn] → endroit, lieu
  location → hiring [haɪəʳ], booking [bʊkɪŋ]

- malice [mælis] → méchanceté
  malice → mischievousness ['mɪstʃɪvəsnɪs]

- marine (a) [məriːn] → soldat de l'infanterie de marine
  marine (la) → the navy [neɪvɪ]

- to march [mɑːtʃ] → marcher au pas, défiler
  marcher → to walk [wɔːk]

- **marriage** [mærɪdʒ] → **mariage (vie conjugale)**
  mariage → wedding [wedɪŋ] (cérémonie)

- **medicine** [medsɪn] → **médicament**
  médecin → doctor [dɒktəʳ]

- **money** [mʌnɪ] → **argent**
  monnaie → small change [smɔːl] [tʃeɪndʒ]

- **nervous** [nɜːvəs] → **anxieux, inquiet**
  nerveux → irritable [ɪrɪtəbl], nervy [nevɪ]

- **novel** [nɒvl] → **roman**
  nouvelle → short story [ʃɔːt] ['stɔːrɪ]

- **occasion** [əkeɪʒn] → **jour ou moment spécial**
  occasion → bargain [bɑːgɪn], opportunity [ɒpətjuːnətɪ]

- **parent** [peərənt] → **parent (seulement père ou mère)**
  parent → relations [rɪleɪʃnz], relatives [relətɪvz] (autre que père et mère)

- **to pass an exam** [pɑːs] [ɪgzæm] → **réussir un examen**
  passer un examen → to take/sit/do [teɪk] [sɪt] [duː] an exam

- **pension** [penʃn] → **retraite (argent versé)**
  pension → boarding house [bɔːdɪŋ] [haʊs], boarding [bɔːdɪŋ] school [skuːl]

- **petrol** [petrəl] → **essence**
  pétrole → oil [ɔɪl]

- **photograph** [fəʊtəgrɑːf] → **photographie**
  photographe → photographer [fətɒgrəfəʳ]

- **phrase** [freɪz] → **groupe de mots, expression**
  phrase → sentence [sentəns]

- **presently** [prezəntlɪ] → **bientôt /maintenant (U S)**
  présentement → at present [prəznt]

- **to pretend** [prɪtend] → **faire semblant**
  prétendre → to claim [kleɪm]

- **to prevent** [pri'vent] → **empêcher de**
  prévenir → to warn [wɔːn], to inform [ɪn'fɔːm]

- **price** [praɪs] → **prix (valeur d'une chose)**
  prix → prize [praɪz] (récompense)

- **professor** [prəfesəʳ] → **professeur d'université**

professeur → teacher [tiːtʃəʳ]

• proper(ly) [prɒpəlɪ] → correct(ement)
propre(ment) → clean(ly) [kliːnlɪ]

• property [prɒpətɪ] → propriété
propreté → cleanliness [klenlɪlɪs]

• purple [pɜːpl] → violet
pourpre → dark red [dɑːk] [red]

• puzzle [pʌzl] → énigme
puzzle → jigsaw game [ˈdʒɪgˌsɔː] [geɪm]

• raisin [reɪzn] → raisin sec
raisin → grapes [greɪps]

• to realize [rɪəlaɪz] → se rendre compte de
réaliser → to carry out [kærɪ] (un projet ...)

• refuse [rɪfjuːz] → ordures
refus → refusal [rɪfjuːzl]

• to regard as [rɪgɑːd] → considérer comme
regarder → to look at [lʊk]

• to remark [rɪmɑːk] → mentionner, faire remarquer
remarquer → to notice [nəʊtɪs]

• to resent [rɪzent] → trouver injuste
ressentir → to feel [fiːl]

• to respond [rɪspɒnd] → réagir
répondre → to answer [ɑːnsəʳ]

• to rest [rest] → se reposer
rester → to stay [steɪ]

• to resume [rɪzjuːm] → recommencer, reprendre une activité
résumer → to sum up [sʌm], epitomize [ɪˈpɪtəmaɪz]

• to retire [rɪtaɪər] → prendre sa retraite
se retirer → to withdraw [wɪðdrɔː]

• retreat [rɪtriːt] → retraite d'une armée
retraite → retirement [rɪtaɪəmənt]

• reunion [riːjuːnjən] → retrouvailles
réunion → meeting [miːtɪŋ], party [pɑːtɪ]

• saloon [səluːn] → bar
salon → sitting room [sɪtɪŋ] [rʊm], living room [lɪvɪŋ] [rʊm], lounge [laʊndʒ]

• savage [sævɪdʒ] → féroce
sauvage → wild [waɪld]

• scholar [skɒləʳ] → érudit
scolaire → scholastic [ˈskɒləstɪk],

schoolish [skuːlɪʃ]

- sensible [sensəbl] → raisonnable
  sensible → sensitive ['sensɪtɪv]

- spectacles [spektəkls] → lunettes
  lunettes → glasses [glaːsɪz]

- stage [steɪdʒ] → étape ou scène (de théâtre)
  stage → course [kɔːs]

- to support [səpɔːt] → soutenir, subvenir aux besoins de quelqu'un
  supporter → to stand [stænd], to bear [beəʳ]

- surname [sɜːneɪm] → nom de famille
  surnom → nickname [nɪkneɪm]

- sympathize ['simpə'θaiz] → compatir
  sympathiser → to make friends [meɪk] [frendz]

- syndicate [sɪndɪkət] → groupement commercial
  syndicat → trade union [treɪd] [juːnjən]

- to trouble [trʌbl] → déranger
  troubler → to disturb [dɪstɜːb]

- vacancy [veɪkənsɪ] → poste vacant, chambre à louer
  vacances → holiday [hɒlɪdeɪ], vacation (U S) [və'keɪʃən]

- voyage [vɔɪɪdʒ] → voyage en bateau
  voyage → journey [dʒɜːnɪ], trip [trɪp]

Les verbes irréguliers

to arise [əraɪz]	*s'élever*	arose [ərəʊz]	arisen [ərɪzn]
to be [biː]	*être*	was [wəz ou wɒz] /were [wɜːʳ]	been [biːn]
to beat [biːt]	*battre*	beat [biːt]	beaten [biːtn]
to become [bɪkʌm]	*devenir*	became [bɪkeɪm]	become [bɪkʌm]
to begin [bɪgɪn]	*commencer*	began [bɪgæn]	begun [bɪgʌn]
to bet [bet]	*parier*	bet [bet]	bet [bet]
to bind [baɪnd]	*lier*	bound [baʊnd]	bound [baʊnd]
to bite [baɪt]	*mordre*	bit [bɪt]	bitten [bɪtn]
to bleed [bliːd]	*saigner*	bled [bled]	bled [bled]
to blow [bləʊ]	*souffler*	blew [bluː]	blown [bləʊn]
to break [breɪk]	*casser*	broke [brəʊk]	broken [brəʊkn]
to bring [brɪŋ]	*amener, apporter*	brought [broːt]	brought [broːt]
to build [bɪld]	*construire*	built [bɪlt]	built [bɪlt]
to burn [bɜːn]	*brûler*	burnt [bɜːnt]	burnt [bɜːnt]
to burst [bɜːst]	*éclater*	burst [bɜːst]	burst [bɜːst]
to buy [baɪ]	*acheter*	bought [bɔːt]	bought [bɔːt]
to cast [kaːst]	*jeter, lancer*	cast [kaːst]	cast [kaːst]
to catch [kætʃ]	*attraper*	caught [kɔːt]	caught [kɔːt]
to choose [tʃuːz]	*choisir*	chose [tʃəʊz]	chosen [tʃəʊzn]
to cling [klɪŋ]	*s'accrocher*	clung [klʌŋ]	clung [klʌŋ]
to come [kʌm]	*venir*	came [keɪm]	come [kʌm]
to cost [kɒst]	*coûter*	cost [kɒst]	cost [kɒst]
to creep [kriːp]	*ramper, se glisser*	crept [krept]	crept [krept]
to cut [kʌt]	*couper*	cut [kʌt]	cut [kʌt]
to deal [diːl]	*s'occuper de*	dealt [delt]	dealt [delt]
to dig [dɪg]	*creuser*	dug [dʌg]	dug [dʌg]
to do [duː]	*faire*	did [dɪd]	done [dʌn]
to draw [drɔː]	*tirer, dessiner*	drew [druː]	drawn [drɔːn]
to dream [driːm]	*rêver*	dreamt [dremt]	dreamt [dremt]
to drink [drɪŋ]	*boire*	drank [dræŋ]	drunk [drʌŋ]
to drive [draɪv]	*conduire*	drove [drəʊv]	driven [drɪvn]
to eat [iːt]	*manger*	ate [eɪt]	eaten [iːtn]

to fall [fɔːl]	*tomber*	fell [fel]	fallen [fɔːln]
to feed [fiːd]	*nourrir*	fed [fed]	fed [fed]
to feel [fiːl]	*(se) sentir, ressentir*	felt [felt]	felt [felt]
to fight [faɪt]	*se battre*	fought [fɔːt]	fought [fɔːt]
to find [faɪnd]	*trouver*	found [faʊnd]	found [faʊnd]
to fly [flaɪ]	*voler*	flew [fluː]	flown [fləʊn]
to forbid [fəbɪd]	*interdire*	forbade [fəbæd]	forbidden [fəbɪdn]
to forget [fəget]	*oublier*	forgot [fəgɒt]	forgotten [fəgɒtn]
to forgive [fəgɪv]	*pardonner*	forgave [fəgeɪv]	forgiven [fəgɪvən]
to freeze [friːz]	*geler*	froze [frəʊz]	frozen [frəʊzn]
to get [get]	*obtenir, devenir*	got [gɒt]	got [gɒt]
to give [gɪv]	*donner*	gave [geɪv]	given [gɪvn]
to go [gəʊ]	*aller*	went [went]	gone [gɒn]
to grow [grəʊ]	*grandir*	grew [gruː]	grown [grəʊn]
to hang [hæŋ]	*accrocher, suspendre*	hung [hʌŋ]	hung [hʌŋ]
to have [hæv]	*avoir*	had [hæd]	had [hæd]
to hear [hɪəʳ]	*entendre*	heard [hɜːd]	heard [hɜːd]
to hide [haɪd]	*(se) cacher*	hid [hɪd]	hidden [hɪdn]
to hold [həʊld]	*tenir*	held [held]	held [held]
to hurt [hɜːt]	*faire mal*	hurt [hɜːt]	hurt [hɜːt]
to keep [kiːp]	*garder*	kept [kept]	kept [kept]
to know [nəʊ]	*savoir, connaître*	knew [njuː]	known [nəʊn]
to lead [liːd]	*conduire, mener*	led [led]	led [led]
to learn [lɜːn]	*apprendre*	learnt [lɜːnt]	learnt [lɜːnt]
to leave [liːv]	*quitter, partir, laisser*	left [left]	left [left]
to lend [lend]	*prêter*	lent [lent]	lent [lent]
to let [let]	*laisser, permettre*	let [let]	let [let]
to lie [laɪ]	*être couché, étendu*	lay [leɪ]	lain [leɪn]
to light [laɪt]	*allumer*	lit [lɪt]	lit [lɪt]
to lose [luːz]	*perdre*	lost [lɒst]	lost [lɒst]
to make [meɪk]	*faire, fabriquer*	made [meɪd]	made [meɪd]
to mean [miːn]	*signifier, vouloir dire*	meant [ment]	meant [ment]
to meet [miːt]	*rencontrer*	met [met]	met [met]
to pay [peɪ]	*payer*	paid [peɪd]	paid [peɪd]
to put [pʊt]	*mettre, poser*	put [pʊt]	put [pʊt]
to read [riːd]	*lire*	read [red]	read [red]
to ride [raɪd]	*faire (vélo ou cheval)*	rode [rəʊd]	ridden [rɪdn]

to ring [rɪŋ]	*sonner*	rang [ræŋ]	rung [rʌŋ]
to rise [raɪz]	*sonner*	rose [rəʊz]	risen [raɪzn]
to run [rʌn]	*courir*	ran [ræn]	run [rʌn]
to say [seɪ]	*dire*	said [sed]	said [sed]
to see [siː]	*voir*	saw [sɔː]	seen [siːn]
to sell [sel]	*vendre*	sold [səʊld]	sold [səʊld]
to send [send]	*envoyer*	sent [sent]	sent [sent]
to set [set]	*poser, fixer*	set [set]	set [set]
to shake [ʃeɪk]	*secouer*	shook [ʃʊk]	shaken [ʃeɪkn]
to shine [ʃaɪn]	*briller*	shone [ʃɒn]	shone [ʃɒn]
to shoot [ʃuːt]	*briller*	shot [ʃɒt]	shot [ʃɒt]
to show [ʃəʊ]	*montrer*	showed [ʃəʊd]	shown [ʃəʊn]
to shut [ʃʌt]	*fermer*	shut [ʃʌt]	shut [ʃʌt]
to sing [sɪŋ]	*chanter*	sang [sæŋ]	sung [sʌŋ]
to sink [sɪŋk]	*couler, sombrer*	sank [sæŋk]	sunk [sʌŋk]
to sit [sɪt]	*être assis*	sat [sæt]	sat [sæt]
to sleep [sliːp]	*dormir*	slept [slept]	slept [slept]
to slide [slaɪd]	*glisser*	slid [slɪd]	slid [slɪd]
to smell [smel]	*sentir (odeurs)*	smelt [smelt]	smelt [smelt]
to speak [spiːk]	*parler*	spoke [spəʊk]	spoken [spəʊkn]
to spell [spel]	*épeler*	spelt [spelt]	spelt [spelt]
to spend [spend]	*passer, dépenser*	spent [spent]	spent [spent]
to spoil [spɔɪl]	*gâter, gâcher*	spoilt [spɔɪlt]	spoilt [spɔɪlt]
to spread [spred]	*étendre, répandre*	spread [spred]	spread [spred]
to stand [stænd]	*être debout*	stood [stʊd]	stood [stʊd]
to steal [stiːl]	*voler, dérober*	stole [stəʊl]	stolen [stəʊln]
to stick [stɪk]	*coller*	stuck [stʌk]	stuck [stʌk]
to strike [straɪk]	*frapper*	struck [strʌk]	struck [strʌk]
to swear [sweəʳ]	*jurer*	swore [swɔːʳ]	sworn [swɔn]
to sweep [swiːp]	*balayer*	swept [swept]	swept [swept]
to swim [swɪm]	*nager*	swam [swæm]	swum [swʌm]
to take [teɪk]	*prendre*	took [tʊk]	taken [teɪkn]
to teach [tiːtʃ]	*enseigner*	taught [tɔːt]	taught [tɔːt]
to tear [teəʳ]	*déchirer*	tore [tɔːʳ]	torn [tɔːn]
to tell [tel]	*raconter, dire*	told [təʊld]	told [təʊld]
to think [θɪŋk]	*penser, croire*	thought [θɔːt]	thought [θɔːt]
to throw [θrəʊ]	*jeter, lancer*	threw [θruː]	thrown [θrəʊn]

to undergo	*subir*	underwent	undergone
[ʌndəgəʊ]		[ʌndəwent]	[ʌndəgɒn]
to understand	*comprendre*	understood	understood
[ʌndəstænd]		[ʌndəstʊd]	[ʌndəstʊd]
to wake [weɪk]	*(se) réveiller*	woke [wəʊk]	woken [wəʊkn]
to wear [weəʳ]	*porter (un vêtement)*	wore [wɔːʳ]	worn [wɔːn]
to win [wɪn]	*gagner*	won [wʌn]	won [wʌn]
to withdraw	*retirer*	withdrew	withdrawn
[wɪðdrɔː]		[wɪðdruː]	[wɪðdrɔːn]
to write [raɪt]	*écrire*	wrote [rəʊt]	written [rɪtn]

INDEX

Crédits photographiques

ADAGP, Paris 2004 226 / **Archives photos** 19 b, 238, 324 / Coll. Everett 282 / **Artephot** Bridgeman Art Library 232, 315 b / Daudier 306 / Visual Art Library 295 b / **Avon Books** 327 d / **British Council** Peccinotti 375 / **C.N.D.P.** Beaumont 341 / **Christophe L.** 349 / **Ciné +** 357 / **Cinestar** 303 h, 304, 305 h, 305 b, 321 h, 329 b, 351 / **Commissariat général à l'information** 319 h / **Cosmos** Aurness/Woodfin Camp 75 / Bamberger 281 / Bros/Vereecke/LFI 66 / Cannarsa/Grazia Neri 301 / Chapman coll./Snap 59 / Degnan/Westlight 53 / Fischman/Contact 55 / Guerrin 41 / Gunther/LFI 48 / Hers 237 / JR/Snap 50 / Kaiser 62, 68 / Kogler/IS 645 / Kopp/Westlight 77 / Levin 39 / LFI/Preston 69 / Marinovich/Matrix 71 / McGoon/EC 43 / McNamee 45 / Popper Foto 325 b / PSI Hoyos/Matrix 57 / Tremolada 32 / Wolfson 34 / Zlotnik 83 / **Édimédia** 92, 215 h, 234, 322, 323 b / Gower 229 h / Snark 275 / **Educational Testing Service** 373 / **Explorer** Autenzio 355 / Barnett/Auscape 251 / Beaumont 333 / Bertrand 213 b / Boutin 242, 265 b / Brylak 24, 280 / Coll. ES 272 / Coll. Bauer 265 h / Corcelle 292 / Coureau 321 b / Cundy 19 b, 310 / Devaux 313 / Dorval 255 / Evans 229 b, 236, 237, 240, 253 h, 261 h, 293 b, 295 h, 296, 297, 304, 317 h, 317 b / Ferrero 251 b / FPG Intern 230, 285, 286, 287 h, 288, 309, 318 / Gerard 220, 225 h / Hache 335 / Image Factory 254 / Lakas/Research 266 / Lenars 252 / Namur 212, 228 / Nowitz 269 / PR/Hugh 284 / P.Source 247 / Raga 267 / Regnault 20 / Renault 244 / Rodha 270 / Rouchon 343 / Sampers 316 / Sylvain 248 b / Touv 371 / Wysocki 225 b / **Explorer** 261 b / **Fotogram** Blake 37 / **Gamma** 325 h / Benainous 250 / De Keerle 223 h / Gifford-Liaison 268 / L. Hamilton 35 b / Liaison Agency 367 / Lock/FSP 231 b / Rivière 312 / Smith/Spooner 223 h / South Light 73 / Stoddart/Spooner 222 / Tomkins 241 / V. Stockt 222 / **Giraudon** 214, 215 b, 226 / Art Ressource 315 b / AR/Fischer 272 / Bridgeman 216, 217 h, 259 b, 260, 291, 314 / Lauros 258 / **Grafton Books** 328 / **Harpercollins Publishers** 347 / **Hatier** 345 / **Jacan** Enting/PHR 87 / Varin 248 h / **Keystone** 218, 257, 262 g, 262 d, 263, 264, 278, 283 h, 283 b, 289 d, 298, 302 / **Keystone JSS** 224 / **Kharbine-Tapabor** 93 / **L'Illustration/Sygma** 217 b, 246, 271 h, 277 h, 277 b / Aaron 227 / Ananson 88 / Annebicque 85 / Attal 271 b / Brooks Kraft 243 / Dannemann 273 / Ellis 17 / Forestier 245, 311 g / Franklin 231 h, 300 / Graham 18, 213 h / Markowitz 279 b / McNally 274 / Pavlosky 337 / Sachs 84 / Sion Touhig 239 / Tannebaum 369 / Ted Thai 289 g / Vernier 363 / **Pattacini** 79 / **Penguin Books** 293 h, 294, 299 h, 303 b, 311 d, 323 h, 327 d, 329 h, 354 / **Pix** Aitchn 377 / **Rapho** Leighton/Network 235 / Sioen 60 / **Roger-Viollet** 256, 290, 387 b / Harlingue 308, 319 / **Sipa Press** UPI/Corbis-Bettmann 299 h, 320 / **Oxford University Press** 361 / **TLC Edusoft** 365 / **Warner Books** 326.

Malgré tous nos efforts, nous n'avons pu joindre les auteurs ou ayants-droits de certaines œuvres reproduites dans cet ouvrage. Nous leur demandons de bien vouloir nous contacter pour que nous puissions combler ces lacunes dont nous les prions de nous excuser. Ils conservent, bien entendu, l'entier copyright des œuvres reproduites.

Liste des illustrations

Imprimé en Italie par Bona
Dépôt légal 1re édition : juillet 2004
N° de projet 10143331 - Dépôt légal : juin 2007